Sven Sauter

Schule
Macht
Ungleichheit

»Zur Demokratie gehört eine Forschung, die Ungerechtigkeiten aufdeckt.«

So definierte Pierre Bourdieu seine Soziologie. In diesem Sinne untersucht Sauter die Ungerechtigkeiten im Bildungssystem unter einer erziehungs-, sozial- und kulturwissenschaftlichen Perspektive. Er nimmt die verborgenen Mechanismen der Macht und der Selektion in den Blick und untersucht Bildungsprozesse im Kontext von Ungleichheit und Differenz.

Sven Sauter, Dr. phil., ist Kultur-, Sozial- und Erziehungswissenschaftler, Privatdozent an der FernUniversität Hagen, bei Brandes & Apsel erschienen: *Wir sind Frankfurter Türken* (2000), Veröffentlichungen in Fachzeitschriften und Büchern sowie Mitherausgeber der *Erziehungswissenschaftlichen Revue*.

Sven Sauter

Schule Macht Ungleichheit

Bildungsbarrieren und Wissensproduktion im Aushandlungsprozess

Brandes & Apsel

Sie finden unser Gesamtverzeichnis mit aktuellen Informationen
im Internet unter: www.brandes-apsel-verlag.de
Wenn Sie unser Gesamtverzeichnis in gedruckter Form wünschen,
senden Sie uns eine E-Mail an: info@brandes-apsel-verlag.de
oder eine Postkarte an:
Brandes & Apsel Verlag, Scheidswaldstr. 22, 60385 Frankfurt a. M., Germany

1. Auflage 2007

Umschlag: Antje Tauchmann, Frankfurt am Main, unter Verwendung einer Grafik von Manfred Konstanti, Eckernförde.
DTP: Franziska Gumprecht, Frankfurt am Main
Druck: Impress, d.d., Printed in Slovenia
Gedruckt auf säurefreiem, alterungsbeständigem und chlorfrei gebleichtem Papier.

Bibliografische Information Der Deutschen Nationalbibliothek:
Die Deutsche Nationalbibliothek verzeichnet diese Publikation in der Deutschen Nationalbibliografie; detaillierte bibliografische Daten sind im Internet über http://dnb.ddb.de abrufbar

ISBN 978-3-86099-344-6

Inhalt

Vorwort

Manchmal ist es so, dass man nicht länger suchen, sondern viel eher finden sollte. Das Finden kommt einem erfolgreichen Zugriff gleich und wird geleitet von Hermes, dem »frechen Gott« des geglückten Fundes (vgl. Nadolny 1996). In diesem Sinne sind die hier versammelten Beiträge ein dokumentierter Ertrag aus etwa sechs Jahren des Nachdenkens und Schreibens über Unterschiede und Differenzen geleitet von einer besonderen Heuristik. Wenn Paul Klee einmal sinngemäß über die Kunst sagte, dass sie nicht das Sichtbare wiedergibt, sondern sichtbar macht, dann gilt dies für ein kulturwissenschaftliches Sehen und Denken noch viel mehr. Ihr Gegenstand ist das, was im üblichen Blick zu selbstverständlich erscheint, um darauf einen reflexiven Blick werfen zu können. Welche Differenzen werden diskutiert?

Es sind die Unterschiede, die Unterschiede machen, wie Gregory Bateson (1983, 582) einmal Information als relevantes Datum definierte. Gleichsam wie Bateson betrachte ich als Kulturanthropologe das Feld des Lernens und theoretisiere dies sozial- und kulturwissenschaftlich. Ich kann mich noch genau daran erinnern, dass ich als Student im ersten Semester verheißungsvoll und neugierig sein Buch *Ökologie des Geistes* kaufte – mein erstes Fachbuch. Neue Denkräume habe ich dadurch erschlossen. Nun finden sich lose Enden wieder und verknüpfen sich. In den folgenden Ausführungen wird es – wie bei Bateson – um Wechselwirkungen von Form und Inhalt gehen.

Ich plädiere für eine theoretische und epistemologische Durchdringung von Kultur-, Sozial- und Erziehungswissenschaft. Es geht nicht um disziplinäre Beliebigkeit, sondern ein theoretisches Instrumentarium soll vorgestellt werden, um die »epistemische Gewalt« der Diskurse über die *Anderen* (vgl. Spivak 1988) sichtbar zu machen. Die *Anderen* haben keine konkrete Form, sie sind diskursive Konstrukte. Gleichwohl gibt es beobachtbare Folgen und reale Auswirkungen für die Subjekte. Die hier im Buch thematisierten Differenzmerkmale (wie »Kultur« oder »Behinderung«) liegen nicht auf einer Ebene, wie leichthin angenommen werden könnte. Sie sind in einem widersprüchlichen Feld von sozialer und kultureller Praxis angeordnet und artikulieren sich uneinheitlich; sie lassen sich deshalb nicht gemeinsam verhandeln. Was diese Unterschiede verbindet ist, dass sie durch einen ausschließenden Blick in der komplexen Struktur des Erziehungssystems konstituiert werden: Schülerinnen und Schüler mit Behinderungen sowie Kinder aus Einwandererfamilien werden im deutschen Bildungssystem strukturell benachteiligt. Darauf hat auch der im März 2007 veröffentlichte Bericht des Sonderberichterstatters der Vereinten Nationen für Menschenrechte, Vernor Muñoz, eindrücklich aufmerksam gemacht.

Es braucht eine kulturwissenschaftlich inspirierte Perspektive, so lautet mein Plädoyer, um den Widersprüchen des Bildungssystems analytisch gerecht zu werden. Was ich anschaulich machen möchte, ist eine Kultur des Aushandelns von Bedeutungen, ein erhellender Blick auf die Kraft von Widerstandspotenzialen, Umdeutungen und Verschiebungen. Dadurch kommt subjektive Handlungsfähigkeit ins Spiel. Diese sehen und unterstützen zu können, ist ein pädagogisches Anliegen, das ich in den vorliegenden Ausführungen mit einer kritischen Hermeneutik des Lernens zu verbinden suche.

1. Einleitung: Der Skandal der dauernden Chancenungleichheit

> Blindheit gegenüber sozialer Ungleichheit zwingt und berechtigt zugleich, jegliche Ungleichheit, [...] als natürliche, als Ungleichheit der Begabung anzusehen.
>
> *Bourdieu/Passeron 1971, 82*

»Zur Demokratie gehört eine Forschung, die Ungerechtigkeiten aufdeckt.« So programmatisch definierte Pierre Bourdieu (1996, 65) seine Soziologie, die dem demokratischen Credo widersprechende Praxen in modernisierten Gesellschaften offen legt. Zu nennen sind in diesem Zusammenhang die gesellschaftlichen Selektionsmechanismen in der und durch die Schule. Im Sinne der kritischen Kultursoziologie von Bourdieu, der in vielen seiner Studien auch immer wieder Ungerechtigkeiten im Bildungssystem untersuchte, möchte ich in der vorliegenden Arbeit eine Durchdringung von erziehungs-, sozial- und kulturwissenschaftlichen Perspektiven ansteuern. Ähnlich wie Bourdieu,[1] der gewissermaßen als Ethnologe der eigenen Gesellschaft das Bildungssystem auf seine Selektions- und Allokationsfunktion hin untersuchte und dabei die verborgenen Mechanismen der Macht in den Blick nahm, versuche ich einen Blick quer zu den dominierenden Hauptblickachsen der Disziplinen.

Allerdings nehme ich eine andere Positionierung vor. Um zu verstehen, wie die Reproduktion von Macht geschieht, richtete Bourdieu seinen empirischen Blick in aller Regel auf die Bildung von »*oben*«, d. h. er forschte in Universitäten und Eliteschulen.[2] Komplementär dazu wird sich die hier eingenommene Perspektive mit Bildung von »*unten*« beschäftigen und Lehren und Lernen in theoretischer Hinsicht als kulturelle Praxen untersuchen.

In einer auf Ungleichheit gründenden Klassengesellschaft mit einer funktional-differenzierten Arbeitsteilung und einer hierarchischen und konkurrenzorientierten Ordnung lastet auf dem Bildungssystem und konkret auf der Schule die

---

1 Bourdieu negiert nicht die *natürliche* Ungleichheit menschlicher Fähigkeiten, aber er sieht die ideologische Funktion in der Berufung auf Begabungsunterschiede. Aus diesem Grund muss die soziologische Forschung von dem Verdacht ausgehen, dass scheinbar natürliche Ungleichheit in Wirklichkeit gesellschaftlich bedingte *kulturelle* Ungleichheit ist, die sie systematisch aufdecken muss (vgl. Bourdieu/Passeron 1971, 82).

2 Vgl. dazu exemplarisch die richtungweisenden Studien *Die Illusion der Chancengleichheit* (1971), *Homo Academicus* (1988), *Der Staatsadel* (2004).

Bürde der Selektion und damit der gesellschaftlichen Platzanweisung. Auch im Hinblick auf die Probleme politischer Steuerungen der komplexen Dynamiken innerhalb der vielfältigen Formen von Migrationsprozessen werden soziale Spaltungen, strukturelle Ungleichheiten und Integrationsbarrieren produziert. Dies vor allem in unteren Bildungsgängen. In diesem Sinne ist und bleibt das Schul- und Bildungssystem die zentrale gesellschaftliche Agentur der Bildungsallokation und -distribution und damit für soziale Chancen. Allerdings verschleiert das nach wie vor herrschende meritokratische Prinzip der Leistungsgesellschaft die machtstabilisierenden Gründe für die eklatante Chancenungerechtigkeit und soziale Ungleichheit im deutschen Bildungssystem.[3] Ein doppelter und paradoxer Effekt lässt sich dabei beobachten:

> »Die Erfolgreichen und die Gescheiterten glauben gleichermaßen an natürliche Fähigkeiten und individuelle Leistung: Die Ausgeschlossenen halten ihren Ausschluss für legitim, denn sie haben es halt nicht »gepackt«, den Privilegierten hilft das Bildungssystem, nicht als Privilegierte zu erscheinen, sondern als solche, die den Erfolg selbst verdient haben.« (Böttcher 2005, 4)

Was diese Ausschließungsprozesse im Kontext einer sich weiter dynamisierenden sozialen Ungleichheit im »Wissenskapitalismus« (Gorz 2004) für eine Untersuchung der Bildung von *»unten«* bedeutet, die sich nicht innerhalb der üblichen Metaphern des Besser, Effizienter, Höher, Schneller (vgl. Baur/Mack/Schroeder 2004) ausdrücken lässt, wird durch meine Forschungsperspektive in den Fokus der Aufmerksamkeit gerückt. Allerdings nicht im Sinne von »unten« aus einer schlichten Perspektive der »Opfer«, die ihrer Handlungsmöglichkeiten beraubt und nur passive Subjekte im Spiel der Geschichte sind, sondern mit einem kulturwissenschaftlich fundierten Blick auf spezifische Aneignungsprozesse, Handlungs- und Bewältigungsweisen. Die darin zum Ausdruck kommenden »kulturellen Produktionen«, die schöpferischen und gestaltenden Dimensionen von Kultur kommen nun in den Blick. Diese Perspektive hat weit reichende methodologische Konsequenzen, die Paul Mecheril (1999, 258) vor allem im Hinblick auf interkulturelle Forschungen so zusammenfasst:

> Die Erfahrung, Benachteiligte gesellschaftlicher Verhältnisse zu sein, muß im Rahmen der wissenschaftlichen Thematisierung gesellschaftlicher Verhältnisse repräsentiert sein, jedoch nicht in der Weise, daß die Opferrealität mit den gesellschaftlichen Verhältnissen gleichgesetzt, sondern als eine zentrale Perspektive auf Realität zur Geltung gebracht wird.

---

3 Zur Ungleichheit verschleiernden *Leistungsideologie* und einem Vier-Dimensionen-Schema zur Analyse sozialer Ungleichheit vgl. Kreckel 2004. Mit diesem differenzierten Schema lassen sich die Beschränkungen einer vertikalen Analyse überwinden. Gleichwohl kommt dem Aspekt Bildung und Wissen nach wie vor eine wichtige Dimension zu, gilt die meritokratische Triade von Bildung, Beruf und Einkommen ungebrochen als Ideologie, die Ungleichheit legitimiert (ebd., 106).

Mein Untersuchungsfeld ist gewissermaßen die Kehrseite der Elitenbildung, mithin das Handeln von Schülerinnen und Schülern in Schulen und anderen Einrichtungen des Bildungssystems für sozial Randständige, Kinder und Jugendliche aus Immigrantenfamilien. Es handelt sich hier beispielsweise um Hauptschulen, Sonderschulen, außerschulische Bildungseinrichtungen und so genannte Maßnahmen zur beruflichen Integration von marginalisierten Jugendlichen.

Ausgangspunkt der Überlegungen ist die seit längerem schon aufgezeigte und weiterhin offenkundige massive Überrepräsentanz von Kindern und Jugendlichen aus Einwandererfamilien in Sonderschulen,[4] die als Indikator für Chancen(un)gleichheit gelesen werden kann (vgl. Powell/Wagner 2003). Vor diesem Hintergrund stehen Konzepte von Sonderpädagogik und Interkultureller Pädagogik bezüglich ihres spezifischen Umgangs mit Verschiedenheit und ihrer Integrationsperspektiven gleichermaßen in Rede.

Für die Interkulturelle Pädagogik erscheint eine kulturwissenschaftliche Fundierung einigermaßen plausibel, wenngleich paradox, führt sie doch Kultur als konstitutives Element im Namen. Für die Sonderpädagogik muss etwas weiter ausgeholt werden. Sie führt als Grundkategorie zumindest in ihrem Hauptstrom weniger die Kategorie der Kultur als vielmehr die der Behinderung als konstitutives Element.

> Eine der Unzulänglichkeiten einer oft individuumsorientierten sonderpädagogischen Forschung und einer vorwiegend quantitativ konzipierten psychologischen Forschung besteht darin, daß ihr methodisches Instrumentarium nicht ausreicht, um die Konstruktion von Wirklichkeit – aus einem ganzheitlichen Zusammenhang heraus – zu verstehen und zu erfassen. (Lanfranchi 1995b, 255)

Diese Kritik gilt für das theoretische Instrumentarium noch viel mehr. Im Hinblick auf die kulturwissenschaftlich fundierte Erweiterung von Bourdieus Bildungsanalysen hat der englische Kulturtheoretiker und Jugendforscher Paul Willis gezeigt, dass sich beispielsweise eine Schulklasse – oder genauer: subkulturelle Teilgruppen darin – nur unter der Perspektive einer Schulklasse als *kultureller Raum* hinreichend im Zusammenhang von Bildung, sozialer Reproduktion *und* kultureller Produktion erschließen lässt. Die kulturelle Produktion der Beherrschten als *aktiven Aneignungsprozess* zu untersuchen, das ist damit explizites Forschungsprogramm. Dadurch kann die Dimension der *symbolischen* Gewalt, die Bourdieu zur Erforschung der Reproduktion sozialer Ungleichheit thematisierte, weitergedacht werden. In diesem Kontext muss jedoch der Kulturbegriff – nachdem er durch die anhaltende und berechtigte Kritik aus dem Erklärungswissen der Disziplinen verdrängt wurde – neu fundiert und innerhalb von Differenztheorien aus dem Refe-

---

4 Vgl. dazu etwa Reiser 1981; Apitzsch 1990; Kornmann/Klingele 1996; Powell/Wagner 2001; Karakasoglu-Aydin 2001; Gomolla/Radtke 2002.

renzrahmen der Cultural Studies und Disability Studies positioniert werden.

Die im Folgenden versammelten Beiträge sind Bausteine einer noch ausstehenden erkenntniskritischen Durchdringung von Cultural Studies und Disability Studies, die den Gebrauchswert von *Differenz* in unterschiedlichen Kontexten ausleuchten. Freilich kann es in der hier entfalteten Argumentation nicht darum gehen, die Geschichte der Interkulturellen Pädagogik und der Sonderpädagogik auf ein Neues zu erzählen.[5]

Mir ist es vielmehr ein Anliegen, Konvergenzen in den Begründungsfiguren für pädagogisches Handeln im Umgang mit »Vielfalt« sowie den damit einhergehenden Effekten im pädagogischen Feld von Interkultureller Pädagogik und Sonderpädagogik zu analysieren, um die Erziehungspraxis auch als eine *Normalisierungs*praxis verstehen zu können. Damit kommt eine kulturwissenschaftliche Lesart zum Tragen, die im Laufe der Arbeit weiter expliziert werden wird.

Gleichzeitig wird soziale Ungleichheit als soziologisches Thema thematisiert. An einer Hochschule kann in der Regel nur studieren, wer einen Hochschulzugang nachweisen kann, dieser aber setzt hohe Ressourcen voraus und ist, wie die aktuellen Schulvergleichsstudien[6] PISA, IGLU, TIMSS oder die Hamburger LAU-Studie aufzeigen, an den sozialen Status bzw. die Herkunft der Eltern gekoppelt. Die Zusammenhänge von Bildung (bzw. dem Bildungssystem) und sozialer Ungleichheit sind nicht erst seit den Befunden der PISA-Studie, die den hierzulande nach wie vor engen Zusammenhang von Bildungsverlauf und sozialer Herkunft einmal mehr belegten, bekannt. Schon in den 1970er Jahren hat Begemann die Benachteiligung von Kindern aus sozio-kulturell niedrigeren Schichten aufgezeigt und Wocken (1981) hat analysiert, dass vor allem Kinder in Schulen für Lernbehinderte am »Rande der Normalität« stehen. Jantzen (1981) erforschte aus kritisch-materialistischer Perspektive die Soziologie der Sonderschule und forderte nachdrücklich

5 Diesbezüglich verweise ich auf die bereits zahlreich vorhandenen Studien, für die Interkulturelle Pädagogik, beispielsweise Kiesel 1996; Diehm/Radtke 1999; Auernheimer 2003, Mecheril 2004; Krüger-Potratz 2005 und für die Heil- und Sonderpädagogik Jacobs 1997; Rösner 2002; Moser 2003.

6 Zugleich handelt es sich bei den genannten internationalen Vergleichsuntersuchungen um eine bereits installierte Qualitätsbeurteilung, die sich den Gesetzen eines permanent beobachtenden »ökonomischen Tribunals« unterwirft und in der normalisierende Urteile über die Schule gesprochen werden, die sie in einem Vergleichsfeld positioniert. Im Sinne des neoliberalen Regimes eines »unternehmerischen Selbst« kommt den Schulen dabei eine neue Position im Bildungsraum zu: »Sie werden gewissermaßen isoliert bzw. individualisiert, um sie Vergleichen auf Basis von Qualitätsnormen, die unternehmerische, autonome Entscheidungen ermöglichen soll, unterwerfen zu können.« (Masschelein/Simons 2005, 76) Somit legitimiert sich die Schule als *Unternehmen* gegenüber den Beteiligten (Lehrkräfte, Eltern, Schülerschaft). Zugleich kommt damit ein anderer Begriff von Gleichheit ins Spiel. Nicht mehr »unter einem sozialen Blickwinkel, sondern unter dem Blickwinkel gleicher Chancen auf ein Startkapital, also eines Zugangs zur gesellschaftlichen Infrastruktur.« (ebd., 75)

ihre Auflösung, wie auch Hiller (1997) Befunde über den Zusammenhang von sozialer Lebenswirklichkeit der Schülerschaft und deren Ausblendung in der Schule aufgrund eines »kulturellen Imperialismus« der bürgerlich sozialisierten und gebildeten Mittelschicht im Hinblick auf den Bildungsmisserfolg von Schülern aus benachteiligtem Milieu bestätigen konnte.

Alle diese Autoren haben den Schwerpunkt ihrer Analyse unmittelbar auf das institutionalisierte Lernfeld der *Schule* bezogen. Diese Zusammenhänge bestehen aber im *gesamten* pädagogischen System und den daran angeschlossenen Übergangs- und Folgesystemen, also in außerschulischen Lernfeldern und Bildungseinrichtungen im Feld der Erwerbstätigkeit, in rehabilitativen Maßnahmen und Einrichtungen für behinderte Menschen wie der so genannten Werkstatt für behinderte Menschen ebenso wie in anderen gesellschaftlich relevanten Bereichen, die alle zusammen den Zugang zu gesellschaftlichen Positionen regeln und damit auch Lebenschancen verteilen.

Ohne Übertreibung lässt sich behaupten, dass die Gewinner der Bildungsexpansion durchweg die Mittelschichten[7] sind, die Kinder aus nicht-bürgerlichen Milieus sind und bleiben im Zugang zur Bildung strukturell benachteiligt. Sie erhalten nur einen beschränkten Zugang zum gesellschaftlich konsensfähigen Wissen. Gegenwärtig nun und im Kontext meiner Fragestellung gilt das folgende Postulat:

> Migrantenkinder haben bezogen auf ihr Bildungsverhalten die Position der Arbeiterkinder der sechziger Jahre eingenommen. Sie sind insofern eine besondere Herausforderung für das Schulsystem und seine Leistungsfähigkeit, die nicht an individuellen Schülerleistungen gemessen werden, sondern auch aus einem Beitrag zur sozialen Integration bestehen könnte. (Radtke/Weiß 2000, 11)

In diesem Sinne kann behauptet werden, dass die klassische Kunstfigur, die eine vorherrschende Bildungsungleichheit seit den 1970er Jahren versinnbildlichte, nämlich das »katholische Arbeitermädchen vom Lande«[8] nunmehr abgelöst worden ist und sich eine neue Kunstfigur immer klarer konturiert: der männliche Jugendliche aus Einwanderer- bzw. Flüchtlingsfamilien mit ungesichertem (Aufenthalts-) Status. Auf die Tatsache, dass in den Schulen der unteren Bildungsgänge überwiegend Jungen aus Einwandererfamilien überrepräsentiert sind, ist im erzie-

---

7 Vgl. Ball 2005.

8 Dieses Konstrukt der statistisch messbaren Bildungsbenachteiligung beruht – nach Hansen/Wenning (2003, 187) – teilweise jedoch auf Rechenfehlern und ist heute kaum mehr nachweisbar. Darüber hinaus verschleiert dieser Zugriff, dass es eine Vielzahl weiterer und weitgehend unbeachteter Auslesefaktoren im Bildungssystem gab und gibt. Unter diesem Konstrukt wird mithin nur die Spitze eines Eisbergs beschrieben, der in einer umfassenderen Analyse erst den *Prozess der Normalisierung* aufzeigen kann, der als »gesellschaftlich relevante Durchsetzung impliziter und expliziter Maßstabsdefinitionen« (ebd.) im und durch das Bildungssystem beschreibbar wird. Im Schlusskapitel greife ich diesen wichtigen Aspekt wieder auf.

hungs- und sozialwissenschaftlichen Diskurs noch nicht genügend hingewiesen und dieses Phänomen empirisch analysiert worden (vgl. Schroeder 1998, Powell 2004).

Indem diese Fragen des Zugangs zu Wissen und Bildung ins Zentrum gestellt und die im gegenwärtigen Bildungsliberalismus beobachtbaren Effekte auf die Öffnung oder Schließung dieser Zugangswege beschrieben werden, durchkreuzen sich mindestens drei Perspektiven:

- eine *pädagogische*, die danach fragt, welche Begründungsfiguren und organisatorischen Reaktionsformen des pädagogischen Handelns im genannten Kontext gefunden werden,
- eine *soziologische*, die nach der Reproduktion sozialer Ungleichheit sucht und Ungerechtigkeiten im Bildungssystem aufdeckt. Zugleich legt eine wissenssoziologische Betrachtungsweise disziplinäre Wissensformationen frei. Und schließlich
- eine *kulturwissenschaftliche*, die nach dem Umgang mit Differenzen forscht – und zwar nach Differenzen, die gewissermaßen durch eine immer schon heterogene Schülerschaft von »außen« in die pädagogischen Institutionen eingebracht werden, aber auch und vor allem Differenzen, die diese pädagogischen Institutionen durch einen spezifischen Blick und eine situierte Praxis selbst erzeugen. Diese Differenzen beschreiben nicht nur die Unterscheidung von Wissen/Nicht-Wissen, sondern auch und vor allem Unterschiede im Zugangsweg zum Wissen. Was überhaupt als wissenswert erscheint, wird dabei im Spiegel der gesellschaftlichen Repräsentationsverhältnisse deutlich.

Die Voraussetzungen für die Bildung gewissermaßen im oberen Segment sind seit den zahlreichen Studien von Bourdieu zum Zusammenhang von Bildung und sozialer Reproduktion hinreichend erschlossen und durchziehen auch alle anderen Bereiche, in denen Bildung (national-) staatlich organisiert angeboten wird. Der »Bildungskapitalismus« (Gorz 2004) als neue Form des Kapitalismus im Bereich der Bildung und als legitim erscheinende Bildungsökonomie wirkt in diesem Zusammenhang folgenreich:

> Diese Form von Kapitalismus geht mit Gesellschaftsspaltung und einer hohen Toleranz für soziale Ungleichheit, wenn nicht sogar positiver Bewertung von Elitismus (»Leistungsträger«) und Ausschließung (»Überflüssige«) einher. (Steinert 2005, 3)

Es sind nun die Folgen dieses Bildungskapitalismus, die im Hinblick auf die gestiegene Toleranz für soziale Ungleichheiten vor allem die bisherigen »Bildungsverlierer« auf eine neue schiefe Ebene bringen, die im Folgenden diskutiert wird. Zu klären wird sein, wer benachteiligt ist im Sinne der Erzeugung sozialer Ungleichheit, wie und warum diese Benachteiligung wirkt und ob das Konzept der Benachteiligung für die skizzierten Zusammenhänge einen analytischen Gebrauchswert hat.

Von der folgenden Problemstellung wird in der weiteren Diskussion ausgegangen: Kinder und Jugendliche aus Einwandererfamilien sind in den niedrigen Bildungsgängen vor allem auf Sonderschulen seit Jahren mit steigender Tendenz und deutlich überrepräsentiert. Die Angebote der schulischen Bildung mit der durch Immigration, kulturelle und soziale Heterogenität sowie anderen Heterogenitätsformen ins Spiel kommenden Formen der Differenz wurden und werden jedoch dem komplexen Zusammenspiel von sozialer und kultureller Ungleichheit, subjektinduzierten und institutionellen Differenzkonstruktionen sowie Heterogenitätsbewältigung nicht gerecht. Pointiert werde ich aufzeigen, dass die bisherigen Reaktions-, Interventions-, Organisations- und Präventionsformen der Interkulturellen Pädagogik im Modus des Lernens von Toleranz sowie der Sonderpädagogik im Modus des (gemeinsamen) Lernens von Verschiedenheit im Hinblick auf die andauernde Bildungsbenachteiligung von Kindern und Jugendlichen aus Einwanderfamilien mehr oder weniger gescheitert sind. Dieses Scheitern resultiert unter anderem daraus, dass beide Disziplinen im Wesentlichen den über das Bildungssystem vermittelten und gesellschaftlich erzeugten Machtdifferenzen zu indifferent gegenüberstehen und paternalistische Positionen über Lernanlässe und Lerninhalte zum Ausdruck bringen.

Thematisch liegt die Arbeit im Schnittfeld von Interkultureller Pädagogik und Sonderpädagogik. Da aller Reformdiskussion und organisatorischen Umstellungssemantiken zum Trotz das Bildungssystem hierzulande additiv, fragmentarisch und beliebig organisiert erscheint, wären dies auch kritische Fragen an die *Struktur* des Bildungssystems, das als zentrales Allokations- und Distributionsmittel gesellschaftlicher Chancen gesehen werden muss. Damit konturiert sich als paradoxe Fragestellung: Wie kann durch das Erziehungs- und Bildungssystem das erkannt, thematisiert und überwunden werden, was maßgeblich durch es mitgeprägt wird: soziale Ungleichheit und Chancenungerechtigkeit?

Im Gang der Arbeit habe ich *Erkundungen* vorgenommen, die auf zwei Ebenen operationalisiert worden sind. Zunächst werden die institutionellen Praxen untersucht, die Schule und Bildung als umkämpftes Terrain von oben und von unten erscheinen lassen. Die Annahme, dass die Bildungsverläufe von Jugendlichen aus Immigrantenfamilien das System, das über sie herrscht, abbilden, ist eine erste gleichsam naturalistische Betrachtungsebene. Diese wird im weiteren Verlauf theoretisch durchdrungen.

In diesem Sinne sind weitere Erkundungen bezüglich der Wissensformation über die beobachteten Zusammenhänge von Bildung, Ungleichheit und Differenz notwendig. Die zweite Ebene bezieht sich auf die individuelle Handlungspraxis. Folgende Fragen erscheinen in diesem Zusammenhang, zunächst aus der Perspektive der Analyse verschiedener Praxisformen, als klärungsbedürftig: Was machen die Beherrschten mit dem Bildungssystem? Daran schließt sich eine Kritik der in der Sonderpädagogik dominierenden Benachteiligtenperspektive und den Angeboten der Interkulturellen Pädagogik im Hinblick auf das Umgehen mit/Bewältigen von Differenz an. Theoretische Verengungen im Bereich der Sonderpädagogik sowie der Interkulturellen Pädagogik, die beide auf das Konzept der *Vielfalt* rekurrieren, werden in ihrer Wirkmächtigkeit auf die Organisation des Lernens aufgezeigt. Damit erschließe ich das Feld der Wissensformation und versuche eine Heuristik auszuarbeiten, die mit Bezug auf verschiedene Referenztheorien eine erkenntnisleitende Dimension auf die Lernverhältnisse im genannten Kontext eröffnen soll.

Es wird dabei um die Zusammenhänge von Wissen, Macht und kultureller Produktion gehen, die in ihren Wechselwirkungen weiter zu diskutieren sein werden.

Differenz als theoretische Leitkategorie stelle ich anschließend mit Bezug auf die *Cultural Studies* und *Disability Studies* vor. Es geht in diesem Kontext darum, Differenzen anders als üblich zu denken. Da sich im deutschen Schulsystem ein nachhaltiges Unvermögen zeigt mit Heterogenität umzugehen, stellt sich grundlegend die Frage nach den pädagogischen und gesellschaftlich vermittelten Umgangsweisen mit Heterogenität, Diversität und Differenz.

So wie durch die Perspektive der Cultural Studies der Kulturbegriff dekonstruiert werden konnte und durch die Disability Studies der Behinderungsbegriff als hegemonialer Zugriff auf Körper, Gesundheit und Abweichung analysierbar wurde, sollen die differenztheoretischen Gemeinsamkeiten und Unterschiede vertieft werden. In Rede steht also konkret: Wer oder was macht den Unterschied und welche Unterschiede machen Unterschiede?

Da sich dieser Diskurs zwischen Cultural Studies und Disability Studies jedoch erst in einer inspirierenden Durchdringung formiert (vgl. Bruner/Dannenbeck 2002, Bruner 2005), erscheint es mir wichtig zu erörtern, wie sich die Disability Studies innerhalb der erkenntnistheoretischen und forschungspraktischen Prämissen der Cultural Studies (und vice versa) positionieren. Die für die Sonderpädagogik nach wie vor konstituierende Kategorie der Behinderung kann aus der Perspektive der Durchdringung dieser beiden Ansätze innerhalb von *Aushandlungsprozessen* analytisch zugänglich werden. In diesem Zusammenhang soll eine ähnliche kritische Reflexion erfolgen wie bei den durch die Cultural Studies nachhaltig dekonstruierten essentialistischen Kategorien Identität, Ethnizität und Differenz. Als übergeordnete Thematik wird auf diese Weise der institutionelle und individuelle Umgang mit Heterogenität, Differenz und Identität als erziehungswissenschaftliches Forschungsfeld deutlich und unter diesem erkenntnispolitischen Zugriff zu untersuchen. Die Frage bleibt aber vorerst offen, *wie* dies gelingen kann. Vorläufig erscheint jedoch klar zu sein, dass die darin enthaltene erkenntnispolitische Dimension sich nur erschließen lässt, wenn *anders* als üblich über die Themen Differenz, Vielfalt und Heterogenität diskutiert werden kann.

Zugleich zeigen sich weit reichende Konvergenzen von Wissenssoziologie und Cultural Studies, aber auch aufschlussreiche und grundlegende Transformationen.

Hubert Knoblauch (2005, 230) weist darauf hin, dass die Cultural Studies als ein kultursoziologischer Ansatz gesehen werden können, der sich durch den Ideologiebegriff eines zentralen wissenssoziologischen Themas annimmt – Wissen wird zum Kern der Kultur erklärt:

> Wissensbestände enthalten, vermitteln und schaffen kulturelle Dispositionen, Bedeutungen und Kategorien. Wissen ist für sie ein Bedeutungssystem, das die Welt als bedeutungsvoll erschließt. Was immer an Gegenständen auftritt, ist immer zuerst ein Bedeutungsgehalt. Wissensbestände sind damit Gegenstand symbolischer Konflikte um ihre soziale Billigung. (Knoblauch, ebd.)

Allerdings sind in den Cultural Studies für die Analyse dieser Konflikte weniger der Begriff und das Konzepte der Ideologie zentral, sondern der Begriff und das Konzept der *Praxis*. Praxis ist gleichsam der performative Vollzug dieser Prozesse, Kultur wird als (soziale) Praxis verstanden. Diese Praxis ist beobachtbar.

Indem Schule, das Bildungssystem und die darin wirkenden Ungleichheiten als *kultureller Raum* betrachtet werden, in dem sich bestimmte Praxen, die auf Wissen basieren, vollziehen, wird im Weiteren versucht, eine kritische Lesart bestehender Ungleichheiten sowie deren Verhandlungsformen zu ermöglichen.

So führt das erkenntnisleitende Interesse zu folgenden Fragen:

- Wo bestehen Konvergenzen im Hinblick auf Theorieentwicklung und Praxisbezug?
- Werden gemeinsame Referenzsysteme gefunden?
- Was sind die bevorzugten Methoden?
- In wie weit beengt der Blick auf das (mehr oder weniger essentialistisch gedachte kulturell fremde oder behinderte) Subjekt die Ermöglichung von Handlungsspielräumen?
- Liegt der Bezug der Forschung auf individuellen oder institutionellen Aspekten oder erscheint vielmehr eine Durchdringung dieser Perspektiven geboten?
- Welche gemeinsamen macht- und reproduktionstheoretischen Zugänge können gefunden werden?
- Was sind gemeinsame Zugänge zum Themenfeld Heterogenität, Differenz und Ungleichheit?

Diese Fragen betreffen zwei Ebenen: zum einen die analytische Zugangsweise, die nach Effekten und Konsequenzen der Praxisformen forscht. Zum anderen werden perspektivische Fragen gestellt, die die Möglichkeiten der Transformation und Durchdringung von Cultural Studies und Disability Studies theoriepolitisch ausloten.

Darüber hinaus ist zu prüfen, ob das mittlerweile in der Erziehungswissenschaft noch zögerlich rezipierte forschungspraktische und erkenntnistheoretische Projekt der *Disability Studies* (analog zu dem der *Cultural Studies* in den Kulturwissenschaften) ein wichtiges Scharnier zwischen den beiden Disziplinen Interkulturelle

Pädagogik und Sonderpädagogik darstellt. Der Blick auf Aushandlungsprozesse von Heterogenität entlang der Differenzlinien ethnische, soziale, geschlechtliche und körperliche Heterogenität wird damit unter der Prämisse einer kontinuierlich stattfindenden kulturellen Produktion empirisch zugänglich. Welche Rolle spielt die »Kultur« oder »Behinderung« als Erklärungsmodell der Professionellen für Selektionsentscheidungen? Wie beeinflussen sich diese beiden Aspekte jeweils gegenseitig? Welche Konsequenzen und Perspektiven ergeben sich aus der konsequenten Orientierung am Ansatz der Cultural/Disability Studies für das Forschen im Erziehungssystem und im Hinblick auf die Verhandlungsformen von Heterogenität?

Meine These ist im Hinblick auf die analytische Ebene, dass sich eine positive und angemessene Bildungsqualität für »benachteiligte« Jugendliche, exemplarisch dargestellt am Beispiel von Immigrantenjugendlichen in bildungsungleichen und selektiven Schulstrukturen, im vielschichtigen Zusammenwirken von *materialen Bildungsräumen* und den darin sich *abbildenden Lernverhältnissen* entwickeln kann. In diesem Zusammenhang folge ich verschiedenen aktuellen Theorie- und Forschungsansätzen, die aufzeigen, dass die Kategorie Raum eine vernachlässigte Dimension erziehungs- und sozialwissenschaftlicher Forschung und Theoriebildung darstellt (vgl. Ecarius/Löw 1997; Mack/Raab/Rademacker 2003; Schroer 2006).

Auch in diesem Zusammenhang hat Bourdieu wichtige Beiträge geliefert, die Markus Schroer (2006, 106) wie folgt zusammenfasst:

> Für Bourdieu sind Herrschaft, Macht und soziale Ungleichheit keine gleichsam freischwebenden, nur abstrakt zu verhandelnde gesellschaftliche Grundphänomene. Vielmehr will er Herrschaft, Macht und soziale Ungleichheit immer auch unter räumlichen Gesichtspunkten konkret analysiert wissen, weil sie sich immer auch räumlich niederschlagen. »Raum« sorgt nach seinem Verständnis für die Sichtbarkeit sozialer Strukturen.

Dabei kann es freilich nicht um die undifferenzierte Annahme eines schlichten Modells eines »Behälterraums« oder »Relationalraums« gehen, sondern es werden jenseits eindimensionaler Raumdefinitionen subjektive Handlungsmuster von Aneignung und Transformation untersucht werden, die eine Relevanz des Räumlichen im Kontext von Bildung und Ungleichheit, die Wechselwirkungen von physischem und sozialem Raum erkennen lassen. Ansatzpunkt dabei ist, dass sich in spezifischen Räumen soziale Strukturen einschreiben, die von Machtverhältnissen erzählen, die durch sie zum Ausdruck kommen. Durch diesen Perspektivenwechsel lassen sich die Handlungsspielräume der Akteure erweitern und ein anderer Blick auf die Auseinandersetzungen und Kämpfe um Bedeutungen im Spannungsfeld von inneren Verhältnissen und äußeren Bedingungen wird entstehen. Wie können diese beiden Dimensionen hinsichtlich einer theoretischen Transformation heuristisch zusammengedacht werden?

Es geht mithin um die Frage nach dem Verhältnis von »Kultur« und »Raum« als Bedingung, Element und Medium schöpferischer menschlicher Praxis (vgl. dazu Greverus 1978; Hauser-Schäublin/Dickhardt 2003) und damit um die vielfältigen Formen der Bedeutungsverleihung und Aneignung des Räumlichen. Sind die oben genannten Raumkonzeptionen wichtig, um z. B. die Verräumlichung sozialer Ungleichheit in Bildungsprozessen (Schroeder 2002) näher zu bestimmen oder als Handlungsressource im Aufstiegsprozess bildungserfolgreicher Kinder und Jugendlicher aus Einwandererfamilien (Pott 2002) zu analysieren, so haben sie eine ausgewiesene materiale Basis. Gleichsam in einem erweiterten metaphorischen Sinne möchte ich die Sicht auch auf innere Räume im Sinne des Konzepts eines *»transitorischen Raums«* (Lanfranchi 2002) lenken und damit die Komplementarität von Struktur und Aneignung in den Bildungsräumen und den darin sich konstituierenden Lernverhältnissen hervorheben. In diesem Sinne wird es möglich sein, Kriterien für Bildungsqualität zu definieren, um zumindest auf die ungleiche Verteilung von Bildungschancen anders zu reagieren als im bisherigen Modus der individuellen Förderung, didaktischen Überlegungen oder der Umstellung von Organisationsprinzipien des Unterrichtes.

Nach dem bisherigen Argumentationsverlauf erscheint die Verwendung des Begriffes *Qualität* riskant: Er ist offensichtlich kontaminiert mit der gegenwärtigen Reformsemantik. Bewusst verwende ich aber den Begriff der Qualität, wohl wissend, dass er im Wörterbuch der neoliberalen Bildungsreformen seinen festen Platz hat.

Aber eine Umdeutung der Begriffe ist nicht nur möglich, sondern es erscheint auch dringend geboten, die Begriffe zurückzuerobern und andere Erzählungen zu generieren.

Mit Bildungsqualität beschreibe ich die Herstellung von und Reflexion über Bildungschancen angesichts struktureller Ungleichheit und der Dynamik gesellschaftlicher Modernisierungsprozesse. Dies gelingt in dem Maße, wie Bildung vom Rand her gedacht wird und eine normgebende Mitte aufzubrechen vermag. Qualität ist also durchaus ohne Überbetonung der ökonomischen Aspekte zu definieren und verweist auf drei Aspekte, die ich im Laufe der weiteren Überlegungen entfalten werde: *die Unbestimmbarkeit des Wissens* (Gorz 2004), des *Lernens als widersprüchlichen Prozess* (Haug 2003) sowie der Notwendigkeit der Professionalisierung des pädagogischen Personals angesichts des Handelns in der *Zone der Ungewissheit* (Oevermann 1999).

Diese drei Aspekte grenzen sich deutlich ab von einem *formalisierbaren* Umgang mit Wissen,[9] den die neuen Bildungsökonomien nahe legen, und verweisen

[9] Weil sich der formalisierbare Wissenserwerb vor allem mit der Verwertung des Gelernten, seiner Umwandlung in materielles und immaterielles Kapital beschäftigt, sein Erwerb in Wert- und Zeiteinheiten gemessen werden soll, geht es im Gegensatz dazu

auf eine de-zentrierte Stellung der Lehrenden und Lernenden im Bildungsprozess. Damit meine ich die Abkehr von normativ gefassten Lernanlässen und -inhalten, die nur subjektwissenschaftlich und konstruktivistisch zu erschließende Bedeutungsgebung und die Selbst-Ermächtigung des Gelernten.

Im Zentrum steht also nicht der Lernende oder der Lehrende, sondern der subjektwissenschaftlich analysierbare und kulturtheoretisch begründbare Prozess der Aneignung und Vermittlung von Wissen. Dass dieser Prozess vom gegenwärtigen Bildungskapitalismus berührt und beeinflusst wird, scheint kaum verhinderbar zu sein, es fehlen allerdings Erkenntnisse, wie sich Prozesse in einer Art Gegenbewegung entfalten können und zwar im Sinne der Entwicklung einer kritischen Urteilsfähigkeit, um die Zusammenhänge von Differenz, sozialen und kulturellen Ungleichheiten, Heterogenität und Bildung analytisch zu durchdringen.

Wie beispielsweise sieht ein differenzsensibles Bildungssetting aus, das kulturelle und soziale Ungleichheit sowie kulturelle, soziale und subjektbezogene Differenzerfahrungen aushandelbar macht? Wie kann dies gelingen, ohne in Stereotypen, Phantasmen über den Anderen sowie Verklärungen, Zuschreibungen, Idiosynkrasien oder auch moralische Begründungszusammenhänge verfallen zu müssen? Wie kann der Bedeutung von Repräsentation und Präsentation breite Aufmerksamkeit zukommen? Diese Fragen werden im Rahmen der These diskutiert werden. Aufgezeigt werden soll, dass ein kulturtheoretisch fundiertes Konzept der Differenz und der kulturellen Verhandlungsformen von Unterschieden epistemologisch tragfähiger ist, als eine unkritische Emphase der (Anerkennung von) Vielfalt, die angesichts weiterhin zunehmender Bildungsungleichheit ohne überzeugende analytische und theoretisch abgesicherte Grundlagen immer prekärer und haltloser erscheint.

Zum *Aufbau der Arbeit*: Bevor der Gegenstand der Verhandlungsformen von Bildung, Ungleichheit und Differenz in Rede steht, werde ich eine Untersuchung des spezifischen Blickes auf Jugendliche aus Immigrantenfamilien vornehmen, um die dominierenden Repräsentationsweisen aufzuzeigen. Das zweite und das dritte Kapitel »Gefährliche Fremdheit« und »Die Herstellung ethnischer Heterogenität« thematisieren die machtvollen Diskurse, in die der Gegenstand Jugendliche aus Einwandererfamilien eingewoben ist. In diesen Kapiteln werden methodische Probleme zum Vorschein gebracht sowie die davon abgeleiteten erkenntnispolitischen Folgen diskutiert. Die Konstruktion und die Homogenisierung des Fremden und die damit verbundenen Konsequenzen werden anhand von Beispielen der Wissen-

---

dem *lebendigen Wissen* um den Gebrauch dessen, was gelernt und nicht gelehrt wird. »Es entsteht mittels der Fähigkeit des Subjekts, an sich zu arbeiten, sich selbst zu produzieren und wird darüber weitergegeben.« (Gorz 2004, 35) Dadurch erhält es seinen unbestimmbaren Wert und lässt sich nicht als auf einen einheitlichen Nenner reduzierte Ware fassen.

sproduktionen über »Fremdheit« exemplarisch aufgezeigt, in denen eine strikte Aufteilung in forschendes Subjekt und ihnen getrennt gegenüberstehende Forschungsobjekte erkennbar wird. Erkenntnistheoretisch bedeutsam werden diese Subjekt-Objekt-Spaltungen und die darin eingeschriebene epistemologische Haltung, weil Beobachten, Interpretieren und Erkennen von der Beobachtungsposition nicht unbeeinflusst bleiben. Wer forscht und redet wie über wen? Von welchem Beobachtungsstandpunkt aus? Diese beiden wichtigen Fragen stehen dabei zur Klärung an, um damit die Erkenntniskraft der exemplarisch analysierten Studien im Kontext ihrer Situiertheit kritisch beurteilen zu können.

Im Anschluss an die Analyse der Wissensproduktion über Jugendliche aus Immigrantenfamilien entfalte ich im Kapitel »Chancenungleichheit von unten« eine Kritik der sonderpädagogischen Benachteiligtenperspektive. Dabei werfe ich einen Blick auf die strukturellen Bedingungen und Handlungsräume, unter denen pädagogische Programme und Maßnahmen für Schülerinnen und Schüler aus Einwandererfamilien in Sonderschulen laufen. Dabei wird die Zielperspektive einer gesellschaftlich konsensfähigen Normalbiografie genauso in das Zentrum der Kritik rücken, wie die pädagogische Ausblendung der subjektiven Bewältigungs- und Bearbeitungsprozesse von gesellschaftlichen Problemlagen. Mit Bezug auf die kulturwissenschaftlich fundierten Untersuchungen von Paul Willis zur kulturellen Produktion in der Schule und einer Ingebrauchnahme der theoretischen und methodischen Instrumente dieses Ansatzes geht es um die Gewinnung einer analytischen Perspektive auf die Prozesse der Auseinandersetzung mit den in der Schule angebotenen Wissensformen und Wissensinhalten. Ohne einen fundierten Blick auf den Kampf um Bedeutungen können diese Prozesse nicht verstanden werden. Dadurch wird gleichsam eine erste Perspektive auf die noch weiter zu begründende kulturwissenschaftliche Fundierung der Pädagogik eingenommen, die Lehren und Lernen als kulturelle Praxen begreift. In diesem Kontext lassen sich Aneignungs- und Widerstandsformen erhellen. Allerdings werden mit dieser Analyse vor allem paradoxe Strukturen sichtbar, die aus der dominierenden Perspektive, die Lernen als widerspruchsfreien und linearen Prozesses sieht, nicht hinreichend betrachtet werden können. Die Schule als umkämpftes Feld wird empirisch zugänglich, und aus einer Akteursperspektive werden Anpassung und Widerstand als subjektive Vermittlungsleistung begriffen, die eingelassen sind in Machtstrukturen und Formen sozialer Ungleichheit. Es wäre naiv zu glauben, dass die »Benachteiligten« sich diesen Strukturen einfach einpassen, sich der symbolischen Gewalt kampflos ergeben. In diesem Kapitel wird diskutiert, wie sich die Kämpfe um Bedeutungen sichtbar machen und verstehen lassen, und welche Effekte und Wechselwirkungen sich darin zum Ausdruck bringen. Außerdem wird aufgezeigt werden, wie verhängnisvoll eine Überdramatisierung von kulturellen Unterschieden wirkt.

Danach geht es in »Bildungsräume« um die Erkundung eines außerschulischen

Bildungsraumes, der auf seine Implikationen für Lernen im Kontext von Ungleichheiten hin diskutiert wird. In diesem exemplarisch untersuchten Bildungsraum der Hausaufgabenhilfe ist Schule nur *ein* Baustein in einem komplexen Gefüge von Institutionen und von vielschichtigen Wechselwirkungen, die sich auf Bildungschancen und damit auf die Gewinnung von gesellschaftlichen Teilhabemöglichkeiten auswirken können. Eine Öffnung der Schule ist oftmals eher eine programmatische Absichtserklärung, denn faktische Realität. Wo diese Öffnung erfolgt, kommt häufig eine spezifisch eingeschränkte Stadtteilorientierung zum Vorschein. Das bedeutet, dass die Schulen sich nur in starrer schulformspezifischer Weise (entlang ihrer sozialen Stratifizierung) öffnen und der umliegende soziale Raum schulartspezifisch (also nach Schulform) wahrgenommen wird. Eine Konsequenz dieses Blicks ist, dass nur sozial vorgespurte Zugangswege zum Umfeld eröffnet werden (Schroeder 2002). Am Beispiel der Hausaufgabenhilfe für Kinder aus Einwandererfamilien versuche ich zu zeigen, welche aktuellen bildungsliberalistischen, administrativen Zugriffe es auf diesen non-formalen Bildungsraum gibt und wie weit Schule tatsächlich davon entfernt ist, sich als Teil einer Bildungslandschaft zu verstehen, die in einem konstruktiven Zusammenwirken an den Nahtstellen und an den Übergängen der verschiedenen Bildungsangebote Strukturtransformationen ermöglichen kann.

Diese Diskussion erhält im folgenden Kapitel mit einem Blick auf schulisches Scheitern eine erweiterte Perspektive. Der Handlungsrahmen wird in »Schule, Migration und Fremdheit« insofern ausgedehnt als anhand von zwei ausgewählten Fällen des schulischen Scheiterns von Schülern aus Einwandererfamilien im bundesdeutschen Schulsystem relevante Akteure mit spezifischen Handlungsmustern identifiziert werden. Die dabei erkennbaren Verstrickungen und die Wechselwirkungen von individueller und institutioneller Konfliktgeschichte werden in diesem Kontext als strukturelles Problem analysiert. Alle in den beiden Fallgeschichten vorfindbaren Hilfe- und Förderprozesse scheinen durchweg nicht abgestimmt und integriert zu sein und scheitern vor allem an den Übergangs- und Nahtstellen des jeweiligen Teilsystems. Auffallend sind zudem eine mangelnde fachliche und interdisziplinäre Kooperation sowie ein folgenreicher Mangel an professionell abgesicherten Verfahren des pädagogischen Fallverstehens. Aus diesem Grund wird der Professionalisierungsdiskussion über das Fallverstehen ein breiter Raum zukommen, nicht nur weil professionelles Handeln und Fallbezug untrennbar miteinander verbunden sind, sondern weil darüber hinaus eine Dimension des Lehrens beschreibbar wird, die eine quasi therapeutische Bedeutung hat. Auch der Streit über den Stellenwert von kulturellen Differenzen, der die Interkulturelle Pädagogik durchzieht, wird thematisiert werden, allerdings aus der paradoxen Struktur der Differenzblindheit oder pointiert: der *Indifferenz* gegenüber der Differenz eingewanderter Familien aus Süditalien und ihrer spezifischen Migrationsgeschichte.

Weil der Entwicklung einer am Fall orientierten und regelgeleiteten Verstehensweise ein wichtiger Professionalisierungsaspekt für Lehrende zukommt, widmet sich das folgende Kapitel »Forschendes Lernen durch pädagogische Kasuistik« explizit den Möglichkeiten und Grenzen der Gewinnung eines forschenden Habitus im universitären Ausbildungsgang für angehende Lehrkräfte. Forschendes Lernen wird im Sinne einer pädagogischen Kasuistik zu begründen versucht, bei der zum einen Reflexivität und die kritische Analyse des (eigenen) Beobachterstandpunktes unerlässlich ist. Zum anderen wird klar, dass alle Versuche, ein schlichtes »mehr an Praxis« in der Lehrerausbildung zu platzieren, fehlgehen müssen, wenn diese Praxis nicht als zu erschließende und damit interpretationsbedürftige Praxis konzipiert wird.

Sieht man Deuten und nicht nur Handeln als wichtiges Element pädagogischer Tätigkeit an (Koring 1992), dann kommt vor allem den hermeneutischen Verfahren große Bedeutung zu, damit Wissen im Kontext seiner Gewinnung kritisch gesehen werden kann. In diesem Zusammenhang wird dem Lernprozess, verstanden als gemeinsames Aushandeln von Bedeutungen, im Fallbezug ein wichtiger Baustein zur Gewinnung einer professionellen Haltung zuteil werden. Vor allem wenn vielschichtige Differenzen ins Spiel kommen, wird diese Position in ihrer Brisanz erkennbar.

Im Kapitel »Die Schule als Kampfplatz und als Aushandlungsraum« verbinde ich die bis dahin isoliert nebeneinander laufenden pädagogischen Diskurse mit den erkenntniskritischen und erkenntnispolitischen Positionen der Cultural Studies, zur Analyse von Prozessen der Bedeutungsverleihung in Bildungsräumen. In diesem Beitrag wird versucht, anhand der Theoriepositionen der Cultural Studies den bereits ins Spiel gebrachten Aspekt des Lehrens und Lernens als kulturelle Praxis wieder aufzunehmen und weiter zuzuspitzen. Vielfältige Bedeutungsverleihungen aus unterschiedlichen Akteursperspektiven werden dabei aufgegriffen und im Kontext von machtpolitischen Diskursen verortet. Was in der Schule geschieht, ist aus dieser Perspektive nicht mehr nur handlungstheoretisch zu erschließen oder durch die Analyse von Idiosynkrasien verstehbar, sondern gewinnt eine weit reichende Erkenntniskraft bezüglich der im Lehr- und Lernprozess zu rekonstruierenden Verhandlungsformen von Ungleichheit, Differenz und den damit ermöglichten oder behinderten Lernwegen. Ich werfe einen kritischen Blick auf ein beispielhaft herausgegriffenes und prominentes Deutungsangebot, das marginalisierte Jugendliche fokussiert und zeige die darin zum Ausdruck kommenden epistemologischen Begrenztheiten auf, um dann zu einer Theorieposition zu gelangen, die Lehren und Lernen explizit als kulturelle Praxis begreift. Von da aus wird der Wert des Wissens im Sinne der Kämpfe um *Formalisierung* oder *Verlebendigung* des Lernens aufgegriffen, und ich plädiere für den sozialen Wert des Wissens, der nur in Aushandlungen zu erarbeiten ist. Damit erscheint gleichsam als pädagogischer Zielhorizont die Gewinnung kritischer Handlungsfähigkeit und die Möglichkeit im Lernen auch zu verlernen. Nur dann kann Neues entstehen und Handlungsspielräume werden erweitert.

Das Kapitel »Heterogenität, Differenz und Ungleichheit« diskutiert daraufhin die Implikationen der aus den einzelnen Kapiteln gewonnenen Perspektivenerweiterungen. Im Sinne einer Heuristik der Transformation versuche ich subjektwissenschaftliche und kulturtheoretische Zugänge zu den Begründungsfiguren pädagogischer Bearbeitungsformen von Heterogenität, Differenz und Ungleichheit als Instrumente in Gebrauch zu nehmen. Innerhalb dieser Suchbewegung werde ich ein pädagogisches Praxisfeld in der Überschneidung von Interkultureller Pädagogik und Sonderpädagogik beschreiben und analysieren. Beide pädagogischen Teildisziplinen fokussieren einen gemeinsamen Gegenstand und arbeiten mit gruppenspezifischen bzw. zielgruppenorientierten Angeboten, die einige ungeklärte und problematische Prämissen aufweisen. Ich werde diese Prämissen genealogisch rekonstruieren und die Problematiken freilegen, die die dominierenden Differenzbearbeitungen im Feld von Interkultureller Pädagogik und Sonderpädagogik mit sich bringen. Beide pädagogischen Subdisziplinen erscheinen in diesem Zusammenhang fest eingelassen in das Feld der *Normalisierung* und einer »Politik der Differenz« (Hall 1994), so dass Lehren und Lernen im Modus von Fremd- und Selbstzuschreibung und der Zuweisung von gesellschaftlichen Räumen gesehen werden kann.

Ob dabei die Kategorien Behinderung oder (kulturelle) Fremdheit an erster Stelle genannt werden, spielt weniger eine Rolle als vielmehr die Gewinnung einer theoretischen Position, die einen erkenntniskritischen Blick auf die (pädagogischen) Erzeugungsbedingungen und Verhandlungsformen von Fremdheit, Differenz und Andersartigkeit werfen kann.

Im Anschluss daran wird das Kapitel über »Bildungspolitische Konsequenzen« Bildung insgesamt als umkämpftes Feld diskutieren. Aus der Perspektive kritischer Artikulationen gegen den gegenwärtigen Umbau des Bildungssystems werden Positionen abgesteckt, die in eine kulturwissenschaftliche Lesart dieser Prozesse münden. Aus dieser Blickrichtung lassen sich organisierte Lernwege disziplingeschichtlich verstehen und aus einer macht- und herrschaftsanalytischen Sicht als ein Instrument einer neuen Regierungsform erkennen. Weil sich in diesem Diskurs weit reichende Bedeutungsverschiebungen beobachten lassen, braucht es in dieser Hinsicht mehr als nur eine ideologiekritische Aufklärung.

Dadurch dass die Wissensproduktion daraufhin analysiert wird, was über bestimmte Differenzen gedacht und gesagt wird (werden darf) »erweist sich [der] Diskurs als Element eines *kulturellen Archivs*, in dem die Regeln der Wissensbildung, der Wirklichkeitskonstruktion und der *Praktiken einer Kultur* festgelegt sind.« (Bublitz 2003, 59 – meine Hervorhebung S. S.)

Mit zehn zugespitzten Thesen wird der Ertrag der Arbeit am Ende zusammengefasst werden.

In der Kritik stehen folglich *normative* Modelle des Umgangs mit Differenz, die vor allem auf Anerkennungsmodi zielen. In diesem Zusammenhang plädiere ich für eine kulturwissenschaftlich fundierte pädagogische Referenztheorie, die Pädagogik nicht im Modus der (Anerkennung von) Vielfalt belässt, sondern die Frage klärt, wer warum welche Differenzen in Gebrauch nimmt und damit umkämpfte Positionen im sozialen Raum besetzt. Von dieser Theorieposition aus ergeben sich weit reichende Konvergenzen hinsichtlich zweier aktuell noch nicht hinreichend durchdrungener Diskursstränge, nämlich der Cultural Studies zum einen und der Disability Studies zum anderen. Beide Ansätze kennzeichnet eine vielfältige Analyse von Wahrnehmungs- und Wissenspraxen im Feld der Differenz. Ich werde die anschlussfähigen Diskurspositionen aufgreifen und über einen kulturwissenschaftlich inspirierten Normalitätsdiskurs die differenztheoretische Diskussion um die gemeinsame Schnittmenge der beiden Perspektiven erweitern. Ein Anliegen ist es, innerhalb dieser Theorieposition die Bedeutung der Irritation als zentrales Moment der Wissensbildung zu diskutieren.

Damit wird eine Theorieposition markiert, die eine Durchdringung der Positionen der Cultural Studies und der Disability Studies anstrebt. Die materiale Basis eines Bildungsraumes und die darin sich konstellierenden Aneignungsprozesse und komplexen Lernverhältnisse sollen im Modus der Aushandlung zu verstehen versucht, und gleichzeitig Lernen als subjektives Lernen eingelassen in soziale und kulturelle Verhältnisse begriffen werden.

Die Arbeit an den Irritationen, das Nicht-Wissen eröffnet erst den Zugang zur Analyse von widersprüchlichen Lernbewegungen und Lernbehinderungen. Der materiale Bildungsraum steht dabei für einen sozial geteilten Raum, Lernverhältnisse machen die darin sich ereignenden Bedeutungsgebungen und Aneignungsstrukturen deutlich. Eine kulturwissenschaftliche Referenztheorie kann diese beiden Ebenen zueinander ins Verhältnis setzen und die Wechselwirkungen für eine Analyse von Lehren und Lernen als kulturelle Praxis in erkenntniskritischer Weise erschließen. Klar konturiert sich diese Perspektive unter dem Einfluss einer zeitgemäßen kulturwissenschaftlichen Konzeption von Kultur als Aushandeln von Bedeutungen:

> Kultur wird nicht als Setzung, noch als anonymer Diskurs noch als bloßer Kontraktersatz verstanden, sondern als *Resultat eines Prozesses des Aushandelns von Bedeutungen zwischen kulturell geprägten, aber zur reflexiven Hinterfragung und Innovation fähigen Individuen*. (Wimmer 2005, 13 – Hervorh. i. O.)

Aus dieser Perspektive stelle ich Fragen nach den Möglichkeiten und Barrieren der Reflexion. Gewonnen wird auf diese Weise eine kritische Hermeneutik des Lernens.

2. Gefährliche Fremdheit. Bedrohungsphantasien und Rettungsmotive in der bundesdeutschen Ausländerforschung

2.1 Die »Spiegel-Metapher«

Das Scheitern der multikulturellen Gesellschaft in Deutschland wurde im Nachrichtenmagazin *Der Spiegel* im April 1997 verkündet. Auf der Titelseite befindet sich die Überschrift *Ausländer und Deutsche: Gefährlich fremd*. Davor zu sehen ist eine Frau, die eine Fahne schwingt und in fast ekstatischer Manier ihr Gesicht verzerrt. Im Hintergrund zu sehen sind Schülerinnen mit Kopftuch, tief über Bücher gebeugt, und links in der Ecke ein paar halbwüchsige Jungen, die finster dreinblickend ihre Waffen präsentieren.

Es gibt, schaut man sich die Titelseite genauer an, einen klaren Bezug auf das bekannte Gemälde von Delacroix *Die Freiheit führt das Volk an* von 1830, das Jeanne d'Arc (die Jungfrau von Orléans) darstellt, die mit der französischen Fahne in der Hand und mit bewaffneten Revolutionären im Hintergrund über am Boden liegende Tote schreitet.

Mit dem Titelbild des *Spiegel* wurde eine zentrale Metapher über den französischen nationalen Gründungsmythos aufgegriffen und umgebaut. Eine mögliche Interpretation könnte so lauten: Die junge Frau mit der Fahne[10] (es ist nicht klar zu erkennen, ob auf der roten Fahne ein Halbmond abgebildet ist, er ist angedeutet) führt einen fundamentalistisch indoktrinierten Mob an, bewaffnet und außer Kontrolle, der nun für die Zerstörung der europäischen Nationalstaaten mobilisiert. Die Mädchen, es seien in dieser Darstellungsweise muslimische Koranschülerinnen,

[10] Lena Inowlocki hat in ihrem Aufsatz *Verlockender Erhebungs-Fundamentalismus* (1998) ebenfalls eine Analyse des *Spiegel*-Titels durchgeführt und die Frage nach dem Titelfoto verfolgt. Die junge Frau mit der Fahne in der Hand wurde bei der Protestdemonstration nach der Ermordung türkischer Einwanderer in Mölln im November 1992 aufgenommen. »Auf den Herkunftszusammenhang des Fotos, auf Schmerz, Wut und Protest gegen den Brandanschlag gibt es keinen Hinweis. Im Kontext des Titelbildes erscheint der Protest als fanatische Agitation«. (Inowlocki 1998, 52) Eine völlig andere Pose nahm diese besagte Frau auf einem anderen Foto ein, das einem Beitrag aus der *taz* vom 11.6.1996 über die Identitätsbildung türkischer Immigranten zugeordnet war, hier war sie in eher gelöster Haltung vor der türkischen Fahne zu sehen. Durch diese Darstellungsweisen ist die Frau zu einer Art Ikone für den Islam geworden.

mit Kopftüchern bekleidet, und die halbwüchsigen Jungen bemühen sich nicht nur gefährlich auszusehen, sie sind es durch die Präsentation ihrer Waffen auch. In diesem Titelbild finden sich die wirkungsvollen Stereotype aktueller Bedrohungsphantasien. Bedroht wird durch den Antipoden des Westens, nämlich durch den imaginierten Osten (den Islam als westlichen Antipoden[11]), vor allem das, was die Errungenschaften europäischer Zivilisationen darstellt: Freiheit, Gleichheit, Brüderlichkeit. Dagegen stehen Unterdrückung, Gewalt und Fanatismus. Soweit die Gegenüberstellung dieser beiden Bilder, die freilich mehr über den Okzident als den Orient erhellen können. Im redaktionellen Teil der Titelgeschichte wird dann ein Bedrohungsszenario entworfen:

> Zeitbomben in den Vorstädten – Die Ausländerintegration ist gescheitert. Überall im Land entsteht eine explosive Spannung. Bei jungen Türken und Aussiedlern, Randgruppen ohne Perspektive, wächst die Bereitschaft sich mit Gewalt zu holen, was die Gesellschaft ihnen verweigert. (*Der Spiegel* Nr. 16, 14.4.1997, 78)

Diese bildhaften und zu Text gewordenen Bedrohungsphantasien evozieren verschiedene Fragen: Wann und wie stellen die Medien diese Bilder her? Wer greift diese Bilder auf? Wo werden ähnliche Bedrohungsszenarien aufgebaut? Was sind die Reaktionen auf diese Bedrohungsszenarien durch die Politik?

Diese Fragen lasse ich aber unbeantwortet. Ich möchte mich in diesem Zusammenhang vielmehr der Frage widmen, wie und in welchem Zusammenhang erziehungs-, kultur- und sozialwissenschaftliche Forschungen diese Bedrohungsszenarien aufgreifen. Mein Interesse gilt dabei vor allem der komplementären Seite der Bedrohungsphantasien: Den darauf sich beziehenden Rettungsmotiven. Was also ist die Handlungsweise der Wissenschaft mit diesen Bildern?

Es ist eine Möglichkeit, dass die Wissenschaften diese Bedrohungsszenarien analysieren, Problemlösungen erstellen und damit scheinbar ihren gesellschaftlichen Auftrag erfüllen. Aber arbeiten sie dabei unbeeinflussbar und außerhalb des gesellschaftlichen Kontextes? Oder zugespitzter: Sind sie nicht vielmehr daran beteiligt Bedrohungsszenarien zu entwerfen? Meine erste These lautet: Die sozial- und kulturwissenschaftliche Ausländerforschung produzierte ähnlich gezeichnete Katastrophenszenarien und Bedrohungs- bzw. Bürgerkriegsphantasien wie die Medien. Diese »Prognosen« beschreiben durchaus die gefürchteten sozialen Probleme, die entstehen können, wenn sich Unmut über Diskriminierung in der »Minderheit« verdichtet und sich gegen die »Mehrheit« wendet. Diese Befürch-

[11] Zum Mythos Morgenland und dem imaginierten Osten vgl. Kabbani 1993; Said 1981; den »schönen neuen Orient« hat Kermani 2003 beschrieben und eindrücklich davor gewarnt, die politischen und sozialen Verwerfungen in weiten Teilen Asiens oder Afrikas, in der muslimischen Welt zu ignorieren. Sie sind längst Vorboten einer nur unzureichend als Globalisierung bezeichneten weltgesellschaftlichen Veränderung, die zeigt, dass es kein »Außen« und kein »Innen« mehr gibt.

tungen waren ein starker Motor für die Entwicklung und Ausdifferenzierung der Ausländerforschung.[12]

In der erwähnten Ausgabe des *Spiegel* gab es Erklärungsansätze aus der Sozialforschung. Darin enthalten sind Rettungsmotive, die in diesem Aufsatz näher betrachtet werden sollen. Ich werde die spektakulären Bedrohungsphantasien und Katastrophenszenarien der *»Zeitbomben in den Vorstädten«* – wie Wissenschaftler, Polizisten und Sozialarbeiter die etwa 600.000 jugendlichen Türken und die halbe Million junger Aussiedler in Deutschland laut *Spiegel* bezeichnen, an dieser Stelle nicht weiter verfolgen, sie bieten lediglich den Hintergrund, auf den sich die nachfolgenden Überlegungen beziehen.

2.2 Von der Bedrohung zur Rettung

Im Zentrum des Interesses meiner weiteren Ausführungen stehen im Folgenden die mit diesen Bedrohungsszenarien verbundenen komplementären Retterphantasien in der Ausländerforschung. Doch zunächst gilt es, den Zusammenhang zwischen diesen beiden Phantasien zu klären. Klaus Geiger (1991, 143) spricht in diesem Kontext von »Bedrohungsphantasien«, die Kriminalität und bürgerkriegsähnliche Zustände beschwören und zunächst dem Zweck dienen, Integrationsforderungen Nachdruck zu verleihen. Damit wollen die Migrationsforscher die vermeintlichen Interessen der Migranten stärken.[13] Es scheint paradox, aber es zeigt sich, dass dadurch als sekundärer Effekt in der Bevölkerung eine nicht unerhebliche Zuspitzung auf antidemokratische und nationalistische Haltungen ermöglicht wurde:

> Die Verbindung der Integrationsaufgaben mit Bedrohungsphantasien wirkte in der Öffentlichkeit sicher Rassismus- und Nationalismus- verstärkend. Forschern und Pädagogen wurde dadurch – allerdings auch nur vorübergehend – die Selbstdarstellung erleichtert, d. h. der Nachweis, daß MigrantInnenforschung und Ausländerpädagogik notwendig seien. (ebd.)

Wie stark soziale Spannungen gefürchtet wurden, zeigt überaus deutlich eine Bilanz des damaligen Ministerialrates im Bundesministerium für Arbeit und Sozialordnung, Wolfgang Bodenbender, zuständig für die Ausländerbeschäftigung, die

---

[12] Ulrich Bielefeld schreibt in seiner 1988 erschienenen Arbeit über *Inländische Ausländer*, dass die Ausländerforschung von Beginn an unter hohem Druck stand, praktische Lösungen zu entwickeln und Wege für die »Integration« der Kinder und Jugendlichen aus Immigrantenfamilien zu eröffnen (vgl. Bielefeld 1988, 14).

[13] Vgl. dazu beispielsweise Schrader et al. 1977, die ihre Untersuchung, so schreiben die Autoren im Vorwort, den Problemen der sog. zweiten Generation widmen.

er anlässlich einer Konferenz im Jahre 1977 über die Zukunft türkischer Kinder in Deutschland zog:

> Die zweite Ausländergeneration wird ihre eigenen sozialen und wirtschaftlichen Chancen mit denen der deutschen Bevölkerung vergleichen und eine mißlungene soziale und berufliche Integration als das empfinden, was sie in Wirklichkeit ist: Als eine unerträgliche Diskriminierung. (Bodenbender 1977, 39)[14]

Ihre Zukunft – so Bodenbender – sei ein neues Subproletariat, ohne Berufsbildung: Ein Problem, das sich als sozialer Zündstoff mit Zeitzünder entwickeln würde.[15] Und Klaus Bade, der die Entwicklung Deutschlands vom Auswanderungsland zum Einwanderungsland historisch nachzeichnete, und frei jeden Verdachtes ist, eine nationale Stimmungsmache entfachen zu wollen, fragte 1983:

> Wie lange [...] die zweite Generation den durch anhaltende Erkenntnisverweigerung, späte Einsichten und mangelnden Grundkonsens in der Gestaltungsfrage verordneten Mangel an Lebensperspektiven noch defensiv erträgt, ohne sich zum Kampf um die eigene Zukunft gegen die sperrige Aufnahmegesellschaft zu sammeln, ist vielleicht nurmehr eine Frage der Zeit. (Bade 1983, 116)

Ein wichtiges Motiv der Ausländerforschung war also nicht nur die eigene wissenschaftliche Professionalisierung (vgl. Griese 1984), sondern vor allem auch eine Prognose der sozialen Spannungen, die sich, so wurde vermutet, in der so genannten zweiten Generation als Resultat einer Politik verleugneter Einwanderung manifestieren sollten (vgl. Stüwe 1982, 32).

Analysiert man vor diesem Hintergrund die Entwicklung der sozialwissenschaftlichen Konzepte und Kategorien, mit denen Prozesse der Migration in der bundesdeutschen Gesellschaft beschrieben worden sind (und zum Teil noch beschrieben werden), dann kommt man zu dem Schluss, das hier mehr über Mentalitäten, Befindlichkeiten und Phantasien der Mehrheitsgesellschaft reflektiert wird, als dass man etwas über die Migranten und Migrantinnen selbst erfährt. Ein exemplarischer und analytischer Blick in den Hauptstrom der Literatur deutscher Migrationsstudien kann dies aufweisen.

---

14 Anzumerken ist hier, dass Bodenbender als offizieller Vertreter der Bundesregierung sprach und damit das herrschende administrative Dispositiv klar zum Ausdruck brachte.

15 Diese Terminologie der Explosion, Sprengsätze usw. (also eine Terminologie des Krieges) ist kennzeichnendes Merkmal eines rassistischen Diskurses, der zeigt, dass Worte und Texte nicht harmlos sind, sondern Handlungsbereitschaft verraten. Diese Handlungsbereitschaft hat sich in ihrer Wirkmächtigkeit gezeigt, als Mitte der 1980er Jahre vermehrt Anschläge auf Ausländer in Deutschland verübt wurden. Wie in alltäglichen Gesprächen und auch politischen Diskursen rassistische Haltungen und Handlungsbereitschaften auftreten, mit welchen Mitteln sie geäußert werden, hat Siegfried Jäger (1993) aus diskursanalytischer Perspektive aufgezeigt und dieses Worte treffend als *BrandSätze* beschrieben.

Friedrich Heckmann führt in einem Rückblick auf die sozialwissenschaftliche Literatur zur Arbeitsmigration aus, dass sich in den Jahren 1975-1985 ein Rückgang bloß deskriptiver und untheoretischer Arbeiten, die keinem herrschenden Paradigma folgten, verzeichnen lässt und die Untersuchungen sich von der Gastarbeiter- und Ausländerforschung zur Migrationssoziologie und Soziologie der ethnischen Minderheiten umwandelten, die den gesellschaftlichen Hintergrund der faktischen Einwanderung abbilden (vgl. Heckmann 1987).

Ich möchte in diesem Zusammenhang eine Begriffsdifferenzierung vorschlagen und plädiere dafür, den Anfang der 1980er Jahre unreflektiert verwandten Begriff der *Ausländerforschung* für diese hier diskutierten Forschungsarbeiten beizubehalten, denn er bezeichnet auf seine Weise sehr genau eine bestimmte wissenschaftliche Zugriffsweise, die nicht nur für diesen Zeitabschnitt der Migrationsforschung[16] charakteristisch ist.

2.3 Die spezifische Zugriffsweise der Ausländerforschung

Warum ist die Frage eines Begriffes wichtig? Der Begriff Ausländerforschung bezeichnet meines Erachtens präzise die impliziten Ideologien, Wahrnehmungsbeschränkungen und Konzeptionen, die das »Fremde« erst in seiner Beschreibung objekthaft konstituieren. Es gibt – das zeigt sich offensichtlich – keine einheitliche Theorie und auch keine verbindliche Methode in der Ausländerforschung, gleichwohl dominiert eine bestimmte Betrachtungsweise. Untersucht man Theorie *und* Methode in der Mehrzahl der Arbeiten aus dem Bereich der Ausländerforschung, lässt sich eine Haltung aufzeigen, die Subjekte und Objekte der Forschung strikt getrennt hält.[17] Die Objektseite in diesem Paradigma bleibt für die *Ausländer* reserviert. Beforscht werden die Anderen, von denen man getrennt und isoliert steht, und über die man reines Tatsachenwissen zu produzieren sucht. Diese spezifische Betrachtungsweise erhebt Alterität generell zum Problem und polarisiert durch den methodischen Zugriff die Subjekte und Objekte der Forschung. Aus diesen Gründen halte ich den Begriff Ausländerforschung für die angemessene Bezeichnung dieser wissenschaftlichen Zugriffsweise, denn unter dieser Perspektive forschen – wie noch zu zeigen sein wird – *Inländer* programmatisch über *Ausländer*.

Meine zweite These ist, dass die konsequent in Objekte und Subjekte polarisierende Methode einem latenten Sinn folgt. Sie soll kulturelle Begegnungen des Forschers mit »Forschungsobjekten« und damit unvermeidlich einhergehende

---

16 Zu der Phaseneinteilung der Migrationsforschung: Treibel 1988.

17 Vgl. dazu auch Mecheril 1999.

Verunsicherungen, Infragestellungen und Ambivalenzen der eigenen Person, der eigenen Identität und damit der ausgewählten Forschungskonzepte neutralisieren. Als Ergebnis vermindert oder verhindert eine solche Vorgehensweise die notwendige Selbstreflexion als persönliche und vor allem wissenschaftliche Auseinandersetzung mit den unvermeidlichen Krisen des Forschungsprozesses. Der Forscher, der sich aus dem Kontext der Forschung ausklammert, muss der Forschung einen bestimmten Zuschnitt geben. Eigenes Handeln wird nicht reflektiert und kann nicht in einem Beziehungskontext gesehen werden, in dem alle Forschungsteilnehmer Aushandlungspartner in einem intersubjektiven Prozess sind, der unhintergehbar in gesellschaftliche Verhältnisse eingelassen ist.

Diese Isolierung des Forschers aus dem Forschungskontext führt zu Einengungen und Verzerrungen im Erkenntnisprozess, zu Widerständen im Verstehen und zu einer spezifischen Form eines Abwehrbündnisses (vgl. Bosse 1982), das sich – wie die folgenden Beispiele zeigen sollen – als Retterphantasie äußern kann. Diese These möchte ich im Folgenden anhand von drei exemplarisch ausgewählten Arbeiten darlegen und weiterentwickeln. Aus der Frühphase der Ausländerforschung[18] habe ich die Arbeit von Werner Schiffauer *Die Gewalt der Ehre* (1983) ausgewählt, als weitere Beispiele dienen die Studien von Hermann Tertilt *Turkish Power Boys* (1996) und die Veröffentlichung von Wilhelm Heitmeyer et al. *Verlockender Fundamentalismus* (1997). Diesen drei Arbeiten – so unterschiedlich sie sind – ist außer ihrem Untersuchungsgegenstand noch gemeinsam, dass sie sehr intensiv rezipiert wurden und eine nachhaltige Wirkung auf die Forschungen im Feld der Ausländerforschung hatten. Sie haben Begründungs- und Zugriffsweisen geliefert, die sich trotz aller kritischen Einwände und wissenschaftlichen Revisionen als aufklärungsresistent in der gesellschaftlichen Praxis erwiesen haben. Sie haben als wissenschaftlich produzierte Stereotype und Redeweisen eine erfolgreiche Karriere aufzuweisen.[19]

---

18 Zur Kennzeichnung der Phasen der Migrationsforschung, den wissenschaftstheoretischen Zuordnungen und methodologischen Ansätzen siehe Hernández/López-Blasco 1982; Griese 1984; Treibel 1988.

19 Zu den eigenartigen Spielarten dieses Diskurses gehört es sicherlich, dass 20 Jahre nach der Arbeit von Schiffauer, der sich von einer essentialistischen Lesart durch seine differenzierten kulturwissenschaftlichen Studien seither klar distanzierte, die Soziologin Necla Kelek (2005) vor dem Hintergrund der »Ehrenmorde« an türkischen Frauen in Deutschland qua »ethnischer« Zugehörigkeit eine Authentizität der Erklärung beansprucht und den Deutschen das Leben der Türken im Modus von Kulturalismus und Essentialismus erklärt, also ganz im Stil des kulturalistischen Diskurses der 1980er Jahre.

2.4 *Das Problem der zwei Kulturen – Rettung eines Hoffnungsträgers*

Die Arbeit von Werner Schiffauer *Die Gewalt der Ehre* (1983) geht von einem Kriminalfall aus, bei dem 13 türkische Jugendliche und ein türkischer Erwachsener eine 18-jährige Berlinerin vergewaltigten. Schiffauer unterstellte diesem Fall einen *Kulturkonflikt* und machte sich in biografischen und ethnologischen Recherchen auf, diesen Kulturkonflikt zu analysieren.[20] In meiner Lesart stellte sich die Frage, warum sich sein wissenschaftliches Erkenntnisinteresse an diesem Fall ausschließlich der Kulturkonflikthypothese zuwendet. Von welchen Motiven ist diese Schwerpunktsetzung geprägt, und welche Konsequenzen hat dies für seine Untersuchung und die präsentierten Ergebnisse?

Betrachtet man die von Schiffauer geschilderte erste Biografie von Erol Kemal, dann fällt eine Aussage besonders ins Auge:

> Erol schien mir damals einer der Jugendlichen zu sein, die die Diskrepanz zwischen deutscher und türkischer Kultur selbständig bewältigten und die Chancen wahrnehmen, die ein Aufwachsen zwischen zwei Kulturen *auch* bietet. Daß er dann in den Fall Petra Kaiser verwickelt war, hat mich sehr verwirrt. (Schiffauer 1983, 15, Hervorh. i. O.)

Erol scheint für Schiffauer eine wichtige Person, ein Bezugspunkt zu sein, um sich den »Fall Petra Kaiser« näher zu betrachten. Es ist kein Zufall, dass die Biografien mit Erols Beschreibung beginnen. Warum ist Schiffauer verwirrt? Der Autor lässt uns hier ohne Begründung und Explikation. Mit der Andeutung einer Verwirrung kündigt Schiffauer einen persönlichen Konflikt an, den zu klären, ein Motiv seiner wissenschaftlichen Arbeit sein könnte. Indem er uns anschließend die Auflösung dieser Verwirrung verweigert, schafft er eine markante Leerstelle in seiner Ausführung. Diese Leerstelle verweist auf einen latenten Text und scheint an ein Erkenntnisinteresse gebunden, das nicht erkannt und bearbeitet werden soll.

Das Erkenntnisinteresse Schiffauers ist nicht vollständig ausgewiesen. Der Text scheint darauf hinzudeuten, dass an dieser Stelle seine persönlichen Motive mit eine wesentliche Rolle spielen, die aber nicht mitgeteilt werden. Diese verborgenen Motive in der Textgestalt möchte ich nun aufzuklären versuchen und vor dem Hintergrund einer hermeneutischen Lesart entfalten.

Zunächst ist festzuhalten, dass die vertraute Beziehung zwischen Schiffauer und Erol Schaden genommen hat, unsicher geworden ist oder als unvertraute Beziehung erlebt wurde. Diese Möglichkeit steckt implizit in der gerade zitierten

[20] Meillasoux (1980) hat nachdrücklich davor gewarnt, die Problematik der Arbeitsmigration allein durch die ethnologische Brille betrachten zu wollen. Ein Ergebnis dieser Reduktion besteht in der Exotisierung und Kulturalisierung der Probleme der Arbeitsmigration.

normativ aufgeladenen Aussage von der Diskrepanz zwischen deutscher und türkischer Kultur und den »Chancen, die ein Aufwachsen zwischen zwei Kulturen *auch* bietet«. Das bedeutet übersetzt, dass ausländische Jugendliche ein Defizit haben, sie brauchen Hilfe bei ihrer Selbstständigkeit. *Auch* heißt in diesem Fall, dass es nicht die Regel ist, dass es Chancen gibt, aber *auch* Schwierigkeiten. Zudem müssen türkische Jugendliche diese Diskrepanz *selbstständig* bewältigen.

Vielleicht ist es Schiffauer nicht aufgefallen, vielleicht hat er es nicht als wichtiges Datum in den Biografien aufgefasst: Die von ihm befragten Jugendlichen hatten – das stellt sich bei der Zusammenschau der Biografien heraus – alle eine migrationsbedingte Trennungserfahrung von den Eltern in der frühen Kindheit. Sie wurden von den Eltern, als diese nach Deutschland gingen, in der Türkei zurückgelassen und hatten einen Vater, der kaum mit ihnen redete. Das Forschungssetting bekommt vor diesem Hintergrund einen anderen Charakter.

Schiffauer war nicht nur Sozialforscher, der den Ursachen eines Kulturkonfliktes nachging, er war auch und vor allem Sozialarbeiter, der in dem Jugendladen arbeitete, den die türkischen Jugendlichen, die die Vergewaltigung ausführten, besuchten.

Schiffauer war »verwirrt« nach der Tat, er suchte nach ihren Ursachen, und ich kann vermuten, er fühlte sich als Sozialarbeiter verantwortlich, die Tat nicht verhindert zu haben. Jetzt wollte er sie vor dem Hintergrund der Verschiedenheit der Kulturen wenigstens erklären. Hier komme ich wieder auf das Adjektiv *selbstständig* zurück. Selbstständig sollten die Jugendlichen im Jugendladen die Diskrepanz zwischen den Kulturen bewältigen. Dass ihnen dabei auch und vor allem die Sozialarbeiter zur Seite standen, ist Auftrag der Institution, in der Schiffauer arbeitete. Die Sozialarbeiter wurden im Jugendladen zu Ersatz-»Vätern«, die den Jugendlichen die Berliner Version der Selbstständigkeit vermitteln sollten. Erol war ein Hoffnungsträger:

> Ich habe ihn [Erol] 1975 kennengelernt. Damals kam er zusammen mit Ali Veksoy und Rüstem Tahir regelmäßig in einen Jugendladen in der Ahornstraße. Unser Verhältnis zu den Jugendlichen war freundlich, aber auch bestimmt von Fremdheitsgefühlen. Am engsten war noch die Beziehung zu Erol, wahrscheinlich wegen seiner Sprachkenntnisse. In dieser Rolle wurde er auch von den anderen Jugendlichen anerkannt, wiederholt ließen sie ihn dolmetschen. Bei Diskussionen, erst recht bei Konflikten, pflegte uns Erol die türkischen Normen und Werte zu erklären. Er zeigte dabei ein überraschendes Einfühlungsvermögen, er verstand immer genau, was wir wissen konnten und was nicht. (Schiffauer 1983, 14)

Dabei blieben Erol und auch die anderen immer nur Informanten. Die Jugendlichen erscheinen in Schiffauers Darstellung durch die Aufrechterhaltung der Forscherperspektive nicht als eigenständige Subjekte. Mehr noch: Ihre Subjekthaftigkeit jenseits der kulturellen Muster wird in der Arbeit negiert. Dies ist vielleicht *eine*

Ursache für die mangelnde Wahrnehmung der spezifischen Familiensituation der Jugendlichen durch den Forscher.

Dazu kommt, dass der Konflikt – wie es im Klappentext steht – als »schicksalhaft« gedeutet wird, weil er aus kulturellen Missverständnissen resultiere und Schiffauer implizit von der Konstruktion einer homogenen und klar definierbaren türkischen Kultur ausgeht. Der Autor hat also ein weitgehendes Vorverständnis über die Rahmenbedingungen der zu untersuchenden Vergewaltigung. Es fällt auf, dass die Biografien der Jugendlichen in dem Spannungsfeld von Erzählung und Interpretation stehen, der Autor schiebt immer eigene Erklärungsraster[21] davor. Der strukturalistisch inspirierte Ansatz von Schiffauer[22] beschreibt detailliert die Konzeption der Ehre und damit das Geschlechterverhältnis *in der Türkei*, d. h. in dem dörflichen Kontext, aus dem die an der Vergewaltigung Beteiligten stammten. Gilt dieser Kontext weiter und uneingeschränkt für die Situation der Jugendlichen in Berlin? Die Analyse der Biografien, die eine Empathie Schiffauers spüren lässt, zeigt die Spannungen, Brüche und nicht erfolgten Auseinandersetzungen, in denen sich die Jugendlichen aufgrund der Migration der Eltern befinden, und dass sie die Diskrepanz zwischen deutscher und türkischer Kultur mehr oder weniger gut bewältigen. Vor allem der Gruppenprozess war in diesem speziellen Fall der Motor der Tat, da die Gruppe eine »Gegenwelt« zum Elternhaus bildete und wesentlich zur Selbstbehauptung der Jugendlichen in einer ihnen feindlich gesonnenen Umwelt beitrug (Schiffauer 1983, 116). Ausgehend von der Kulturkonflikttheorie ist Kultur in dieser Analyse eine unveränderliche Struktur, die sich im Migrationsfall unvermeidlich an der neuen sozialen Wirklichkeit stößt.

Ich folge diesbezüglich Heidrun Czock und Frank-Olaf Radtke (1984) in ihrer pointierten Kritik an diesem monolithischen Kulturverständnis:

> Unbeeinflußbar wirken die strukturierenden Muster der Kultur auf die Handlungen der 13 Jugendlichen, die beinahe unbeteiligt, zwanghaft, den Regeln ihrer kulturellen Wahrnehmung und Weltordnung folgend ein Mädchen vergewaltigen, das sie nachts alleine auf der Straße trafen. (Czock/Radtke 1984, 41)

Das Handeln der Jugendlichen erscheint so gesehen nur als bloße *Ausübung* von Kultur, *ihrer* Kultur.

> Unterscheidungsvermögen, Freiheitsgrade der Entscheidung, Autonomie des Handelns werden in dieser Analyse eines Kriminalfalls als Kategorien vollständig zurückgedrängt zugunsten eines Verständnisses von Kultur und Identität, das mit seiner Unausweichlich-

---

21 Dabei wird nicht klar, ob sie der sozialarbeiterischen oder der sozialforschenden Perspektive entstammen.

22 Schiffauer übernahm dabei implizit die Akkulturations- und Identitätstheorie, wie sie von Schrader et al. (1977) in ihrer Arbeit über die so genannte »zweite Generation« entwickelt wurde; darin wird Handlung direkt aus Kultur abgeleitet.

keitsannahme sich den kulturanthropologischen Vorstellungen der unauslöschlichen Basispersönlichkeit anähnelt. (ebd.)

Der verdinglichte Kulturbegriff, der eine ganze Kultur als normative Kraft festlegt, und als einseitig strukturalistische Kulturanalyse bezeichnet werden kann, diskriminiert die Gruppe, für die eigentlich um Verständnis geworben werden soll. Soweit die Kritik von Czock und Radtke. Hier soll nicht *die* Kultur der türkischen Arbeitsmigranten und auch nicht *die* deutsche Kultur behandelt werden, sondern der biografische Hintergrund dieser Jugendlichen und die darin enthaltene Lücke, die Schiffauer qua Erziehungsauftrag als Sozialarbeiter ausfüllte. Dies kann eine weiterreichende Erklärung für eine andere Lesart dieses Falls geben.

Ich möchte die Aufmerksamkeit auf die brüchigen Biografien lenken, die alle von Schiffauer beschriebenen Jugendlichen besitzen und die alle eine Trennung von den Eltern in der frühen Kindheit aufweisen. Die Kultur der türkischen Arbeitsmigranten erscheint vor dem Hintergrund der politischen Konzeption des Ausländerrechts und der Anwerbeverträge als strukturell geprägte Kultur, die als biografische Übereinstimmung diese Eltern-Kind-Trennung als Gemeinsamkeit beinhaltet.[23]

Über die Frage, wie diese Trennungserfahrung bearbeitet wird und in der Biografie aufgehoben ist, lässt sich vielleicht ein Zugang zu den inneren Konflikten und den daraus resultierenden Handlungskompetenzen und Verarbeitungsformen von (diesen) türkischen Jugendlichen in Deutschland eröffnen.[24] Der biografische Bruch und das Verarbeiten der Trennungserfahrung ist kein Spezifikum der türkischen Kultur, es ergab sich vielmehr aus der gemeinsamen Geschichte und Beziehung zwischen der Türkei und Deutschland. Es ist sicherlich auch ein migrationstypisches Verlaufsmuster, das, wie wir noch sehen werden, dann entstehen kann, wenn sich in der Migration die Lebensentwürfe der Eltern denen der Kinder entgegenstellen, oder die Eltern ihren Kindern ihre Lebensentwürfe aufdrängen.[25] Bei aller Gründlichkeit der Analyse der dörflichen Gemeinschaft im ethnologischen Kontext und der Darstellung der Konflikte zwischen den Generationen im biografischen Kontext, haben bei der Arbeit von Schiffauer die Veränderungen, die sich aus der Migration zwangsläufig ergeben und sich in den Handlungskompetenzen und Verarbeitungsformen von Konflikten bei den Jugendlichen widerspiegeln kei-

---

23 Diese Trennungserfahrungen werden sowohl gesellschaftlich als auch innerfamilial geleugnet, vor allem da es keinen Raum gibt, sie zu thematisieren, und die daraus resultierende Gefühle und Erwartungen zu verbalisieren.

24 Vgl. dazu auch die Studie von Deniz 2001, die einen differenzierten Einblick in die Verarbeitungsweisen von familiären, biografischen Ereignissen und ihrem Eintrag in die Institutionen der öffentlichen Erziehung gibt.

25 Siehe zu dem Thema der Generativität Sauter 2000; King 2002.

ne hinreichende Beachtung gefunden. Zudem hat er die eigene Rolle als Sozialarbeiter und zugleich Sozialforscher nicht reflektiert.

Schiffauer wollte mit seiner Fallgeschichte vor allem Erol »retten«, zum einen als (seinen) Hoffnungsträger, der den Spagat zwischen zwei Kulturen schaffen kann, zum andern, um Erol als Täter zu relativieren. Indem der Autor ein monolithisches Kulturverständnis konstatiert, das die Tat als Schicksal in einem kulturellen Missverständnis verortet, war Erol subjektiv also nur »verwickelt«, musste dem inneren Zwang seiner Kultur folgen.

Die Empathie von Schiffauer in den Beschreibungen ist sicher auch vor dem Hintergrund seiner »Verwirrung« entstanden, dass Erol, und die Jugendlichen, mit denen er pädagogisch arbeitete, zu dieser Tat fähig waren. Schiffauer hatte keine Vorstellung von dieser Möglichkeit. Dadurch wurde nicht nur die pädagogische Arbeit entwertet und in Frage gestellt, es entstand auch die Frage nach einer möglichen eigenen Verstrickung der pädagogischen Mitarbeiter. Indem er hier als Erklärer eines Kulturkonfliktes auftritt, begründet er damit sogleich wieder seine notwendige Indienststellung als Pädagoge. Das heißt, dass der Sozialforscher den Sozialarbeiter legitimieren helfen soll.

Diese Art der Belegstellensoziologie vor dem Hintergrund der Ausländerpädagogik hat Michael Bommes scharf kritisiert:

> Die ausländerpädagogische Praxis [ist] häufig durch eine Soziologie der Türkei für den Hausgebrauch bestimmt, die von Pädagogen und anderen professionell mit Migranten befaßten Personen bezogen ist aus einer Art Schnellfeuersoziologie. (Bommes 1993, 67)

Es wird vor dem Hintergrund irritierender oder nicht verstehbarer Motive aus den pädagogischen Arbeitszusammenhängen zurückgegriffen auf Erklärungsvarianten der Agrargesellschaft, des Patriarchats und der Türkei als einer Übergangsgesellschaft und stellt die Türkei dabei in eine »ethnisierende Rede« (ebd., 70). Die biografischen Beschreibungen der Jugendlichen werden so gesehen nur auf Belegstellen für einen Kulturkonflikt abgesucht, die diese These stützen können. Mit *Schlüsselworten* wird dann der Sozialforscher bedient, der vor allem danach sucht, seine Belegstellen ausweisen zu können.

Schließlich fehlt eine Reflexion der Forschungsrollen, die sehr viel mehr über die Lebenssituation der Jugendlichen hätte aussagen können, als eine kulturalistische Betrachtungsweise, da sich als ein zentraler Punkt die Elternbeziehung in die Forschungssituation hineinspiegelte. Die Rollenübernahme durch den Sozialarbeiter/den Sozialforscher als Orientierungsfigur und Vaterkompensation für diese Jugendlichen hat somit einen biografischen Hintergrund, eine Leerstelle wurde zu füllen versucht.

2.5 Das Problem der Anerkennung – Rettung durch Sozialarbeit

Als nächstes möchte ich die Arbeit von Hermann Tertilt *Turkish Power Boys. Ethnographie einer Jugendbande* (1996) in das Blickfeld der Überlegungen stellen. Was die Arbeit von Tertilt unter anderem auszeichnet, ist der Zugang des Autors zu den untersuchten Jugendlichen. Die Tatsache, dass Tertilt über zwei Jahre in die Lebenswelt der Jugendgang eingetaucht ist, diese Feldforschung detailliert aufgezeichnet und durch biografische Interviews ergänzt hat, verdient Beachtung.[26] Es ist neben der Studie von Bommes (1993) zudem eine der ersten qualitativ orientierten empirischen Langzeitfeldstudien zu der Thematik »zweite Generation« und Jugendliche aus Immigrantenfamilien in Deutschland. Tertilt gelangte durch sein kulturanthropologisches und ethnographisches Vorgehen zu Befunden, die sich vor allem mit der Gruppendelinquenz und der Gewaltproblematik befassen. Die Bandenbildung und die damit verbundenen verankerten Handlungen versteht Tertilt als Lösungsversuch gemeinsamer Problemlagen der zweiten Einwanderergeneration. Dabei versucht er den Zusammenhang von Bandendelinquenz und gesellschaftlichem Status von Migrantenkindern nachzuweisen. Die Hauptthese lautet,

> ...daß die Entstehung einer sich ethnisch definierenden Bande mit ihren delinquenten Praktiken auf der Erfahrung eines kollektiven Status- und Anerkennungsdefizits in der Gesellschaft beruht und daß die Bande als subkulturelle Gemeinschaft der Bewältigung migrationsspezifischer Schwierigkeiten dient. (Tertilt 1996, 171)

Dabei wird das Subkulturtheorem hinzugezogen. Die Turkish Power Boys definieren sich, wie der Name schon ausdrücken soll, ethnisch:

> Daß sie gemeinsam ein Wir-Gefühl als türkische Jugendgruppe entwickelten, sehe ich in der Verbindung mit ihrem ethnischen und sozialen Stigma, das sie zusammenschweißte. (Tertilt 1996, 22).

Folgerichtig schließt der Autor daran eine kritische Auseinandersetzung mit den soziologischen Theorien über deviantes Verhalten in (ethnischen) Jugendgruppen an, die der Kulturkonflikttheorie oder dem *Labeling Approach* folgen. Bandenbedingte Handlungen interpretiert der Autor als Mittel des Kampfes um Anerkennung und Form der Selbstdarstellung (vgl. ebd., 57).

So wird eine dem Integrationsparadigma verpflichtete Sichtweise aufgebaut, die als Prämisse eine »Integration« der Jugendlichen in die Mehrheitsgesellschaft beinhaltet. Die Begrenzung der Arbeit und damit die Einschränkung der Darstel-

---

[26] Vor allem die extrem schwierige Feldphase, in der Tertilt direkten körperliche Angriffen ausgesetzt war, und die teilnehmende Beobachtung von devianten Jugendlichen, die ein hohes Maß an »Neutralität« des Forschers erfordern, machen die extremen Bedingungen aus, unter denen die empirische Arbeit durchgeführt worden ist.

lung aus der Perspektive der Jugendlichen, die der Autor einzunehmen versuchte, drückt sich bereits im Titel der Arbeit aus: *Ethnographie einer Jugendbande*. Tertilt *beschreibt* die Bande, weniger versucht er die Motive und Handlungen jenseits der Gruppenbeziehungen und -kontexte zu *verstehen*. Eine Erklärung der delinquenten Handlungen jenseits des Gruppenkontextes hätte unter Umständen zeigen können, dass Statusprobleme und mangelnde Anerkennung (in der Gesellschaft) als Erklärung für die Verhaltensweisen der Jugendlichen nicht als alleinige Ursache ausreichen. Die Begrifflichkeiten, die verwandten Terminologien wie z. B. zweite Generation[27] und Integration tragen dazu bei, dass sich auch diese Arbeit in die Kontinuität der Ausländerforschung einreiht. Die Jugendlichen werden auf eine Opferrolle festgeschrieben. So wird der Blick auf die (Mehrheits-) Gesellschaft verstellt, die mehr Anteil an dieser Dynamik der Bandenbildung hat, als nur Anerkennung zu verweigern. Der Zusammenhang von Bandendelinquenz und der gesellschaftlichen Situation ist meines Erachtens nicht zwingend, vielmehr nur aus den einzelnen Biografien zu rekonstruieren.

Ich interpretiere wieder den Text und sehe mir die erste Beschreibung der Porträts von drei Bandenmitgliedern an. Hayrettin, ein Mitglied der Powerboys wird eingeführt:

> Als ich Hayrettin kennenlernte, war er gerade 15 Jahre alt und ein richtiger Heißsporn. Er trug ständig eine schwarze Bomberjacke, hatte Unmengen von Gel in die Haare geschmiert, war immerzu mit allen möglichen Leuten im Gespräch und stolz auf jede rotzfreche Äußerung, die ihm dabei über die Lippen kam. Manchmal beobachtete ich, wie er vor dem Jugendtreff mit seinem Tschako aus Stahl oder seinem Butterflymesser spielte und in blitzschnellen Fingerübungen die Handhabung dieser Waffen einübte. (Tertilt 1996, 91)

Hayrettin wird sehr affektgeladen beschrieben als »Heißsporn«, aber auch als jemand der gefährlich ist, mit Waffen spielt, wie die Schilderung nahe legt. Im Zusammenhang mit der Familiensituation von Hayrettin ergibt sich daraus ein stimmiges Bild. Als Hayrettin wegen eines Diebstahls angezeigt wurde und die Polizei in die Wohnung der Eltern kam, reagierte der Vater sehr aggressiv:

> Und wenn es noch weitergeht, werde ich dich umbringen, hat er zu mir ins Gesicht gesagt. Der hat gesagt: Ich knall dich ab. Ich komme aus so einer Gegend in der Türkei,

---

27 Ulrich Bielefeld kritisiert am Begriff der »zweiten Generation« zwei Punkte: Zum einen ist er äußerst ungenau, da gleichaltrige Jugendliche sehr unterschiedliche Biografien und Erfahrungen aufweisen. Zum zweiten verweist er auf zyklische Integrationsmodelle. »Gerade die zweite Generation wird in diesen als »problematisch« thematisiert, aber eine fast automatische »Problemlösung« (Integration, Assimilation) für die dritte Generation angenommen.« (Bielefeld 1988, 41) Ergänzend ließe sich anmerken, dass der Begriff darüber hinaus eine ethnozentrische Haltung widerspiegelt, da er in diesem Zusammenhang ausschließlich für Immigrantenjugendliche benutzt wird.

> da wird man ganz schnell abgemurkst, wenn man so Scheiße macht. [....] Ich werde wahrscheinlich auch so sein. (Tertilt 1996, 92)

Damit schließt Hayrettin seine Schilderung. Dennoch oder vielleicht genau aus diesem Grund, gelingt es dem Forscher ein »besonderes Vertrauensverhältnis« (ebd.) zu ihm aufzubauen.

> So trafen wir uns seit der Auflösung der Bande wöchentlich zum Tavla-Spiel in einer Kneipe, besprachen Alltägliches, besprachen auch meine Arbeit, aus der ich ihm immer wieder Auszüge zu lesen gegeben hatte. In diesem Zusammenhang war ein biografisches Interview mit ihm entstanden, das seine Lebenssituation reflektiert. Er selbst hatte während seiner Zeit in der Jugendbande eine enorme Entwicklung durchgemacht, in deren Verlauf er sich von einem aufbrausenden Jungen zu einem nachdenklichen und in sich ruhenden Gesprächspartner wandelte. (ebd.)

Aus der Arbeit von Tertilt entwickeln sich Fragen, die den Raum für weitere Forschungen eröffnen. Die schon weiter oben beschriebene Trennungserfahrung in früher Kindheit weisen auch die von Tertilt befragten Jugendlichen auf. Explizit taucht eine Bearbeitung dieser Erfahrung allerdings nicht in den Interpretationen auf, sie muss zwischen den Zeilen gelesen werden. Was wäre denn die biografische Verarbeitung einer problematischen Vater-Sohn-Beziehung und der fehlenden Anerkennung hierin? Was unterscheidet sie und was verbindet sie zu vergleichbaren anderen (deutschen) Biografien von gewaltbereiten männlichen Jugendlichen? Wozu dient der Gewaltdiskurs innerhalb der Gesellschaft? Und heißt »fehlende Anerkennung«, dass, wenn die Jugendlichen (wie auch immer) integriert wären, die Bandenbildung und die Delinquenz dann nicht stattgefunden hätte?

Hier schließt sich die Frage nach der Bedeutung des Anerkennungsdefizites für das Selbstbild der Jugendlichen an. Tertilt gelangt nicht über den zum Naturalismus neigenden ethnographischen Bericht hinaus. Er hat sich nicht die Frage gestellt, wie die Jugendlichen die frühe Erfahrung bearbeiten und in welchen Zusammenhang sie mit ihren Entwürfen als türkische Männer in Beziehung stehen können. Im Text von Tertilt ist keine Äußerung dazu zu finden, wie dieses markante gemeinsame Merkmal, das großen Einfluss auf die adoleszente Welt- und Selbstsicht hat, bearbeitet wird. Dieses Datum muss aber in der Analyse berücksichtigt werden, um die Lebenswelt dieser Jugendlichen angemessen verstehen zu können.

Ein wichtiges Thema ist das Geschlechterverhältnis, welches von Tertilt im Kapitel über Männlichkeit implizit thematisiert wird. In den Rekonstruktionen der »Beleidigungsduelle« der Jugendlichen, die den Status innerhalb der Gruppe festlegten und ein Gradmesser für Männlichkeit waren, steckt auch ein Erklärungsmodell, welches nicht auf die Anerkennungsdefizite abhebt und damit die kausale Verkettung von Tertilts Interpretationsansatz erweitert. Männlich sein heißt in der Sichtweise der Power Boys aktiv sein, sexuell dominant und andere »anzumachen« (ebd., 189 ff.). Die Opfer der Gruppe waren in dieser Logik unmännlich, passiv, was die Jugendlichen mit *ibne* (schwul) übersetzten, und in aller Regel Deutsche. Tertilt folgt bei der Interpretation dieses Rituals den Überlegungen von Schiffauer über den Ehrbegriff (1983) und übernimmt dabei dessen kulturalistische Deutungsmuster. Es ist durchaus zutreffend, dass, wie Tertilt schreibt, das Ehrkonzept in der Herkunftskultur der Eltern und der subkulturellen Lebenswelt der Jugendlichen eine nicht unerhebliche Rolle spielt; es ist darüber hinaus richtig, dass die Art der Delinquenz, die in der Gruppe entstanden ist, sich nicht aus dieser kulturellen Besonderheit ableiten lässt. Aber die Deutung dieses Rituals alleine vor einem symbolischen Hintergrund, die eine kulturalistische Reduktion ergibt, versperrt den Blick auf eine weitere Ebene der Interpretation, bei der diese symbolische Grenzziehung durch Sexualität zwischen Deutschen und Türken, so wie sie von den Power Boys errichtet wurde, als Resultat der Geschlechterbeziehung erscheint.

In den biografischen Analysen hatte Tertilt die Bande in ihrer individuellen Funktion für drei Bandenmitglieder beschrieben. Allen drei unterschiedlichen Fällen gemeinsam ist die Nichtthematisierung der problematischen Vater-Sohn-Beziehung durch Tertilt. Deutlich wird, dass eine Idealisierung des Vaters und seine gleichzeitige Abwertung zu verzeichnen war. Die Ambivalenz der Väter gegenüber den Söhnen, die nicht dem väterlichen Vorbild folgen, die Ambivalenz der Söhne den Vätern gegenüber, dass diese nicht die gewünschte Stärke besitzen, um die paradoxe Lebenssituation der Migration aufzulösen, spiegelt sich in diesen beschriebenen Vorstellungen, Ritualen und Inszenierungen von Männlichkeit wider (vgl. Sauter 2001b). Die Ambivalenz wird in den Ritualen zu bearbeiten und neutralisieren versucht. In der Selbstethnisierung der Jugendlichen *als Türken* entwerfen diese in ihren Handlungen – so meine Lesart – einen starken Vater. Sie wollen ihn selbst repräsentieren, seine Schwäche, seine Uneindeutigkeit und seine mangelnden Handlungskompetenzen vergessen machen. Die Jugendlichen wären angemessener als in Deutschland geborene Türken zu bezeichnen. *Die* Türkei ist somit eine imaginierte, fiktive Quelle der Identitätsbildung.

Die Gemeinsamkeiten mit ähnlichen Biografien vergleichbarer deutscher männlicher Jugendlicher wären sicher größer als die vermeintlichen Differenzen. Vielmehr wären die Fragestellungen, wie sich Männlichkeit(en) in erschwerten Lebenslagen entwickeln zu verknüpfen mit der Frage, wie sie sich unter privilegierten Bedingungen herausbilden. Damit ließe sich ein produktiver methodischer Zugriff für diese Thematik erschließen (vgl. Schroeder 1996, 302). Am Beispiel der Power Boys findet sich ein Rückgriff auf ethnische Motive der männlichen Herkunftskultur. Die typische Inszenierung von Männlichkeit, wie sie bei den Jugendlichen erkennbar ist, verweist auf eine Modernisierung der Geschlechterbeziehung, wie sie sich auch in den Familien der Power Boys qua Migration vollzogen hat. Das traditionelle Konzept der Ehre hat sich nun überholt, wird aber, weil kein neues für die moderne, urbane Lebenswelt gültiges Konzept entwickelt wurde, wieder reaktiviert.

Vor dem Hintergrund der in den Biografien der Bandenmitglieder auftauchenden Bilder der bedürftigen Väter, die aber weiterhin in aller Größe phantasiert werden, wird eine weiterreichende Lesart deutlich. Hayrettin schildert seinen Vater:

> Der hat in Frankfurt viel Kundschaft gehabt. Er war einer der berühmtesten Schneider hier in Deutschland, also in Frankfurt, nicht in Deutschland. Die ganzen reichen Leute, viele jüdische, auch deutsche Kundschaft, die Reichen kamen halt. (Tertilt 1996, 95)

Von dem berühmtesten Schneider ist zwar noch die Respektsperson geblieben, viel mehr hat der Vater von Hayrettin jedoch anscheinend nicht zu bieten. Vor allem wenn es um Anerkennung geht. Meine These dazu ist, dass nun der Sozialforscher etwas Konkretes zu bieten hat, indem er mit seiner Fragestellung die Aufmerksamkeit der Jugendlichen erreicht, die nichts *mehr* wollen als Anerkennung und einen Platz in der Gesellschaft.

Betrachte ich vor diesem Hintergrund das konkrete Forschungsarrangement, das Tertilt hergestellt hat, so wird erkennbar, dass es einen Raum zur Verfügung stellt, an dem diese Jugendlichen Anerkennung und Öffentlichkeit bekommen, die ihnen von anderen Personen ihrer Lebenswelt vorbehalten wurde. Tertilt steht ihnen zur Seite, wenn es um Schwierigkeiten geht, er Bewerbungen schreibt (ebd., 247) und ihnen über »ihr« Buch erzählt. Gerade Hayrettin sucht im Forscher jemanden, der ihn besser beurteilt als sein Vater. Hayrettin will aus dieser engen Rolle heraus, er sieht sich wie sein Vater werden: »Ich werde wahrscheinlich auch so sein« (ebd., 92). Der Forscher tritt nun ab, der Sozialarbeiter kommt auf die Bühne. Hat Hayrettin sich nicht verändert, von einem aufbrausenden Jungen zu einem nachdenklichen und in sich ruhenden Gesprächspartner? Daran hatten die Gespräche sicher einen nicht unerheblichen Anteil.

Tertilt brachte alternative Entwürfe in die Gruppe ein, nicht nur eigene Bedürfnisse, z. B. eine gute Forschung zu machen. Er hat die Gruppe als Vermittler wieder in eine berechenbare Position gebracht. Dagegen ist nichts einzuwenden. Nur stellt sich die Frage, ob die Rolle des Sozialarbeiters, die Tertilt dabei einnimmt, nicht einem Abwehrbündnis gleichkommt, das dazu dient, das brisante und noch verborgene Thema der problematischen Vaterbeziehung nicht anzusprechen. Darüber hinaus werden aggressive Momente und Interessenungleichheit, Statushierarchien und Machtgefälle in der Forschung kompensiert, um sich auf die Position des Helfers zurückzuziehen, der dafür, dass er von den Jugendlichen etwas bekommt, nämlich »gutes Material«, sich mit etwas revanchieren möchte.

Der Forscher hat nicht nur Hayrettin mit Anerkennung belohnt, er bewertet darüber hinaus ihre Lebenspraxis kritisch und versucht so, die Biografien der Bandenmitglieder wieder in ein gesellschaftlich konsensfähiges Modell zu integrieren. Er öffnet eine Tür, die in Richtung Akzeptanz weist. Dennoch ist der Raum, zu dem sich diese Tür öffnet, der des Opfers. Und der des Täters, wenn es um deviantes Verhalten geht. Zwischen diesen beiden Polaritäten bleibt es seltsam unbelebt. Hier wäre nach dem Raum zu fragen, in dem Tertilt die Wünsche, die an ihn herangetragen wurden und die Bedeutung eines für die Jugendlichen lebenswichtigen Themas erkennt und bearbeitet. Die Forschungssituation, so wie sie festgelegt war, bot diesen Raum nicht. Als eine Folge davon legte sich Tertilt auf kulturalistische Deutungen fest.

Das Abwehrbündnis zwischen dem Forscher und den Jugendlichen interpretiere ich so, dass das Forschungsarrangement, in dem Tertilt als Sozialarbeiter und »Ersatzvater« erscheint, faktisch die Funktion bekommt, dass ein für die Jugendlichen wichtiges und ungeklärtes Thema latent bleiben muss und eigene Lebensfragen der Jugendlichen nicht wirklich eingebracht werden. Stattdessen werden wissenschaftliche Themen des Forschers angesprochen, die nicht die Themen der Jugendlichen widerspiegeln. Worüber kann und darf gesprochen werden? Dieser Frage kommt nun eine wichtige Bedeutung zu.

Das Forschungsarrangement entscheidet vorgängig darüber, was der Forscher an Fragen und Themen zulässt, was besprochen werden kann und was keinen Raum erhält. Tertilt stellt in seinem Forschungsarrangement über praktische Handlungen als »helfender Sozialarbeiter« die Thematik der Power Boys still, das heißt, dass das eigene Thema der Jugendlichen durch die Helfertätigkeit zu einem Beziehungsthema gemacht wird. Nur auf der Ebene der Helferbeziehung wird dieses Thema bearbeitet, auf anderen Ebenen wird der Zugang erschwert. Da es in der Forschung von Tertilt keine Aushandlungsräume gab, die zwischen den Interessen des Forschers und den Interessen der Jugendlichen die Möglichkeit eröffnet hätten, ein latentes Thema zu erkennen und gemeinsam zu behandeln, hat Tertilt schließlich das Anliegen seiner Arbeit, etwas über Lebenswirklichkeit der so genannten zweiten Einwanderergeneration und den latenten Zusammenhang zwischen Bandendelinquenz und Anerkennungsdefizit herauszufinden, auf eine kulturalistische Interpretation verkürzt. Ich denke, dass die Reflexion der Forschungssituation in dieser Studie nicht hinreichend geleistet worden ist. Eine selbstreflexive Untersuchung der Rollen des Forschers hätte eine wichtige Spur gelegt, die Suche nach Anerkennung der Power Boys nicht nur auf der gesellschaftlichen Ebene zu positionieren.

2.6 Das Problem des fundamentalistischen Islams – Die Rettung des Abendlandes

Ein nicht aus der Forschungssituation allein rekonstruierbares, aber dennoch die Konstruktion der Forschung nachhaltig definierendes Retterbild weist die Studie von Wilhelm Heitmeyer, Joachim Müller und Helmut Schröder *Verlockender Fundamentalismus* (1997) auf. Hier möchte der Retter nicht nur individuelle Biografien und Lebensentwürfe retten, die Autoren gehen einen Schritt weiter: Sie erscheinen – überspitzt formuliert – als »Retter« des vom islamistischen Fundamentalismus bedrohten Abendlandes. Dieser Kulturpessimismus als ironische Spielart eines erneuerten »Spenglerismus« gilt der Verteidigung und Bewahrung der westlichen Werteordnung durch einen möglichen Angriff aus dieser Richtung. Heitmeyer et al. inszenieren dies exemplarisch durch ihren methodischen Zugriff. Methodologische Einwände erachte ich nicht als banal, sie sind im Gegenteil erkenntniskritisch sehr bedeutsam, um den Ausschnitt, die Betrachtungsweise, die in einer Studie gewählt wurde, aufzuzeigen. An dieser Stelle kann übergeleitet werden zu der theoretischen Orientierung der Studie *Verlockender Fundamentalismus*, die ein Beispiel für eine Anwendung des Individualisierungstheorems (vor allem Beck 1986) nach Art des *Prokrustes* ist: Alles, was nicht passt, wird abgehauen oder auseinandergestreckt. Nach den Fußballfans und den rechtsextremistischen Jugendlichen werden nun fundamentalistische türkische Jugendliche in dieses *Prokrustesbett* einer empirischen Sozialwissenschaft gelegt, die ausschließlich innerhalb von makroskopischen Ausschnitten die Wirklichkeit verdoppelt.

Die Frage schließt sich hier an, ob die Objekte in dieser Studie nur durch Auswahl und Klassifizierung dahingehend konstruiert wurden, um daran gesellschaftliche Großtheorien verifizieren zu können?

Das theoretische Konzept der gesellschaftlichen Desintegration, das Heitmeyer und seine Mitarbeiter verfolgen, drückt sich unmittelbar aus in dem Desinteresse an den Lebenslagen und Überlebensstrategien der von ihnen befragten Jugendlichen. Ein seltsames Paradox tut sich auf: Wo sich fundamentalistische Gruppen durch »monopolisierende Weltdeutungen« stabilisieren, da versucht sich eine Forschungsgruppe durch ein eigenes Erklärungsmonopol zu etablieren. In diesem Kontext muss auch das von Wilhelm Heitmeyer gegründete Institut für interdisziplinäre Konflikt- und Gewaltforschung gesehen werden (das seine Legitimation und Förderungswürdigkeit unter Beweis stellen möchte). Pointiert formuliert wäre es eine durchaus denkbare Strategie zur Etablierung des Instituts, die Bedrohung durch eine politisch und religiös motivierte Bewegung und durch fundamentalistische Jugendliche, empirisch zu bestätigen, um sich dann als Prognose- und Rettungsinstitution zu profilieren.

Ein Blick auf die Rezeptionsgeschichte[28] scheint die Retterhypothese idealtypisch zu belegen: *Der Spiegel* titelte das Scheitern der multikulturellen Gesellschaft (s. o.) und hob als Kronzeugen Wilhelm Heitmeyer in den Zeugenstand, Interviews in den TV-Nachrichten und anderen Medien folgten. Sozialforschung erscheint hier als perfekte mediale Inszenierung.

Heitmeyer und seine Mitarbeiter gehen davon aus, dass die Desintegration in der modernen Gesellschaft stetig zunimmt und verunsichernde Wirkungen bei Jugendlichen hat. Bei Migrantenjugendlichen habe die Desintegration unter anderem eine Rückkehr zu ethnisch-kulturell motivierter Gewalt zur Folge. Diese einfache Mechanik des *je*-mehr-Desintegration-*desto*-mehr-Fundamentalismus hat eine verlockende Plausibilität, trägt jedoch nicht zur Klärung der Sachhaltigkeit der These bei.

Zweierlei fällt in der Argumentationslogik der Autoren auf: Zum einen ist die Gefährdung nicht tatsächlich virulent, sie ist *möglich*, sie schwebt latent als Bedrohung über der deutschen Wirklichkeit, diese Bedrohung ist also zunächst einmal durch die Autoren postuliert. Zum zweiten werden die Jugendlichen als Instrumente dargestellt, die von obskuren islamischen Gruppierungen missbraucht werden, welche so ziemlich alles zu vernichten drohen, was in der bundesrepublikanischen Gesellschaft hohen Wert genießt: Demokratie, Pluralismus und Integration. Diese Hypothese wollen Heitmeyer et al. empirisch untersuchen. Sie versprechen dabei eine »kritische Analyse« (1997, 13). Ein Blick auf die Untersuchungskonzeption legt offen, wie dieses Vorgehen operationalisiert wird. Beschreibungen von Lebenslagen, Ausmaße individueller Religiosität und Ursachenzusammenhänge für fundamentalistische Orientierungen wollen die Autoren analysieren. Die Frage hierbei ist, ob diese mit normativen Wertigkeiten aufgeladenen Analysekategorien jemals den Horizont der Forscher verlassen? Die rigiden – man kann sagen konservativen – Vorstellungen von Werten, Traditionen und Modernisierungsproblemen, mit denen die Forscher operieren, lassen den Jugendlichen keinen Handlungsspielraum. Durch die Skalierung der Untersuchung – die Skalen, die sich ergänzen, werden aufgegriffen, Widersprüche darin ausgeklammert und die *so* aufeinander bezogenen Skalen werden als Tatsachen verkauft – entsteht eine künstliche Konsistenz der Forschung, die alle Lebendigkeit aus dem Material entfernt.

Zudem nährt das Modernisierungsverlierertheorem die Sichtweise, dass die Jugendlichen mehr Objekte als Subjekte des Wandels seien. Die Ausgangsfrage, wie Migrantenjugendliche mit dem Problem kultureller Vielfalt, ungleichen Lebenschancen und struktureller Benachteiligung umgehen können, verweist für die Forscher auf drei Formen der Verarbeitung: Der *Patchwork-*, der *Chamäleon-* und der *Assimilationstypus* (ebd., 25). Was passiert nun, wenn diese drei Formen nicht greifen? Dann, so die Autoren, kommt es zu einer Rückbesinnung auf die Her-

28 Vgl. Proske/Radtke 1999; Bukow/Ottersbach 1999.

kunftskultur der Großeltern, und Religion wird mit Macht und Gewalt konnotiert. Ambivalenz ist dabei negativ unterlegt und scheint nur durch Religion auffangbar. Dass Ambivalenz positiv erlebt und verarbeitet werden kann und als ein tragfähiges kulturelles Modell erlebt und in die Biografie eingebaut wird, daran lässt sich angesichts des normativen Forschungsdesigns nicht denken.

Die Untersuchung von Heitmeyer et al. wurde in 63 allgemein- und berufsbildenden Schulklassen in Nordrhein-Westfalen mit Hilfe einer standardisierten schriftlichen Befragung durchgeführt. Wie dieser Forschungsrahmen genau angelegt wurde, darüber gibt es keine Auskunft, wir können nur annehmen, dass die Lehrer die Fragebögen mit Anweisungen erhalten haben, die türkischen Schüler und Schülerinnen ausgewählt wurden, und der Rest frei hatte. Die Konstruktion der ethnischen Markierung, der Selektion und die Schulsituation hatte nicht unerheblichen Einfluss auf das Ergebnis der Studie. Nur: reflektiert wurde dieses Forschungsarrangement in keiner Zeile. Heitmeyer und seine Mitarbeiter haben sich gegen diese Art der Kritik gewappnet. Ihre Überlegungen zur methodischen Anlage enthalten eine Aneinanderreihung von möglichen Einwänden und Kritiken. Eine Immunisierungsstrategie gegen kritische Interventionen scheint hier durch, und lässt jede Kritik durch ihre Vorwegnahme ins Leere laufen. Der Schlüsselsatz der Inszenierung der Forschung lautet aber:

> Der gravierende Vorteil der schriftlichen Befragung muß aber darin gesehen werden, daß stark tabuisierte Inhalte etwa zur Gewalt abgefragt werden, zu denen u. E. nur in der *anonymisierten* Befragungssituation erwartbar »richtig« geantwortet wird. Jede Face-to-Face Situation hätte mit Ausnahme der Angehörigen von Kadergruppen zu massiven Verzerrungen geführt, zumal Interviewer mit einem Universitätsstatus die Situation wesentlich in Richtung sozialer Erwünschtheit verschieben könnten. (Heitmeyer et al. 1997, 47, Hervorh. i. O.)

Die Sozialforscher reflektieren hier einen kurzen Moment lang ihre verschiedenen Rollenmuster und die möglichen Konfigurationen der Forschungsbeziehung. Wurde erst einmal die Gruppe ethnisch konstituiert, d. h. durch das Aussondern der türkischen Jugendlichen verdinglicht, so scheint es fast logisch, dass der Fundamentalismusdiskurs von ihnen aufgegriffen und in einem ironischen Spiel der befragten Jugendlichen verkehrt wurde: Was wollen die Forscher denn von uns wissen? Jetzt werden sie mit Stereotypen *bedient*! Die Forschungsinszenierung wirkt wie eine grandiose Vermeidung des Aushandelns und reflexiven Verhandelns in der Forschungspraxis.

Die Erkenntniskraft der Studie steht somit zur Debatte und wird von Werner Schiffauer folgendermaßen bilanziert:

> Liest man die Studie mit kritischen Augen, so scheint die Antwort bereits am Anfang festgestanden zu haben: Islamisch fundamentalistische Gruppen machen sich die Pro-

> blemlage der türkischen Jugendlichen zu Nutze, sie liefern die Ideologie, die letztendlich die latent vorhandene Gewaltbereitschaft kanalisieren wird: Das Zusammenspiel von Problemlage und Ideologie wird zu einer für die Zivilgesellschaft kritischen Situation. Heitmeyer und sein Team versuchen nicht, diese These auf dem Weg einer Falsifikation kritisch zu prüfen – im Gegenteil: Sie lesen sie auch dann in die Daten hinein, wenn diese dagegen sprechen. (Schiffauer 1999, 116).

Das Ergebnis ist, dass nun wissenschaftlich bestätigt wird, was man irgendwie – alltagstheoretisch – schon immer wusste. Mithin könnte man sagen, dass die Fiktion, die durch die Studie über Fundamentalismus, der türkische Jugendliche befällt, dadurch hervorgerufen wurde, dass sich das Wissenschaftlerteam hermetisch gegen die Wahrnehmung der (dem Blick der Wissenschaftler verborgenen) Lebenswirklichkeit türkischer Jugendlicher verkapselte und ihnen erwartete Items zur Affirmation vorlegte. Was dabei produziert wurde ist weniger als erkenntnislogische Studie über Jugendliche aus Immigrantenfamilien in einem hochkomplexen Geflecht innerfamiliärer, gesellschaftlicher und intrapsychischer Zusammenhänge zu sehen, sondern steht vielmehr als Dokument einer professionellen Verständigungsgemeinschaft über eine vermeintliche »Kultur« der Anderen im multidisziplinären Kontext der Ausländerforschung.

Die Studie von Heitmeyer et al. versammelt in ihrer methodologischen und theoretischen Geschlossenheit alle bekannten *-ismen* der Ausländerforschung: Miserabilismus, Kulturalismus und Essentialismus, und gilt als ein Paradebeispiel von methodisch erzeugter Realität, in der die Interviewauszüge als Belegstellen für ohnehin Gewusstes über *die* türkischen Jugendlichen herhalten müssen (vgl. Bommes 1993, 17).

2.7 Lösungsdruck statt Reflexion – Ein Phantasma wird lebendig

Ein eindrückliches und nicht am Lösungsdruck oder Integrationsimpetus enggeführtes drastisches Beispiel der Lebenswirklichkeit von türkischen Jugendlichen aus Immigrantenfamilien schildert Feridun Zaimoglu in *Abschaum* (1997). Die wahre Geschichte von Ertan Ongun, dessen kriminelle und dissoziale Identifikation *ein* mögliches Beispiel für die Konsequenzen ambivalenter Rechtsstellung in der Gesellschaft in Verbindung mit absoluter Leere zwischen den Eltern und den Kindern sein kann, führt die ganze Hoffnungslosigkeit und Verzweiflung, die diese Leere ausfüllt, vor Augen. Ertan sagt, sein Leben resümierend: »Weißt du was, ich scheiß auf die Gesellschaft. Da im Dreck, da war ich wenigstens wer, da war ich Abschaum, weißt du, und jetzt geh ich so unter.« (Zaimoglu 1997, 180)

Zaimoglu bringt in seinem Schlusswort der Storys von Ertan Ongun den Zusammenhang von Bedrohungs- und Retterphantasien auf den Punkt: Die Biografie dieses Jungen sei die zu Leben gewordene Gestalt der gesamten Warnungen vor dem s*ozialen Sprengstoff*, der mit der so genannten zweiten Generation junger Türken in Deutschland konstruiert worden ist.

Dass dieses Phantasma lebendig wurde, dazu haben, wie sich zeigte, Arbeiten aus dem Ausländerforschungsparadigma durch holzschnittartige Anomietheorien, verengte Betrachtungsweisen und belastete Empirie ihren spezifischen Beitrag geleistet. Eine besondere Dynamik beinhaltet zudem die Tatsache, dass in allen drei beispielhaft untersuchten Forschungen erwachsene Männer über männliche Jugendliche forschen, die am Rande der *mainstream* Gesellschaft stehen.

So unterschiedlich die Bedrohungs- und Retterphantasien, die hier analysiert wurden, auch sind: gemeinsam haben sie die Strategie, sich aus affektiven und komplexen Forschungssituationen durch Helfer- und Retterrollen zu entziehen. Dadurch gewinnt eine Betrachtungsweise an Dominanz, die auf systematische Selbstreflexion verzichtet und über ein jeweils spezifisches Zusammenspiel von Theoriebildung, angewandten Methoden und Auswertungsverfahren Bilder von Jugendlichen aus Immigrantenfamilien generieren, die die Botschaft von Ertan Ongun illustriert: *Wir sind die Kanaken, vor denen ihr Deutschen immer gewarnt habt. Jetzt gibt es uns, ganz eurem Bild und euren Ängsten entsprechend.* (vgl. Zaimoglu 1997, 183)

3. Die Herstellung ethnischer Heterogenität

Der männliche türkische (gewaltbereite) Jugendliche wurde zum Stereotyp einer neu entstehenden gefährlichen Klasse, die als permanente Bedrohung die »Integrationsbemühungen« der deutschen Mehrheitsgesellschaft zu durchkreuzen droht. Als Begründungsfigur der Ausländerforschung kann er als eine rituell wiederkehrende Diskursfigur in der Wissensproduktion der Ausländerforschung identifiziert werden – in diesem Sinne ist er ein üblicher Verdächtiger.

»Verhaften Sie die üblichen Verdächtigen!«, mit diesem Ausspruch wies Captain Renault in »Casablanca« seine Polizisten an, nachdem es zu einem kleinen Tumult in Ricks Café gekommen war. Unter dem Gemisch aus Flüchtlingen, unfreiwillig eingewanderten und politisch Verfolgten, die sich alle das Café von Richard Blain zum Treffpunkt auserkoren hatten, bildete sich eine informelle Infrastruktur, in der Schwarzhandel mit gefälschten Ausweispapieren zum Überlebensmittel der Vertriebenen aus aller Welt wurde. Die Polizei hatte dies wohl beobachtet, sah sich aber nur zum Eingreifen genötigt, wenn die informellen Regeln des Zusammenlebens gebrochen wurden. So zumindest erzählt es der Film von Michael Curtiz aus dem Jahre 1943.

3.1 Wer sind die »üblichen Verdächtigen« heute?

Der »Erste Periodische Sicherheitsbericht« (im Folgenden: PSB), der gemeinsam vom Bundesministerium des Inneren und vom Bundesministerium der Justiz erstmals im Jahr 2001 herausgegeben wurde, und der als amtliche Berichterstattung über Kriminalitätslagen differenziert Auskunft über Arten, Verteilung, Belastung und Bewältigung von Kriminalität quer durch Bevölkerungsgruppen und gesellschaftliche Ebenen gibt, hält diesbezüglich fest: »Zuwanderer ohne deutschen Pass stellen eine sehr heterogene Population dar, über die generelle Aussagen zu machen unsinnig wäre.« (PSB 2001, 306)

Die üblichen Verdächtigen sind aber keineswegs verschwunden; im Gegenteil, der PSB macht sie am Beispiel des Schwerpunktthemas »Gewaltdelinquenz junger Menschen« sichtbar. Die Kontinuität eines kontrollierenden Blickes auf Immigranten fällt bei der Lektüre des PSB ins Auge. Gewaltkriminalität junger, männlicher Ausländer entspricht durchaus sowohl der gesellschaftlichen, alltagstheoretischen Denkart als auch dem Erwartungshorizont und bevorzugten Forschungsgebiet des breiten Hauptstroms kriminologischer, erziehungs- und sozialwissenschaftlicher Forschung.

Im Folgenden möchte ich die Repräsentationsweisen von Jugendlichen aus Immigrantenfamilien im PSB untersuchen und aufzeigen, wie durch spezifisch angenommene Kausalitäten und einen unzeitgemäßen Kulturbegriff Bedeutungszusammenhänge geschaffen werden, die scheinbar eindeutig – weil erwartbar – sind. Wenn die ethnische Brille abgelegt würde, könnten die Zusammenhänge in andere Richtungen hin interpretiert und verstanden werden. Dabei verlöre allerdings die bevorzugt vermittelte Eindeutigkeit und Plausibilität der Erklärungsansätze bedeutend an Gewicht.

Des Weiteren verfolge ich einen Disput über Erscheinungsformen und Erklärungsversuche der Delinquenz von »jugendlichen Ausländern«. Es geht mir darum, die Grundannahmen – mithin die impliziten Theorien – in diesem Diskurs über Kriminalität und Jugendliche aus Immigrantenfamilien kritisch zu überprüfen und infragezustellen, um damit einige blinde Flecken freizulegen, welche die bislang dominierenden Sichtweise auf die Entstehung von Kriminalität bei Jugendlichen charakterisieren.

Das zweite Kapitel des 707 Seiten umfangreichen PSB verzeichnet die Vielzahl der einzelnen Kriminalitätsbereiche. Dort findet sich als Unterpunkt auch der Bereich »Zuwanderung und Kriminalität«. Wie werden darin Jugendliche mit Migrationshintergrund beschrieben, was ist die bevorzugte Darstellungsweise? Zunächst wird am Anfang des Kapitels auf eine große Zuwanderungswelle nach Deutschland verwiesen:

> Die große Zuwanderungswelle in den Jahren zwischen 1988 und 1993 hat die Sensibilität der deutschen Bevölkerung im Hinblick auf eine möglicherweise gewachsene Bedrohung durch Kriminalität geschärft. Diese sozialpsychologisch erklärliche Haltung gegenüber Fremden haben schon Elias und Scotson beschrieben. Die Tendenz, Nichteinheimischen eher eine Beteiligung an Straftaten zuzuschreiben, macht es erforderlich, den tatsächlichen Einfluss von Zuwanderung auf Kriminalität zu bestimmen. (PSB 2001, 305)

Der Verweis auf die berühmte Gemeindestudie von Elias und Scotson verwundert an dieser Stelle. Warum greifen die Verfasser des PSB gerade darauf zurück? Die Autoren von *Etablierte und Außenseiter* haben ja bekanntlich detailliert beschrieben, wie in der Gemeinde Winston Parva die unterschiedlichen sozialen Gruppen gerade *nicht* aufgrund ethnischer Herkunft, Nationalität oder religiösen Anschauungen das soziale Zusammenleben gestalten. Der wichtigste Aspekt der »Rangordnung« ist dagegen die Präsenz in der Gemeinde: die Alteingesessenen spielen aufgrund ihrer höheren sozialen Kohäsion ihre damit verbundenen Machtvorteile gegenüber den Zugezogenen aus. Mit diesem theoretischen Zugriff wurde ein Schwerpunkt geschaffen der die üblichen Erklärungsmodelle erweitert, und folgerichtig legen Elias und Scotson ihren Fokus auf die *Figurationen*, das heißt darauf, wie sich das soziale Leben und Zusammenleben in Winston Parva organisiert. In den Blick geraten damit die sozialen Interaktionen der Bewohner, mithin die Gruppenbeziehungen jenseits ethnischer Unterschiede.

Es erscheint – so der kritische Impetus des PSB – vor dem Hintergrund der Tendenz der einheimischen Bevölkerung, den Zugewanderten eher eine Beteiligung an Kriminalität zuzuschreiben und in dieser Hinsicht den tatsächlichen Einfluss von Zuwanderung auf Kriminalität zu bestimmen, sehr verdienstvoll, mit gesellschaftlichen Vorurteilen aufräumen zu wollen. Schauen wir nun darauf, wie dieses Vorhaben im PSB umgesetzt wird.

In diesem Kontext wird genau unterschieden zwischen Zuwanderern mit und Zuwanderern ohne deutschen Pass, weil sich daraus wesentliche aufenthaltsrechtliche Konsequenzen ergeben, die eine Planung der Existenz in Deutschland nachhaltig beeinflussen. Dieser Status beeinflusst die Lebensperspektive der Zuwanderer im Gewahrwerden der Unumkehrbarkeit des Migrationsentschlusses.

> Von besonderer Bedeutung ist die Zeitperspektive für die jungen Zuwanderer. Sie entwickeln ihre Identität zwischen zwei Kulturen, derjenigen des Herkunftslandes der Eltern und der deutschen. Ihre Identitätsentwicklung wird bestimmt durch Orientierungen und Verhaltensanforderungen aus beiden Kulturen. Erlebte Diskriminierungen und Vorurteile können zwar die Identifikation mit der Gesellschaft, in der sie jetzt leben, erschweren; gleichwohl liegt ihre Zukunftsperspektive – allerdings eindeutiger für Aussiedler als für Ausländer – in Deutschland. Die Orientierung an der Herkunftskultur erhält entsprechend ihren Stellenwert. Diese Spannung kann einen mehr oder weniger starken inneren Kulturkonflikt bewirken, der auch Einfluss auf das Verhalten nehmen kann. (PSB 2001, 305)

Was an dieser exemplarischen Textstelle auffällt: Der PSB ist in der Diktion der deutschen Migrationsforschung der siebziger und achtziger Jahre des 20. Jahrhunderts geschrieben. Warum, so muss hier gefragt werden, hat keine der mittlerweile ausgearbeiteten und angemessenen Theorien und methodischen Zugangsweisen zum Themenkomplex Migration, Jugend und Delinquenz Eingang in den PSB gefunden? Auf den beliebten und im Bereich der Migrationsstudien gängigen Topos der Identität *zwischen*[29] zwei Kulturen zu verweisen und einen zwangsläufig entstehenden »Kulturkonflikt« anzunehmen, erscheint weder problemadäquat, noch auf der Höhe der Zeit. Welche Gründe für diese eigentümliche Problembeschreibung und die unangemessenen Erklärungsmodelle können aus dem empirischen Material, das der PSB vorlegt, rekonstruiert werden? Wie kommt das empirische

[29] Vgl. zum folgenreichen Topos des *zwischen* Kunz 2000.

Material zustande, das maßgeblich den Erkenntnissen zur Delinquenz junger Menschen aus deutschen und nicht-deutschen Familien zugrunde liegt?

3.2 Wer forscht über wen in der Ausländerforschung?

Nimmt man die Zugriffsweisen des PSB hinsichtlich der Thematik jugendliche Ausländer und Gewalt genauer in den Blick, so zeigt sich, dass sie sich nahtlos in die Kontinuität einer langen Tradition der »Ausländerforschung« einordnet. Paradigmatisch werden die »Ausländer« distanziert beforscht, Differenzierungen jenseits einer staatsrechtlichen Definition des nicht-hier-geboren-Seins finden kaum statt. Unter dem Begriff Ausländer werden unter dieser Perspektive konsequent die Inländer z. B. mit türkischem Pass subsumiert (also die in Deutschland geborenen Kinder von Immigranten). Wäre es im Sinne einer weitreichenden Differenzierung nicht angemessener danach zu schauen, wie die Kinder und Jugendlichen aus Immigrantenfamilien von Ethnizität Gebrauch machen? Abhängig davon, ob sie hier groß geworden sind und einen deutschen Pass haben, oder weiterhin unter der Kategorie *Ausländer* vom rechtlich-politischen Leben ausgeschlossen bleiben. Kann in der Wissenschaft von diesen grundlegenden Erfahrungen abstrahiert werden? Davon, was staatsrechtliche Konstruktionen und rechtliche Ambivalenzen für das Alltagsleben dieser Jugendlichen bedeuten? Die Kategorisierung im PSB tut das und unterscheidet schlicht in zugewanderte Jugendliche mit und zugewanderte Jugendliche ohne deutschen Pass. Aus dem Blick geraten damit *erlebte* und geglückte oder möglicherweise prekär verarbeitete Fremdheitserfahrungen.

Im Fokus des PSB stehen jedoch *zugeschriebene* oder *vermutete* Fremdheitserfahrungen und ihre Verarbeitung in einem engen Problemverständnis. Der Wunsch nach Eindeutigkeit dieser vielgestaltigen Thematik scheint hier die Beschreibung nachhaltig zu beeinflussen.

Welche Konsequenzen diese Zugriffsweise für das Verständnis von ethnischer Heterogenität hat, soll an einem Beispiel aus einer exemplarisch ausgewählten Arbeit des Kriminologischen Forschungsinstitutes Niedersachsen (KFN) dargelegt werden. Dies geschieht aus zweierlei Gründen: Zum einen ist das KFN maßgeblich an der Bereitstellung der empirischen Daten für den PSB verantwortlich. Es hat zum anderen die Debatte um die zunehmende Gewaltdelinquenz (ausländischer) Jugendlicher in den letzten Jahren wesentlich mitgeprägt.

In einem kriminologischen und kriminalpolitischen Gespräch im Forum der Zeitschrift *Neue Kriminalpolitik* (Heft 1/Februar 1999 – im Folgenden *NK*) hat der Leiter des KFN und ehemalige Minister für Justiz des Landes Niedersachsen,

Christian Pfeiffer, Stellung genommen zu der Frage des Anstiegs jugendlicher Gewaltdelinquenz. Dabei wurde zunächst ein Zusammenhang zwischen *angewachsener Anzeigebereitschaft* und dem Anstieg von *Jugendgewalt* hergestellt. Konkret nennt Pfeiffer, dass »Max und Moritz-Konflikte seltener und Max und Achmet- und Achmet und Igor-Konflikte häufiger sind« (*NK* 1/1999, 10). Da die Eltern die treibende Kraft für Anzeigebereitschaft seien, komme dieser Sachverhalt folgendermaßen zustande:

> Wenn ein Türke oder ein anderer Einwanderer der Schläger gewesen ist, dann sind die [Eltern] eben seltener bereit, zum Hörer zu greifen und mit den Eltern der anderen Seite zu sprechen. (ebd.)

Was heißt dies nun für die Wahrnehmung ethnischer Heterogenität? Nehmen wir einmal an, Achmet hat einen deutschen Pass und haut Max, nach dem der ihn als »Kanake« beschimpft hat, auf die Nase. Wie wird dieser Konflikt geregelt? Rufen die Eltern von Max die Eltern von Achmet an? Oder gehen Sie gleich zur Polizei und zeigen Achmet an? Wie kommt dabei nun Ethnizität bzw. ethnische Heterogenität ins Spiel? Wird Achmet von Max (von dessen Eltern) als Deutscher, als Türke oder als Deutsch-Türke gesehen? Als was fühlte sich Achmet, als er Max auf die Nase haute? Als Türke, als Deutscher, als Deutsch-Türke oder als etwas nicht eindeutig zu definierendes, etwas Drittes? Anders differenziert wäre auch folgende Konstellation möglich: Igor, russischer Abstammung, mit deutschem Blut seiner Vorfahren ausgestattet mit blonden Haaren und blauen Augen (und mit deutschen Pass), entwendet Max sein Mobiltelefon, weil er von seinen Eltern keines bekommt. Wie wird dieser Konflikt ausgehen? Wer ruft wen an? Wird Igor dabei als deutsch oder nicht-deutsch wahrgenommen? Auch der Igor- und Achmet-Konflikt ließe sich beliebig ausdifferenzieren, je nach dem, ob Igor Deutscher ist (qua Papiere) und Achmet nicht, ob Achmet Deutscher ist und Igor nicht und vor allem: wie die Jugendlichen damit umgehen usf. Und dann ist da noch diese üble Rauferei zwischen Igor und Achmet wegen eines italienischen Mädchens (EU-Staatsangehörigkeit, also Ausländerin »zweiter Klasse«) aus der Schule. Wer zeigt wen an? Wie wird hier ethnische Heterogenität verarbeitet? Und vor allem: was geschieht nach der Anzeige, geht das Verfahren seinen Gang oder kommt es möglicherweise zu einer vorgerichtlichen Einigung? Wird dabei von ethnischen Unterscheidungen – erlebten und zugeschriebenen – Gebrauch gemacht?

Diese Fragen bleiben aus der Perspektive des PSB unbeantwortet, ja nicht einmal hinreichend beachtet. Ethnische Heterogenität gerät in dem Maße aus dem Blick, wie zugeschriebene Eigenschaften die Kinder von Immigranten mehr und mehr als Merkmalsträger (Achmet, Igor usw.) einer angenommen kulturellen Fremdheit reduzieren. So werden sie zu »illegitimen Kindern« einer deutschen Gesellschaft. Sie sind eigentlich nicht willkommen hier, zumindest wird ihre Anwesenheit ständig hinterfragt. Dass diese Effekte das Anzeigeverhalten der deutschen Eltern beeinflussen, das wird von Pfeiffer richtig gesehen, wenn er auf das massenmediale Feindbild der Ausländer verweist, die uns angeblich zu überrollen drohen (vgl. ebd., 10). Nur: was folgt daraus? Werden gesellschaftliche Gründe dafür erwogen? Oder Ursachenbeschreibungen gesucht? So komplex die sozial- und kriminalstatistischen Auswertungen sind, so *unterkomplex* erscheinen die Erklärungsversuche der erhobenen empirischen Daten.

3.3 Inkonsistente Erklärungen: Kriminologie und »innerfamiliäre Gewalt«

Was Konsens zu sein scheint, ist das Bemühen um eine Verabschiedung monokausaler Erklärungen. So wird vor dem Hintergrund der Annahme einer in Deutschland herrschenden *»Winner-Loser-Kultur«* eine Kombination von drei sozialstrukturellen Faktoren geprüft, um in kriminologischer Hinsicht zwei Gruppen deutlich voneinander zu unterscheiden:

> Zum einen privilegierte Jugendliche, die 1. aus einem Elternhaus ohne Arbeitslosigkeit und Sozialhilfebezug kommen, 2. mindestens eine Realschule besuchen und von daher die Zuversicht haben können, dass sie mit ihrem Schulabschluss später schon gut unterkommen werden und 3. keine innerfamiliäre Gewalt erlebt haben. Wenn diese drei Faktoren zusammenkommen, sind die Jugendlichen weitgehend schutzgeimpft. (ebd., 11)

Soweit die erste Gruppe. Für die zweite Gruppe gilt, dass sie mindestens zwei dieser Resilienzfaktoren (darauf wird noch zurückzukommen sein) nicht erfüllen kann.

> Die Mehrfachtäter kommen primär aus sozialen Kontexten, in denen verschiedene Benachteiligungsfaktoren zusammenkommen. Eine ganz dominierende Rolle spielt offenkundig der Faktor »innerfamiliäre Gewalt«, der freilich nicht isoliert gesehen werden darf. Er ist wiederum deutlich höher in den Familien ausgeprägt, die sozial am Rande stehen, wo der Vater tatenlos zu Hause hockt, frustriert ist und dann seine Machtspiele mit Frau und Kindern treibt. (ebd.)

Im Kontext der Ausführungen des Leiters des KFN stellt sich die Frage, ob nun, nachdem sich die Mainstream-Kriminologie die *Broken-Windows-Theorie* als bevorzugtes Erklärungsmodell sozialstruktureller Verwerfungen angeeignet hatte, nun quasi als natürliche Nachfolge eine *Broken-Home-Theorie* Erklärungsmodelle von Jugenddelinquenz bietet? Nach kritischen Einwänden der *NK* im Interview, dass der Zusammenhang von Schichtzugehörigkeit oder Armutserfahrung mit Delinquenz in der internationalen kriminologischen Forschung eher schlecht belegt sei, spitzt Pfeiffer seine Aussage noch zu: »Für uns sind die Verlierer in unserer Winner-Loser-Kultur primär die Einwanderer, und aus dieser Verlierersituation, die gekoppelt ist mit innerfamiliärer Gewalt, entsteht die Gewaltkriminalität.« (ebd., 13)

Doch ließe sich der Einzug der *Broken-Home-Theorie* damit belegen? Im Titel des *NK*-Interviews »Jugendkriminalität als Folge sozialer Unterprivilegierung?« ist das Fragezeichen noch deutlich konturiert. Doch es beginnt sich zunehmend aufzulösen, nicht genug Substanz zu haben, angesichts der im Interview gemachten Aussagen. Vielmehr scheint es eine hohe Attraktivität dieser vereinfachenden Sichtweise zu geben, die im KFN selbst nicht hinreichend ob ihrer *dominierenden Rolle* mit Konsens versehen zu sein scheint. Zumindest gibt es eine deutlich Inkonsistenz bezüglich der *Interpretation* der Daten zu Jugenddelinquenz und der Verlockung zur Vereinfachung. Diesen Punkt möchte ich gleich weiter entfalten, werde aber zunächst noch eine weitere Vereinfachungsstrategie in der KFN-Perspektive aufzeigen.

Die Täter-Befragungen, auf die in diesem Interview Bezug genommen wird, und die sicherlich auch in der Fortschreibung der Dunkelfeldanalyse weiter verdichtet wurden, fanden in den Städten Hamburg, Hannover, Stuttgart und Leipzig statt. Dort wurden insgesamt 9.000 Schüler befragt, sowie Strafverfahrensakten analysiert.

Hinsichtlich der spezifischen Problemlagen der Einwandererfamilien wird nun nach dem Zusammenhang Einwanderung und Delinquenz geforscht. Richtig gesehen wird in diesem Zusammenhang die Benachteiligung der Einwanderer, die möglicherweise viel mehr Effekte zu haben scheint, als das Faktum der Einwanderung an sich. Weiterhin gibt es die kulturspezifischen Gründe wie Ehrgefühl, Scham, unterschiedliche Männlichkeitsvorstellungen und einen gewalttätigen Erziehungsstil der Eltern. Doch diese Motive sind Hypothesen und kein empirisch gesichertes Wissen. Hier nun erhofft sich Pfeiffer und das KFN Abhilfe durch den Abgleich mit empirischen Daten aus der Türkei, den *Izmir-Daten*: »Wir wollen wissen«, so sagt Christian Pfeiffer,

> ob diese extrem hohen Raten innerfamiliärer Gewalt in türkischen Familien mit dem Stress der Einwanderung, mit Kulturkonflikten oder auch – wenn die Kinder plötzlich aus dem Haus wachsen und sich deutsch »benehmen« – mit der Verteidigung der eigenen Kultur zusammenhängen. (ebd., 12)

Schauen wir wieder nach der Problembeschreibung und den Erklärungsversuchen. Zuerst wird vom Faktum der hohen innerfamiliären Gewalt ausgegangen. Sie könne im Zusammenhang mit dem Stress der Einwanderung stehen, mit Kulturkonflikten und mit innerfamiliären Aspekten der Auseinandersetzung mit der Migration. Was kann in diesem Zusammenhang *eigene Kultur* bedeuten? Warum werden die Forschungen, um diese Fragen zu klären in Izmir durchgeführt? Machen wir folgendes Gedankenexperiment: Wenn die Kinder aus Immigrantenfamilien, die sich beispielsweise in Leipzig mit ihren Familien niedergelassen haben, aus Izmir eingewandert sind, nun mit Familien, die aus Istanbul eingewandert sind, verglichen werden, dann zeigen sich möglicherweise andere Strategien im Umgang mit den Belastungen der Migration. Erhält man mit diesen Vergleichsdaten relevante Aussagen? Fragen wir weiter, wie eine Kontrastierung von eingewanderten Istanbulern nach Hamburg sich unterschiede von eingewanderten anatolischen Bauern, sagen wir aus einem kleinen Dorf, das nur 300 Einwohner zählt, die nun in die Bundesrepublik nach Leipzig eingewandert sind. Wie hilfreich ist es dabei zu erfahren, wie die Erziehungspraktiken der urbanen türkischen Mittelklasse sich unterscheiden von denen der eingewanderten türkischen Arbeiterklasse nach Deutschland. Was erfahren wir damit über ihre Überlebensstrategien, wie sie sich ihre neue Umgebung angeeignet haben, welche Erfahrungen sie mit dem deutschen Rechts- und Hilfesystem gemacht haben? Werden hier nicht unzulässigerweise verschiedenen Bezugssysteme miteinander verglichen?

An diesem ausgewählten Beispiel wird die gesamte implizite Grundthese der aufgezeigten kriminologischen Zugriffsweise deutlich: die durch Verknüpfung von »Faktoren« entstehende Homogenisierung unterschiedlicher familiärer Verarbeitungsstrategien der Migration. Hier erscheint die Tendenz zum Kulturessentialismus sehr deutlich. Die Kinder aus Immigrantenfamilien werden als Merkmalsträger ethnischer Differenz betrachtet, eine unüberbrückbare Fremdheit wird angenommen und schließlich eine grob schematische Sichtweise von fremd und zu Hause bevorzugt. Für die Wahrnehmung der als ethnisch definierten Konflikte wird immer wieder ein »substanzialistisches« Modell von Kultur herangezogen, das eine stillschweigende Annahme der Unveränderlichkeit von Abstammungseigenschaften enthält (vgl. Kürsat-Ahlers/Waldhoff 2002, 2).

Diese Fragen nur vor dem Hintergrund einer als einheitlich gedachten Kulturzugehörigkeit der *Anderen* zu betrachten, scheint sehr viel zur Aufrechterhaltung eines linear-reduktionistischen Denksystems – welches ich gerade freizulegen versuche – beizutragen. Gegen dieses Denken wären Fragen anders zu vertiefen: Man könnte z. B. nach den Transformationsprozessen in Richtung von Autonomie und Handlungsfähigkeit fragen, die die Familien aus Izmir anderswo befähigen, mit den weit reichenden Anforderungen der Migration umzugehen und Strukturtransformationen herzustellen (vgl. dazu: Lanfranchi 1995; Gültekin 2003). Worauf greifen die Familien dabei zurück? Welche biografischen Prozesse wirken dabei mit? Wie verorten sich die Kinder und Jugendlichen in diesem Prozess? Wo werden geschlechtsspezifische Unterschiede deutlich? Welche spezifischen Familiendynamiken, jenseits prügelnder Eltern, wären denkbar? Weiter ausdifferenziert und weniger familiaristisch gefragt, kann man auch die Strukturtransformationen in den Bereichen Schule, Jugendhilfe und Rechtssystem zu analysieren versuchen und es könnte dabei auf institutionelle Defizite und spezifische blinde Flecken hingewiesen werden. Solche komplementären Zugänge zu wählen bedeutet, sich auf vielschichtigere Erklärungsebenen einer möglichen Delinquenz der Jugendlichen aus Immigrantenfamilien einzulassen. Darüber hinaus ist es aus der Migrationsforschung hinlänglich bekannt, dass eingewanderte Familien zu rigideren Erziehungspraktiken neigen, als vergleichbare Populationen im Ursprungsland (Esser/Friedrichs 1990).

3.4 Der Faktor »broken home«: Methodenkritik

Kommen wir zurück auf die Attraktivität der Broken-Home-Theorie, wie sie sich nicht nur im Interview mit dem Leiter des KFN darstellt, sondern auch aus einer vor allem methodisch geführten Debatte über die Gewaltkriminalität junger Deutscher und Ausländer, rekonstruieren lässt. Diese Debatte fand statt in der *Kölner Zeitschrift für Soziologie und Sozialpsychologie* und wurde im Heft 1 des Jahres 2000 geführt. Darin wirft Ulrich Mueller dem KFN anhand der Studie von Christian Pfeiffer, Ingo Delzer, Dirk Enzmann und Peter Wetzels: *Ausgrenzung, Gewalt und Kriminalität im Leben junger Menschen – Kinder und Jugendliche als Opfer und Täter* (1998) vor, dass sie nicht nur methodische Auswertungsfehler aufweise, sondern darüber hinaus klare und eindeutige Positionen hinsichtlich der Veränderung der Praxis der Jugendrechtspflege beziehe. Genau hierbei spiele das KFN eine Schlüsselrolle, was den Autor zu der Feststellung bringt, die Studie sei eine Art »autoritatives Gutachten für den Jugendgerichtstag« (Mueller 2000, 132).

Bei dem Methodenkritiker handelt es sich um den Marburger Sozialmediziner Ulrich Mueller. Er nahm die Studie von Pfeiffer et al. sehr genau unter die empiriekritische Lupe und versuchte Schlamperei (so z. B., dass Befunde aus dem Hauptteil der Studie in der abschließenden Zusammenfassung schematisch vereinfacht seien, sich dabei unerklärliche Diskrepanzen ergäben) bis hin zu unwissenschaftlichem Arbeiten nachzuweisen, dass das kleine Einmaleins der statistischen Auswertungsverfahren nicht zum nachweisbaren Einsatz gekommen sei.

Ziel der Kritik Muellers ist der versuchte Nachweis eines kausalen Zusammenhanges zwischen Jugenddelinquenz, Ethnizität und sozialer Randlage, was auch Pfeiffer im eingangs erwähnten Interview aufzuzeigen versucht. Mueller ist jedoch mit den Schlussfolgerungen und den Korrelationen der KFN-Studie unzufrieden und fragt anhand herausgegriffener Beispiele nach deren Signifikanz und Erklärungskraft. Er nennt ein Beispiel:

> Angesichts der in der Studie vielfach belegten starken statistischen Relationen zwischen Ethnizität, innerfamiliärer Gewalt, Arbeitslosigkeit/Sozialhilfebezug im elterlichen Haushalt und Schulbildung des Kindes/Jugendlichen muss zwingend die Frage geprüft werden, was der *relative* Anteil jeder dieser vier Faktoren für Gewaltdelinquenz jugendlicher Täter ist. (ebd., 137, Hervorh. i. O.)

Dieser Aspekt wird darum hervorgehoben, weil sich daraus wichtige praktische Konsequenzen für die Kriminalitätsprävention ergeben würden. Er verurteilt darüber hinaus die kriminalpolitische Positionierung der Autoren. Der Hinweis am Ende seines Artikels, dass die Mehrheit nicht mehr »links« wählen will, weil sie damit der Politik der Entkriminalisierung der Jugendgewaltdelinquenz ein Misstrauensvotum ausspricht, scheint mir Hinweis genug zu sein, dass vor allem die Politik der Entpönalisierung von Jugenddelinquenz hier in Rede steht.

Fühlt sich der Autor nur dem Ethos der Algebra verpflichtet und fordert einfach ein sauberes statistisches Arbeiten? Warum macht sich Ulrich Mueller dann aber so viel Mühe? Wie auch immer, der Autor ist beunruhigt, weil Pfeiffer et al. eine wichtige Frage nicht gestellt haben: Diese Frage ist folgende:

> Von den Autoren [...] wird nicht in Frage gestellt, dass es in unserem Land, wie im europaweiten Vergleich einen Trend zu mehr Gewaltkriminalität gibt, gekennzeichnet durch eine erheblich größere Delinquenz junger Ausländer, wobei die schlechte sozioökonomische Lage, Zugehörigkeit zu bestimmten ethnischen Gruppen, innerfamiliäre Probleme im Elternhaus, geringe eigene Schulbildung und schlechte Chancen bei Ausbildungsplatzsuche auf dem Arbeitsmarkt erheblich fördernde Faktoren sind. (ebd., 140)

Diese Textpassage lässt sich zum einen so lesen, dass Mueller diese Kausalität generell in Zweifel stellt, oder zum anderen, dass er danach forschen möchte, wie und warum dabei welche Zusammenhänge bestehen.

Die Motiv-Frage zu klären scheint aus zweierlei Gründen müßig: Es ist zumindest aus dem Text heraus unmöglich, die eigene Positionierung des Autors zu erkennen und die Frage spielt keine nennenswerte Rolle, wenn man die impliziten Theorien der Entstehung von Delinquenz bei Jugendlichen aus Immigrantenfamilien untersuchen möchte. Schauen wir uns also lieber die Erwiderung der gescholtenen Autoren an. Ich hatte ja behauptet, dass es Inkonsistenzen aus dem KFN bezüglich der Erklärung der Jugenddelinquenz gäbe. Hier nun haben die Mitautoren der besagten Studie, Dirk Enzmann und Peter Wetzels aus der Perspektive des KFN die Anwürfe von Mueller zurückgewiesen. Sie tun dies mit viel Verve und weisen vor allem die wissenschaftliche Unredlichkeit zurück. Auch den Vorwurf interessengeleiteter Einseitigkeit bezeichnen sie als falsch. Darüber hinaus machen sie deutlich, dass der Adressatenkreis der Studie vor allem explizit an nicht-wissenschaftliches Publikum, im Sinne eines Transfers sozialwissenschaftlicher Forschung in Praxis und breitere Öffentlichkeit, gerichtet sei (ebd., 154).

3.5 Schlechte kriminogene und gute resiliente Faktoren?

Kommen wir auf den zentralen Punkt des Dissenses zurück, der Frage nach dem Einfluss von elterlichem Gewalthandeln auf deutsche und türkische Jugendliche und dem darin vermuteten Zusammenhang mit Arbeitslosigkeit/Sozialhilfe-Bezug und dem Entstehen von Jugenddelinquenz. Hierzu machen die Autoren folgende Aussage:

»Sicherlich macht eine Ohrfeige alleine einen Jugendlichen nicht unbedingt zum Schläger. Das gilt übrigens auch für Misshandlung: Immerhin finden sich 62,2 Prozent Jugendliche, die trotz mehrfacher elterlicher Misshandlung selbst nicht gewalttätig sind. Dies ist ein Phänomen der Resilienz, das wir weiter ausführen.« (Enzmann/Wetzels 2000, 148)

Damit weisen sie zumindest eine monokausale Erklärungsmechanik zurück, die so auch nicht Muellers Hauptkritikpunkt war. Die Autoren fahren in ihrer Verteidigungsrede weiter fort und kommen auf ihr theoretisches Argument zu sprechen, das lautet,

> dass innerfamiliäre Gewalt nicht streng deterministisch und isoliert Wirkungen entfaltet, sondern ein Element in einer Reihe kumulierender Risikofaktoren ist, wobei auch abpuffernde Effekte durch Schutzfaktoren existieren. (ebd.)

Hier käme die gegenwärtig in den Erziehungswissenschaften breit rezipierte Resilienzforschung[30] ins Spiel mit den »Kriminalitätsfaktoren«; Resilienzforschung untersucht, welche Schutzfaktoren in Krisensituationen aktiviert werden und welche Immunisierungen diese gegen destruktive Krisenverarbeitung zu entfalten vermögen. Resiliente Faktoren kommen im Überschneidungsbereich von biologischen, psychologischen und soziokulturellen Faktoren zum Tragen. Hier wäre eine Vereinseitigung des Blickes auf den soziokulturellen Bereich äußerst kritisch zu bewerten, denn damit entfiele eine entwicklungspschologische und präventive Perspektive, bleiben die Hintergründe zur Entstehung von jugendlicher Devianz mehr oder weniger spekulativ (vgl. Opp/Fingerle/Freytag 1999).

Doch welche »abpuffernden Effekte« existieren, wie davon durch die Jugendlichen, die im Fokus des überwachenden Blickes der kriminologischen Forschung

[30] Göppel 1997; Garlichs/Leuzinger-Bohleber 1999; Grossmann 2003.

stehen, Gebrauch gemacht wird, das ist durch die in der Kriminologie herrschenden quantifizierenden, repräsentativen Befragungen mit beeindruckenden Gesamtstichprobengrößen alleine nicht zu ermitteln. Hier entstehen vielmehr Fragen nach Erfahrungen von Fremdheit und ihrer Verarbeitung, und darüber bedarf es einer dringenden wissenschaftlichen Aufklärung.

Wenn auch die gescholtenen Autoren Wetzels und Enzmann mit mehreren Faktoren argumentieren und als Ergebnis ihrer Studie festhalten, »dass das Problem der Höherbelastung ausländischer Jugendlicher nicht allein durch Faktoren der sozialen Lage erklärt werden kann« (Enzmann/Wetzels 2000, 154), so haben sie doch zumindest der Broken-Home-Theorie die Türe aufgemacht, wenn sie schreiben: *nicht allein* (bei Pfeiffer war es immerhin die *ganz dominierende Rolle*). Das genügt. Damit wird die soziokulturell defizitäre Familie als einer von mehreren Verursachern für Jugenddelinquenz identifiziert. Aus dem Blick geraten wiederum die Verarbeitungsstrategien und der Prozess des Umgangs mit strukturellen Benachteiligungen.

An dieser Stelle wird die Ebene der symbolischen Politik wieder bedeutsam, die ich zu Beginn meiner Überlegungen als Motiv dieser Zugriffsweise vermutete: In der Herstellung der ethnischen Heterogenität qua methodischen Zugriff und den quasi neutralen Gesetzen der Algebra wird die *eigene* rechtsstaatliche Ambivalenz im Umgang mit Differenz, Fremdheit und Uneindeutigkeit (vgl. Weidacher/Lopéz-Blasco 1982; Waldhoff 1995; Räthzel 1997; Rommelspacher 2002) für die diese Jugendlichen prototypisch stehen, verlagert auf die sozialwissenschaftliche Beschreibung sozialer Probleme, die erklärungsmechanisch soziale und kulturelle Herkunft und Devianz aneinander koppelt, wenn dies auch als eine lose Verkoppelung gedacht wird.

Es ist sicherlich deutlich geworden, dass die Unschärfen in der Klientelbeschreibung und die impliziten kulturessentialistischen Zuschreibungen nicht unbedingt zur hinreichenden Klärung des Zusammenhanges von Jugenddelinquenz, ethnischer und erlebter Zugehörigkeit und sozialem Status beigetragen haben. Der erste Anfangsverdacht durch die Zahlen verdankt sich maßgeblich der empirischen Zugriffsweise, die Eindeutigkeit unterstellt, wo manifeste Mehrdeutigkeiten und Ambivalenzen zu analysieren wären. Zu dem Problem der Kulturalisierung muss – um die Zugriffsweise, die hier untersucht wird, zu erweitern – zusätzlich noch der Zusammenhang von Etikettierung und Punitivität mit in den Blick genommen werden. Die jugendlichen ausländischen Kriminalitätsstereotype stehen in einer Diskurs-Tradition, die soziale Ungleichheiten skandalisieren soll, faktisch aber Ausschließung produziert:

> Gefährliche und gefährdete Jugend steht für einen Diskurs: Verschiedene Fraktionen geben ihre Gesellschaftsdiagnosen ab, Jugend dient als Objekt von Projektionen, Ambivalenz und soziale Angst wird artikuliert, Autorität beansprucht, Kontrollvorschläge

> gemacht, politische Strategien legitimiert, das Ritual des »control-talk« veranstaltet. (Cremer-Schäfer 1997, 78)

Kommen wir zurück auf die eingangs erwähnte Szene aus *Casablanca*: Im legendären Ende des Filmes konnte der Zyniker Blain, amerikanischer Staatsbürger, den korrumpierten Vichy-Anhänger Renault, französischer Staatsbürger, dazu bewegen sich wieder patriotisch zu bekennen und die Präsenz der deutschen Besatzer in Marokko zu bekämpfen. Renault hat sich gleichsam ent-ideologisiert. Bemühen wir am Schluss noch einmal Norbert Elias, so wie er sich gegen die Zugriffsweise des PSB und der Mainstream-Kriminologie stemmen würde, und der in *Etablierte und Außenseiter* anmerkt, dass

> es scheint, daß Begriffe wie »rassisch« oder ethnisch«, die in diesem Zusammenhang sowohl in der Soziologie als auch in der breiteren Gesellschaft weithin gebraucht werden, Symptome einer ideologischen Abwehr sind. Durch ihre Verwendung lenkt man die Aufmerksamkeit auf Nebenaspekte dieser Figuration (z. B. Unterschiede der Hautfarbe) und zieht sie ab von dem zentralen Aspekt (den Machtunterschieden). (Elias/Scotson 1990, 27)

Was im Beispiel von *Casablanca* als ein scheinbar unentwirrbares Gemisch ethnischer Heterogenität erscheint, folgt doch einer eigenen Grammatik, die nur sichtbar wird, wenn man sich jenseits der zugeschriebenen und vermuteten Ethnizitäten begibt und freizulegen vermag, wie sich daraus ein sinnhafter und die soziale Ordnung stabilisierender Aspekt konturiert. Mit der Frage nach scheinbarer ethnischer Zugehörigkeit, die mit Kriminalitätsentwicklungen in Bezug gesetzt wird, kann sich fürwahr kein Beginn einer wunderbaren Freundschaft herstellen lassen, und Blaine und Renault müssten auf dem Flughafen von Casablanca Abschied voneinander nehmen, weil Renault sich nicht ent-ideologisieren konnte.

4. Chancen*un*gleichheit von unten. Eine Kritik der sonderpädagogischen Benachteiligtenperspektive

Nicht erst seit den aufgeregten Diskussionen um die Befunde der PISA-Studie, insbesondere der Kernaussage, dass Bildungschancen sehr eng an den sozialen Status der Eltern gekoppelt sind, gibt es einen Diskurs um die Chancengleichheit und -gerechtigkeit des deutschen Bildungssystems. Schaut man sich in dieser Hinsicht die aktuellen bildungsstatistischen Zahlen an, die Auskunft über die Verteilung von Schülerinnen und Schülern der so genannten gesellschaftlich niedrigen Klassen an den oberen Bildungsgängen geben, dann ist festzustellen, dass trotz erhöhter Bildungsbeteiligung von Kindern aus den unteren Klassen an höherer Bildung, die sozioökonomisch orientierte Verteilung von Schülern auf die drei dominanten Schultypen Haupt- und Realschule sowie Gymnasium eine nachhaltige soziale Hierarchisierung erkennbar werden lässt. Von der Überrepräsentation von Immigrantenkindern an Sonderschulen (vor allem für Lernhilfe) ist in diesem Zusammenhang noch gar nicht die Rede.

Dies geschieht analog zu einem im Trend stärkeren Anteil von Kindern aus Arbeiterfamilien im oberen Bildungssegment. Dies ist als erster Hinweis auf die immanenten Paradoxien im Bildungssystem angesichts der Diskussion um die Bildungs- und Chancengerechtigkeit zu verstehen.

Sehr viel prekärer wird diese Ungleichheit jedoch, wenn man sich z. B. die Verteilung von Kindern aus Immigrantenfamilien an Sonderschulen für Lernhilfe ansieht. Diese Befunde kamen übrigens *nicht* in der PISA-Studie zum Vorschein, da diese separierende Schulform Sonderschule aus den analysierten Schultypen eher ausgeklammert bzw. nicht aussagefähig berücksichtigt wurde. Weiterhin bleibt die Sonderschule der blinde Fleck der Bildungspolitik in Deutschland (vgl. Schumann 2002).

An dieser Schulform – vor allem der Sonderschule für Lernbehinderte – dominieren mit steigender Tendenz Kinder aus Unterschichten, vor allem Kinder aus Immigrantenfamilien aus den klassischen Einwanderungsländern der westliche Industriegesellschaften (vgl. Ucar 1996; Powell/Wagner 2001; Tischler et al. 2002, Plath et al. 2002). Dabei muss man zur Kenntnis nehmen, dass all dies geschieht trotz – oder gerade wegen – der Reformsemantik im Bildungsbereich und den bildungspolitischen Postulaten und Programmatiken zur sozialen Integration, das heißt der spezifischen Förderung von Kindern mit so genannten »Lernschwächen«.

4.1 Kritisch-konstruktive Beiträge der Sonderpädagogik im Bildungssystem des Neoliberalismus?

Zwei Pole markieren – grob schematisiert – das Spannungsfeld der sonderpädagogischen Debatte hierzu: Auf der einen Seite stehen die »Praktiker«, die mehrheitlich die defizitorientierte Kategorie der »Benachteiligung« als Grundlage ihres pädagogischen Handelns verfolgen und deshalb eher zu individualisierenden Interpretationen gesellschaftlicher Problemlagen neigen. Auf der anderen Seite befinden sich die »Integrationstheoretiker«, die die ungleiche Verteilung von Bildungschancen vorwiegend in einem hoch selektiven und undurchlässigen Bildungssystem verortet sehen. Bemerkenswert an beiden Diskussionssträngen ist, dass sie weder die Zielperspektive einer gesellschaftlich konsensfähigen Normalbiografie macht- und herrschaftstheoretisch reflektieren noch den Wirkungszusammenhang zwischen Sozialintegration und Systemintegration kritisch aus einer subjektorientierten Perspektive thematisieren.

Warum erscheint diese Herangehensweise problematisch? Blendet man die Voraussetzungen der Machtbeziehungen aus, dann erscheinen die Positionen im sozialen Raum nicht mehr verhandelbar, sondern festgelegt zu sein. Tatsächlich werden diese Positionen aber immer verhandelt. Es bedarf allerdings eines theoriegeleiteten Blickes, um diese Aushandlungsprozesse sehen und vor allem deuten zu können. Damit wird der Verweisungszusammenhang von Struktur und Wissen erst sichtbar.

Inwieweit betreffen nun diese Überlegungen die Möglichkeiten, Interventions- und Organisationsformen, die die Sonderpädagogik hinsichtlich der Förderung von Benachteiligten im Repertoire hat? Diese Frage lässt sich nur angemessen beantworten vor dem Hintergrund einer Analyse der komplexen Wechselwirkungen von gesellschaftlichem Kontext und den subjektiven Verarbeitungs- bzw. Aneignungsstrukturen im Zusammenhang mit Lern- und Bildungsprozessen.

Was ist unter dem eher makroperspektivischen Begriff *gesellschaftlicher Kontext* zu verstehen? Zunächst einmal erscheint klar erkennbar eine Gesellschaft, der die klassische Erwerbsarbeit als normatives Muster einer bürgerlichen Normalbiografie ausgeht und die sich in einem immer stärker werdenden Sog neoliberaler Umbaukonzepte befindet. Diese marktorientierten Ideologien rütteln nicht nur massiv am Bestand des Wohlfahrtsstaats, sondern beeinflussen auch die Konzeptionen von Bildungseinrichtungen tief greifend. Der Gesellschaft stehen soziale Teilungsprozesse bevor, die verstärkt Schülerinnen und Schüler aus den Sonderschulen im weiteren Verlauf ihrer Bildungskarriere und Biografie nachhaltig betreffen wird.

In dieser Hinsicht ist es sehr aufschlussreich, die sonderpädagogischen Förderkonzepte und die Reaktionen darauf von Sonderschülern und Sonderschülerinnen aus dem so genannten »benachteiligten Milieu« zu untersuchen, deren Karrieren in Maßnahmen z. B. zur beruflichen Integration zu verfolgen und ihre (meist) fehlgeschlagenen Versuche einer gesellschaftlichen Integration in eine gesellschaftlich konsensfähige »Normalbiografie« zu analysieren. Dazu gehört auch die schonungslose Offenlegung der in den Schulen weit verbreiteten Normalitätsannahme eines offenen und jedem frei zugänglichen Arbeitsmarktes, der auf meritokratischen Selektionskriterien beruhe. Die Kombination von De-Regulierung und Rationalisierungsprozessen hat jedoch dazu geführt, dass der Arbeitsmarkt grundsätzlich geteilt ist. In der Konsequenz dieser Segmentierung zeigt sich, dass sich die Integrationspotentiale des Normalarbeitsverhältnisses umkehren und zu Ausgrenzungsrisiken für all jene verdichten, die nicht ins Normalerwerbsystem integriert sind (vgl. Esping-Andersen 1990).

Aufschlussreich ist die Analyse deshalb, weil unter der hier vorgeschlagenen Perspektive nicht nur die strukturellen Bedingungen und Handlungsräume sichtbar gemacht werden können, unter denen sich diese spezifischen Bildungsverläufe ereignen, sondern weil sich dadurch eine weitere Ebene rekonstruieren lässt, die eine Erforschung der subjektiven Bewältigungsprozesse im Verhältnis zu spezifischen gesellschaftlichen Problemlagen ermöglicht.

In diesem Zusammenhang können beispielsweise im theoretisch unspezifischen Konzept der »Lernverweigerung« oder besonders mit Blick auf die Problematik im Übergang von der Schule zur Arbeitswelt typische, darin eingeschriebene Normalitätsannahmen und strukturelle Zwänge sichtbar gemacht werden. Unter dem Fokus auf strukturelle Zwänge lässt sich konkret der enge Zusammenhang von Bildung mit den beiden darin innewohnenden Aspekten Statuserwerb und Klassenerhalt innerhalb der Gesellschaft beschreiben.

Unter dieser sozialwissenschaftlich informierten Perspektive, die allerdings nicht neu ist, sondern bereits vor über 20 Jahren von Helga Deppe-Wolfinger (1978 & 1983) und Wolfgang Jantzen (1981 & 1985), als »materialistische Theorie« in die Behindertenpädagogik eingebracht worden ist, geht es um die Wechselwirkungen und Bedingungen (sonder-) pädagogischen Handelns im Spannungsfeld gesellschaftlicher Strukturen und individueller Bewältigungsleistungen bzw. um die Verwobenheit des Handelns der Akteure mit den gesellschaftlichen Strukturen von Produktion und Reproduktion. Die materialistische Sichtweise hatte noch sehr stark auf tätigkeitstheoretischer Grundlage der so genannten »kulturhistorischen Schule« (Wigotsky, Leontjew, Lurija) argumentiert und die Wechselbezüge von Mensch, Natur und Gesellschaft zwar historisch erfasst und die Sonderschule institutionsanalytisch beschrieben, gleichwohl aber die »kulturelle Dimension« dieser Prozesse – aus Sicht der Schüler als handelnde Akteure – vernachlässigt.

Aus diesen Gründen besteht die hier diskutierte Anregung darin, eine ebenfalls nicht mehr ganz neue, aber angesichts der oberflächlichen Diskussion um die Befunde der PISA-Studie außerordentlich zeitgemäße Studie zur Kenntnis zu nehmen, die genau die kulturelle Dimension innerhalb von Bildungsprozessen erhellen kann und sich als äußerst anschlussfähig an die damaligen Überlegungen von Deppe-Wolfinger und Jantzen erweist. Dass dieser Ansatz der »materialistischen Theorie« völlig zu Unrecht aus dem gegenwärtigen Repertoire der sonderpädagogischen Theorien genommen worden ist, das zeigt sich besonders in der Ergänzung mit Paul Willis kulturanalytischer Perspektive und der dadurch möglich werdenden wichtigen Kontextualisierung der Befunde der PISA-Studie. Anhand des anschließenden Fallbeispiels einer Schülerin aus einer Schule für Lernhilfe lässt sich die Reichhaltigkeit dieser theoretischen Perspektive nachzeichnen.

4.2 Fallbeispiel Alliha. Subjektive Strukturen der Aneignung eines Lebens ohne Goethe[31]

Alliha wurde in Deutschland geboren und weist – obwohl sie sich als »echte Frankfurterin« versteht – alle Risiken auf, als Schülerin an eine Sonderschule für Lernhilfe zu geraten und damit gesellschaftlich deklassiert zu werden.[32] Nach dem erfolgreichen Absolvieren dieser Schule (mit qualifiziertem Hauptschulabschluss) steht sie nun im Übergang zu einer Erwerbstätigkeit, die jedoch aufgrund einer sie beeinträchtigenden Krankheit nur eingeschränkte Wahlmöglichkeiten zulässt. Dass Alliha bereits eine erfolgreiche Integrationsleistung vollbracht hat, nämlich die ideologischen Grundlagen des deutschen Übergangssystems (Schule – Beruf) zu internalisieren, verhindert – das ist das tragische und zugleich exemplarische an diesem Fallbeispiel – ein halbwegs erfolgreiches Ankommen in einer gewählten und gewünschten Erwerbstätigkeit (als Bürokauffrau) und in der »Normalbiografie«, die vor allem über statussichernde Erwerbsarbeit definiert wird. Alliha bewertet ihre Schulzeit als zu theoretisch ausgerichtet (»nix Praktisches gelernt«), betrachtet sie im Ganzen dennoch als recht angenehm (»die Schule war ein Schonraum«). Allerdings fühlte sie sich mit dem dargebotenen Unterrichtsstoff manchmal unterfordert. Sie hätte sich z. B. gewünscht, »Goethe« in Deutsch durchgenommen zu haben, sei aber von ihrer Lehrerin jedes Mal mit dem Hinweis, sie »wäre nicht so weit«, zurückgewiesen worden.

---

31 Das Fallbeispiel von Alliha sowie die anschließenden Interpretationen, die gemeinsam weiterentwickelt worden sind, hat Brian Hogan eingebracht. In diesem Sinne ist er Koautor dieses Beitrages.

32 Vgl. zu der Frage der niedrigen Bildungschancen im hoch spezialisierten deutschen Sonderschulwesen aus vergleichender Perspektive Powell 2004.

In einem Interview (vgl. Hogan 2003) schildert Alliha die Situation so:

»Was hättest Du gerne gelernt?«
»Ich wollte Goethe durchnehmen, aber sie sagte zu mir ich wäre nicht so weit. Meine Mutter ist oft in der Schule gekommen und hat sich beschwert, dass wir nichts lernen. Es hat aber nix gebracht.«
»Was meinte sie mit ›nicht soweit‹?«
»Ich bin zu blöd dafür.«
»Goethe ist aber nicht unbedingt praktisches Lernen für den Alltag oder?«
»Nein, aber es hat mich interessiert. Die anderen Schulen machen das ja auch. Wir haben nur so einfache Themen in Deutsch durchgenommen. Deutsch war mein Lieblingsfach. Ich hab immer gute Arbeiten geschrieben. Die anderen in meine Klasse waren aber nicht so gut. Vielleicht deshalb, weiß ich nicht.«

An diesem Interviewausschnitt lässt sich auf unterschiedlichen Ebenen der Zusammenhang zwischen jugendlichem Handeln und gesellschaftlichen Rahmenbedingungen sichtbar machen. Lehrerinnen und Lehrer als Repräsentanten des Übergangssystems[33] reproduzieren durch ihr professionsbezogenes Handeln die gesellschaftlich zugestandenen Handlungsspielräume und Integrationspotentiale für Sonderschüler und können deshalb als Vertreter der gesellschaftlichen »Normalität« auf der subjektiven Ebene analysiert werden. Versteht man jugendliches Handeln in der Übergangsphase von der Schule in das Erwerbsleben als Bewältigung von Anforderungen zwischen gesellschaftlich vorgegebenen Möglichkeitsräumen und subjektiven Kompetenzen und Ressourcen, dann stellt sich die Frage, wie Alliha diese Handlungsspielräume deutet und aneignet.

Die gesellschaftlich zugestandene Platzierung bzw. »Normalität« für das Bildungsniveau eines Sonderschülers wird mit dem Hinweis *»ich wäre nicht so weit«* auf der subjektiven Ebene zum Ausdruck gebracht. Man könnte *»ich wäre nicht so weit«* auch mit *»dein Platz ist hier«* übersetzen. Auf der schulischen Ebene stehen hinter dieser Formulierung die vermuteten defizitgeleiteten Theorien ganz in der Tradition des klassischen Schwachsinnskonstruktes, das sich über Jahrzehnte in den Köpfen der Pädagoginnen und Pädagogen erhalten haben, nämlich die Vorstellung eines intelligenzgeschwächten Sonderschülers, der kaum über die Stufen des konkreten Denkens hinaus kommen kann.[34] So ähnlich formuliert Wilhelm Schade,

---

33 Das Übergangssystem wird definiert als ein System von Institutionen, die sich für die Unterstützung von beruflichen Integrationsprozessen zuständig erklären. Hierzu gehören: das Arbeitsamt, Angebote der Jugendsozialarbeit und die Schule. In der Literatur wird das »Übergangssystem« manchmal als von »Gate-Keepers« (Torwächter) kontrolliert bezeichnet (vgl. Powell 2003).

34 Es geht hier nicht darum, die Kompetenzen oder das berufliche Engagement der Lehrerinnen und Lehrer in Frage zu stellen, sondern darum, ein theoriegeleitetes Interpretationsangebot zu unterbreiten, vor dessen Hintergrund die lebensweltlichen Zusammenhänge Allihas sicht- und bearbeitbar gemacht werden können.

ein namhafter Vertreter dieser Denktradition aus den 1970er Jahren, »dass die Fähigkeit der Kinder zu abstrahieren ihnen weitgehend verschlossen bleibt« (Schade 1971, 12). Die Antwort aus dem Interview *»ich bin zu blöd dafür«* verweist darauf, dass Alliha diese an sie gerichtete Botschaft des intelligenzgeschwächten Sonderschülers sehr wohl verstanden hat.

Diese selbstbezogene Bewertung ist jedoch selbstbildschädigend und kann deshalb nicht »unverarbeitet« in das psychische Selbstkonzept übernommen werden. Denn nach Hurrelmann und Mansel (1991) müssen die subjektiven Ansprüche mit den äußeren Gegebenheiten so abgeglichen werden, dass ein Gleichgewicht zwischen diesen beiden Faktoren erreicht wird, damit das Selbstbild wieder »in Ordnung kommt« (Hurrelmann/Mansel 1991, 41). Um Abweichungen zwischen Ansprüchen und äußerer Situation zu korrigieren, versuchen Jugendliche in unterschiedlicher Art und Weise auf diese beiden Einflussgrößen zu reagieren. Da Alliha die äußeren Gegebenheiten, d. h. die Einstellung der Lehrer nicht verändern kann, transformiert sie den »inneren Begründungszusammenhang« (*»ich bin zu blöd dafür«*) in einen äußeren, auf die Allgemeinheit bezogenen Leistungsvergleich, in der sie als Bessere hervorgeht (*»die anderen in meine Klasse waren aber nicht so gut«*).

Dieser Umgang mit Zuschreibungen kann als eine Rationalisierungsstrategie interpretiert werden, die viel eher das Selbstbild einer aktiven, ihre Situation kontrollierenden jungen Frau widerspiegelt als dass die Annahme zutreffen würde, eine intelligenzgeschwächte Sonderschülerin akzeptiere kampflos den ihr gesellschaftlich zugewiesenen Platz am Rande der Gesellschaft.

Auf diese Weise kann Alliha die Diskrepanz zwischen den Erwartungen an sich selbst und die erlebte Chance auf Realisierung ihrer Bildungswünsche kompensieren. Diese Rationalisierungsstrategie ist aber nur dann auf »Dauer« selbstwertdienlich, wenn sie bewusst und reflektiert angewendet wird. Das heißt, wenn sich daraus ein größerer wahrgenommener Handlungsspielraum ergibt. Eine positive Folge dieses subjektiven Verarbeitungsmusters wäre z. B. eine eher markt- bzw. bildungsbedingte Wahrnehmung sozialer Integrationsschwierigkeiten. Diese Wahrnehmung würde zu einer größeren subjektiven Handlungsfähigkeit für das Ergreifen von Chancen führen, die sich in der Zukunft bieten könnten. Entsprechend dieser Leseart müsste Alliha den »inneren Begründungszusammenhang« als Resultat ungleicher Bildungschancen begreifen, um den positiven Effekt dieser Deutung tatsächlich für sich nutzen zu können. Der Leistungsvergleich mit ihren Klassenkameraden hätte dann eher den Charakter einer Vergewisserung ihrer Fähigkeiten. Gelingt diese Einsicht nicht, kann diese Bewältigungsstrategie zu einem *Bumerang* individualisierender Zuschreibung werden, da die Ursachen der Benachteiligung als Folge des eigenen Leistungsvermögens gewertet werden.

Vor diesem Hintergrund hätte die Transformation der Zuschreibung zwar den gewünschten Relativierungseffekt, aber letzten Endes wäre der wahrgenommene Handlungsspielraum genauso groß wie vorher, nur dass er jetzt in der Hierarchie nach »unten« eine Aufwertung in der Positionierung zugesprochen bekommt. Auf der subjektiven Verarbeitungsebene könnte diese Interpretation etwa so übersetzt werden: *»ich bin zwar zu blöd für Goethe, aber die anderen sind viel blöder«*.

Der Bumerangeffekt reproduziert also die subjektive Vorstellung eines intelligenzgeschwächten Sonderschülers, der eben »nicht so weit« ist, um Goethe im Deutschunterricht durchnehmen zu können. Alliha wäre diesem Bewältigungsmuster zuzuordnen, da sie entsprechend dieser Zuschreibung die Schule für Lernhilfe als *»Schonraum ohne Verantwortung«* begreift. Das Motiv des »Schonraums« lässt sich deshalb als *aktive Aneignung* der strukturellen Bedingungen in der Schule interpretieren und bedeutet damit zugleich eine Akzeptanz der schulischen bzw. gesellschaftlichen Marginalisierung.

An dieser Stelle erkennt man auf der untersten subjektiven Ebene, wie Herrschaftsstrukturen, vermittelt über die Alltagstheorien, von Lehrerinnen und Lehrern psychologisch verarbeitet bzw. umgedeutet werden. Allihas Rationalisierungsstrategie kann auch als eine interne Auseinandersetzung mit der vorherrschenden kulturellen Ideologie gedeutet werden. Dabei symbolisiert »Goethe« den Zugang zur Mehrheitsgesellschaft und ihrer kulturellen Werte, zu der ihr der Zutritt verwehrt bleibt.

Aufzuzeigen wäre in diesem Zusammenhang, dass gerade der Mangel an Orientierung der Ausgangspunkt von Allihas Schwierigkeiten im Übergang von der Schule für Lernhilfe ins »soziale Abseits« (Friedemann/Schroeder 2000, 7) ist. Denn der Ursprung dieses Mangels, welcher mit dem Motiv des »Schonraums« umschrieben wird, liegt zum einen an der zugeschriebenen Inkompetenz über gesellschaftliche Zusammenhänge reflektiert nachzudenken zu können und zum anderen an der fehlenden differenzierten Perspektive auf die Bedeutung sozialer Integration.

4.3 Widersprüche im Bildungssystem

Unter den genannten Prämissen kann man dem methodischen und vor allem dem theoretischen Entwurf von Paul Willis folgen. In seiner Untersuchung *Spaß am Widerstand. Gegenkultur in der Arbeiterschule* (1982) hat er am Beispiel von männlichen Arbeiterjugendlichen in dem letzten Jahr vor dem Übergang in den Beruf klar aufzeigen können, warum Arbeiterkinder Arbeiterjobs kriegen. Die Studie von Willis wurde übrigens auch im Zusammenhang der PISA-Befunde erwähnt. Unter den in Kapitel neun der PISA-Studie diskutierten Befunden zu den Lebens- und

Lernbedingungen von Jugendlichen tritt auch die Studie von Willis als Literaturverweis hinsichtlich des Verhältnisses von außerschulischen Aktivitäten zum schulischen Verhalten von Jugendlichen auf. Sie wurde jedoch nur als eine der wenigen jugendsoziologischen Studien charakterisiert, welche die Herausbildung schuldistanzierter Cliquen und deren Formen des abweichenden Verhaltens beschreibe (vgl. Baumert et al. 2001, 482).

Weder die von Willis vorgelegten weit reichenden theoretischen Befunde noch die methodische Neuorientierung empirischer Schulforschung wurden in der PISA-Studie angemessen berücksichtigt, wenngleich der bedeutsame Aspekt der »Selbstsozialisation« richtig gesehen worden ist. Ein Blick auf die dürftige Rezeptionsgeschichte in den deutschsprachigen Erziehungswissenschaften wäre sicher sehr aufschlussreich, um die Oberflächlichkeit der gängigen erziehungswissenschaftlichen Forschungen zum Thema der subjektiven Aneignung, Bewältigung und Transformation struktureller Ungleichheit im Lichte vielschichtiger theoretischer Perspektiven zu analysieren, die eine Analyse des Lernens und Lehrens als kulturelle Praxen leisten können.

Es stehen unter dieser Blickrichtung die Widersprüche und Paradoxien des Bildungssystems der modernen westlichen Industriegesellschaften in Rede, die konkret darin bestehen, dass Bildung einerseits als Garant sozialer Gerechtigkeit und sozialer Teilhabe wertgeschätzt wird, andererseits aber soziale Ungleichheit durch Bildungsprozesse erst ihre Wirkmächtigkeit erfährt (vgl. dazu Merkens 2002).

Paul Willis hat diese Widersprüche als Strukturen des demokratischen Kapitalismus beschrieben. Diese Widersprüche zeigen sich vor allem darin, dass heute in der Rückschau klarer wird denn je, dass die sozialdemokratischen Reformansätze aus den 1960er und 1970er Jahren, die mit dem schlichten Motto *»Bildung für Alle«* auskamen, nicht nur gescheitert sind, sondern ihre weit reichenden Folgen erst jetzt – über 40 Jahre später – sichtbar werden.

Unter diesen Reformansätzen sollte Bildung ein Garant dafür sein, dass sich soziale Exklusion dauerhaft vermeiden lässt. Zu dieser Zeit begann eine Bildungsoffensive nach dem genannten Motto sowie unter der Prämisse »Chancengleichheit durch Bildung«[35], damit gesellschaftliche Teilhabe und gleiche Chancen umgesetzt werden können. Dabei hatte die Bildungsforschung bereits seit den 1960er Jahren vor einer allzu technokratischen Umsetzung dieser Bildungsziele gewarnt und auf die Widersprüche in diesen Programmen hingewiesen (bspw. die Mahnung von Picht angesichts der deutschen Bildungskatastrophe von 1965 oder Dahrendorfs

[35] Diese Vorstellung hält sich mehr oder weniger ungebrochen bis heute. Siehe dazu beispielsweise die Materialien des *Forum Bildung*, einer Bund-Länder-Kommission für Bildungsplanung, die 1999 gegründet wurde und bis 2001 Empfehlungen zu Bildungszielen, -inhalten und -methoden ausarbeitete. Hier besonders Band 6: Förderung von Chancengleichheit.

Warnung vor dem bürgerrechtlichen Defizit im Bildungssystem). Die empirisch beschreibbaren Auswirkungen dieser Bildungsexpansion verdeutlichen, dass von einem sozialen Ausgleich durch Bildung nicht länger die Rede sein kann. Mehr noch: Der allgemeine Anstieg institutionalisierter Bildung entspricht in seiner strukturellen Wirkung auf soziale Ungleichheit vielmehr einer restaurativen Modernisierung. Das bedeutet, dass soziale Disparitäten durch Bildungsprozesse keineswegs aufgehoben, sondern vielmehr festgeschrieben werden und unverändert in den Lebensläufen und Bildungskarrieren weiter wirken (vgl. Merkens 2002).

Die Schule ist und bleibt in dieser Hinsicht ein zentrales Selektionsinstrument, das den Zugang zum Arbeitsmarkt und damit zum gesellschaftlichen Leben regelt. Dies ist zunächst der allgemeine bildungspolitische Rahmen, der das Thema bestimmt.

Um diese Überlegungen zu präzisieren, ist es wichtig, die Studie von Paul Willis *Learning to Labour. How working class kids get working class jobs*, die erstmals in England im Jahre 1977 erschienen ist, genauer zu beschreiben. Wir haben es hier mit einem Klassiker der empirischen Bildungsforschung zu tun, die Bedeutung dieser Studie geht aber weit darüber hinaus. Es ist eine Studie, die in der deutschen Übersetzung leider den irreführenden Titel *Spaß am Widerstand. Gegenkultur in der Arbeiterschule* bekam und 1979 erstmals hierzulande übersetzt vorlag.

Learning to Labour ist eine auf Feldforschung beruhende Untersuchung des Übergangs von der Schule in die Arbeitswelt in einem englischen Industriezentrum (»Hammertown«). Am Beispiel einer informellen Gruppe von männlichen Hauptschülern aus dem Arbeitermilieu, den so genannten »lads«, zeichnet Willis in seiner Studie die Prozesse nach, die dazu führen, dass diese spezifische Gruppe von Schulabgängern die Entscheidung für eher unqualifizierte Jobs als Arbeiter gewissermaßen als eine *bewusste und auf kulturelle Faktoren* zurückgehende Wahl verstehen.

Zunächst einmal mag diese Aussage irritieren, dass nämlich diese Entscheidung für eher unterprivilegierte Beschäftigungsverhältnisse Resultat einer bewussten Entscheidung sein soll, die aus kulturellen Einflüssen heraus resultiert. Da der Schwerpunkt der Studie auf der Rekonstruktion einer *Sicht der Akteure* als handelnde Subjekte in einem gesellschaftlichen Verweisungszusammenhang beim Übergang von der Schule in die Arbeitswelt gelegt wird, muss man zwei Grundhypothesen von Willis näher beleuchten (vgl. Lindner 2000):

- Schulabgänger aus der Arbeiterklasse entwickeln ihre Definition der Situation in erster Linie nicht aus offiziellen Quellen, sondern vielmehr aus einer »informellen Kultur der Arbeit«.
- Der Übergang von der Schule zur Arbeitswelt wird überdies aus der Perspektive des »subjektiven Sinns« der Handelnden verstanden und nicht aus der Übernahme institutioneller Blickwinkel.

4.4 Anpassung durch Widerstand

In Anlehnung an den Forschungsansatz der Cultural Studies,[36] wäre auch Allihas interne Auseinandersetzung ein aktiver Versuch, sich die Definitionsmacht über ihre gesellschaftliche Positionierung anzueignen. Willis beschreibt diese Problematik so:

> Die Schwierigkeit zu erklären, wieso Arbeiterkinder Arbeiter-Jobs kriegen, liegt in der Frage, warum sie's sich selbst erlauben. Es wäre gar zu leicht, würden wir sagen, daß sie keine andere Wahl haben. (Willis 1982, 11)

Die Legitimierung von Herrschaft wird hier von Willis als ein dialektischer Prozess zwischen den bestehenden Herrschaftsstrukturen und den Arbeiterjungen dargestellt, in welchem die Bedingungen von Herrschaft aktiv »verhandelt« werden. In seiner Untersuchung eigenen sich die Arbeiterjungen die strukturellen Bedingungen der Lohnarbeit mittels den in ihrer Subkultur typischen Konstruktionen von Männlichkeit an, wie z. B. Mut, Stärke, Körperlichkeit und sexueller Überlegenheit. Diese »männlich« kodierten Werte bilden die Hintergrundfolie für die Akzeptanz körperlicher Arbeit (vgl. Willis 1982, 223). Sie sind wesentlicher Bestandteil der Identität eines »working class«-Jugendlichen. Entsprechend diesen milieugeprägten Haltungen werden die schulischen Verhaltensanforderungen als »unmännlich« und »weibisch« klassifiziert und strikt abgelehnt.

Die in der Lohnarbeit erfahrene »kopflose« monotone Arbeit, in der die Herrschaftsverhältnisse spürbar werden, können so als subjektiv authentisch und selbstgewählt erlebt werden. Somit erfolgt die Anpassung aus dem Widerstand zur Lohnarbeit (vgl. Willis 1982, 218). Aber dadurch, dass sie sich dem Produktionsprozess wieder unterordnen – wenn auch freiwillig –, reproduzieren sie die ideologischen Grundlagen des Herrschaftssystems. Der Bumerangeffekt bildet auch für Willis Jungs (*»lads«*) den »tragischen Widerspruch« beim Wiederaneignungsversuch, die Definitionsmacht unter den Bedingungen der Klassenherrschaft für sich zu beanspruchen. Denn die gewonnene Einsicht in die Mechanismen sozialer Ungleichheit werden in dem Moment wieder »verdeckt« bei dem Versuch, die Bedingungen der Herrschaftsverhältnisse umzudefinieren in der arbeiterspezifische »Sprache« männlich kodierter Werte, ohne dabei jedoch die realen ökonomischen Lebensverhältnisse, in der sie leben, zu verändern. Nur durch die »Mithilfe« der Unterdrückten, so Willis, können in demokratischen Gesellschaften Herrschaftsstrukturen überhaupt existieren:

[36] Dieser Forschungsansatz entstand mit der Gründung des Instituts »Centre for Contemporary Cultural Studies« in Birmingham, Großbritannien. Hauptvertreter dieses Ansatzes sind Raymond Williams, Stuart Hall und Paul Willis; aus feministischer Kritik Angela McRobbie.

> Diese widersprüchliche doppelte Artikulation ermöglicht es, dass eine Klassengesellschaft in liberalen und demokratischen Formen existiert; daß ein unfreier Zustand freiwillig eingegangen wird. (Willis 1982, 185)

Folgt man dieser Argumentation von Willis, der konkret von einer kulturellen und subjektiven Selbstvorbereitung der Arbeitskraft spricht (vgl. ebd.), so zeigt sich, dass die Bewältigungsstrategien sowohl der »lads« als auch von Alliha eingebettet sind in eine Reihe von strukturellen und gesellschaftlichen Widersprüchen.[37] Diese Widersprüche werden aber sowohl durch Zuschreibungen individueller Defizite und Begrenzungen als auch durch die Bewältigungsversuche der Jugendlichen in der Art verdeckt, dass sie von den Jugendlichen selbst kognitiv nicht mehr zugänglich sind. Deshalb ist »Goethe« im Sinne von Reflexionswissen über eben diese Widersprüche essentiell, um den Bumerangeffekt zu vermeiden, damit sich ihre soziale Randständigkeit nicht schicksalhaft reproduziert. Auch Willis begreift diesen dialektischen Prozess der »Anpassung durch Widerstand« nicht von vornherein als entschieden zugunsten einer herrschaftsstabilisierenden »Fügung« in die bestehenden Strukturen gesellschaftlicher Ordnung, sondern sieht in der Stärkung des kritischen Bewusstseins bezüglich der Anwendung kultureller Aneignungspraxen der »lads« das Potential zur Veränderung gegeben.[38] Das heißt, dass dieser Prozess nicht von vorneherein strukturell determiniert ist, sondern vielmehr verhandelbar erscheint und durch die subjektiven Deutungsmuster vermittelt werden kann. Willis (1990, 12) beschreibt diesen Prozess als »kollektive Aktivität der Bedeutungsgebung in bezug auf strukturelle Verortung«. Dieser Prozess findet statt in Hinblick auf die Position in einem sozialen Verhältnis und in einer Produktionsweise.

Alliha hat jedoch hinsichtlich der Möglichkeit, den Bumerangeffekt rational abzuwehren, eine viel schwierigere Ausgangsposition als die »lads«, da das deutsche Übergangssystem im europäischen Vergleich[39] hochstandardisiert ist und nur eine einzige gesellschaftlich akzeptierten Laufbahn in den Arbeitsprozess kennt, nämlich von der Schule über die Ausbildung in den Beruf. Somit sind berufliche und gesellschaftliche Platzierungsprozesse über Zuschreibungen auf besondere Weise institutionalisiert. Die »lads« haben auch den Vorteil, einem relativ stabilen

---

37 Antony Giddens (1988) bezeichnet in diesem Zusammenhang das gegenseitige Aufeinander-Verwiesen-Sein individuellen Handelns und gesellschaftlicher Strukturen als »Dualität von Struktur« (Giddens 1988, 77). Gesellschaftliche Normen und sozialstaatlich angezeigte Interventionsformen individualisieren strukturell bedingte Problemlagen und »verdecken« eben dieses wechselseitige Verhältnis.

38 Man könnte hier die These der Rationalisierungsstrategie in der »positiven Auslegung« als Schlüssel zur Veränderung der gegebenen Herrschaftsverhältnisse verwenden.

39 Das Übergangssystem in Großbritannien wird in der Literatur als »pluralisiert« bezeichnet (vgl. Allat/Yeandle 1992, 85). Über das britische Übergangssystem bietet Norman Ginsburg (1992) einen guten Überblick in seinem Buch *Divisions of Welfare. A Critical Introduction to Comparative Social Policy.*

soziokulturellen Milieu anzugehören, das ihnen eine – wenn auch eingeschränkte – klar definierte Lebensperspektive als Mitglied der »working class« in Aussicht stellt. In diesem Milieu haben die »lads« eine solidarische Gemeinschaft gefunden, von der sie aus Möglichkeiten des Ausprobierens unterschiedlicher männlicher Identitäten und des kreativen Umgangs mit der aktiven Aneignung und Transformation jugendkultureller und »mainstream« Ideologien und deren Integrationsangebote in Angriff nehmen konnten. Diese solidarische Gemeinschaft bietet auch eine alternative Normalität zur Mehrheitsgesellschaft an[40] und übernimmt so für die »lads« eine Orientierungsfunktion.

Im Anschluss an Anthony Giddens (1988) lässt sich Normalität als Selbstverständlichkeit sozialer Integration im Alltag (»Alltagsroutinen«) darstellen, die darauf beruht, dass man über die Geltung geteilten Wissens (»diskursives Bewusstsein«) und geteilter Regeln verfügt (Giddens 1988, 111). Für die »lads« bieten die männlich kodierten Werte von Mut und körperlicher Arbeit eine Orientierungsfunktion an, zu der sie einen normativen Bezugspunkt des Aufgehobenseins finden können. Aus dieser Perspektive erscheint der »tragische Widerspruch« für die »lads« gar nicht so tragisch, da sie immer noch eine Lebensperspektive entwickeln können.

Der Widerstand[41] sowohl der »lads« als auch von Alliha gegenüber den ihr zugewiesenen Bildungsinhalten erscheint als *aktives Gegenmodell* zur Bildungs- und Aufstiegsofferte der Schule, die Teil der formellen Kultur ist. Das heißt konkret, dass der klassentransformierende Mobilitätsoptimismus der Schule abgelehnt wird. Zugleich entsteht durch diese spezifische kulturelle Praxis, Willis hat später dazu den Begriff *kulturelle Produktion* (Willis 1990) eingeführt, die beschriebene

---

40 Diese »working class«-Normalität als Alternative zum Integrationsmodell der »Normalbiografie« spiegelt auch die pluralistische Form des britischen Übergangssystems wieder, indem mehrere Beschäftigungsformen nebeneinander existieren können, ohne gesellschaftlich von vornherein als abweichend zu gelten.

41 Eine weitere ethnographische Studie über Schule und Widerstand hat Peter McLaren durchgeführt. In *Schooling as a Ritual Performance* (1986) hat er das Verhalten von Jugendlichen aus puertoricanischen Einwanderfamilien in Kanada untersucht und aufgezeigt, dass es auf der einen Seite einen Zugriff auf den und eine Kontrolle des Körpers der Schüler gibt, diese auf der anderen Seite aber über ein subtiles und vielschichtiges Repertoire an Widerstandsformen und -praxen verfügen. Das vielschichtige Wechselspiel zwischen jugendlichen Lebensentwürfen und herrschaftssichernden Ideologien der Schule wurde dabei besonders gut sichtbar. Auch Henry A. Giroux hat in *Theory and Resistance in Education* (1983) eine Diskussion des Widerstands in Erziehungsprozessen entfaltet, die diesen Zusammenhang ebenfalls erhellen kann. Vor dem Hintergrund der beiden Studien wird deutlich, dass der dabei benutzte Widerstandsbegriff nicht die im deutschsprachigen Gebrauch dominierende negative Konnotation enthält und den erkenntniskritischen Vorzug aufweist, Wissenspraxen und Wissenformationen im dialektischen Verhältnis von Anpassung und/durch Widerstand aus einer erweiterten und vor allem ideologiekritischen Perspektive systematisieren zu können.

und äußerst paradoxe Situation, dass Anpassung und Widerstand zugleich in einer Entscheidung liegt. Dieses Paradox in einer nur unzureichenden Aneignung von *Veränderungswissen* lässt sich mit Frigga Haug so sehen: »Widerstand gegen Lernen wird nicht umgebaut in einen Widerstand gegen die verstellte Teilhabe an der Gesellschaft, sondern er wird gleichsam überlistet und in Anpassung gewendet.« (Haug 2003, 45)

Genau darin sieht Willis die Logik und die Tragik der kulturellen Reproduktion. Kultur wird dabei verstanden als *»whole way of life«*, als ein allumfassender Ansatz, der Kultur als Medium und Instrument menschlichen Lebens zugleich ansieht, das sich keinesfalls auf Hochkultur oder exotische Kulturmodelle reduzieren lässt (zum Kulturbegriff der Cultural Studies Lutter/Riesenleiter 1998). Das Kulturelle erscheint bei Willis zumindest partiell als das Produkt einer kollektiven menschlichen Praxis (vgl. Willis 1982, 16), in diesem Sinne ist die »Gegen-Schulkultur von Arbeiterkindern« eingelassen in Klassenprozesse, die auch den *Wert des Wissens* bestimmen.

Ein bedeutsamer Punkt muss in diesem Zusammenhang noch angesprochen werden, das ist der methodische Zugang der Studie. Dieser Zugang lässt sich als ethnographischer Ansatz einer empirischen Bildungsforschung beschreiben. Das heißt, der Forscher nähert sich gleichsam wie ein Ethnologe einer fremden Kultur, versucht ihren Standpunkt einzunehmen und sie zu verstehen. Willis verliert sich jedoch nicht in der Lebenswelt der Akteure, sondern forscht vor allem theoriegeleitet. In diesem Kontext ist schon die Frage, *wo* man forscht, relevant und als Ergebnis einer bewussten Entscheidung zu verstehen. Insofern ist der Schauplatz von *Learning to Labour* eine strategische Wahl, da die Übergangsphase von der Schule in die Arbeitswelt besonders gut geeignet ist, um Fragen der Systemreproduktion – also in unserem Kontext der von Arbeiterjugendlichen – aus der Handlungsperspektive der Subjekte heraus zu rekonstruieren (vgl. Lindner 2000).

Die Schule erscheint in dieser Hinsicht also keinesfalls als eine *Black Box*, sondern erst durch weit reichende Fragen wie z. B.: Warum sind die guten Schüler gut? Warum sind die schlechten Schüler schlecht? angemessen zu analysieren. Anschaulich geht es dabei um die Fragen, welche Bedeutung die Schüler der Schule zumessen und wie sie sich die Schule als Lern- und Erfahrungsraum aneignen. Dazu stellt Willis umfassende Reflexionen an, die über den ethnographischen Bericht insofern hinausweisen, als sie theoriebildend sind. Diese Reflexionen stehen jedoch immer unter einer kulturkritischen Perspektive – im Sinne der bereits beschriebenen Widersprüche des Bildungssystems zur Beseitigung sozialer Disparitäten.

Nur kurz ist noch auf die angesprochenen Missverständnisse bei der Rezeption der Studie hinzuweisen. In seinem erstmals 1982 auf englisch erschienenen Aufsatz »Erziehung im Spannungsfeld von Produktion und Reproduktion« (1990 dt.)

griff Willis noch einmal die Reaktionen und die wichtigsten Befunde von *Learning to Labour* auf, um, wie er sagte, das Buch vor zwei folgenschweren Missdeutungen zu bewahren, nämlich:

- dass Willis dem schlichten Widerstandsparadigma folge, er den Oppositionsgeist der Arbeiterkinder romantisiere bzw. sich unbewusst mit ihnen identifiziere,
- dass das Buch einem tiefsitzenden Pessimismus zuzuordnen sei, der die Möglichkeit von Kampf und Veränderung ausschließe (vgl. Willis 1990).

Wichtig ist Willis in dieser Klarstellung, dass seine Studie im Rahmen der Theorien über Erziehung positioniert wird und dass der Aspekt der *kulturellen Produktion* mit den darin zum Ausdruck kommenden Bedeutungsprozessen als alternatives Wissen sowie als Aktivität und Kreativität untergeordneter Gruppen gesehen wird. Diese Prozesse verortet er in einem internen und dialektischen Verhältnis zu den Strukturen der kapitalistischen und patriarchalen Gesellschaft (ebd., 9).

4.5 Strukturen sozialer Ungleichheit im Verweisungszusammenhang von Wissen, Handlung und Struktur

In diesem Aufsatz, der die gängigen Bildungstheorien kritisch kommentiert, macht Willis noch einmal den Zusammenhang seiner Untersuchung klar: Es geht ihm vor allem um die empirische Analyse der kulturellen Produktion der »lads« im Kontext der Klassengesellschaft. Dabei macht er auf eine bekannte Redeweise aufmerksam – wir kennen sie seit der Diskussion um die Befunde der PISA-Studie über die Sprach- und Bildungsdefizite von Immigrantenkindern – die jedes Versagen von Bildungsmaßnahmen immer wieder als Fehler derjenigen ansieht, an die sich diese Maßnahmen richten (vgl. Willis 1990, 12). Die Quelle des Versagens ist dann manchmal eine deprivierte Kindheit, die Umwelt, kulturelle Unterschiede usw. Diese reduktionistischen Lesarten lenken aber – so Willis – ab vom Kontext der Klassenverhältnisse. Heute würden wir eher dazu sagen: den Strukturen sozialer Ungleichheit.

Unter dieser veränderten Perspektive ist es möglich, empirisch aufzuzeigen, wie »Erziehung *konkret daran beteiligt ist*, das Gegenteil der sozialdemokratischen Hoffnung [im Bildungsbereich] hervorzurufen, nämlich *Un*gleichheit.« (ebd., 11, Hervorh. i. O.) Interessant in dem Aufsatz ist eine Kritik des Ansatzes von Bourdieu, der das Bildungswesen vor allem als Ort kultureller Willkür und symbolischer Gewalt analysierte. Willis würdigt zunächst diesen herrschaftskritischen Theorieansatz hinsichtlich der Relevanz der kulturellen Ebene, kommt dann aber zu einer Entgegnung und zeigt die strukturtheoretischen Verkürzungen des Reproduktionsansatzes auf:

> Bei allem Reichtum des Bourdieuschen Systems – Widerstand, Tätigkeit, Kampf, Differenzen sind aus der Geschichte verbannt. Kapital wird, selbst für die Mächtigsten, zum trägen Besitz – zu formeller Macht, zu Geld und zu symbolischem Reichtum –, statt zu einem Gesamt von umkämpften gesellschaftlichen Verhältnissen, das in der gesamten Produktionsweise am Werk ist. (Willis 1990, 19)

Vor dem Hintergrund dieser Akzentuierung käme Bourdieus Reich der Kultur für die Beherrschten nicht dieselbe Erklärungskraft zu wie für die Herrschenden, die Beherrschten würden bei ihm zugleich zu Enteigneten.

> Nach allem, was mit »Kultur« als einem abgetrennten und unabhängigen Bereich bezeichnet wird, bedeutet der Begriff hier in Wirklichkeit bürgerliche Kultur. Die Beherrschten haben demnach keine Kultur. Ihre »Kultur« ist anscheinend eine bloßes Übertragungsmedium, das hinter dem Rücken ihrer »objektiven« Lebenschancen wirksam ist. (ebd., 19)

Resümierend behauptet Willis, fehle es an Bourdieus Ansatz an einer theoretischen Grundlage für eine Politik der Veränderung.

Vor diesem Hintergrund erscheint es wichtig, einem allzu schlichten Muster der sonderpädagogischen Lösung der Problematik von Ungleichheit im Bildungssystem kritisch zu begegnen. Mit individueller Förderung oder einer gemeinsamen Unterrichtung *aller* Kinder, als zentrales integrationspädagogisches Paradigma, lassen sich die komplexen Zusammenhänge der kulturellen Produktion im Bildungssystem nicht hinreichend erschließen – zumal die Integrationspädagogik hinsichtlich sozialer Ungleichheit blinde Flecken aufweist[42] und vor allem im Modus eines »Stratozentrismus« der bürgerlichen Kultur operiert (Hiller 1997). Kulturelle Produktion meint aber: die dialektische Einheit von Anpassung und Widerstand als subjektive Vermittlungsleistung zu begreifen. Hinter dieser Argumentationsfigur steht die tragende Prämisse, dass sich soziale Integration nur dann richtig konzeptualisieren lässt, wenn man versteht, *wie* Subjekte soziale Strukturen reproduzieren.

Gerade die Schule, das ist der wichtige Befund, der sich entlang der Analyse von Willis und anhand des Fallbeispiels aufzeigen lässt, erteilt keine *zusätzlichen* Kompetenzen und Förderleistungen,[43] um die Handlungsspielräume und Reflexi-

---

[42] Wie Andreas Hinz (1998, 141) richtig schreibt, enthalten die integrationspädagogischen Konzepte mittelschichtorientierte und fortschrittlich-bildungsbürgerliche Tendenzen. Insofern wäre zu klären, ob eine »Pädagogik der Vielfalt« eine Schule für alle konkretisieren kann.

[43] Zu den Befunden der spezifischen Leistung der Förderschule (für Schüler mit Lernbe-

onsfähigkeiten der Schülerinnen und Schüler substanziell zu erweitern, weil das Bildungssystem in all seinen Segmenten sozial und gesellschaftlich vermittelten Teilungsprozessen unterliegt und damit die Struktur eines geteilten Bildungsraumes abbildet (vgl. Schroeder 2002). Dies zeigt sich vor allem darin, dass die

> unzufriedenen Jugendlichen aus der Arbeiterklasse weniger auf den Stil des Lehrers und den Inhalt des Unterrichts reagieren, als auf die Struktur der Schule und das herrschende Lehr-Paradigma im Kontext ihrer allgemeinen, durch die Klasse geprägten kulturellen Erfahrung und Lokalisierung (Willis 1982, 268).

Warum erscheint in dieser Rede die Rolle der *Erfahrung* zentral? In den Erfahrungen – wie beispielsweise den Erfahrungen von Alliha in Bezug auf die schulischen Lerninhalte – finden sich die Strukturen der Gesellschaft wieder. Wichtig für pädagogische Entwicklungsprozesse wird sein zu rekonstruieren, wie diese Strukturen gedeutet werden und wie sich die Akteure in dieser Ordnung selbst positionieren. Damit kommen Konfliktgeschichten und Konfliktverarbeitungsmuster ins Spiel, die eine zentrale Bedeutung bei der Organisation von Lernprozessen haben. »Einen Lernprozess organisieren«, so Frigga Haug, »heißt Erfahrungen in die Krise führen. Dafür benötigen Schüler Lehrer, die Verunsicherung herausfordern und das Sich-Einrichten immer wieder in Frage stellen.« (Haug 2003, 65)

Das in der sonderpädagogischen Diskussion dominierende Deutungsparadigma der »Benachteiligung«[44] kann die widersprüchlichen Prozesse der kulturellen Produktion nicht in den Blick bekommen, weil die Perspektive auf die Schülerinnen und Schüler als Opfer ihrer Verhältnisse den Blick auf das komplexe und dialektische Wechselspiel von bewusstem Scheitern als Reaktion auf die Paradoxien der Bildungsangebote versperrt. Die Ebene der gelebten Erfahrung, die Prozesse ideologischer Subjektformierung sowie die darin eingelassenen Effekte von Selbst- und Fremdbestimmung, die einer kritischen Pädagogik zu eigen sind und die die lähmende Gegenüberstellung von Struktur und Handlung überwinden kann, wird im Deutungsparadigma der Benachteiligung nicht erschlossen.

Die sonderpädagogische Einsozialisation sowohl der Schülerinnen und Schüler als auch der Lehrerinnen und Lehrer in die Benachteiligtenperspektive erschwert die Einnahme dieser Perspektive auf Erfahrung und Praxisformen, und damit wird die Rolle der Lehrkraft als »Moderator« in krisenhaften Lernprozessen, die die

hinderungen) als Schule für sozial Benachteiligte hält Wocken (2000) nüchtern fest, dass sie (schulische) Leistungsdefizite dieser spezifischen Schülerschaft kaum beheben kann. Insofern gelte es sich von drei Illusionen zu verabschieden: der des isolierten Intelligenzdefektes, der Illusion der Chancengleichheit sowie der Illusion der Förderschule als Ort optimaler Förderung.

44 Exemplarisch dazu Ucar (1996), der in seiner Studie über ausländische Kinder an der deutschen Sonderschule die soziale Wirklichkeit der Benachteiligung lediglich empirisch verdoppelt, ohne sie hinreichend theoretisch erschließen zu können.

soziale Lage transformierbar und verhandelbar machen, ebenfalls verstellt. Ein kritisch-konstruktiver Beitrag der Sonderpädagogik zu den Ergebnissen der PISA-Studie könnte darin liegen, das »Sich-Einrichten« in der Benachteiligten-Perspektive in Frage zu stellen, permanent herauszufordern, um ein kritisches Bewusstsein für die eigene Verstrickung sowohl in den sozialräumlichen Teilungsprozessen als auch in der Wissensproduktion über »die Benachteiligten« zu entwickeln.

5. Bildungsräume – Über die Bedeutung außerschulischer Hilfen für Schülerinnen und Schüler aus Immigrantenfamilien

5.1 Das Projekt

Welche Indikatoren für den Erfolg oder Misserfolg von *außer*schulischen Hilfen für Kinder und Jugendliche aus Einwandererfamilien lassen sich am Beispiel der Hausaufgabenhilfe aufstellen? Unter dieser grundsätzlichen Fragestellung habe ich im Fachbereich Erziehungswissenschaften an der Johann Wolfgang Goethe-Universität 2003 ein Praxisforschungsprojekt durchgeführt und drei verschiedene Hausaufgabenhilfen für Schülerinnen und Schüler aus Immigrantenfamilien im Rhein-Main Gebiet untersucht.[45] Es waren die Hausaufgabenhilfe in Mörfelden, die Schülerhilfe in Schwalbach/Ts. und die Hausaufgabenhilfe im Mädchenbüro in Frankfurt-Bockenheim. Für diesen Beitrag werden die beiden Angebote in den beiden Kleinstädten Mörfelden und Schwalbach herangezogen, die im Zentrum meines Untersuchungsinteresses standen. Bei dieser Untersuchung wurde eine explizit explorative Perspektive eingenommen. Für das forschungspraktische Vorgehen bedeutete dies, dass wir anhand von drei Einrichtungen *exemplarisch* untersucht haben, wie sich die komplexen Wechselwirkungen und Voraussetzungen für schulischen Erfolg von Kindern aus Einwandererfamilien im Zusammenspiel von Hausaufgabenhilfe und Schule in Form und Inhalt durchdringen können.

Aus den Befunden der Untersuchung lassen sich Hypothesen und Fragestellungen generieren, die für diese Thematik wichtige Anschlussperspektiven bietet. Mit diesen Hypothesen und Fragen will ich auch einen anerkennenden und reflexiven Blick auf die vielschichtige Arbeit der Hausaufgabenhilfe werfen, der dabei hilfreich ist, eine weitgehend selbstverständliche und alltägliche pädagogische Praxis in ein anderes Licht zu rücken. Vielleicht erscheinen in dieser Hinsicht vielschichtigere Zusammenhänge und Fragestellungen, als es bislang üblich ist, wenn es um den schulischen Erfolg und die Chancengleichheit von Kindern und Jugendlichen aus Einwandererfamilien im deutschen Bildungssystem geht.

---

[45] Zur studentische Projektgruppe gehörten Susanne Brien, Katharina Seitz, Marlene Gernandt, Lotte Müller, Sorana Samarescu und Catrin Trageser, die sich engagiert und mit großer Bereitschaft, neue Lernorte zu erkunden, auf das Abenteuer des »forschenden Lernens« einließen.

5.2 Der diskursive Rahmen, in dem Hausaufgabenhilfe gegenwärtig steht

Zunächst möchte ich kurz skizzieren, in welchem Rahmen die Hausaufgabenhilfe gegenwärtig diskutiert wird. Dies zu klären ist vor allen Dingen wichtig, weil ich davon ausgehe, dass sich die Hausaufgabenhilfe dazu positionieren muss. Auch die aus dem Projekt gewonnenen Hypothesen stehen im Kontext dieser zentralen Debatten. Drei Hauptströmungen lassen sich identifizieren, die sich gegenseitig beeinflussen. Es handelt sich dabei zum einen um die aktuelle Diskussion der Ganztagsschule.

Es ist erstaunlicherweise das einzige Thema, das seit den Befunden der PISA-Studie in der Bildungspolitik, exemplarisch dargestellt am Beispiel von Hessen, mehr oder weniger ambitioniert verfolgt wird. Für die Hausaufgabenhilfe bedeutet dies zugespitzt die Klärung der Frage, ob sie als »Produkt« von einer Schule gewissermaßen eingekauft werden kann und will, wenn sich diese Schule zur Ganztagsschule umwidmen möchte. In diesem Zusammenhang entstehen weit reichende Fragen: Werden damit Bildungsangebote zur Ware am Bildungsmarkt? Welche Konsequenzen hat dies für die Hausaufgabenhilfe? Wie gestaltet sich in diesem Zusammenhang die Kooperation mit der Schule? Zum anderen ist es kein Zufall, dass die Diskussion um die Ganztagsschule und Nachmittagsangebote zu dem Zeitpunkt virulent wurden, als es in Hessen um die Einführung einer um ein Jahr verkürzten Oberstufenzeit zum Abitur ging. In diesem Kontext werden kompensatorische Nachmittagsangebote, Hausaufgabenbetreuung und Mittagessen wichtige organisatorische Vorausbedingungen.

Zum anderen ist die zentrale Aussage der PISA-Studie selbst bedeutsam, weil darin die Chancenungleichheit des deutschen Bildungssystems klar aufgezeigt werden konnte: Schulerfolg ist eng gekoppelt an den sozialen Status der Eltern. Dieser Befund bedeutet vor allem für Schülerinnen und Schüler aus Immigrantenfamilien eine massive Bildungsbenachteiligung. Es erscheint uns wichtig, der Frage nachzugehen, ob die Hausaufgabenhilfe als *integrativer Ort* in das Bildungssystem wirken kann, der die Homogenitätserwartungen der Schule nicht zum Maßstab nehmen muss und darum angemessen fördern kann.

Darüber hinaus findet sich eine wichtige theoretische Position hinsichtlich eines spezifischen Ortes sonderpädagogischer Förderung bzw. den vielschichtigen Voraussetzungen für den Schulerfolg von Immigrantenkindern in den Studien des Schweizer Schulpsychologen und Sonderpädagogen Andrea Lanfranchi (vgl. dazu Lanfranchi 1995; 2002). Seine weit reichenden Befunde aus zwei bedeutsamen Studien machen deutlich, dass eine maßgeschneiderte Förderung von Immigrantenkindern an den *Nahtstellen* der Systembereiche im Bildungssystem erfolgen muss, wenn sie nachhaltig wirken soll. Vor allem die außerschulischen Bildungsbereiche, wie vorschulische Erziehung oder auch Hausaufgabenhilfe (das wäre hinsichtlich der hier interessierenden Fragestellung eine Erweiterung dieser These) sieht er als *»transitorische Räume«* folgenreich für den Schulerfolg wirken. Diese spezifischen Räume konzeptualisiert Lanfranchi zum einen aus der Weiterentwicklung eines *transitional space* nach Winnicott (1971), der den Übergangsraum in einer individuumszentrierten und psychodynamischen Denktradition situierte, sowie zum anderen unter Bezug auf die ökosystemische Perspektive, die nach den Möglichkeiten von Strukturtransformationen sucht. Damit also lässt sich ein Mikrobereich eines sozialen Raumes erschließen:

> Transitorische Räume [lassen sich] als (Lern-) Ort für die Entwicklung der Fähigkeit definieren, ökosystemische Übergänge im kulturellen Kontext erfolgreich zu gestalten. Dabei handelt es sich um die Veränderung von handlungs- und einstellungsbestimmenden Denk- und Deutungsmustern der Interaktion. (Lanfranchi 2002, 168)

Diese Übergangsräume liegen in ihrer komplexen Bedeutung quer zu den üblichen und oftmals schlichten Deutungsmustern über Schulerfolg oder Misserfolg von Immigrantenkindern, die Gründe für Schulversagen im Schüler selbst, der Familie oder der »Kultur« der Immigranten suchen. Wir verfolgten in der Untersuchung der Hausaufgabenhilfen also eine andere Vorgehensweise und wollten diese komplexe Thematik nicht auf ursächliche und geradlinige Ursache- Wirkungs-Bedingungen reduzieren. In diesem Zusammenhang fragten wir danach, ob die Hausaufgabenhilfe als *Übergangsraum* gesehen werden kann, indem sie als relevanter Lernort – jenseits des üblicherweise überbewerteten Bereiches der *formalen* Bildung in der Schule – dabei hilft, Übergänge zu gestalten und vor allem zu bewältigen (z. B. Übergänge im Schulsystem, von der Grundstufe zur Sekundarstufe und weiter, von der Schule in den Beruf; aber auch als Ort, um eine Ablösung von den Eltern, die eine Entwicklungsaufgaben für *alle* Jugendlichen darstellt, probeweise mit bedeutsamen Erwachsenen, nämlich den Betreuern und Betreuerin der Hausaufgabenhilfe durchzuspielen).

5.3 Drei Bereiche der Bildung

Gemäß der UNESCO-Definition kann im Bildungsbereich unterschieden werden zwischen den Bereichen des *formalen*, des *non-formalen* und des *informellen* Sektors. Unter formaler Bildung ist das institutionalisierte und national oder lokal organisierte Bildungssystem wie Schule zu verstehen, das anerkannte Zertifikate vergibt. Nichtformale Bereiche kennzeichnen beispielsweise Vereine oder die

Hausaufgabenhilfen, in denen geplante und organisierte Bildungsprozesse angeboten werden. Die Teilnahme daran beruht im Wesentlichen auf Freiwilligkeit. Der Bereich der informellen Bildung kann über Eltern, peer-groups, Netzwerke usw. vermittelt werden. Adama Ouane, Direktor des UNESCO-Instituts für Pädagogik in Hamburg, weist in diesem Zusammenhang darauf hin, dass hierzulande den *Verbindungen* der drei Bereiche zu wenig Beachtung geschenkt wurde. Die Bildungssysteme haben den Lernprozessen und damit den Lernenden selbst zu wenig Aufmerksamkeit gewidmet:

> Formale Bildung wurde als wertvollste und einzig wahre Bildungsform herausgestellt, während Bildung und Lernen außerhalb der Schule [...] aus dem Blickfeld gerieten und abgewertet wurden. (Ouane 2002)

Es ist also keine Übertreibung zu behaupten, dass in Deutschland die drei verschiedenen Bereiche überwiegend additiv und isoliert nebeneinander her arbeiten. Vor diesem Hintergrund erscheint es mir wichtig, die komplexen Bildungsaufgaben und -angebote zu untersuchen, die sich im Feld der *gemeinsamen* pädagogischen Arbeit von Schule und außerschulischen Lernarrangements herstellen können.

5.4 Was ist schulischer Erfolg?

Es ist nicht einfach zu definieren, was schulischer Erfolg in diesem Kontext bedeutet, wenn man sich jenseits der formalen Kriterien der Leistungsmessung durch die Noten begibt. Einfacher fällt es sicherlich zu definieren, was unter schulischem Misserfolg von Kindern und Jugendlichen aus Immigrantenfamilien ganz allgemein zu verstehen ist. Kinder aus Immigrantenfamilien sind im deutschen Bildungssystem *strukturell* benachteiligt. Dies zeigt eindeutig ein Blick auf die offiziellen Statistiken der empirischen Bildungsforschung. Dieser Befund äußert sich im Allgemeinen in einem seit Jahren steigenden Trend der auffallenden Überrepräsentation von Schülern aus Zuwandererfamilien an marginalisierten und marginalisierenden Schulformen:

> Schüler/innen aus Zuwandererfamilien sind im Durchschnitt überrepräsentiert in Vorklassen und Schulkindergärten, sowie in der Sonderschule für Lernbehinderte, Haupt-, und Gesamtschule. [....] Unterrepräsentiert sind Kinder aus Zuwandererfamilien hingegen in den Realschulen und Gymnasien. Schüler ausländischer Herkunft sind fast doppelt so stark an den Hauptschulen und weniger als halb so stark an Gymnasien vertreten, als es ihrem Anteil an den Schülern der allgemein bildenden Schulen insgesamt entspricht. (Karakasoglu-Aydin 2001, 281f.)

Darüber hinaus ist die Zahl der ausländischen Kinder *ohne* Schulabschluss im Jahr 2000 gestiegen. Im Vergleich zum Jahr 1999 erhöhte sich der Anteil der ausländischen Schüler ohne Hauptschulabschluss um 0,5 Prozentpunkte auf 19,9%. Die meisten ausländischen Kinder verließen die Schule mit dem Hauptschulabschluss (40,2%). An zweiter Stelle folgte der Realschulabschluss mit 28,9% und nur knapp jeder Zehnte (9,8%) machte das Abitur. Das sind die Befunde Zahlen des Statistischen Bundesamtes.

Der Blick auf die Statistiken und Zahlen aus der quantitativen Bildungsforschung ist alarmierend und der Trend z. B. bei Sonderschulüberweisungen von Kindern aus Immigrantenfamilien nimmt stetig zu. So lag der Zahlenwert beispielsweise für Hessen im Jahr 2002 bei 26% (vgl. Migrationsreport Hessen, 2002), im Bundesdurchschnitt waren es im Jahr 1999 noch 14,7% (Powell/Wagner 2001). Im Vergleich dazu die Zahlen aus dem Schuljahr 1980/1981: Der Anteil der ausländischen Schüler an Sonderschüler betrug zu dieser Zeit in Hessen 11,4%, im Bundesdurchschnitt 9,3% (Handbuch für Hausaufgabenhilfe 1984, 8).

In dieser Hinsicht sind die Zahlen für Sonderschulüberweisungen, über die Verteilung von Schulabschlüssen an den unterschiedlichen Schulformen und zu den Schulabgängern ohne Abschluss wichtige Indikatoren für die Bildungsbeteiligung und die Partizipationschancen im deutschen Bildungssystem. Dass es dabei sehr schlecht um die gerechte Verteilung dieser Chancen aussieht und die Kinder und Jugendlichen aus Immigrantenfamilien von den im Bildungssystem wirkenden Selektionsmechanismen, vor allem denen der Schule, am stärksten getroffen werden, das ist evident.

5.5 Unterschiedliche Hausaufgabenhilfen – gleiche Aufgabenstellung

Ich komme an dieser Stelle zurück zu der Problemstellung der Untersuchung. Sie hatte nicht zum Ziel, möglichst zahlreiche repräsentative und quantitative Datensätze zu erheben oder allgemeine Thesen zur ungerechten Bildungsbeteiligung von Immigrantenkindern zu bestätigen bzw. zu verwerfen. In dem Praxisforschungsprojekt wurde vielmehr mit einem Mikroblick der *sozialen Raum* der Hausaufgabenhilfe in drei verschiedenen Einrichtungen untersucht. Diese Angebote lassen sich im Prinzip nicht unmittelbar miteinander vergleichen. Worin unterscheiden sich nun diese Hausaufgabenhilfen? Sie sind beispielsweise grundsätzlich verschieden hinsichtlich

- der pädagogischen Konzeption,
- der Gruppengröße,
- der Zusammensetzung der Beteuergruppen,
- der Dauer ihres Bestehens der Unterbringung,
- der Trägerschaft und
- der Lokalisierung im Bereich von Stadt-Zentrum und Peripherie.

Dennoch haben alle drei Hausaufgabenhilfen wichtige Aspekte gemeinsam. Zum einen verbindet sie alle die Klientel, für die das Angebot konzipiert ist. Alle untersuchten Hausaufgabenhilfen werden ausschließlich von Schülerinnen und Schülern aus Immigrantenfamilien besucht, was zumindest der Konzeption von zwei Angeboten entsprach. Auch die Anliegen der Hausaufgabenhilfen sind gleich: Es geht in allen drei Einrichtungen um die Bereitstellung außerschulischer Hilfen, damit die Chancengerechtigkeit für Kinder aus Immigrantenfamilien im deutschen Bildungssystem erhöht werden kann. Dieses Anliegen ist mehr oder weniger expliziert, konzeptionell ausgearbeitet und bildet die Grundlage der Arbeit mit den Kindern.

Es ging nun darum, sich diesen drei konzeptionell unterschiedlichen Einrichtungen unter einer Fragestellung zu nähern, die ausführlicher Auskunft darüber geben kann, wie voraussetzungsvoll eine angemessene Förderung von Kindern aus Immigrantenfamilien ist. Unter einer vorab entwickelten, dreifachen Perspektive auf das Untersuchungsfeld wurde vor allem versucht, Strukturfragen zu stellen. Das heißt, im Zusammenhang mit den eben angedeuteten Diskussionssträngen (Ganztagsschule, Chancengleichheit und spezifische Förderung von Immigrantenkindern) die Hausaufgabenhilfen zu analysieren. Zum anderen wurde unter einer Akteursperspektive untersuchen, wie sich die Schülerinnen und Schüler die Hausaufgabenhilfe wahrnehmen, und wie sie diese nutzen. Das heißt konkret wie sie selbst dieses Angebot im Vergleich zur Schule erleben und mit Bedeutung füllen. Es war dabei ein Anliegen, die Hausaufgabenhilfe auch im sozialstrukturellen Raum zu analysieren, um verstehen zu können, ob und wie sie sich als Teil eines lokalen Bildungsnetzes versteht, und ob darin sozialräumliche Teilungsprozesse sichtbar gemacht werden können. Unter der Perspektive einer kritischen Bewertung der traditionellen sonderpädagogischen Konzepte der schulischen Förderung (vgl. Lanfranchi 1995) von so genannten lernschwachen Schülen aus Migrantenfamilien ging es schließlich darum, die Möglichkeiten und Grenzen im Zusammenwirken von formalen und nicht-formalen Bildungsorten genauer auszuloten.

5.6 Die Dominanz der formalen über die nicht-formalen Lernorte – und ihre Konsequenzen

Als *formaler* Lernort kann die Schule gelten, aber auch vorschulische Bildungseinrichtungen wie Kindergarten und andere frühpädagogische Einrichtungen lassen sich darunter zusammenfassen. Die Hausaufgabenhilfe verstehe ich in diesem Zusammenhang unter Bezugnahme auf die bereits dargelegte UNESCO-Definition als *nicht-formalen* Bildungsort. Diesen Punkt gilt es nun genauer zu diskutieren, weil die Positionierung der Hausaufgabenhilfe im Bildungsraum ein wichtiger Bezugspunkt der folgenden Überlegungen ist. Konkret heißt dies – und das wäre schon vorab eine erste These, die sich damit abzeichnet –, dass die Hausaufgabenhilfe als bedeutender Teil eines Bildungsnetzes *im Stadtteil* zu sehen ist. Bildungserfolg von Immigrantenkindern hängt unter anderem wesentlich davon ab, ob es gelingt, eine konsequente Verzahnung und Vernetzung formaler und nicht-formaler, informeller Lernorte und Bildungsangebote hervorzubringen (vgl. Schroeder 2002, 323).

Zunächst möchte ich jedoch noch kurz auf die Kategorisierung bzw. die Konstruktion lernschwacher Immigrantenkinder eingehen, bevor der Begriff informeller Lernort weiter entfaltet wird. Dies geschieht vor dem Hintergrund, um deutlich herauszuarbeiten, wie die bisherigen Konzepte der Förderung von Schülerinnen und Schülern aus Immigrantenfamilien auf prinzipiell heiklen Vorannahmen aufbaut. Dies hat die Studie von Kronig/Haeberlin/Eckhart (2000) zu Immigrantenkindern und schulischer Selektion klar hervorgehoben. Die Autoren haben bezüglich der Ursachenzuschreibung von Lehrkräften bezüglich der Schulleistungsschwäche von Immigrantenkindern folgendes herausgefunden:

> Die Lehrpersonen schreiben für problematische Situationen im Unterrichtsalltag die Ursachen am häufigsten den schulleistungsschwachen Immigrantenkindern zu. Dabei wird in diesem ersten Ursachenbereich die Persönlichkeit, der Charakter des Kindes besonders stark gewichtet. Die Fremdsprachigkeit und die schulische Schwäche der Immigrantenkinder werden als weitere Ursachen erkannt. Als zweiter Ursachenbereich wird das Umfeld des Immigrantenkindes gesehen, wobei die familiären Verhältnisse betont werden. Erst an dritter Stelle taucht die Schule als möglicher Ursachenbereich auf. Dass die Ursache für eine schwierige Situation bei der Lehrperson liegen könnte, wird selten in Erwägung gezogen. (Kronig/Haeberlin/Eckhart 2000, 181)

Diese Problemwahrnehmung deckt sich in Teilen mit administrativen Wahrnehmungen, freilich mit anderen Handlungsoptionen: In den »Leitlinien der Integrationspolitik der Hessischen Landesregierung« aus dem Jahr 2002 heißt es in diesem Zusammenhang beispielsweise:

> dass Bildungsbeteiligung und Bildungserfolg bei ausländischen Jugendliche eher unterdurchschnittlich sind. 71% der Schüler mit ausländischer Staatsangehörigkeit erhalten ein Abschlusszeugnis gegenüber 85% der deutschen Mitschüler. Das Abitur erreicht gegenwärtig jeder zehnte Schüler ohne deutsche Pass, aber jeder Dritte deutsche Mitschüler. (2002, 8)

So sieht die Hessische Landesregierung die Ursache der unterdurchschnittlichen Leistungen von Immigrantenkindern im hessischen Bildungssystem. Ein Befund, den sie mit der empirischen Bildungsforschung teilt, wenngleich die Konsequenzen, die sich daraus ergeben, unterschiedlicher nicht sein können. Vor diesem Hintergrund hat das hessische Schulgesetz nach seiner Änderung im Jahr 2002 eine entscheidende Hürde bei der Einschulung eingebaut. Es wurde ein neues Einschulungsverfahren umgesetzt, das weit reichende Konsequenzen hat: Werden bei der vorgezogenen Schulanmeldung, die nun etwa elf Monate vor dem eigentlichen Schulentritt liegt, Defizite in der Sprachbeherrschung festgestellt, kommt es zu einer Zurückstellung von der Einschulung. Die Kinder werden daraufhin in schulischen »Vorlaufkurse« mit dem Ziel unterrichtet, bessere Deutschkenntnisse zu erwerben, damit die Lernausgangslage verbessert wird (vgl. Hessisches Kultusministerium 2002). Diese Vorlaufkurse sind zwar als freiwillige Angebote vorgesehen, faktisch haben Eltern kaum Möglichkeiten, diese Zurücksetzung bei als nicht ausreichend erachteten Deutschkenntnissen zu umgehen, wollen sie keine gravierenden Nachteile für die weitere Schulkarriere ihrer Kinder riskieren.

Es hat sich in der konkreten Umsetzung dieser Neuregelung gezeigt, dass es durchaus zu einzelnen, sinnvollen Erweiterungen im Angebot der Sprachförderung kam, geleistet durch kreative und pragmatische Ausführungen dieses Erlasses von engagierten Pädagoginnen und Pädagogen. Problematisch ist aber weiterhin die Tendenz der *Förderung durch »Verbesonderung«*. Sie kommt zum Ausdruck in einer Selektion von unten, die im Erlass aus dem Kultusministerium in einer unklaren Regelung der Zusammenarbeit der Schule mit anderen Bildungseinrichtungen besteht, die auf *Kann*-Regelungen beruht und die strukturellen Schwierigkeiten der Kooperation zwischen den unterschiedlichen Segmenten der Bildung kaum zu berücksichtigen vermag. Eine Lösung ist erst recht nicht praktikabel. Damit an diesem Punkt keine Missverständnisse entstehen: Eine angemessene Sprachkompetenz ist notwendige Voraussetzung für Bildungserfolg. Dieser Punkt ist unstrittig. Nur bleibt fraglich, wie und wo diese Sprachkompetenz erlangt werden soll und kann. Dazu bieten sich eine Vielzahl von Maßnahmen an, von denen die separierenden sicherlich den problematischsten Weg weisen. Für einen hinreichenden Bildungserfolg von Kindern aus Einwandererfamilien reichen alleine die sprachfördernden Maßnahmen kaum aus, weil sie wieder einmal – entgegen aller erziehungswissenschaftlichen Kritik – nur individuumsbezogen erfolgen. In diesem Zusammenhang urteilt auch Ingrid Gogolin, dass bei diesen bildungspolitischen Reaktionen die immer schon gehegten und gepflegten Überzeugungen wichtiger zu sein scheinen als empirisch gesichertes Wissen über das Lernen von Kindern und Jugendlichen mit Migrationshintergrund (vgl. Gogolin 2003, 43).

Dennoch darf die tatsächliche Aussage und der symbolische Gehalt dieser Regelung nicht unterschätzt werden. Als Reaktion auf die PISA-Befunde wurden die scheinbar »Schuldigen« für das schlechte Abschneiden Deutschlands im internationalen Leistungsvergleich zumindest in einigen schnellen und schlichten Reaktionen aus der Politik rasch identifiziert: Die Kinder aus Immigrantenfamilien zögen, durch ihre schlechten Deutschkenntnisse, das deutsche Bildungssystem im internationalen Ranking nach unten auf Platz 21. Im geschilderten Zusammenhang waren dies häufig geäußerte politisch-administrative Redeweisen.

Dass diese Deutung nicht nur falsch ist, sondern auch die Wirklichkeit schlicht entstellt, das zeigt sich, wenn man die Definition, die in der PISA-Studie verwendet wurde, um den qualitativ erweiterten Begriff von »Kindern mit Migrationshintergrund« näher analysiert. Es wurde danach gefragt, ob einer oder beide Elternteile im Ausland geboren sind. Damit konnten sowohl Kinder von Spätaussiedler, die ja bei Eintritt in die Bundesrepublik qua Staatsangehörigkeitsgesetz einen deutschen Pass erhalten, erfasst werden, als auch Kinder ausländischer Eltern, die in Deutschland geboren sind. Auch Kinder aus binationalen Familien konnten mit in dieser Kategorie einbezogen werden.

Nach dieser Berechnungsweise haben etwa 27% der 15-Jährigen, diese Altersgruppe wurde bei PISA befragt, einen Migrationshintergrund. An dieser Erweiterung im Verständnis macht sich auch die Einschränkung der hessischen Definition deutlich:

Die Frage nach nicht-deutscher Staatsangehörigkeit oder Passbesitz (konkret: der ausländische Schüler) ist nicht trennscharf und kann sich der veränderten Wirklichkeit der Einwanderung und deren Folgen in der deutschen Gesellschaft keinesfalls adäquat annähern.

Unter der Perspektive dieser verdinglichenden Definition von Migrationshintergrund wundert es nicht, dass es vor allem Sprachfördermaßnahmen sind, die als drängendes Problem der Integrationspolitik der Hessischen Landesregierung behauptet werden. Zwar werden diese Sprachfördermaßnahmen im schulischen und im außerschulischen Bereich angesiedelt, doch letztlich entscheidet die *Schule* im Eingangstest über die Einschulung oder den Besuch eines so genannten Vorlaufkurses. Damit stellt sich die Schule als zentrale Verteilungsinstanz von Bildungskarrieren über alle anderen Bildungseinrichtungen, und das *Bildungs*system wird wiederum verengt auf das *Schul*system, da die Schule durch ihr Koordinierungs- und Steuermonopol auch über das Bildungsmonopol verfügt und Bildungskarrieren schon im Vorfeld beeinflusst bzw. eine bestimmte Richtung vorgibt.

In diesem Zusammenhang erscheint uns die Frage relevant, wie es unter dieser dominierenden Perspektive des schulischen Bildungsmonopols möglich erscheint, die Hausaufgabenhilfe als außerschulischen Lernort zu würdigen, der Teil des lokalen Bildungsnetzes ist? Diesen nicht-formalen Lernort sehe ich allerdings im Lichte der Befunde des Projekts als außerordentlich wichtig an, da er ein wichtiges Fundament hervorbringen kann, auf das sich schulische Lernprozesse aufbauen können. Diese Lernprozesse können allerdings nur innerhalb einer gemeinsamen Bildungsarbeit zur vollen Entfaltung gebracht werden können. Darauf wird noch ausführlicher zurückzukommen sein.

5.7 Wichtige Befunde der Analyse exemplarisch hervorgehoben

Als ersten wichtigen Befund möchte ich aus unserer Forschung herausgreifen, wie ein anderes Bild der Migration und des etwas unangemessen wirkenden Begriff »Migrationshintergrund« gezeichnet werden kann. Die Mehrzahl der Schülerinnen und Schüler der Hausaufgabenhilfen, die wir untersucht haben, ist in Deutschland geboren und hat umfassende Erfahrungen mit dem deutschen Bildungssystem von Anfang an. Diese Kinder und Jugendlichen müssen aber nicht unbedingt die deutsche Staatsangehörigkeit besitzen. Wichtig war uns, unsere Ergebnisse gemäß der erweiterten Definition »Migrationshintergrund« (wie in der PISA-Studie) zu erfassen.

Erstaunlich dabei war, dass die meisten der Kinder in Deutschland geboren sind und vor allem: dass sie das deutsche Bildungssystem bislang kontinuierlich durchlaufen haben. Das heißt, sie waren in der Mehrzahl in Kindergärten, bevor sie in die Grundschule eingeschult worden sind. Es wäre nicht übertrieben zu behaupten, dass diese Kinder mittlerweile zur »Normalität« im deutschen Schulsystem gehören, dass sie hier angekommen sind, auch wenn sich ihre Eltern – metaphorisch gesprochen – teilweise noch auf Wanderschaft befinden. Dabei bildet sich die Struktur der Anwerbepolitik der Bundesregierung ab den 1950er Jahren im Mittelmeerraum auch hinsichtlich der Zusammensetzung der Schülerinnen und Schüler in den Hausaufgabenhilfen ab.

In Mörfelden z. B. kommen die meisten der Eltern von den Schülerinnen und Schülern, die die Hausaufgabenhilfe besuchen, aus der Türkei (65% - n = 58). Ihre Kinder sind jedoch zum größten Teil hier in Deutschland geboren, nämlich zu 94%. Für Mörfelden gesprochen also ein wichtiger Befund: Die Eltern kommen größtenteils aus den klassischen Anwerbeländern wie der Türkei, Italien, Spanien. Wir haben dort kein Elternpaar vorgefunden, bei dem Vater und Muter in Deutschland geboren sind. In zehn Fällen haben Vater und Mutter ein unterschiedliches Geburtsland, wobei das meist Deutschland ist. Viele Familien haben (das geht aus dem Jahresbericht der Hausaufgabenhilfe Mörfelden hervor) die deutsche Staatsbürgerschaft.

In Rede stehen hierbei allerdings nicht die gelungenen Integrationsleistungen der Einwanderer, denn es geht in der Untersuchung der Hausaufgabenhilfen vor allem um die Integrationsfähigkeit des deutschen Bildungssystems. Dieser Aspekt gewinnt an Bedeutung, wenn man sich vor Augen führt, dass die Mehrzahl der Kinder in der Hausaufgabenhilfe in der Regel schon ab dem dritten Lebensjahr – also seit Besuch des Kindergartens – in Kontakt mit diesem Bildungssystem stehen. Ein Mehr des Gleichen hinsichtlich der so genannten Förderung von Einwandererkinder zu legitimieren, eine durchweg positive Bewertung der bisherigen Leistungen der *Schule* zur Integration in die Gesellschaft scheint diesem Zusammenhang kaum möglich, denn sonst wären die von uns befragten Schülerinnen und Schüler nicht *prinzipiell* in riskanten Bildungsverläufen. Nicht nur – aber vor allem – die Schule ist vor diesem Hintergrund gefordert, unter dem Begriff Chancengleichheit die Entkoppelung der Schulleistungen von der sozialen und kulturellen Herkunft voranzutreiben. Weil dies der Schule in aller Regel aus strukturellen Gründen nicht gelingt, sind die Schülerinnen und Schüler auf die Hausaufgabenhilfen als zusätzlichen Bildungsort und Übergangsraum angewiesen. Dies allein zu behaupten, ohne die Aneignungsperspektive zu beachten und die komplexen Wechselwirkungsprozesse in Rechnung zu stellen, die im Bildungsraum Hausaufgabenhilfe vorfindbar sind, hieße sich den Blick zu verstellen auf die gewissermaßen *sonder*- und *sozialpädagogischen Dimensionen* der Hausaufgabenhilfe.

Hier werden durch spezifische Förderung und Herstellung fördernder und anregender Lern-Milieus die grundlegenden Voraussetzungen für den schulischen Erfolg gelegt, dies geschieht allerdings nicht unmittelbar, sondern kann nur aus den Lernbiografien rekonstruiert werden.

So explizit wie diese Dimension beispielsweise in der Konzeption der Hausaufgabenhilfe Mörfelden, oder auch aus der praktischen Arbeit in Schwalbach heraus entsteht, ist es erkennbar, dass die »Beziehungsarbeit« ein wesentliches Ziel der Arbeit in der Hausaufgabenhilfe ist. Die Art der Beziehungsangebote, die vor Ort gemacht werden, wirken weit reichend auf die Art und Weise, wie sich die Schülerinnen und Schüler mit »bedeutsamen Erwachsenen« umgeben, die ihnen dabei helfen, Übergänge zu gestalten und vor allem zu bewältigen. In Mörfelden kann diesbezüglich eine bezeichnende Redeweise gefunden werden, die gleichsam als Metapher für diese Deutung gelten kann: *»Wir gehen in Herbert«* sagen die Schülerinnen und Schüler dort, wenn sie die Hausaufgabenhilfe umschreiben. Damit meinen sie den langjährigen pädagogischen Leiter der Einrichtung, Herbert Böhnke. Diese Redeweise ist aber keineswegs als eine Abwertung der anderen Betreuer und Betreuerinnen zu verstehen, sondern zeigt auf, wie eng diese persönlichen Bindungen verlaufen. Ein Zitat aus den Befragungen der Betreuer und Betreuerinnen der Hausaufgabenhilfe in Mörfelden mag die Bedeutung der persönlichen Bindungen ebenfalls verdeutlichen. Eine Betreuerin sagte diesbezüglich:

> Ich hatte am Anfang Probleme, meinen Einsatz zu werten. Die Arbeit bzw. der Erfolg ist eigentlich nicht messbar. Mittlerweile merke ich aber öfters Fortschritte bei den Kindern und das kann ich als »Ergebnis« akzeptieren. Diese Fortschritte sind nicht immer nur gute Noten, sondern auch das Miteinander zwischen den einzelnen Kindern bzw. den Kindern zu mir.

Diese Aussage verweist auf die gewachsenen Beziehungen und die von Wertschätzung getragene Atmosphäre in der Hausaufgabenhilfe. Die dort kontinuierlich vorfindbaren, verlässlichen Mentoren kann es gar nicht genug geben. In der Regel reichen die Eltern aus, besser ist aber im Verlauf der Jugendphase – vor allem für Jugendliche aus Einwandererfamilien –, einen »Überschuss« an diesen Mentoren zu haben (vgl. Sauter 2001). Es ist diese kontinuierliche Verfügbarkeit an Mentoren, der die Hausaufgabenhilfe zu einem »guten Ort« macht. Die Betreuerinnen und Betreuer stellen außerfamiliäre und verlässliche Fixpunkte im Leben der Kinder dar und bieten verschiedene Beziehungsebenen an. An dieser Stelle ist die Geschichte einer Schülerin zu erzählen, die aus einer sog. Multiproblemfamilie kommt und bereits vielfach Erfahrungen mit der Jugendhilfe sowie der Kinder- und Jugendpsychiatrie gemacht hat. Obwohl sie schon lange nicht mehr als Schülerin die Hausaufgabenhilfe in Mörfelden besucht, so kommt sie gerade in Krisenzeiten immer wieder dort vorbei, quasi um aufzutanken, und sich bei »ihrer Betreuerin« Rat zu holen, mit der sie weiterhin in Briefkontakt steht. Das vertrauensvolle Verhältnis hat also lange währenden Bestand, wirkt anscheinend stabilisierend und kann, das ist wichtig, immer wieder mobilisiert werden. In diesem Kontext erscheint die Hausaufgabenhilfe als verlässliches und stabilisierendes Angebot. So sagte eine Betreuerin:

> Die meisten Kinder kommen gerne. Ich habe das schon oft erlebt, dass sie krank waren, Fieber hatten. Aber sie kommen mittags trotzdem. Oder wenn Ferien sind, dann sind sie traurig. Die kommen fünf Tage in der Woche, ganz kontinuierlich. Ich auch, jeden Tag.

Ein Schülerin, deren Mutter bereits die Hausaufgabenhilfe besuchte, antwortete in einem Gespräch auf die Frage, wie es ohne Hausaufgabenhilfe wäre: »Das weiß ich nicht, weil ich bin ja seit der ersten Klasse hier.«

Damit konturieren sich in der Hausaufgabenhilfe im Gegensatz zur Schule »Räume ohne Leistungsdruck« (Lanfranchi 2002, 38):

> Solche Gemeinschaften ermöglichen den Aufbau relativ maßgeschneiderter sozialer Netze in Ergänzung zur Familie, die in manchen Fällen abgeschottet ist oder einengende Grenzen aufweist. Sie fungieren als ökologische Entwicklungsnischen [...] und sind deshalb von wachsender Bedeutung, weil sie den Kindern ermöglichen, verläss-

> liche Bindungen in individuell passenden und von der Familie nicht als Konkurrenz wahrgenommenen Lebenswelten aufbauen. (ebd.)

Sehr wichtig ist es für die Betreuerinnen und Betreuer in diesem Zusammenhang auch, wie es Praxis der von uns untersuchten Hausaufgabenhilfen ist, einen regelmäßigen Austausch mit den Lehrkräften zu suchen. Beispielhaft geschieht dies bei der Schülerhilfe Schwalbach durch eine hohe Präsenz der pädagogischen Leitung im Lehrerzimmer der Schule, aus der die überwiegende Zahl der Schülerschaft kommt. Der informelle Austausch über schulischen Erfolg oder Probleme einzelner Schüler oder Schülerinnen sowie die Mitteilung von Beobachtungen in der Hausaufgaben- bzw. Schülerhilfe kann einen anderen Blick auf Lernerfahrungen aus einem Lernfeld jenseits der Schule vermittelnd zu den Einschätzungen der Lehrkräfte eröffnen.

5.8 Theoretische Einordnung und Ausblick

Wie anfangs erwähnt, stammt eine der Leithypothesen für das Praxisforschungsprojekt aus der Studie des Schweizer Schulpsychologen und Sonderpädagogen Andrea Lanfranchi. Er hat in seiner Untersuchung *Immigranten und Schule* bereits 1995 darauf aufmerksam gemacht, dass Schulerfolg bzw. Schulversagen von Immigrantenkindern nicht nur als individuelles »Versagen«, sondern auch im Kontext von Familienorientierungen zu sehen ist. Er spricht in diesem Zusammenhang von »Wirklichkeitskonstrukten« der Immigrantenfamilien bei der Bewältigung der Einwanderung, die sich unmittelbar auf die Schulkarriere der Kinder auswirken. Lanfranchi hat aus systemischer Perspektive analysiert, welchen Zugang Einwanderer zu Ressourcen haben, welche Unterstützung sie durch das System öffentlicher Hilfen geboten bekommen und vor allem wie sie davon Gebrauch machen und machen können. Besonders wichtig in diesem Zusammenhang ist es zu untersuchen, welche Hindernisse ihnen dabei im Wege stehen. Dabei sieht er auch ganz klar die Bedeutung der Übergänge für Immigrantenkinder als zentrale Problemfelder an.

Das Thema von Lanfranchi sind Strukturtransformationen, die er jedoch nicht nur auf der Seite der Immigranten einfordert (und dann stellt sich die weitreichende Frage, wer sie dabei unterstützt), sondern auch im Schulsystem *nachhaltig* realisiert sehen möchte. Er legt unmissverständlich dar, dass es die Kinder, als die Schwächsten im System sind, die letztlich die größten Bewältigungsleistungen erbringen müssen (vgl. Lanfranchi 1995, 250). Dieser Zugang, der auf einer sorgfältigen und rekonstruktiven Analyse von drei Einwanderer-Familien aus Süditalien, ihrer Migrationgeschichte und den schulischen Karrieren ihrer Kinder aufbaut, scheint besonders geeignet, um die strukturellen Schwächen im Schulsystem hervorzuheben, die vor allem Kinder aus Einwandererfamilien treffen. Lanfranchi macht in diesem Zusammenhang verschiedene Systemebenen sichtbar (Schule, Elternhaus, Lehrer, Kind und Lebensumwelt), die miteinander in Wechselwirkung stehen. Das heißt, dass es zunächst klar sein muss, dass Immigrantenkinder, das, was sie für das Erreichen von Schulerfolg brauchen, sich nicht ausschließlich aus eigener Anstrengung holen können (vgl. ebd., 264). Sie brauchen dazu vor allem ein entwicklungsförderndes Potential und einen Zugang zu angemessenen und fördernden »Lern-Umwelten«. Eine dieser fördernden Lern-Umwelt ist zu sehen in den Angeboten der Hausaufgabenhilfe, dies korrespondiert zu den Befunden von Lanfranchi hinsichtlich der Effekte familienergänzender Betreuung. Er schreibt:

> Insbesondere Kinder aus Migrationsfamilien, die im Vorschulalter familienergänzend betreut werden, bewältigen den Übergang zur Schule signifikant besser als Kinder, die sich ohne diesen vermittelnden Bezug in einer für sie »fremden« Lebenswelt behaupten müssen. (Lanfranchi 2002, 12)

Das bedeutet ferner, dass sich alle individuellen Lernmaßnahmen als zu kurzfristig erweisen, wenn sich das Lernumfeld nicht prinzipiell verändert. Veränderungen werden aber erst dann wirksam und entfalten weit reichende Folgen, wenn sie an den Nahtstellen – oder wenn man so will – an den Überschneidungsbereichen zwischen Familienwelten und Schulwelten ansetzen. Diese Überschneidungsbereiche brauchen aber eine Vermittlung. Diese Aussage möchte ich thematisch noch weiter zuspitzen und auch auf die Überschneidungsbereiche im Schulsystem und darüber hinaus erweitern. Das heißt, dass es nicht allein um die konkreten Übergänge der eingewanderten Familien und ihren neuen Lebenswelten geht, folglich von einer ländlich geprägten hin zu einer urbanen Lebensweise, sondern vielmehr auch um die Übergänge im Bildungssystem insgesamt. In diesem Kontext heißt es bei Lanfranchi (1995, 272): pointiert

> Schulerfolg von Immigrantenkindern bzw. ihr Erwerb von Lern- und Leistungsstörungen hat *sehr wenig* mit den personalen Merkmalen des Kindes und *sehr viel* mit den Übergängen von rural-partikularistischen zu urban-universalistischen Strukturen der Familiengruppe zu tun, das heißt mit den Ressourcen der Familie, zwischen Bewahren der Tradition und Zulassen von Innovationen balancieren zu können.

Meine Erweiterung zu dieser Perspektive: Die Übergänge, die sich innerhalb des Bildungssystems, von der vorschulischen Bildungseinrichtung in die Grundschule, von dort auf die Sekundarstufe, zwischen schulischen und außerschulischen Bildungseinrichtungen und weiter in berufsqualifizierende Maßnahmen oder in Einrichtungen der höheren Bildung ergeben, spielen dabei ebenfalls eine bedeutende Rolle und müssen auf ihre Entscheidungsstrukturen, Förderpotenziale und erweiternde Unterstützungsangebote hin überprüft werden.

In diesem Zusammenhang komme ich nun auf diese Nahtstellen als zentralen Begriff zurück: es bietet sich ein Bild von kaum noch zu sortierender Unübersichtlichkeit, denn von Nahtstellen und Übergängen gibt es im Bildungssystem eine Vielzahl. Vor allem die Übergänge, also das was Lanfranchi mit »Nahtstellen« bezeichnet, sind in aller Regel unorganisiert, beliebig, zufällig und selten pädagogisch organisiert. Betrachtet man die Übergänge von vorschulischen Einrichtungen in die Grundschule, von dort zur weiterführenden Schule, oder die Überweisung in die Sonderschule; oder auch die Rücküberweisung – so sie denn überhaupt erfolgt – zurück in die Regelschule: Im Prinzip haben wir es dabei mit *unbegleiteten* und desorganisierten Übergängen zu tun. Ein hoch spezialisiertes Bildungs- und Erziehungssystem verschiebt das »Schülermaterial« von einer zur nächsten Abteilung, ohne dass jemand an den wichtigen Schaltstellen Verantwortung übernähme, eine über die Institution hinaus weisende Zielperspektive angeben könnte, geschweige denn sich (institutionell abgesichert) hinreichend mit Informationen über den Sach- und Leistungsstand versorgt und andere Institutionen berät und – dass erscheint mir am wichtigsten – weit reichende Anschlussperspektiven für den Bildungsverlauf eröffnet. So kommt es in der Folge zu der Konsequenz, dass Bildungsprozesse für strukturell benachteiligte Schülerinnen und Schüler viel zu schnell abgeschlossen werden, anstatt Zugangswege dazu eröffnen zu können. Man kann in diesem Kontext durchaus behaupten, dass allem Reden und aller erziehungswissenschaftlichen Programmatik über die »Öffnung der Schule« zum Trotz, die Schule als ein *geschlossener Raum* (vgl. Hiller 1997, 21) erscheint.

Hier kommt nun konkret die Hausaufgabenhilfe ins Spiel. Mir geht es dabei um die schulische und außerschulische Gestaltung von Bildungsprozessen in sozial ungleichen Strukturen und für Schülerinnen und Schüler aus Einwandererfamilien. In diesem Zusammenhang erscheint es wichtig, genauer zu untersuchen, wie Schulen auf die Bedingungen von Einwanderung und sozialer Ungleichheit reagieren und reagiert haben.

Joachim Schroeder hat diese Analyse in seiner historischen und systematisch vergleichenden Studie *Bildung im geteilten Raum* (2002) für den Hamburger Stadtteil Wilhelmsburg durchgeführt, einem Quartier, das seit Jahrzehnten sozialen Teilungsprozessen unterliegt. Schroeder stellte fest, dass gerade auch die Schulen diese sozialen Teilungsprozesse abbilden. Sie bleiben also davon nicht unbeeinflusst. Schulen selbst haben in dieser Hinsicht jedoch nur beschränkte Handlungsspielräume, die dazu selten erkannt werden. Dennoch hat Schule den öffentlichen Auftrag, gerade angesichts kultureller, sprachlicher und sozialer Heterogenität gleiche Chancen für alle zu bieten. Welche Lösungsansätze bieten sich für dieses Dilemma an? Eine mögliche Lösung ist jedoch voraussetzungsvoll und verlangt einen Abkehr von den üblichen Perspektiven: Wenn die Gestaltung des Bildungsraumes sich nicht verengt auf die Entwicklung des lokalen *Schul*systems, sich nicht erschöpft in der Frage nach einem speziellen Schulprogramm für diese oder jene Schule, diese oder jene Schülerschaft, sondern vielmehr auf die Entwicklung einer *Bildungslandschaft* abzielt, dann nimmt die Idee des Bildungsraumes konkrete Formen an (vgl. Schroeder 2002).

Bezugspunkt wäre dann das *Bildungs*system und nicht mehr nur das *Schul*system. Der wichtigste Zielpunkt den es dabei anzusteuern gilt, ist zunächst genau dieser genannte Perspektivenwechsel: Schule als *einen* Baustein im Bildungsraum zu sehen. Mögliche daraus folgenden Konsequenzen sind, dass sich die Schulen nämlich als Elemente eines Bildungsnetzes des Stadtteils sehen können, an dem gleichermaßen außerschulische Bildungseinrichtungen beteiligt sind und beteiligt werden müssen. Natürlich kann es in diesem Zusammenhang nicht darum gehen, miteinander in Konkurrenz zu treten, beliebig Bildungsorte zu vermehren mithin ein Mehr des Gleichen anzubieten. Was mit dieser Perspektivenerweiterung möglich wäre, und was ich umreißen möchte, das ist die Tatsache, dass mit der damit gegebenen Möglichkeit gemeinsam geteilter Bildungsverantwortung im Bildungsraum an den Stärken und Ressourcen der lokalen Strukturen anzusetzen wäre, damit die weithin beklagte Separierung im deutschen Schul- und Bildungssystem nicht weiterhin verhindert, dass an dafür geeigneten Orten innerhalb *und* außerhalb von Schulen wirksame Fördermaßnahmen ansetzen können.

Wenn also die Hausaufgabenhilfe als außerschulische Bildungseinrichtung zusammenarbeitet mit der Schule, dann erscheinen individuelle Förderpläne von mehreren Bildungseinrichtungen getragen realisierbar, die die Chancengerechtigkeit für Immigrantenkinder beträchtlich erhöhen können, da sie im regulären Schulsystem *inkludiert* bleiben und nicht auf Sondereinrichtungen vor, nach oder außerhalb der Schule platziert werden. Die Chancenungerechtigkeit wäre damit freilich nicht mit einem Schlag aus der Welt geräumt, aber dennoch können wichtige Bausteine entstehen, um Ausgrenzung zu verhindern, indem spezifische und kontextuell erweiterte Orte der Förderung etabliert werden, die erst in ihrer Summe und *gelungenen* Kooperation – im Sinne gestalteter Übergänge und Nahtstellen – ihre Wirkung hinsichtlich der Chancengerechtigkeit entfalten.

In diesem Kontext möchte ich für eine relative Autonomie der Hausaufgabenhilfe plädieren, da sie sonst in der Gefahr steht, unter das an den Schulen herrschende Lern-Paradigma eingeordnet zu werden. Unter diesem Lernparadigma sind oftmals unangemessene Didaktiken, die Ideologie, dass Schule die einzige Bildungsinstitution sei, ebenso zu verzeichnen, wie eine starke soziale Auslese der Schule. Was macht aber die pädagogische Arbeit der Hausaufgabenhilfe aus? Warum steht sie quer zu dem skizzierten Lernparadigma? Dazu die folgenden Stichworte: Hier gibt es einen ertragreichen Vorrat an Zeit und Raum zum Lernen, es findet eine angemessene Strukturierung des Lernens statt (Spiele, Lernen, Hausaufgaben), Selektionskriterien nach sozialen und kulturellen Herkunft spielen keine Rolle (zumindest nicht im Sinne der Auslese bei Leistungsdifferenz). Und vor allem muss sie keine Zertifikate vergeben, die über den weiteren Lern- und Lebensweg entscheiden. Aus den nun klar erkennbaren Widersprüchen der gegeneinander stehenden Lehr-Paradigmen, wenn man so will, das der Schule und das davon abweichende der Hausaufgabenhilfe, kann eine Erklärung gefunden werden für die prinzipiell riskanten Übergänge in den pädagogischen Systemen und die aufgezeigten Probleme der Kooperation. Nun steht das Problem der Bildungsbenachteiligung auch auf der Agenda der Administration. Vor dem Hintergrund der internationalen Schulvergleichstudien hat die Kulturministerkonferenz beschlossen, künftig regelmäßig einen Bericht über wichtige Daten und Fakten des Bildungssystems vorzulegen.

Im Bericht für das Jahr 2003 schreiben die Verfasser des Bildungsberichtes, der unter der Federführung des Deutschen Instituts für Internationale Pädagogische Forschung entstand:

> Die Situation benachteiligter Gruppen im Bildungssystem ist insgesamt komplizierter und unübersichtlicher geworden. Ins Auge fallen vor allem gravierende Unterschiede der Bildungsbeteiligung und des Kompetenzerwerbs in Abhängigkeit von sozialer Herkunft und Migrationsstatus. Beim Abbau dieser Disparitäten kommt den Entscheidungen an den Nahtstellen des Bildungswesens [...] strategische Bedeutung zu. Für die Verringerung von Unterschieden im Kompetenzerwerb spielen zudem pädagogische Fördermaßnahmen *innerhalb* der Schulen und der Klassen eine entscheidende Rolle. (Avenarius et al. 2003, 9, meine Hervorhebung S. S.)

Erstaunlich ist an dieser Feststellung die Nachdrücklichkeit in der Analyse, dass die Nahtstellen im Bildungssystem besonderer Beobachtung bedürfen, weil hier in aller Regel die Selektionsentscheidungen getroffen werden. Dass allerdings ein schulzentrierter Blick vorherrscht wird schnell klar, wenn die Fördermaßnahmen alleine im schulischen Kontext positioniert werden. Schule ist also weiterhin das zuständige Gebiet für die Förderung und den Abbau von Ungerechtigkeiten in den von ihr erzeugten Bildungsbenachteiligungen. Außerschulische Förderorte und -maßnahmen, non-formale oder gar informelle Bildungssysteme erscheinen in dem Bericht nicht.

Die Befunde aus dem Praxisforschungsprojekt zeigen deutlich die Tendenz, dass die von den Schulen oftmals beschworene Kooperation in der Regel nicht über Absichtserklärungen hinaus gehen, oder aber von dem *individuellen* Engagement einzelner Lehrerinnen und Lehrern abhängen. Wenn es zu Aushandlungen von relevanten Entscheidungen bezüglich der Schülerinnen und Schüler kommt, dann gehen in aller Regel die Initiativen der Hausaufgabenhilfe diesen Prozessen voraus. Dies war eine deutliche Feststellung bei unseren Befragungen der pädagogischen Leitungen und der Betreuerinnen und Betreuer der Hausaufgabenhilfen:

> Oftmals wird die Hausaufgabenhilfe seitens der Lehrkräfte nur als Ergänzung zur Schule gesehen, nicht als Möglichkeit, den Schülern über die Hausaufgaben hinaus, die soziale Integrität zu erleichtern oder die Schüler speziell zu fördern.

Diese mangelnde Anerkennung und Wertschätzung der pädagogischen Arbeit der Hausaufgabenhilfe durch die Schule verwundert insofern, dass es sich dabei um eine pädagogische Teilaufgabe handelt und die Schule oftmals darüber klagt zu wenig Zeit zu haben, für die Beziehungsarbeit mit den Schülerinnen und Schülern. Nun hat sich dies als Struktur in den Beispielen abgezeichnet, das heißt aber nicht, dass es keine gelungene Kooperation der Hausaufgabenhilfe bzw. der Schülerhilfe mit den Schulen gegeben hätte. Ganz im Gegenteil, ist es zu einer Zusammenarbeit gekommen. Sie ist jedoch in hohem Maße abhängig vom Willen und dem Engagement einzelner Lehrkräfte in den Schulen. Konzeptionell sind die Kooperationsbeziehungen der Hausaufgabenhilfen mit der Schule abgesichert. Damit diese allerdings nicht zufällig und beliebig durch *individuelles* Engagement zustande kommen, wäre eine *institutionelle* Absicherung durch die Schulen ebenfalls wichtig.

5.9 Integration wohin?

Ich habe im Verlauf dieses Beitrages die These entwickelt, dass die Hausaufgabenhilfe möglicherweise als ein *integrativer Ort* zu verstehen sei. Diesen Punkt möchte ich im Zusammenhang mit dem Diktum von Georg Feuser ansprechen, der in seiner wissenschaftstheoretischen Grundlegung der Integrationspädagogik als wesentliches Organisationsprinzip einer nicht aussondernden Schule klar aufzeigte, dass Integration nicht zu haben sei, ohne die Schule grundsätzlich zu verändern (vgl. Feuser 1995, 219). »Integration«, so schreibt Feuser und der Gehalt seiner Aussage dürfte sich mittlerweile weiter verschärft haben, »steht, wenngleich in der Erziehungswissenschaft zu verorten, in besonderer Weise im Spannungsfeld gesellschaftlich-historischer und sozio-ökonomischer Entwicklungen und Traditionen.« (1995, 18)

In der Konsequenz heißt dies, dass es wenig aussichtsreich erscheint, in einer auf Segregation und Ungleichheit aufgebauten und weiterhin aufbauenden Gesellschaft in einem kleinen Subsystem, wie dem Bildungssystem integrieren zu wollen, wenn eine klare gesellschaftliche Zielperspektive und damit eine politische Willensbekundung für die Integration fehlt. Dennoch zeigen sich auf einer Mikroebene kleinschrittige, aber wirkungsvolle Prozesse, die *eine Schule für alle* ermöglichen. Diese Prozesse wirken allerdings nur mittelbar und setzen eine andere Perspektive auf Bildungsprozesse außerhalb der Schule und im Schnittfeld von schulischen und außerschulischen Bildungsprozessen voraus.

Wenn wir also unter dieser Perspektive erkennen können, dass die Hausaufgabenhilfe eine *notwendige* Voraussetzung für den Bildungserfolg von Immigrantenkindern darstellt, und zwar vor allem aus dem Grund, weil das Bildungssystem, so wie es schulisch organisiert ist, Brüche an den Nahtstellen und in den Übergängen aufweist und strukturell auf Ungleichheit aufbaut, so wäre eine *hinreichende* Voraussetzung für ihren Bildungserfolg im deutschen Bildungssystem sicherlich eine Strukturveränderung, die an den Nahtstellen im Bildungssystem ansetzt. Was wäre eine Konsequenz dieser Strukturveränderung?[46] Sicherlich fiele es danach leichter, die Bedeutung von Übergängen und vor allem *Übergangsräumen* anerkennen und somit zu gestalten zu können. Außerdem erscheint es wichtig, die Qualität der »Beziehungsarbeit« im transitorischen Raum als wichtigen Baustein anzuerkennen und vor allem die Veränderungen im gemeinsamen Prozess des Lernens reflexiv in den Blick zu nehmen, also am unteilbaren Bildungsnetz zu arbeiten. In dieser Hinsicht besteht weiter ein dringlicher Forschungs- und Aufklärungsbedarf für diese komplexe Thematik. Voraussetzung dafür ist allerdings eine verstärkte Integrationsarbeit *innerhalb* der pädagogischen Professionen, da sich bei diesem Untersuchungsfeld gezeigt hat, dass *ein* pädagogischer Bereich alleine (also nur die Schule als Bereich der formalen Bildung, oder die Hausaufgabenhilfen als Bereich der nicht-formalen und außerschulischen Bildung) und aus eigener Anstrengung die Aufhebung der Bildungsbenachteiligungen von Schülerinnen und Schülern aus Immigrantenfamilien unmöglich zu leisten vermag.

So lässt sich in diesem Hinblick die These aufstellen, dass die Schulzufriedenheit und der Schulerfolg von den in diesem Praxisforschungsprojekt befragten Schülerinnen und Schülern aus Einwandererfamilien zu einem großen Teil Verdienst der Hausaufgabenhilfe ist. Durch deren Unterstützung machen die Mädchen und Jungen kaum negative Erfahrungen in der Schule bzw. können diese unproblematisch verarbeiten. Sie erleben die Institution Schule mithin weniger bedrohlich. Seit der ersten Klasse bieten die Hausaufgabenhilfen der Schülerinnen und Schülern verlässliche Beziehungen zu außerfamilialen Erwachsenen und leitet sie gleichsam innerhalb dieser tragfähigen Beziehungen sicher durch die gesamte Schulzeit. Damit ist die Hausaufgabenhilfe sehr viel mehr als nur eine kompensatorische Einrichtung, sondern muss als ein zentraler Bildungsraum verstanden werden.

[46] Allerdings sieht Auernheimer (2003, 8) im Zuge der Diskussion um die Befunde der PISA-Studie die Frage nach der Struktur des deutschen Bildungssystems mit einem seit Jahrzehnten wirkenden virulenten Tabu belegt.

6. Schule, Migration und Fremdheit. Halbiertes pädagogisches Fallverstehen im Kontext von Differenzen

Wenn das Fremde als das *nicht* fraglos Gegebene erscheint, dann ist es bedeutsam, die Fragen aufzugreifen, die es aufwirft. *Welche* Fragen tauchen dabei auf? *Was* wird durch das Fremde irritiert? Geraten dadurch alltägliche Routinen, also das in der Regel Unhinterfragte, mit dem auf das Fremde reagiert wird, klarer in den Blick? Was fällt überhaupt auf und kann erst dadurch als Fall konstruiert werden?

Im Rahmen des interdisziplinären Forschungsprojektes *»Konfliktgeschichten dissozialer, nicht beschulbarer Jugendlicher«*, das am Institut für Sozialforschung an der Universität Frankfurt mit dem Institut für analytische Kinder- und Jugendlichen-Psychotherapie in Frankfurt am Main durchgeführt worden ist (vgl. von Freyberg/Wolff 2005; 2006), wurden vier von sieben Fallgeschichten erhoben, in denen das Fremde – als zunächst abstrakte Größe – mehr oder weniger eine Rolle spielt.

Auffällig ist im Rahmen der ersten drei Fälle des Forschungsprojektes, dass es sich dabei um Schüler aus Immigrantenfamilien handelt. Die Auswahl der Fälle wurde nicht absichtlich darauf hin vorgenommen, sondern mehr oder weniger dem Zufall überlassen. Es wurde den beteiligten Professionellen lediglich das Profil mitgeteilt, das die Schüler haben sollten, damit sie in Zusammenhang mit der Untersuchung von Interesse sein könnten. Es ist sicher kein Zufall, der die Auswahl der Schülerschaft der ersten drei Fälle erzeugte. Vielmehr ist es ein deutliches Abbild der Überrepräsentation von Kinder und Jugendlichen aus Immigrantenfamilien an Sonderschulen und in riskanten Bildungsgängen.

Alberto, der erste Schüler, mit dem wir in Kontakt kamen, stammt aus einer Einwandererfamilie aus Süditalien, der zweite Schüler, Barat, aus einer Einwandererfamilie aus der Türkei, der dritte Fall, Cassimo wieder aus einer Familie aus dem Süden Italiens. Schließlich Gülan, der siebte Fall stammt aus einer türkischen Einwandererfamilie. Zwei Jungen kommen somit aus einer süditalienischen und zwei aus einer türkischen Einwandererfamilie. Und noch etwas fällt auf: Es handelt sich ausschließlich um Jungen. Auch dies passt in das Bild: Die Überrepräsentation von Jungen an Sonderschulen zeigt sich ebenfalls sehr deutlich an diesem kleinen Ausschnitt.

Blickt man in diesem Zusammenhang auf die statistischen Daten, die beispielsweise das *Deutsche Institut für Internationale Pädagogische Forschung* zur Situation von Schülerinnen und Schülern mit Migrationserfahrung an Frankfurter Schulen im Schuljahr 2000/2001 erhoben hat, dann lassen sich unsere Befunde auch in dieser Hinsicht bestätigen.

Der Anteil an Schülerinnen und Schülern in Sonderschulen liegt in Frankfurt für Kinder aus Einwandererfamilien bei 46%. Insgesamt besuchen mehr Schüler als Schülerinnen eine Sonderschule: 66% Deutsche zu 62% ausländische Schüler zu 34% deutschen bzw. 38% ausländischen Schülerinnen (vgl. Plath et al. 2002, 53). Auch hinsichtlich der Nationalität lässt sich festhalten, dass an Frankfurter Sonderschulen die Kinder türkischer Nationalität mit einer Gesamtanzahl von 375 die größte Population bilden, gefolgt von denen italienischer Nationalität mit insgesamt 109 Schülerinnen und Schülern.

Bislang ist festzuhalten, dass das Risiko für einen Jungen aus Immigrantenfamilien in eine Sonderschule überwiesen zu werden um ein Vielfaches höher ist, als für Mädchen oder einen Jungen aus einer »deutschen« Familie. Dieses Risiko besteht bereits ungeachtet der Sachhaltigkeit eines konkreten sonderpädagogischen Förderbedarfs oder der pädagogischen Gründe der Beschulung in einer Schule außerhalb des Regelschulsystems. Dieser Befund der Überrepräsentation von Immigrantenkindern an den niedereren Bildungsgängen (vor allem der Sonderschule für Lernhilfe) ist jedoch nicht neu und wird seit mehr als 20 Jahren immer wieder thematisiert (vgl. beispielsweise Reiser 1981; Apitzsch 1990; Kornmann/Klingele 1996; Powell/Wagner 2001). Eingreifende Veränderungen und eine Überprüfung sowie Verbesserung schulischer Praxis haben sich aus diesen Befunden bislang kaum ergeben. Im Gegenteil: Die Zahl der Sonderschulüberweisungen für Kinder aus Einwandererfamilien steigt weiterhin kontinuierlich an (aktuelle Befunde für Hessen Tischler/Kisseler/Trabert 2002; bundesweit Powell/Wagner 2001 & 2003).

Die gängigen Erklärungen zum Schulversagen bei Kindern und Jugendlichen aus Immigrantenfamilien bestehen in der dominierenden Perspektive vor allem in der Betonung von sprachlichen Defiziten und kulturellen Differenzen bzw. in Passungsproblemen zwischen dem öffentlichen Schulsystem der Bundesrepublik und den familiären Hintergründen. In diesem Zusammenhang ist im Hinblick auf die Fälle von Schülern aus Einwandererfamilien zu prüfen, *wer* diese Differenzen *wie* aufgreift und sie *wann* in Zusammenhang mit den Problemen erwähnt, die die Schüler in der Schule haben bzw. der Schule bereiten. Damit lässt sich eine Perspektive eröffnen, die jenseits dieser verbreiteten Erklärungsweisen versucht danach zu schauen, welche Fragen diese Schüler an die *Struktur* des deutschen Bildungssystems evozieren.

6.1 Fragen zu Fremdheiten

Wo also taucht das Thema Fremdheit auf? Wann wird von wem darauf zurückgegriffen? Wie wird es verhandelt: dramatisierend, verharmlosend oder abwehrend? Dass dieses Thema der Fremdheit relevant ist, das ist sicherlich unstrittig. Es kommt mithin darauf an, diesen gerade skizzierten Fragen nachzugehen, damit die Fälle aus der Perspektive des Umgangs mit Fremdheit und im Kontext der Präsenz von Immigrantenkindern im deutschen Bildungssystem erschlossen werden können. Drei unterschiedliche Arten von Fremdheit werden in diesem Beitrag näher untersucht werden: die Fremdheit der Immigrantenkinder im Schulsystem, die Fremdheit der Schule den Immigranten gegenüber, sowie die Fremdheit der unterschiedlichen Professionen innerhalb des Erziehungs- und Bildungssystems zueinander.

Vor dem Hintergrund einer Rekonstruktion der Frage, wie das so ausdifferenzierte Thema Fremdheit in den vier Fällen mit Migrationshintergrund[47] verhandelt wird, möchte ich aus dem Projektzusammenhang zwei Fälle exemplarisch herausgreifen und zu kurzen Fallvignetten zusammenfassen. Mir ist dabei bewusst, dass die knappe Schilderung eine Reduktion der immensen Komplexität der Fallgeschichte bedeutet. Aus diesem Grund werde ich mit dem Strukturierungsschema der drei unterschiedlichen Fremdheitserfahrungen versuchen, den Verlauf der Geschichte auf die wesentlichen Fragen zu konzentrieren. Dabei orientiere ich mich zum einen an der Ausgangsfrage der für diese beiden Fälle bedeutenden Studie von Andrea Lanfranchi über *Immigranten und Schule* (1995) und sie lautet: »Warum erweist sich schulische und psychosoziale Hilfe an Immigranten als oft so schwierig?« (S.12) und gehe darüber hinaus der Rekonstruktion einer doppelten Lernbewegung nach: Was haben die Lernprozesse auf subjektiver Ebene ermöglicht und wie verändern sich dabei die Institutionen, die diese Lernprozesse organisieren?[48]

Entlang der Grundhypothese einer Wechselwirkung der individuellen und institutionellen Konfliktgeschichten ist danach zu fragen, wie jeweils die Schüler in den zwei Fällen beim *Eintritt* in die in die Schule wahrgenommen wurden und was

---

47 Was sich allerdings zeigt ist, dass der Migrationskontext keinesfalls im Hintergrund bleibt, sondern sich massiv Präsenz verschafft. Im Zusammenhang mit der schwierigen Wortgeschichte für Kinder aus Immigrantenfamilien im deutschen Bildungssystem kann bereits aufgezeigt werden, dass die Nicht-Benennung auf eine lange geleugnete Einwanderungssituation hinweist.

48 Entlang der subjektwissenschaftlichen Lerntheorien und der Weiterentwicklung der Holzkamp´schen Lerntheorie folge ich in diesem Zusammenhang den Überlegungen von Frigga Haug (2003) über die Zusammenhänge von Lernen und Lehren, weil ich in diesem Zusammenhang die Grundprämisse der Forschungsprojektes über die Wechselwirkungsprozesse von individuellem und institutionellem Lernen weit reichend abgebildet sehe.

die Befunde waren, als sie diese wieder *verlassen mussten*. Unter dieser Perspektive kann aufgezeigt werden, welche Lernprozesse hinsichtlich einer Veränderung/Transformation subjektiver und institutioneller Wirklichkeitsdeutungen stattgefunden haben. Es ist allerdings keine schlichte vorher/nachher Analyse, da der Blick auf das komplexe Wechselspiel von institutioneller und individueller Konfliktgeschichte auch hier zugrunde gelegt werden muss. Das Analyseraster geht mithin den Zusammenhängen zwischen der Struktur verleugneter Immigration, Verharmlosung der Migrationsdynamik in den Familien der beiden Schüler und den beobachteten Schulreaktionen nach.

Die beiden Fälle fasse ich für die hier diskutierte Thematik kurz zusammen:

Fall Alberto

Alberto wurde 1983 in einer westdeutschen Großstadt geboren und hat einen jüngeren Bruder. Seine Eltern wanderten als Arbeitsmigranten von Süditalien nach Deutschland ein, ohne sich dessen richtig bewusst zu sein. Zwischen 1984 und 1990 lebte die Familie wieder vorübergehend in der Heimat der Eltern in einer großen Stadt in Süditalien. Dort ging Alberto in den Kindergarten und wurde zunächst auch eingeschult. 1990 kehrte die Familie dann endgültig nach Deutschland zurück. Alberto war – seit er mit dem System der öffentlichen Erziehung in Berührung kam – von Anfang an ein auffallend schwieriges Kind mit Schul-, Sprach- und Disziplinproblemen, für das bereits in der Grundschule zahlreiche außerschulische Hilfen organisiert wurden. Er verließ die Grundschule mit einer Empfehlung für die Hauptschule, wurde aber dem Elternwunsch entsprechend in einer Gesamtschule weiter beschult. Die Schulzeit dort erfolgte in der Zeitspanne von 1994 bis 1996. Die große Gesamtschule, die Alberto besuchte, liegt in einem Stadtgebiet, wo sich sozial prekäre Lebensverhältnisse überdurchschnittlich repräsentieren. Hier eskalierten die Konflikte zwischen ihm und seinen Mitschülern sowie mit den Lehrerinnen und Lehrern massiv.

Es kam zu den klassischen Ordnungs- und Disziplinierungsmaßnahmen, zahlreichen Klassenkonferenzen und schließlich versuchte die Schule mittels Kooperation mit einem Beratungs- und Förderzentrum (BFZ), dessen primäres Ziel es ist, einen Verleib in der Regelschule zu sichern, die Probleme die Alberto in der Schule machte, zu lösen. Dennoch ließ sich der angedrohte Schulverweis nicht mehr aufhalten. Er musste die Gesamtschule verlassen. Es fand sich jedoch eine Hauptschule, die Alberto aufnahm. Aber schon nach nur einem Jahr wurde dort – nach massiven Fehlzeiten und Lernschwierigkeiten – die Schulkarriere Albertos im Regelschulsystem beendet.

Er wurde an die »Lernwerkstatt«, ein Modellprojekt (das zum stationären Teil des BFZ gehört) für schulschwierige Kindern überwiesen. Hier sollte ein spezielles Angebot für von Schulversagen bedrohte Jugendliche greifen, das als Ganztagsangebot in gleichem Maße allgemeinbildend, berufsvorbereitend und sozialpädagogisch ausgerichtet ist, also genau an der Schnittstelle zwischen Sonder- und Sozialpädagogik liegt. Aber auch dort eskalierten nach kurzer Zeit die Konflikte und führten zum Abbruch der Maßnahme. Es kam im Oktober 1998 schließlich zur formalen Erklärung der ruhenden Schulpflicht durch das Schulamt. Alberto musste die »Lernwerkstatt« verlassen, zu diesem Zeitpunkt war er 15 Jahre und vier Monate alt.

Fall Cassimo

Cassimo wurde 1984 in Deutschland als Sohn von süditalienischen Arbeitsmigranten geboren. Sein Vater sprach kaum, seine Mutter etwas Deutsch. Zu Hause wurde die Muttersprache der Eltern, ein süditalienischer Dialekt, gesprochen. Wie viele Kinder aus Einwandererfamilien musste er eine markante und frühe Trennungserfahrung von den Eltern erleben: Als Cassimo etwa sieben Monate alt war, fing seine Mutter wieder an zu arbeiten. Die Großmutter reiste aus Sizilien an, um den Jungen zu betreuen. Cassimo war neun Monate alt, als die Großmutter mit ihm zusammen nach Sizilien zurückreiste. Dort blieb er etwa für ein dreiviertel Jahr. Erst im Sommer 1985 wurde er von seinen Eltern wieder zurück nach Deutschland geholt. Inzwischen hatten sie ihre Arbeitszeiten aufeinander abgestimmt und konnten ihn nun selbst betreuen. Cassimo kam mit einem dreiviertel Jahr in einen deutschen Kindergarten, musste dort aber aufgrund von Schwierigkeiten nach einem Aufenthalt von nur wenigen Monaten wieder abgemeldet werden. Mit sechs Jahren kam er in die Vorklasse einer Grundschule in einer deutschen Großstadt. Diese Vorklasse setzte sich aus Sicht der Lehrerin aus zwei Gruppen zusammen: Zum einen Kinder aus Immigrantenfamilien, durchweg schwierige und in ihrer Entwicklung mehr oder weniger verzögerte Kinder sowie zum anderen aus so genannten Kann-Kindern, deren Eltern, in der Regel deutsche, ein Interesse daran hatten, dass ihre Kinder möglichst früh eingeschult werden. Als Siebenjähriger kam Cassimo nun in die erste Klasse. Die damalige Lehrerin der Klasse war jung und engagiert. Sie wählte bewusst eine Klasse mit »schwierigen Kindern« aus, da sie dies als pädagogische Herausforderung verstand. Bereits in der ersten Klasse war Cassimo in ein dichtes Netz an Hilfen und Unterstützungsmaßnahmen involviert: Eine pädagogische Betreuung war eingerichtet und von einer logopädischen Betreuung abgelöst worden. Er besuchte eine Spieltherapie, die Eltern wurden von einer psychologischen Beratung betreut. Obwohl aus der Erinnerung der Lehrerin Cassimo von Anfang an ein recht schwieriges Kind gewesen sei, kam sie mit ihm doch gut zurecht. Sie hatte einen Umgang mit ihm gefunden, und stellte ihn vor die Türe, wenn er ihr wieder einmal unerträglich geworden war. Im Gegensatz zur Klassenlehrerein, kam es allerdings mit einer Fachlehrerin zu heftigen Konflikten. In ihrem Unterricht störte er massiv, warf Stühle und zeigte ein hohes Maß an Aggressivität. Der Schulpsychologische Dienst wurde hinzugezogen und Cassimo im Rahmen eines sonderpädagogischen Melde- und Überprüfungsverfahren (MÜV) getestet. Gleichzeitig kam es zu einer engen Kooperation zwischen Schule und außerschulischen Hilfen.

Das MÜV kam zu dem Befund, dass Cassimo kein lernbehindertes, wohl aber ein »gestörtes« Kind sei. Er sei normal intelligent, gleichwohl läge eine gestörte familiäre Kommunikationsstruktur vor. Eine Überweisung in eine Schule für Lernbehinderte sei also nicht zu empfehlen, wohl aber eine sonderpädagogische Förderung in der Grundschule. Eine Sonderpädagogin wurde in die Klasse abgeordnet und der Junge erhielt zunächst fünf Wochenstunden sonderpädagogische Förderung. Ab der vierten Klasse – Cassimo hatte sich in diesem fördernden Milieu des gemeinsamen Unterrichts offenbar gut entwickelt – wurde die Sonderpädagogin mit nun zwölf Stunden der Klasse im gemeinsamen Unterricht zugeordnet. Davor aber musste für Cassimo ein Antrag auf Erziehungshilfe gestellt werden. Auf einer Klassenfahrt nach Italien waren alle beteiligten Lehrkräfte von dem Schüler positiv beeindruckt. Doch das Ende der Grundschulzeit näherte sich. Nicht nur dieser Übergang muss sich für den Jungen drohend bemerkbar gemacht haben, auch das dichte Hilfesystem brach nach und nach aufgrund von personellen und anderen Gründen zusammen.

Cassimo sollte im Anschluss an die Grundschule an eine Gesamtschule wechseln und dort den Realschulabschluss anstreben. Davor musste jedoch der sonderpädagogische Förderbedarf wieder aufgehoben werden, da die Schule diesen nicht abdecken konnte. Schon kurz nach dem Beginn der fünften Klasse begannen die aggressiven Störungen des Unterrichts von Cassimo. Er wurde noch drei Jahre an der Schule weiter unterrichtet, mit Intervention eines ambulant arbeitenden Teams des BFZ. Eine erneute sonderpädagogische Überprüfung schlug aufgrund von massiven Störungen im Arbeits- und Sozialverhalten eine vierstündige Betreuung in der Woche durch das BFZ vor. Eine sozialpädagogische Lernhilfe trat zudem noch auf den Plan. Nachdem diese Maßnahmen aufgrund von personellen Gründen eingestellt wurden, kam es zu weiteren eskalierenden Konflikten und die Schule strebte einen Verweis von Cassimo an. Er wechselte nach fast zehnjährigen Maßnahmen der Hilfen zur Erziehung in die Lernwerkstatt des BFZ. Auch dort irritierte er die Professionellen und entzog sich – so die Sicht der Professionellen – dem Verstehen. Der Junge blieb ihnen ein Rätsel.

Nach den beiden kurzen Falldarstellungen werde ich die Fälle im Hinblick auf die ausgewählte Analysestruktur weiter verdichten.

6.2 Fallrekonstruktion Alberto: Das Geheimnis

Alberto blieb im Forschungsprojekt ein Phantom. Das geplante soziologische Interview mit ihm hat – trotz mehrerer Anläufe – nie stattgefunden. Er wurde im Verlauf der Untersuchung nicht richtig präsent, zeigte allerdings in den Diskussionen des Falles eine ungeheure und destruktiv erfahrbare Spaltungskraft. Es war, als ob er sich, je näher man sich dem Fall verstehend nährte, immer weiter entfernte, so, als ob es etwas im Verborgenen zu halten gäbe und sich die Familie von Alberto vor zu viel Nähe und Einblicken in ihre innere Welt schützen müsse.

Zwei ehemalige Bezugspersonen aus dem Schülerladen, den Alberto in seiner Grundschulzeit besuchte, erinnerten sich noch gut an den Jungen: Während eine Betreuerin sagte, Alberto sei schwierig im Umgang und sehr aggressiv gewesen und habe sie permanent herausgefordert, äußerte ein Betreuer, dass der Junge ihm eigentlich keine großen Probleme bereitet habe. Bei Alberto sei alles erwartbar gewesen, so sagte der ehemalige Betreuer und ließ offen, in welche Richtung seine Erwartungen gegangen waren. Plastisch in Erinnerung geblieben war er den beiden nur in völlig unterschiedlicher Ausprägung. In diesem Zusammenhang tauchte im Fall Alberto eine Thematik auf, die für den gesamten Fallverlauf symptomatisch erscheint. Dabei handelt es sich um eine Irritation, die im Zusammenhang mit der Familiengeschichte und einer vermuteten frühen Traumatisierung des Jungen zusammenhängt. Alle, die damit in Berührung kamen, schienen sich damit beschäftigen zu müssen und wurden polarisiert in zwei Lager: Die einen ergriffen Partei für Alberto, die anderen wollten ihn möglichst schnell wieder loswerden.

Als Alberto noch ein Säugling war, wurde er, weil beide Eltern kurz nach der Geburt wieder arbeiten gingen, von der Großmutter betreut. Eines Tages, so schilderte es die Sozialarbeiterin, die mit ihm in der Lernwerkstatt zusammenarbeitete – und sich für den Jungen sehr engagierte – kamen die Eltern von der Arbeit zurück und Alberto hatte eine Kopfverletzung. Darauf hin wurde er vierzehn Tage stationär im Krankenhaus behandelt. Um diese Geschichte ranken sich eine Vielzahl an Phantasien und Vermutungen der Professionellen, die zahlreich im Fall involviert waren.

Diese Geschichte ist jedoch nur die sichtbare Spitze eines Eisberges über die Geheimnisse der Familie, die sie scheinbar wohl zu schützen weiß und diese Andeutungen und Fragmente wie einen schützenden Zaun herum um sich zu ziehen weiß. Weitere Geheimnisse, Vermutungen und letztlich nicht geklärte Verfehlungen wurden im Interview mit der Helfergruppe, der im Fall Alberto beteiligten Professionellen angesprochen: Die »wahren« Gründe für die Pendelbewegung der Familie zwischen Deutschland und Italien, psychische Krankheiten in der Familie des Vaters, eine vermutete Vergewaltigung, bei der Alberto ein elfjähriges Mädchen zum Oralverkehr gezwungen haben soll, Misshandlungen durch den Vater, der Alberto an die Heizung gekettet habe. Alle diese Bilder verdichteten sich bei den beteiligten Professionellen zur Metapher einer »Leiche im Keller« der Familie.

Was ist der Umgang mit diesen Bildern und dieser starken Metapher? Wie tauchen sie im Zusammenhang mit der Thematik Migration auf? Im institutionellen Umgang haben sich, das ist augenscheinlich, keine kommunikativen Räume für eine fallbezogene Diskussion und Auflösung dieser Bilder ergeben.

Blickt man unter der Perspektive der Überlegungen zur kasuistischen pädagogischen Arbeit, wie sie beispielsweise Burkhard Müller entwickelt hat, so kann konstatiert werden, dass es bei Alberto ein Fallverständnis der Professionellen nur zu geben scheint unter dem Verständnis eines Falles *für* bzw. eines Falles *mit*. Ein Fall *mit* verweist auf den Bereich des pädagogischen Bezugs, und aktiviert Beziehungswissen, während sachbezogenes Wissen und der Verweis auf eine spezielle Expertendomäne zur Bewältigung des Falles den Fall *von* charakterisieren. Diesen beiden Aspekten setzt Müller noch einen dritten Bezugspunkt hinzu: das »Verweisungswissen« hilft den Pädagogen Zuständigkeiten zu klären und zeigt die Zusammenhänge und Anschlüsse in den pädagogischen Teilsystemen auf. Hierbei handelt es sich dann – vereinfacht gesprochen – um einen Fall *für* (vgl. Müller 1997, 212f.). Alle drei Arten des fallbezogenen Wissens kommen in wechselnden Anteilen und miteinander verknüpft in kompetentem (sozial-) pädagogischem Handeln vor, so Müller. Sie müssen jedoch vermittelt werden, weil es sonst zu Fehlwahrnehmungen kommen kann.

Im Fall von Alberto und seiner »sperrigen Familie« werden »Problemträger« jedoch zu spezialisierten Experten überwiesen, die für *solche* Fälle zuständig sind. Die Ebene des Falles zweiter Ordnung – nämlich eines Falles *von* innerhalb des institutionellen Umgangs mit den Konflikten wird nicht eröffnet. Unter dieser Perspektive wäre zu fragen, was die *Struktur* der Fallgeschichte ausmacht und wie sie unter der Dialektik von Allgemeinem und Besonderem angemessen zu erschließen wäre. Ein Fall *von* nimmt den eigenen Beobachtungsstandpunkt reflexiv mit auf und erkennt die Dialektik von distanzierter Beobachtung und affektiver Verstrickung. Somit wird ganz der Mahnung von Karlheinz Biller (1988, 24) entsprochen, sich einen Fall als Zentralbegriff pädagogischer Kasuistik nicht allein unter der Perspektive eines *Falles von* zu erschließen, denn »diejenigen, die einen »Fall von etwas« beobachten, beschreiben und analysieren, haben die Situation jedoch schon von ersten Augenblick an bereits etikettiert.« Das wechselseitige Betrachten unter den verschiedenen Perspektiven legt als Grundbaustein pädagogischer Kasuistik die Möglichkeiten eines angemessenen und eingreifenden Verstehens fest, eröffnet Zugänge zur Fallstruktur und kann Lernprozesse initiieren, sowohl für das Individuum (also hier: Alberto) als auch für die Institution.

An dieser Stelle kann ein formaler Blick auf die Organisation der ersten pädagogischen Angebote und Maßnahmen in der Grundschule die Entwicklung des Falles aufzeigen, sowie die Struktur von Angebot (der pädagogischen Institutionen) und Zurückweisung (durch die Familie von Alberto) sichtbar machen. Der Blick kann eine Struktur veranschaulichen und macht deutlich, wo die angesprochenen möglichen Lernprozesse ein Ende finden. Was dabei besonders hervorzuheben ist: an den Nahtstellen und Übergängen der Bildungssysteme kommt es regelmäßig zu Reibungsverlusten und Abbrüchen. Das kennzeichnet auch und vor allem die Bildungskarriere von Alberto.

6.3 Persönliches Engagement und institutionelle Grenzen

Dass die Klassenlehrerin von Alberto in der Grundschule die Thematik der Migration ernst- und wahrgenommen hat, dafür sprechen sicherlich ihre vielfältigen Versuche, für den Jungen und die Familie in der Grundschulzeit zusätzliche außerschulische Hilfen zu organisieren: Die sozialpädagogische Lernhilfe sowie die angestrebte Therapie für die Familie in einem Zentrum für Einwandererfamilien, alle diese Interventionen gehen auf die Initiative der Grundschullehrerein von Alberto zurück. Es scheint allerdings so, als ob die Reichweite dieser Angebote nicht nur an der Zurückweisung durch die Eltern scheiterten, sondern auch und vor allem an den Grenzen, genauer: an den Übergängen und Nahtstellen im Bildungssystem. Die Klassenlehrerin der Grundschule spricht in diesem Zusammenhang ebenfalls von einer »schmerzhaften Grenze«, die sie in der Arbeit mit Alberto erfahren habe:

> Ja, ich denke immer, wenn ich alles verschlafen hätte und ich hätte überhaupt nichts gemacht, dann könnte ich mir heute Vorwürfe machen. Ich habe sehr viel vorausgesehen, was da schief läuft. Und obwohl du es siehst, obwohl du versuchst, da irgendwie eingreifend zu wirken, es trotzdem nicht schaffst. Das war der Schmerz.

Diese Grenze ist nicht nur zu sehen in der (durch eigene Ressourcen) begrenzten Reichweite des persönlichen Engagements, sondern vor allem in den institutionellen Rahmenbedingungen, die an jedem pädagogischen Teilsystem unkoordinierte und selten aufeinander abgestimmte Maßnahmen immer wieder aufs Neue initiiert. Erklärungsbedürftig ist, dass es gerade hinsichtlich eines im Verlauf so prekären Falles wie Alberto keinerlei Begleitung und eine geregelte »Übergabe« des Falles an das folgende pädagogische Teilsystem gegeben hat (also in diesem Fall von der abgebenden Grundschule in die aufnehmende Gesamtschule). Dabei wäre es sicherlich wichtig gewesen, die dokumentierten Erfahrungen und bereits initiierten und abgebrochenen Interventionen mitzuteilen, als bisheriges Wissen über den Fall der nächsten am Fall Arbeitenden anzubieten, damit diese den Verlauf des Falles vor dem Hintergrund seiner institutionellen Geschichte wahrnehmen kann.

So wie sich der Übergang – exemplarisch festgemacht am Wechsel Albertos von der Grundschule in die Gesamtschule – jedoch darstellte, kann davon ausgegangen werden, dass die abweichende Schulempfehlung für Alberto für die aufnehmende Gesamtschule kein hinreichender Grund war, bei der Klassenlehrerin anzufragen und sie zu Rate zu ziehen und ihre Expertise einzuholen. Eine unsichtbare Grenze scheint die am Fall arbeitenden Professionellen zu trennen. Eine kooperative Zusammenarbeit über die Grenzen der Institution hinaus ließ sich in Albertos Fallgeschichte nicht beobachten. Im Kontext der Fallgeschichte wirken sich diese Grenzen zwischen den Professionen als zusätzliche Barrieren in der Bildungsbiografie von Alberto aus.

6.4 Professionelles Handeln und Fallbezug

Die professionstheoretischen Überlegungen von Ulrich Oevermann in Zusammenhang mit der Entwicklung eines angemessenen Fallverständnisses können im Hinblick auf die Frage, warum sich im Fallverlauf eine so spezifische Perspektive auf die Familie hergestellt hat, eine wesentliche Rolle spielen. Oevermann sieht als einen Hauptgrund für eine fehlende Professionalisierung des pädagogischen Personals (vor allem im Handlungsfeld Schule) die gesetzliche Schulpflicht. Sie steht der Gewinnung eines autonomen *pädagogischen Arbeitsbündnisses* im Wege. Aber es ist vor allem dieses pädagogische Arbeitsbündnis zwischen Lehrer und Schüler, das nicht nur Voraussetzung für Lernprozesse des Schülers, sondern im gelungenen Fall auch Basis des Fallverstehens der Lehrkräfte ist (Oevermann 1999, 152 ff.).[49] Vor dem Hintergrund, dass im Fall Albertos die Konsequenz der pädagogischen Interventionen in der Aufhebung der Schulpflicht bestand, wäre es sicher erhellend, diesen Zusammenhang weiter zu vertiefen. An dieser Stelle soll jedoch ein anderer Zusammenhang verfolgt werden. Professionelles Handeln und Fallbezug, das ist die Kernaussage von Oevermann, sind nicht voneinander zu trennen. Dieses Diktum kann auch aus den Voraussetzungen und Bedingungen pädagogischer Interventionen heraus begründet werden. Fallrekonstruktives Arbeiten als regelgeleitetes, methodisch kontrolliertes Verstehen, organisiert als ein gegenseitiger Lernprozess *aller* am Fall beteiligten Akteure, scheint eher die Ausnahme als die Regel

[49] Das Arbeitsbündnis wäre freilich zu ergänzen mit einem Blick auf das Arbeitsbündnis zwischen Lehrer und den Eltern oder im Hinblick auf den sonderpädagogischen Kontext auch auf die interdisziplinären Arbeitsbündnisse mit unterschiedlichen Professionen im Fallbezug.

in diesem Feld zu sein.[50] Insofern wären Oevermanns positive Hervorhebungen der gelungenen Tendenzen zur Professionalisierung pädagogischer Praxis im Bereich der Sonder- und Heilpädagogik (Oevermann 1999, 151; 2000, 59) für das hier beobachtete Feld kritisch zu relativieren.

Diese Tendenzen sind in der Sonderpädagogik »am ehesten zu beobachten« wie Oevermann (1999, 151) schreibt, aber sie stehen genau dort ebenfalls in einem eklatanten Missverhältnis zur vorfindbaren pädagogischen Routine, die das fallspezifische Arbeitsbündnis eben nicht zum Ausgangspunkt einer intervenierenden Praxis macht.

Vor allem aber, das zeigt der Fallverlauf, wurde im weiten Feld der Professionellen hinsichtlich Albertos permanent erklärungsbedürftigem Handeln kein Fall *von* (wie oben dargelegt) konstruiert, der Auswirkungen gehabt hätte auf weitere Interventionen, die aus der Analyse des komplizierten Arbeitsbündnisses mit der Familie gewonnen worden wären.

Das Thema professionelles Handeln und Fallbezug kommt in diesem Zusammenhang vor allem aus dem Grund ins Spiel, weil – das ist meine These – es einen deutlichen Zusammenhang zu geben scheint zwischen den Mustern der Familiarisierung der Konflikte mit Alberto und den sich darauf begründenden Interventionen. Dass es sich um eine *eingewanderte* Familie handelte, kommt als Strukturmoment bei den Erklärungsversuchen der Professionellen als Deutungsmuster nur unzureichend vor. Aus diesem Grund begrenzt sich die Reichweite der pädagogischen Hilfen und Angebote, mithin der offerierten Lernprozesse auf einen äußerst schmalen Ausschnitt der Problemlagen, die Alberto in der Schule verursacht.

So gesehen werden die Bilder und Konfliktlinien im Fall Alberto verdichtet zum Problem mangelnder Kooperationsbereitschaft mit der Familie. Ein Arbeitsbündnis scheint mit ihr nicht möglich. Aus Sicht der Professionellen verdichtete sich das Bild der »schwierigen Klientel«, mit der es unmöglich sei, ein tragfähiges und für die jeweilige Arbeit notwendiges Arbeitsbündnis herzustellen. Die Familie wehrt einfach alles ab, was ihr an Hilfen zugedacht werde. So erscheinen die Deutungsmuster »Verweigerung der Mitarbeit« der Familie von Alberto nur als konsequent, und als logische Konsequenz erfährt dann durch die mangelnde Transparenz der Familie, ihrer verborgen gehaltenen »Leiche im Keller« diese Sichtweise eine Bestätigung. Infolgedessen ist auch kein pädagogisches Arbeitsbündnis auf der Grundlage einer umfassenden Hilfe- und Förderplanung entstanden. Es scheiterte an der Familiarisierung des Falles.

Gegen diese starke Zentrierung auf das Feld der Familie wenden sich die bei-

---

[50] »Das neue und fremde an einem Fall offenbart sich nur dem, der sich aus den Fängen abgesicherter Begründungen löst und eine interpretative Entscheidung trifft.« (Kraimer 2000, 42) So ließe sich die Bewegung der fallverstehenden Arbeitsweise charakterisieren.

den Schweizer Schulpsychologen und Therapeuten Lanfranchi/Molinari (1995) in ihrer Darstellung und Rekonstruktion eines Falles, der sich – nicht nur weil es sich um eine italienische Schülerin handelt – ähnlich wie der von Alberto darstellt. Durch die Erweiterung des Blicks auf den Kontext Schule-Familie-Einwanderungsgesellschaft wird dieser enge Blick auf das bloße Stören des Angebotes der Schule erweitert. Institutionelle und strukturelle Widersprüche sowie Brüche in den Interventionen werden dadurch offenbar. »Wie steht es mit der Abwehr der Fachleute in den psychosozialen Institutionen?«, so fragen sich Lanfranchi/Molinari (1995, 262) in diesem Zusammenhang. Diese Frage wendet sich direkt auf das Nicht-Thematisieren der Einwanderungsgeschichte. Mir geht es in diesem Zusammenhang darum, einen strukturbezogenen Blick auf den Fall zu werfen, die Konflikte – quasi als Gegenbewegung zur Familiarisierung – nunmehr nicht ethnisch zu deuten, sondern sie vielmehr sie im Kontext von Bewältigungsleistungen und Übergangserfahrungen von Migrantenfamilien zu sehen.

In der schlichten Frage: »Warum scheitert das Arbeitsbündnis mit der Familie?« wären die Zugänge zur Struktur des Falles zu finden, ihn damit bearbeitbar zu machen und als Grundlage weiterer Interventionen zu nutzen. Zugleich wäre damit eine Perspektive gewonnen, die nicht nur die einzelne Familie und ihre Migrationsbewältigung thematisiert, sondern auch den Blick öffnet für die Bedingung und Voraussetzung dieser Bewältigungsleistungen im Prozessverlauf sowohl auf individuellen, als auch auf institutioneller Ebene.

6.5 Prekäre Arbeitsbündnisse – prekäre Übergänge

Zumindest bezüglich der Fallgeschichte von Alberto scheinen sich die prekären Übergänge der Familiengeschichte im Bildungs- und Erziehungsprozess in den öffentlichen Institutionen kontinuierlich zu wiederholen: eine Reise ohne Ankunft, mit chronischen Schwierigkeiten, ein Hin und Her, ohne einen klare Ankunft in Sicht. Vor allem herrscht eine Sprachlosigkeit in der Familie und zwischen der Familie und dem sie umgebenden Helfersystem.[51] Das Familiensystem hält eine enge Innen-Außengrenze ein und erscheint in »funktionslosem Traditionalismus« (Lanfranchi 1995) gefangen. Und damit wird die individuelle Entwicklung von Alberto nachhaltig blockiert. Es scheint so, als ob die Eltern ihre eigenen ungelösten Migrationsgründe und -probleme eines unverarbeiteten Übergangs weitergeben

[51] Die Migrationskrise benennen und sie dadurch als solche bearbeiten zu können, macht nach Lanfranchi/Molinari (1995, 258) einen wichtigen Schritt zu Lösung starrer Feindbilder und Konfliktdeutungen aus, die das Feld Schule und Immigranteneltern beherrschen. Das ist im Fall von Alberto nicht annähernd geschehen.

und ihm vor allem einen Auftrag vermitteln: Rede nicht, traue nicht, fühle nicht. Alle diese Überlegungen weisen einen Fall *von* aus. Einen Fall von nicht gelungenen Bewältigungsleistungen der Migration. Warum blieben den Professionellen diese Einsichten versperrt?

In diesem Kontext bietet sich wiederum der Rückgriff auf die Überlegungen zur pädagogischen Professionalität an. Kann diese Perspektive helfen, die Frage zu klären, warum der Blick auf die strukturellen Konflikte in den Fällen versperrt blieb? Fehlende Professionalisierung des pädagogischen Handelns zeigt sich, so Oevermann, als Unmöglichkeit die »widersprüchliche Einheit von Diffusität und Spezifität« (Oevermann 1999, 152) die als struktureller Ausgangspunkt in der Lehrer-Schüler Beziehung (konkret: der Sozialbeziehung) enthalten ist, zu sehen. Was meint Oevermann mit dieser sehr ausholenden Formulierung?

In seinen Gedanken zur Entwicklung der pädagogischen Professionalität wird immer wieder auf diese Formel, in veränderten Kontexten zurückgegriffen. Ich gehe davon aus, dass sie nicht nur für die Entwicklung eines pädagogischen Arbeitsbündnisses zentral ist. Mir scheint, dass Oevermann in diesem Kontext vor allem auf die Krisenanfälligkeit und den Unsicherheitsmoment im pädagogischen Handeln abzielt, die sich aus den hohen Anforderungen an das Praxishandeln ergibt.

Tatsächlich wird die Lehrkraft in diesem widerspruchsvollen Feld *immer* beide Modi erleben. Findet die Adressierung von Aussagen und Handlungen an den Lehrer statt, die im Modus der spezifischen Sozialbeziehung zu verstehen ist, dann steht die Lehrkraft als Normenvermittelnde Lehrkraft in Rede. Eine diffuse Sozialbeziehung enthält Tiefendimensionen, die mehr Wissen über versperrte Lernwege und -chancen erschließen kann, wenn diese diffusen Aspekte richtig verstanden werden. Damit lässt sich die quasi therapeutische Sozialbeziehung begründen.

Die Frage, was als »Gründungsvoraussetzung« (ebd.) für das Arbeitsbündnis angesehen werden kann, beantwortet Oevermann mit der quasi naturwüchsigen »Neugierde und dem Wissensdrang des Kindes« (ebd., 153). Kann das Kind den Wissensdrang im Elternhaus nicht stillen, kommen die organisierten Lerninstitutionen ins Spiel, um weitere Lernentwicklungen zu ermöglichen. Die darin eingebettete *Sozialbeziehung* mit den Lehrerinnen und Lehrern ist geprägt von der Verpflichtung der Lehrperson, für eine Vielzahl von Kindern, die ihren Bildungshunger stillen möchten da sein zu müssen und verantwortungsvoll mit deren »Nicht-Wissen« umzugehen. Zugleich ist die Lehrperson unmittelbar involviert und nicht nur in der Adoleszenzkrise Hauptfigur von Übertragungsprozessen aus der familiären Beziehung. Aber nicht nur diese Aspekte spielen eine Rolle. Es gibt auch noch eine institutionelle Seite, die die Lehrpersonen gleichfalls repräsentieren. Das ist die Notwendigkeit, Selektionsentscheidungen zu begründen und auch durchzuführen. Der Lehrer ist also staatlich bestellter Kontrolleur und Gutachter;

zugleich besteht eine pädagogische Beziehung, eine Art Arbeitsbündnis zwischen ihm und den Schülern.

Gilt diese Problematik schon zwischen Schülern und (Regel-) Schulpädagogen, wie viel mehr muss diese Problematik sich dynamisieren hinsichtlich der Beziehung zu den Sonderpädagogen, die den Spagat zwischen Fördern und Selektieren qua Arbeitsdefinition zu bewerkstelligen haben?

Diese gesamte Thematik entfaltet sich innerhalb des Arbeitsbündnisses. Also wird es vor allem darum gehen, den Zusammenhang mangelnder Professionalität und problematischer Arbeitsbündnisse weiter zu erkunden und nach den Möglichkeiten zu suchen, damit Lehrkräfte die widersprüchliche Einheit von Diffusität und Spezifizität (der Rollenbeziehungen) aufrechterhalten können: »Innerhalb der therapeutischen Dimension von Prophylaxe wäre ein professionalisierter Lehrer in der Lage«, so schreibt Oevermann,

> auf der Folie der Strukturproblematik erzieherischen Handelns und in Anrechnung der je institutionellen Rahmenbedingungen ein »widerspenstiges« Schülerhandeln als authentischen Ausdruck dieser Rahmenstruktur zu deuten und dennoch in diesem »Verständnis« nicht untergehen zu lassen, was die Sachproblematik erfordert. Dieses Verständnis erlaubt es ihm, vor einer einfachen, in sich agierenden Zurechnung und Zuschreibung vermeintlich feindlicher Absichten und ablehnender Haltungen ebenso bewahrt zu sein wie vor der strukturverlogenen, kumpaneihaften, anbiedernden Solidarität des »Müsli«-Lehrers. Aber die stellvertretende Deutung des Handelns der Schüler würde auch dessen konkrete biographische Situation einschließlich seiner Herkunft als je motivierend einbeziehen. (1999, 156)

Oevermann betont an dieser Stelle die reflexive Mitthematisierung der eigenen Beteiligung des Lehrers an der Interaktionsstruktur und vor allem den Schutz der Lehrkräfte vor unkontrolliertem Agieren, weil die Übertragung immer nur von den diffusen auf die spezifischen Sozialbeziehungen erfolgt, nicht umgekehrt (vgl. ebd., 159). Darauf folgt:

> Für ein professionalisiertes Lehrerhandeln wäre nun konstitutiv, die Gegenübertragungsgefühle ähnlich wie ein Therapeut einerseits innerlich zuzulassen und nicht von vornherein abzuwehren, andererseits aber nicht auszuagieren. Genau hier passieren vor allem in der pädagogischen Praxis die Strukturfehler aufgrund fehlender Professionalisiertheit. (ebd.)

Übersetzt man die stark auf die Gewinnung eines professionellen Habitus bezogene Argumentationsentfaltung auf die im Fallverlauf von Alberto vorfindbare pädagogische Praxis, so zeigt sich das nüchterne Bild eher hilflos agierender Lehrkräfte. Die von Oevermann karikierte Figur des »Müsli-Lehrers« fällt in der Fallgeschichte von Alberto sicherlich aus dem Rahmen, es waren vor allem im Grundschulbereich engagierte und motivierte Lehrkräfte von Alberto, die seine Bedürftigkeit nach tragfähigen Beziehungen wahrgenommen haben und eine Vielzahl an zusätzlichen Angeboten und Hilfen organisierten. Das schwierige Arbeitsbündnis mit Alberto scheint sich vor dem Hintergrund alleine nicht erklärbar zu machen. Es wäre noch eine zusätzliche strukturtheoretischen Perspektive dahingehend einzuziehen, um den Fall vollständig erschließen zu können. Das wäre zum einen die von der Grundschullehrerin erwähnte »schmerzhafte Grenze«, die sie in Erinnerung rief. Unter der beschriebenen Perspektive wird klar, dass diese Grenze mehr als nur eine persönliche Grenze ist. Die Grenze zwischen der pädagogischen Unterstützung und dem nicht zu verleugnenden Selektionsdruck, der am Ende der vierten Klasse mit aller Wucht die bisherigen Maßnahmen zu durchkreuzen scheint, wird hier sehr deutlich.

Dies vor allem, weil die Eltern von Alberto ja nicht der Empfehlung der Klassenlehrerin gefolgt waren und ihn in einer Hauptschule weiter beschulen ließen. Folglich war das Engagement der Lehrerin erschöpft, sie muss das Zurückweisen ihrer Empfehlung als persönliche Niederlage erlebt haben. Vor diesem Hintergrund scheint zumindest klar, warum sich ihr weiteres Engagement erschöpft hat. Nach und nach nahmen jedoch im Übergang und vor allem an den Nahtstellen der Bildungseinrichtungen ein ähnlich gelagertes pädagogisches Engagement der Lehrkräfte kontinuierlich ab, sicherlich auch aus dem Grund, weil sich die natürliche Ressource Engagement und persönlicher Einsatz zu schnell verbrauchten und sich zu stark an der geforderten Selektionsbegründung reiben musste.

> Diese Selektion soll nach universalistischen Kriterien erfolgen. Beurteilt wird jedoch letztlich der Erfolg oder Mißerfolg einer pädagogischen Beziehung, wobei der Gutachter selbst an diesem Erfolg oder Mißerfolg einen gewissen Anteil hat. Die Mitverantwortung des Lehrers für den Erfolg oder Mißerfolg der Schüler muß daher in solchen Gutachten oder Empfehlungen systematisch ausgeblendet werden. Man kann deshalb von einem doppelten Mandat des Lehrers sprechen. (Müller 1991, 218)

Genau hier liegt aber ein wesentlicher Schlüssel für das Verständnis der verweigerten Lernkultur der pädagogischen Institutionen. Es fehlt ihnen eine vermittelnde Perspektive, ein Blick von außen, der aus dem Prinzip der fallbezogenen stellvertretenden Deutung, so wie es Oevermann nennt, oder allgemeiner: der kasuistischen Fallarbeit den latenten Sinn des Schülerhandelns aufschließt und es aus dem nur Wahrnehmen eines nur widerspenstigen und störenden Verhalten herausholen kann. Weil diese Perspektive fehlt, beziehungsweise weder organisiert noch institutionell angesichert wird, kommt es zu kausalen Deutungen auf einer Ebene, die massiv verkürzen und nicht über das Beobachtete hinaus weisen.

Die »störenden« Aussagen und bizarren Handlungen von Alberto wurden als bloße Aussagen an die *Lehrkraft* missverstanden und nicht als Konsequenz des »doppelten Mandates« von Förderung und Selektion.

Dieses im pädagogischen Handlungsraum Schule alltägliche und breit angelegte Miss-Verständnis hat Paul Willis bereits 1977 hellsichtig analysiert und anhand seiner klassischen Studie über Widerstandsformen von Jugendlichen aus der Arbeiterklasse aufgezeigt, dass diese *weniger* auf den Stil des Lehrers und den Inhalt des Unterrichts reagieren, als vielmehr auf die Struktur der Schule und das herrschende Lehr-Paradigma in diesem Kontext (vgl. Willis 1982, 268). Nun lassen sich diese Strukturen und die Grundmuster der Beziehungen im Lehr-Paradigma viel schwerer verändern als der Lehrstil oder bestimmte Inhalte, darauf macht Willis in diesem Zusammenhang aufmerksam, ohne jedoch einen Eindruck von Hoffnungslosigkeit zu hinterlassen.

Zu ergänzen wäre auch, dass diese Strukturen sicherlich viel schwerer zu erkennen sind, wenn es am pädagogischen Fallverständnis innerhalb des prekären Arbeitsbündnisses mangelt. Es scheinen sich die beiden Grundprobleme der fehlenden kasuistischen Reflexion und der Blindheit den strukturellen Problematiken gegenüber in diesem Beispiel gegenseitig zu durchdringen. Was also hat Alberto gelernt? Diese Frage bleibt übrig. Er scheint gelernt zu haben, dass er mit seinen Konfliktlösungen, die er in den pädagogischen Einrichtungen ausgebildet hat, Erwachsene (vor allem Professionelle) dazu bringen kann, Fehler zu machen, Versagen zu empfinden und ihm ambivalent gegenüberzutreten. Er hat gelernt, Beziehungsangebote zurückzuweisen, die ihn auf dem Weg der Lernbewegung zu einer Neuinterpretation seiner bisherigen Erfahrungen bringen könnten. Bewahrt hat er sich ein feines Gespür für institutionelle Widersprüche, die er heftig durch seine destruktiven Inszenierungen offen legt. Dass er selbst keine Chance in diesem Spiel hat, sieht er klar. Aber er bringt durch geschickte Manipulationen und Strategien die Beteiligten an den Rand des Erträglichen, so dass sie für ihn erwartbar handeln und ihn zurückweisen müssen. Dieser Aspekt des – wenn man so will – inszenierten Scheiterns kann aufgrund des evidenten Zusammenhangs eines kaum entwickelten Fallverstehens, das die strukturellen Widersprüche und Paradoxien, die sich im Arbeitsbündnis sichtbar machen lassen, nicht in den Blick geraten.

Eine weitere interessante Frage ist: Was haben die Eltern gelernt? Nicht gelernt haben sie, dass die Voraussetzungen für einen Schulerfolg ihres Sohns von den Unterstützungsleistungen wesentlich abhängen, die sie bereitzustellen haben. Vor allen Dingen haben sich ihre Deutungsmuster, die sie als Bewältigungsleistung vor und nach der Migration ausgeprägt haben, nicht verändert. Wenn hinsichtlich der kulturanthropologischen und gesellschaftspolitischen Hintergründe eingewanderter Familie aus dem »Mezzogiorno« berichtet wird, dass sie die Familie als wirksamen Solidaritätsverband ansieht, der dem einzelnen sozialen und emotionalen Schutz sowie Kooperation ohne Nebenabsichten garantiert (vgl. Lanfranchi 1995, 90), dann erscheint ihr Schweigen (was ja in dem Bild der »Leiche im Keller« verdichtet worden ist) vor dem Hintergrund verstehbar, dass es die süditalienische Moralordnung verbietet, einem Fremden über Persönliches und Intimes Auskunft zu geben (ebd., 82). Mit den ihr vertrauten Mitteln hat die Familie von Alberto aber gelernt, sich in der Emigration weiterhin zu schützen vor dem Zugriff staatlicher Institutionen.

Unmöglich werden dadurch jedoch innerfamiliäre Strukturtransformationen, genau das, was Lanfranchi als außerordentlich wichtig für den Schulerfolg der Kinder aus Einwandererfamilien ansieht.

Was haben die Professionellen in den Institutionen gelernt, die Alberto zum Agieren gebracht hat? Gewiss haben sie gelernt, sich ebenfalls zu schützen vor dem Ausbrechen aus den Routinen, die Alberto permanent herausforderte. In der Konsequenz wurden zumindest im Fall der letzten Einrichtung, die Alberto besuchte, die Grenzen enger gesteckt und er für das spezielle Setting als ungeeignet erklärt. Als Institutionen können sie letztlich nicht »verlieren«, wohl aber in ihrem Erziehungsauftrag scheitern. Das jedoch ist dann das Problem in diesem Fall von Alberto, dem Störer. In diesem Sinne fasst Thomas von Freyberg die Defizite und Störungen im Hilfe und Fördersystem, das Alberto umgab, mit dem pointierten Begriff der *strukturellen Verantwortungslosigkeit* zusammen. Dieser Begriff zielt darauf, das allgegenwärtige Spiel gegenseitiger Schuldzuweisungen zu durchbrechen und bezüglich der Störung einen Lernprozess zu organisieren. Der Blick wird unter dieser Perspektive gelenkt auf

> mangelhafte Integration von Hilfeprozess und Hilfesystem, auf Störungen in der fachlichen Zusammenarbeit, auf Unterlassungen bei den Arbeitsbündnissen mit der Klientel und auf die systematische Vernachlässigung der strategischen Stelle, von der aus Förder- und Hilfeprozesse zu steuern wären: einem interdisziplinär erarbeiteten professionellen Fallverständnis. (von Freyberg 2005, 116)

6.6 Fallrekonstruktion Cassimo: Zu viele Ausgänge

Nachdem die erste Fallgeschichte vorgestellt und hinsichtlich der Zusammenhänge von (mangelndem) Fallverstehen, prekärem Arbeitsbündnis und dem schulischen Scheitern analysiert wurde, steht der zweite Fall zur Interpretation an. Es handelt sich ebenfalls um einen Jugendlichen aus einer italienischen Einwandererfamilie. Was an dieser Geschichte zunächst auffällt, ist das dichte Netz an Hilfemaßnahmen, das sich schon bald nach den ersten Anzeichen eines schwierigen Schulstarts des Schülers aufgespannt hatte. In der Schule kam es zu einer in dieser Hinsicht (und für die Mehrzahl der untersuchten Fälle) beispiellosen Kooperation der sonderpädagogischen Förderung in der Regelschule. Auch wenn das Verhältnis der

Eltern zur Schule (und umgekehrt) insgesamt angespannt war, so gelang es im Verlauf der Grundschulzeit, Cassimo und seine Eltern in ein dichtes Netz von Hilfen und Unterstützungsmaßnahmen einzubinden. Die schulische *System*integration ist in diesem Fall also scheinbar geglückt.

Die Koordination der *außerschulischen* Maßnahmen übernahm eine Beratungsstelle der Caritas. Wenn von den Professionellen im pädagogischen, d.h. vor allem im schulischen Feld, das sich um Cassimo und die Familie immer weiter erstreckte, etwas über sie festgestellt wurde, dann kamen folgende Beobachtungen zutage: Der Schüler Cassimo habe Sprachauffälligkeiten, er sei nervös, habe Konzentrationsprobleme, neige zu großen Ausbrüchen von Aggressivität, sei insgesamt lernschwach und verhaltensauffällig. Die Eltern seien zwar kooperativ, aufgrund der mangelnden Sprachkenntnisse aber nur schwer zu erreichen, die Lernschwierigkeiten werden vor allem aufgrund mangelnder familiärer Orientierungen einer zu permissiven Erziehung und einem elterlichen Desinteresse an der Schule vermutet.

6.7 Migration – (k)ein Thema?

Dass dieses dichte Netz von Hilfen an der Schwelle des *Übergangs* zur Gesamtschule plötzlich zusammenbrach und die Konflikte mit Cassimo wieder in hohem Ausmaß eskalierten, sei hier nur am Rande vermerkt, wenngleich das Thema der Desintegration von Hilfeprozessen durchaus symptomatisch für den Fall erscheint. Wenn es hier indes um das Thema der Fremdheit geht, dann fällt weiterhin auf, dass es in der Analyse der Fallgeschichte irritierenderweise zu keinerlei Thematisierung der Migrationsituation der Familie durch die beteiligten Professionellen kam. Bis auf die Sprachproblematik, die dieses Thema nur äußerst vermittelt anspricht, spielt die Migrationsgeschichte von Cassimo und seiner Familie keine Rolle bei der Planung und Durchführung der schulischen Förderpläne. Es mutet schon seltsam an, dass nach einem nun schon seit über 20 Jahren geführten programmatischen Diskurs über die interkulturelle Pädagogik, niemand von *kulturellen* Unterschieden in diesem Fall reden wollte. Sicher, man hatte es mit einer eingewanderten italienischen Familie zu tun, dazu noch aus Süditalien. Aber diese Tatsache wurde in seiner Konsequenz von niemandem im Helfersystem in Anschlag gebracht. Diese Behauptung stimmt jedoch nur zum Teil. Denn im dichten Netz der Hilfe gab es diese angesprochene Beratungsstelle der Caritas, die den Bereich der außerschulischen Hilfen koordinierte und als migrationsspezifischer Regeldienst einen anderen Blick auf Cassimos Geschichte werfen konnte.

Aus Sicht der Caritas-Beraterin, die sich zum Fallverlauf aus außerschulischer Sicht äußerte, stellte sich der Fall aus einer völlig anderen Perspektive dar. Sie hatte im Fallverlauf einen erstmaligen Zugang zu den Eltern bekommen und ihre besondere Situation erschließen können. Das lag sicher an der sprachlichen Kompetenz. Aber alleine vor diesem Hintergrund kann der spezifische Blick und der Zugang zur Migrationsthematik der Familie nicht erklärt werden. Vielleicht ist es eher der Blick aus der Optik der Eltern und aus der von Cassimo, wenn das Befremden über das deutsche Schul- und Bildungssystem versucht wurde zu erklären. Es geht hier nicht darum, die Arbeit der Beraterin besonders hervorzuheben oder andere Interventionsformen zu diskreditieren, sondern darum, Gründe für die Verharmlosung beziehungsweise die Indifferenz gegenüber der Migrationssituation von Cassimo und seiner Familie im schulischen Kontext zu finden.

Außerordentlich wichtig wäre in diesem Zusammenhang der Versuch zu verstehen, wo diese Indifferenz hinsichtlich der Folgen der Migration für die Familie und für Cassimo ihren Ausgangspunkt nahm und vor allem: welche Konsequenzen sich daraus ergeben haben.

Wenn es erstmals in der Beratungssituation der Caritas zur Thematisierung der Trennungsgeschichte von Cassimo von seinen Eltern kam, die Eltern von ihren Fremdheitsgefühlen und ihrer Überforderung in Deutschland und vor allem das Nichtverstehen des Schulsystems bereichten konnten, dann wurden damit Perspektiven eröffnet, die erst ein umfassendes Fallverstehen ermöglichen. Will heißen: das schulische Verhalten von Cassimo erschließt sich dadurch aus einer anderen Blickrichtung. Besonders problematisch erscheint in diesem Kontext, dass die einzige Instanz, die in dieser Geschichte Zugang zu den Eltern und ihrer spezifischen Migrationserfahrung, ihren Versuchen der Bewältigung der Migration und der tragischen Trennungsgeschichte Zugang hatte, nämlich die Beratung der Caritas, von keiner anderen Seite, die schulische Unterstützungen repräsentiert, im Fallverlauf aktiv in den Förderprozess mit einbezogen wurde. Es scheint wie eine unsichtbare Linie, die gezogen wurde.

Auf der einen Seite die schulischen, auf der anderen die außerschulischen Hilfen. Jede Seite agierte überwiegend isoliert vom Bereich der anderen. Als Konsequenz haben die schulischen Hilfen und darauf hin abgestellten Förderangebote nur eine kurze Reichweite verzeichnen können. Eine kooperative und aufeinander abgestimmte Förderung sieht gewiss anders aus.

Die außerschulischen Angebote haben durch die fehlende Verzahnung mit der schulischen Seite nicht nur ihre spezifische Wissensbasis nicht vermitteln können, sondern auch einen für den Jungen und seine Familie wichtigen gleichwohl aber Problem belasteten Ort nicht erreicht. Im Zusammenhang von Schulorganisation und den Migrantenbiografien wie sie den Fall von Cassimo so deutlich repräsentiert

> wird zunehmend deutlich, dass für die Wanderbiographien der Migrantenjugendlichen pädagogische Konzepte und Bildungsgänge benötigt werden, in denen nicht mehr das additive Durchlaufen pädagogischer Teilsysteme vorausgesetzt ist, sondern in denen eine modulare und systematische Verzahnung von allgemein- und berufsbildenden, von sonder-, ausländer- und sozialpädagogischen Teilsystemen angeboten wird. (Schroeder 1998, 59)

Von einer Integration des Hilfe- und Erziehungssystems in diesem Sinne kann im Lichte der Fallgeschichte sicherlich nicht gesprochen werden. So kann vor allem ein auffallender Mangel einer umfassenden pädagogischen Perspektive, die nicht nur bis zum jeweiligen institutionellen Rand schaut und vor allem: handelt, konstatiert werden. Bezüglich dieses als verharmlosend bis indifferent zu bezeichnenden Umgangs mit der Thematik der Migration und der nicht geglückten Kooperation der unterschiedlichen schulischen und außerschulischen Hilfs- und Förderangebote sei an dieser Stelle die folgende Hypothese angemerkt: Eine Familie, die ausgewandert ist, ohne sich den damit verbundenen in diesem Fall tragischen Folgen bewusst zu werden (das meint die familiäre Trennung, ohne ausreichende Ressourcen in der Migration zur *Bewältigung* dieser Geschichte), scheint metaphorisch gesehen noch immer auf der Reise zu sein. In Deutschland sind sie nie richtig angekommen. Sie sind fremd geblieben. Auch Cassimo ist – trotz der umfassenden Maßnahmen – in der Schule nie richtig angekommen. Zumindest in dem Sinne nicht, wie es Andrea Lanfranchi als wichtige Vorausbedingung zum Schulerfolg von Migrationskindern beschreibt: einen *bon acceuil* (Lanfranchi 2000) hat Cassimo nicht erlebt. Was meint Lanfranchi mit dem »guten Empfang«? Zu den vielfältigen und miteinander verwobenen Bedingungen des Schulerfolges in interkulturellen Verhältnissen zählt als ein wichtiger Baustein eine *innerschulische Gesamtstrategie*, mit dem Schwerpunkt auf Schul- oder Klassen-Entwicklungsprojekte, welche die Förderung der Schülerinnen und Schüler selbst, die Unterrichtskompetenzen der Lehrpersonen und die Kooperation mit den Eltern in den Mittelpunkt stellen (vgl. Lanfranchi 2000, 64).

6.8 Förderung wohin?

Vor dem Hintergrund der Beliebigkeit der Maßnahmen, die im Fall, vor allem in der Grundschulzeit, so außerordentlich zahlreich angeboten worden sind, zeigt sich das, was mit dem »guten Empfang« gemeint sein kann. Diese Maßnahmen haben von allem Cassimo, dem Störer, gegolten. Als *Regelfall* im Sinne einer innerschulischen Gesamtstrategie für Kinder aus Einwandererfamilien (und auch für die gesamte Familie) waren die Maßnahmen nicht angeboten worden. Somit erscheinen sie – trotz pädagogischer Zielsetzung – hochgradig beliebig. Es wäre sicherlich verfehlt zu sagen, die Maßnahmen hätten ihr Ziel nicht erreicht. Sie waren zumindest *in* der Grundschulzeit von Cassimo so tragfähig, dass er nicht auf eine Sonderschule überwiesen werden musste und er durch die sonderpädagogische Förderung in der Grundschulklasse gehalten wurde. Dennoch:

> Jede einzelne Institution bezieht sich auf ihre eigene Aufgaben. Sie agiert nicht in den Aufgabenbereich der jeweils anderen hinein. Das bedeutet für die jeweilige Institution eine gewisse Eigenständigkeit im Handeln und in den Entscheidungen. Einerseits ist diese Unabhängigkeit zu begrüßen. Auf der anderen Seite bringt sie jedoch große Nachteile mit sich, sie führt zu einer Spaltung und Entkräftung der unternommenen Maßnahmen. Schule, Kindergarten, Hort, soziale Dienste, Frühförderung, Caritas etc. versuchen jeweils einzeln, dem Kind bzw. der Familie zu helfen, bleiben aber oft erfolglos, da es an Kontinuität und Koordinierung der Hilfsmaßnahmen fehlt. Die Hilfe bleibt oft ineffizient, und es wird eine gewisse Ziellosigkeit spürbar. (Cavalli-Wordel 1989, 187)

Cassimo konnte zwar gegen Ende der Grundschulzeit sein Potential zur Entfaltung bringen, trotzdem ist erklärungsbedürftig, warum selbst das dichte Netz an Hilfemaßnahmen nicht den Absturz Cassimos im Erziehungssystem verhindert hat.

Auch hier wieder, wie im Fall von Alberto, markiert das Ende der Grundschulzeit eine Zäsur. An der Problemstelle des Übergangs in die Sekundarstufe stellen sich die mühsam erreichten Erfolge in der Förderung von Cassimo als nicht weiter tragfähig dar. Mir erscheint hier folgende These die darin liegende Struktur anschaulich zu machen: Diese Struktur der Reise ohne Ankunft (der Familie in der Migration) trifft auf eine Struktur im Bildungs- und Hilfesystem, die zwischen der Überbetonung kultureller Unterschiede und völliger Indifferenz dem Thema der Migration gegenüber zu schwanken scheint. Angekommen ist auch Cassimo im Bildungs- und Hilfesystem nie richtig, zumindest im Sinne eines vermittelnden Haltes. Er wurde mehr oder weniger »durchgereicht« und die Ausgänge im System der öffentlichen Erziehung haben eine Vielzahl an Möglichkeiten zu bieten. Cassimo blieb ein Fremder, ein Rätsel. Niemand hat sich von ihm und seiner impliziten Geschichte, die doch so wirkmächtig in den Einrichtungen inszeniert wurde, dahingehend irritieren lassen, um einen anderen Blick auf den Fall zu werfen und an einem gemeinsamen Fallverstehen aller beteiligten Professionellen zu arbeiten. So gesehen scheint auch die Fremdheit zwischen und unter den unterschiedlichen Professionen, die im Fallverlauf beteiligt waren, ein wichtiges Thema zu sein, das es weiter zu vertiefen gilt. Dies gilt besonders hinsichtlich der Grenzen zwischen den unterschiedlichen Teildisziplinen der Pädagogik, die sich im Fall exemplarisch aufzeigen lassen an der mangelnden Kooperation der schulischen und außerschulischen Hilfen. Sie bleiben als Gebiet des Anderen scheinbar ein Hindernis der Kooperation und des gegenseitigen Austauschs.

So wie die Familie einen wichtigen Übergang – nämlich den der Migration – scheinbar nicht bewältigt hat (vgl. Lanfranchi 1995), so scheitert auch der Erziehungs- und Bildungsprozess von Cassimo an den Übergängen und an den Nahtstellen im Hilfe- und Bildungssystem und an den fixierten und kaum überwindbaren Grenzen dazwischen.

Wenn ich die These aufgestellt habe, dass es im Fall von Cassimo zu einer Verharmlosung der kulturellen Thematik kam, dann muss sogleich aber darauf hingewiesen werden, dass sich dabei ein deutliches Paradox auftut.

Es besteht darin, dass die Struktur der *Überdramatisierung* kultureller Unterschiede mit der Struktur der Indifferenz gegenüber kultureller Unterschiede nahezu übereinstimmt. Es geht in beiden Fällen nicht um die Familie bzw. Cassimo als handelnde, denkende und fühlende Subjekte, die (mindestens) einen markanten Übergang bewältigen müssen, beziehungsweise an einem unbewältigten Übergang Symptome einer inneren Fremdheit ausbilden. Ihnen kommt durch den spezifischen Zugriff und die fixierte Problemdefinition gleichsam ein *Objektstatus* zu, der durch einen Blick von außen fokussiert auf die Konflikte und Probleme, die sie verursachen. Ein Zugang zu diesen inneren Konflikten und nicht hinreichend erbrachten Bewältigungsleistungen, nicht nur der Migrationsituation, sondern auch den von der Familie von Cassimo so erlebten Zugriffen und Zumutungen des Hilfesystems, war in diesem Fall kaum zu beobachten.

Weil diese beiden Ebenen der inneren und äußeren Struktur nicht zusammengedacht und im Handeln zusammengefügt werden, der Sinn der Konflikte mit denen die Familie sich ins Bildungs- und Hilfesystem einbringt, nicht zu ihrer Migrationsgeschichte in Beziehung gesetzt wird, bleiben auch die Maßnahmen, die zur Hilfe angeboten werden, auf einer Objektebene stehen. Dies bedeutet nichts anderes, als dass die Maßnahmen in der Wirkung fehlgehen, andere Deutungsmuster zu etablieren und damit Bausteine für Cassimos Schulerfolg zu liefern. An dieser Stelle entsteht die Frage, was die beteiligten Professionellen im Erziehungssystem über die migrationsbedingte prekäre Familiengeschichte und damit über Cassimo wissen können und wissen müssen, um angemessen, d. h. fallbezogen fördern und erziehen zu können?

Kann es sein, so wäre als eine These in diesem Zusammenhang zu formulieren, dass die Kinder aus Immigrantenfamilien, weil sie als biografische Struktur bewältigte oder unbewältigte Übergänge aufweisen, die Übergangsprobleme des Erziehungssystem so besonders thematisieren und damit provozieren? Der Fall Cassimo legt nahe, dass es ansatzweise darum gehen muss, die Sinnstrukturen und Deutungsmuster von Immigrantenfamilien in unbewältigten Übergängen zu verstehen, will eine angemessene schulische und außerschulische Förderung einigermaßen ihr Ziel erreichen.

Was sich weiterhin zeigt, das ist eine Aktivierung von latent bestehenden biografischen Konflikten im Rahmen des Übergangs, wie beispielsweise der Übergang von der Primar- zur Sekundarstufe am Ende der vierten Klasse. Wie sich diese Konfliktdynamik im Rahmen der Familienbiografie sowie den Organisationsformen der öffentlichen Erziehung sinnvoll enträtseln lässt, dazu gilt es weit reichende Lesarten zu entwickeln.

6.9 Lernen als Störung

Hier wieder ist die Frage zu beantworten, wie Lernen in den involvierten Institutionen organisiert wurde. Damit ist nicht gemeint, wie die individuellen Lernprozesse für die Schülerschaft angeleitet werden, sondern vielmehr wie organisationales Lernen erfolgt. Wie mithin die Störungen, die Irritationen, die die gewohnten Routinen aufhalten, thematisiert werden, wie daran und daraus gelernt werden kann? *Lernen* wird dabei als Anpassungs- und Veränderungsstrategie verstanden, Ziele und Absichten zu den gewählten Mitteln ins Verhältnis zu setzen. Theoretisch äußerst aufschlussreich ist dabei vor allem die Untersuchung von Frigga Haug über Lernverhältnisse, auf die ich schon verwiesen habe.

An dieser Stelle möchte ich ausführlicher darauf eingehen, auch wenn eine Ingebrauchnahme dieser für individuelle Lernbewegungen, subjektwissenschaftlichen Perspektive, die das Subjekt nicht als Gegenstand, sondern als Standpunkt der Analyse fasst, für das Feld institutioneller Lernprozesse zunächst abwegig erscheint. Ich gehe allerdings davon aus, dass sich die institutionellen Lernprozesse, die ja durch die darin wirkenden Professionellen vermittelt werden, in ihrer Struktur genauso beschreiben lassen, wie es die kritisch-psychologische Lerntheorie für das Subjekt darstellt. Nämlich innerhalb gelebter Widersprüche und vielfältiger Blockaden. In ihrer Annäherung an den komplexen Gegenstand Lernen setzt sich Haug mit der subjektwissenschaftlichen Lerntheorie von Klaus Holzkamp auseinander. Sie folgt ihm soweit, dass Lernen als bewusster Vollzug in einer aus einer Gesamtsituation herausgelösten Zeit gesehen wird, in dem die lernenden Subjekte sich aktiv zur Welt verhalten. Damit lassen sich zunächst die schlichten behavioristischen Lerntheorien zurückweisen, weil ein Subjekt auch und vor allem Gründe für das, für *sein* Lernen braucht. Diese Gedanken transformiert sie jedoch weiter, indem sie Lernen als eine Bewegung auffasst, die in Zusammenhang mit gesellschaftlicher Praxis und biografischer Erfahrung zu sehen ist.

Unter der konstruktivistischen Prämisse, dass Lernen in der komplexen Bewegung von Neuaneignung und dem Verlernen von schon Gewusstem zu sehen ist, definiert Haug Lernen neu.

> Lernen heißt so nicht nur Unsicherheiten in Kauf zu nehmen, Wagnis, Neues erkunden – Lernen bedeutet in so großem Ausmaß das Wegtragen alter Strukturen, die Entwöhnung vom Gewohnten, die Vernichtung von »Gewusstem«. (Haug 2003, 282)

Mit anderen Worten: Einen Lernprozess organisieren, heißt für Haug, Erfahrungen in die Krise führen (vgl. ebd., 65), weil Lernen vor allem *Konfliktverarbeitung* bedeutet. Dieser Aspekt erscheint mir vor dem Hintergrund der Analyse der beiden Fälle besonders aufschlussreich zu sein, weil es in dieser Hinsicht ja vor allem zu ungelösten und unbegriffenen Konflikteskalationen gekommen ist.

Im Kontext dieser grundlegenden lerntheoretischen Neuorientierung erscheint meine nächste Überlegung einigermaßen kühn, doch konstruiert man einen Zusammenhang von einer lernbereiten Institution (z. B. Lernen durch und mit Fallverstehen, organisiert als offener und gemeinsamer Lernprozess), dann sind die in den pädagogischen Institutionen im Fall von Cassimo ermöglichten Lernprozesse vor allem als Ausdruck einer bestehenden bzw. nicht bestehenden *Lernkultur* zu verstehen. Die nächste These, die sich daran anschließt, passt besonders zu den Konflikteskalationen, die in der wechselseitigen Durchdringung von individuellen und institutionellen Anteilen ein bedeutsamer Gegenstand des Forschungsprojektes waren.

Die nächste These lautet nämlich, dass auch der Umgang mit Konflikten Ergebnis von Lernprozessen ist. Eine konstruktive Art der Konfliktaustragung setzt ebenfalls eine entwickelte Lernkultur innerhalb der Institution voraus. Somit stellt sich die Frage, warum die Lernverweigerung der Institution Sonderschule (vgl. Schroeder 1998)[52] hinsichtlich konstruktiver Konfliktlösungen – und also Lernprozessen – gerade vor dem Hintergrund der begründeten Kritik an der Rolle, die sie im Zusammenhang mit den Selektionsroutinen bei Schülern aus Einwandererfamilien spielt, weiterhin so funktional erscheint.

Vor dem Hintergrund der beiden Fälle kann Fremdheit (markiert als kulturelle Differenz) nicht als ausreichende Erklärung dienen, da sie als Phänomen ja immer selbst erklärungsbedürftig ist. So gesehen müssen die Prozesse der Verständigung über das Versagen der Routinen, mit denen auf das Fremde regiert wird, in den Blick genommen werden.

[52] Auch Alfred Sander (1980) spitzt diese Sichtweise zu und definiert Schulschwäche als Schwäche der Schule.

6.10 Zusammenfassung und Ausblick

Mir war es vor dem Hintergrund exemplarisch hervorgehobener Stationen im Bildungsverlauf von zwei ausgeschulten Schülern aus italienischen Einwandererfamilie wichtig, auf den Problembereich von der Wahrnehmung und dem Umgang mit Fremdheit im Zusammenhang mit pädagogischer Professionalität, die sich in der Etablierung eines kasuistischen Fallverstehens dokumentiert, hinzuweisen. Die beiden Fälle zeigen auf spezifische Weise, dass die überdurchschnittlich hohe Präsenz von Kindern aus Einwandererfamilien in prekären Bildungsgängen zu keiner entwickelten und angemessenen Veränderung von Routinen einer kasuistisch orientierten Analyse des pädagogischen Arbeitsbündnisses geführt hat. Jedes pädagogische Teilsystem agiert weitgehend isoliert von anderen, die eigentlich die gleichen Ziele verfolgen müssten. Vor allen Dingen an den diversen Nahtstellen des Bildungssystems scheitern Schüler wie Alberto und Cassimo, weil diese Nahtstellen nicht als Übergangszonen begriffen werden: »Umso mehr sind in solchen Fällen strukturierte Orte des organisierten Übergangs zwischen Familienkultur und öffentlichen Institutionen notwendig.« (Lanfranchi 2002, 168) Dieser von Lanfranchi in seiner Bedeutung für den Schulerfolg von »Migrationskindern« sehr wichtig eingeschätzte Übergangsraum kann Strukturtransformationen sowohl auf der individuellen als auch auf institutioneller Ebene ermöglichen. Es sind diese fehlenden Strukturierungen und Professionalisierungshindernisse, die nicht unbedingt absichtsvoll gegen Schüler und Schülerinnen aus Einwandererfamilien Anwendung finden, allerdings erhebliche Hürden und Barrieren für ihren Schulerfolg aufstellen.

Vor dem Hintergrund dieses Befundes lässt sich der andere Blick auf den mangelnden Schulerfolg von Migrantenkindern jenseits der beiden dominierenden Perspektiven »Kultur« und »Subjekt«, den Mechtild Gomolla und Frank Olaf Radtke in ihrer Studie *Institutionelle Diskriminierung* (2002) vorgenommen haben, bestätigen und zugleich erweitern. Gomolla und Radtke haben die ungleiche Bildungsbeteiligung von Migranten anhand von einer Fallstudie eines lokalen Schulsystems zur Bildungsbeteiligung von deutschen und ausländischen Schülern untersucht und das Muster der Ungleichbehandlung vor allem als Effekt von Organisationshandeln beschrieben. »Diskriminiert auch die Schule als Institution?« ist die Frage, die sie im Anschluss an die theoretische Ausdifferenzierung institutioneller Diskriminierungsformen anführen. In der Grundannahme, welche die veränderte Blickrichtung der Untersuchung markiert, wird die folgende These aufgeführt:

> Ein nicht unbedeutender Teil der Ungleichheit in der Bildungsbeteiligung von deutschen im Vergleich mit nicht-deutschen Schülern lässt sich *nicht* auf die Eigenschaften der

> Kinder und ihre migrationsbedingten Startnachteile zurechnen, sondern wird in der Organisation Schule selbst erzeugt. (Gomolla/Radtke 2002, 17)

Diese Perspektive reicht sehr weit, weil sie kultur- und individuumsunabhängige Variablen für den Misserfolg von Immigrantenkindern ins Spiel bringt und den Blick auf die von der Schule erzeugten Barrieren lenkt. Schaut man jedoch auch nach den Wechselwirkungen, also das, was aus dieser Situation von den Schülern oder den Eltern »gemacht« wird, dann entstehen weitere Fragen, die einer Klärung bedürfen. Die bisher erarbeiteten Befunde aus den beiden Fällen legen folgende Fragen nahe: Spielt also der »subjektive Faktor« hier doch wieder mit herein? Wie ergänzen sich diese Perspektiven: Die auf die subjekt- und kulturabhängige auf die rationalen Organisationsstrukturen der Schule und die der darin handelnden und agierenden Subjekte mit ihren je spezifischen Interaktionen und Deutungsmustern?

Es geht mithin nicht nur darum, was die Schule mit den Schülern macht, sondern auch danach zu sehen, welche Wechselwirkungen und komplementären Reaktions- und Verarbeitungsweisen auf Schülerseite entstehen. Zweierlei kann dadurch sichtbar werden: Wie pädagogische Akteure nicht als schlichte Opfer einer Bildungsorganisation kollektiv freizusprechen sind und darüber hinaus wie wenig sinnvoll es ist, den Diskriminierten ihre Beobachtungskraft des Systems absprechen zu wollen (vgl. Schroeder 1998, 51).

Die Beobachtungskraft des Systems Schule hat Alberto meisterhaft in Anschlag gebracht und mit aller Kraft destruktiv bekämpft. Insofern hat er nicht nur Beobachtungskraft bewiesen, sondern auch eingreifende und destruktive Veränderungen in den Institutionen bewirkt. Auch Cassimo hatte ein feines Gespür für die Anfälligkeit pädagogischer Arbeitsbündnisse aufgezeigt, die aufgrund ihrer strukturellen Grenzen leicht zu sabotieren sind. In diesem Kontext wären weitere Analysen und Fallrekonstruktionen notwendig, die die Wechselwirkungen von institutionellen und individuellen Konfliktgeschichten umfassender hinsichtlich der schulerzeugten und schülererzeugten Barrieren und Hindernisse im Bildungsverlauf von Kindern aus Einwandererfamilien plausibilisieren.

7. Forschendes Lernen durch pädagogische Kasuistik. Hermeneutische Verfahren und die Bedeutung der Fallrekonstruktion in der Lehramts- und Pädagogenausbildung

7.1 Problemstellung

Schulische Praxis ist in der ersten Phase der Lehrerbildung unterrepräsentiert. Die in den meisten Studienordnungen für das Lehramt festgelegten »schulpraktischen Studien« bieten keine ausreichenden und angemessenen Reflexionsräume für Beobachtungen und Analysen aus dem schulischen Geschehen. Eine Verknüpfung von erziehungswissenschaftlichen Theorieangeboten mit erlebter, *eigener* Praxis und methodisch kontrollierten Beobachtungsinstrumenten findet in der Regel nicht statt. Diesem institutionalisierten Mangel an Schulpraxis in der Lehrerausbildung wurde und wird weiterhin in vielen Expertenkommissionen und Reformvorhaben breiten Raum zugemessen. Nicht immer jedoch lassen sich dabei professionstheoretische Überlegungen klar identifizieren (vgl. die Widerrede zum Gutachten des Expertenrates zur zukünftigen Lehrerbildung in Nordrhein-Westfalen von Combe et al. 2001). Viele Modelle fordern gar ein schlichtes »Mehr an Praxis« in der Lehrerbildung. Dabei wird meist übersehen, dass Studierende im Lehramt lernen müssen, Schulpraxis als zu analysierender bzw. zu interpretierender Praxis zu begegnen. Dazu ist ein methodisches Handwerkszeug für Studierende nötig, das jedoch zurzeit in den meisten Lehramtausbildungen nur unzureichend strukturiert ist und fast beliebig in den Studienordnungen erscheint. Vor diesem Hintergrund möchte ich in diesem Beitrag dafür plädieren, dass der pädagogischen Kasuistik in der Lehrerausbildung und der fallrekonstruktiven Methode eine klare Position in der universitären Lehrerausbildung zukommt.

Die momentan diskutierten Vorschläge zur Lehrerbildung (vgl. exemplarisch Radtke 1999, Bastian et al. 2000; Beck et al. 2000, für die Interkulturelle Pädagogik Auernheimer 2002; für die Sonderpädagogik Dlugosch 2003) an der Universität zeigen, dass sowohl die Vorschläge zur Neuorganisation als auch schon vorgelegte Gesetzesentwürfe wie z. B. das Hessische Hochschulgesetz oder die Vorschläge des Expertenrats zu Neuordnung der Lehrerbildung in Nordrhein-Westfalen zu einer lebhaften und andauernden Auseinandersetzung geführt haben. Diese zum Teil kontroverse Diskussion kann konstruktiv genutzt werden, um Ausbildungsstandards zu überprüfen, und vor allem, um die wissenschaftliche Ausrichtung der Lehrerbildung neu zu positionieren.

Dabei kann vor allem eine reflexive Schleife zu dem Ziel der Lehrerbildung – dem Lehren an Schulen und anderen Lernorten – entstehen, die aus der Perspektive der viel zitierten und mittlerweile unangemessenen Theorie – Praxis – Polarität ausbricht und die Frage nach der Angemessenheit der Instrumente, die in der Ausbildungsphasen angeboten werden, vor dem Hintergrund der damit entstandenen pädagogischen Praxis kritisch stellt.

Da nicht nur die Diskussion um die Lehrerbildung, sondern zugleich eine allgemeinere Debatte um das öffentliche Bildungswesen insgesamt virulent ist, lassen sich diese Diskussionsstränge zusammenführen. Der gesetzliche Bildungsauftrag im öffentlichen Schulsystem wird zunehmend prekär, die Lernsituation angesichts der zunehmend beschriebenen Drogen-, Gewalt- und Disziplinprobleme in Schulen und der Tatsache, dass sich Kindheit und Jugend insgesamt in einem Prozess der Veränderung befindet, bedarf einer grundlegenden Revision.

Eine mögliche Perspektive dabei ist, die Weiterbildung zu favorisieren und unter dem Konzept des lebenslangen Lernens eine permanente Qualifizierung zu fordern (und eventuell zu fördern). Diese Perspektive ist wichtig, doch besteht zugleich die Gefahr, dass dabei der ursprüngliche Ort der Qualifikation, nämlich die Ausbildungssituation selbst, aus dem Blick gerät. Für die Ausbildungssituation, also die wissenschaftliche Lehrerbildung an der Universität, kann somit diese vielfältige Diskussion als Chance für eine an den professionellen Standards und Qualitätsmerkmalen gemessene Revision nutzbar gemacht werden.

7.2 Fallanalysen in der Weiterbildung

Ausgehend von den strukturellen Veränderungen in den Lebensbereichen Familie, Schule, Beruf haben sich vor nunmehr mehr als zehn Jahren Sozial- und Erziehungswissenschaftler der Johann Wolfgang Goethe-Universität in einem Forschungs- und Weiterbildungsprojekt zum Thema Lebensläufe marginalisierter Jugendlicher mit der Frage beschäftigt, welche Potentiale und Entfaltungsmöglichkeiten sozialwissenschaftlich-hermeneutische Rekonstruktionen von Einzelfällen sowohl für die Sozial- und Erziehungswissenschaftler selbst als auch für die »Praktiker« bieten (Helsper/Müller/Nölke/Combe 1991).

> Das zentrale Anliegen der auf Protokollen aufbauenden Einzelfallrekonstruktionen ist, so die Autoren, daß sie gegenüber Formen intuitiver Problemerfassung eine Klärung der Implikationen und Folgen tradierter Gewohnheiten und Interaktionsroutinen erlauben. (ebd., 12)

Diese Feinanalysen sind verglichen mit der Zahl der Möglichkeiten der Schul- und Unterrichtsforschung vor dem Hintergrund der Interaktionskonflikte zwischen Lehrern und Schülern nicht sehr zahlreich, so konnten die Autoren 1991 feststellen. Dieser Trend hat sich jedoch nicht fortgesetzt. Es liegen aktuell nicht nur weitreichende Textsammlungen fallrekonstruktiver Forschungspraxis vor (wie z. B. Kraimer 2000), diese Forschungspraxis selbst findet wiederum verstärkt Eingang in den Ausbildungskontext. Wie sich die Verwendung eines fallanalytischen Vorgehens mittlerweile nicht nur in der Weiterbildung, sondern und vor allem in der Ausbildung und hier in der Lehrerbildung eingerichtet hat, soll an dieser Stelle weiter verfolgt werden. Dabei kann auf zum Teil schon ausdifferenzierte Entwürfe zurückgegriffen werden, die im Kontext der Lehrerausbildung an der Universität entstanden sind. An dieser Stelle erfolgt eine exemplarische Auswahl unterschiedlicher Verfahren des fallanalytischen Vorgehens in der Lehrerbildung mit dem Ziel, die vorhandenen Vorschläge zu bündeln und weiter zuzuspitzen.

7.3 Fallanalysen in der ersten Phase der Lehrerausbildung

So geht Una Dirks im Kontext reflexiver Lehrerbildung davon aus,

> daß gerade der universitäre Ausbildungsort dazu prädestiniert ist, zukünftige LehrerInnen zum Erwerb i. w. S. berufsbezogener Reflexionskompetenzen zu befähigen, die ihnen bei der späteren Bearbeitung von Berufsproblemen und in ihrer professionellen Entwicklung sehr hilfreich sein könnten. Für die Förderung von Reflexivität bieten sich Konzepte des forschenden Lernens im Rahmen kasuistischer Arbeitsverfahren an. (Dirks 1999, 85)

Die Reflexivität als Vorbedingung von Reflexionswissen entsteht am institutionalisierten Ort forschenden Lernens bevorzugt dann, wenn sich Handlungswissen an Wissenschaftswissen bricht und umgekehrt (vgl. Dewe 1988). Die Vermittlung geschieht vor allem über das fallanalytische Vorgehen, findet jedoch enge Grenzen:

> Selbst die i. d. R. zwei- bis sechswöchigen Schulpraktika können keine Verknüpfung von Theorie und Praxis herstellen, sondern den Betroffenen allenfalls verschärft die Getrenntheit der Wissenschafts- und Praxiswelten vor Augen führen, deren Beziehung nunmehr als ein Differenzverhältnis erfahrbar wird. (Dirks 1999, 86)

Die Grenzen fallbezogener Wissensverwendung in der Lehrerbildung liegen in der Reichweite und der zeitlichen Verortung im Ausbildungsverlauf: fallbezogene Wissensverwendung in der Lehrerfortbildung liefert den Rahmen, in dem sich eine wohlverstandene Strategie zur Professionalisierung des Lehrerhandelns zu vollziehen hätte (vgl. Radtke 1996, 251).

> Sagen können, was man tut, bildet den Kern der professionellen Kompetenz die in People processing professions, wie der Lehrerberuf einer ist, nicht in der (Erst-) Ausbildung, sondern erst durch (Selbst-) Reflexion erworben werden kann. Systematische Unterstützung kann in der Fortbildung, nicht zu Beginn einer Berufskarriere, gefunden werden. (ebd., 252)

Aber: Die Ausbildung von verstehenden Kompetenzen und Deutungsmustern, die Entfaltung eines lang währenden Prozesses der Handlungsfähigkeit in komplexen pädagogischen Situationen kann an diesem Ort angelegt werden und eine erste institutionelle Fixierung finden.

> Das Unbehagen an der Lehrerausbildung an der Universität rührt daher, daß man in der ersten Phase der Ausbildung nicht weiß, welches die Probleme der Praxis sind, und deshalb nicht wissen kann, welche der vielen Theorien darauf antworten könnte. (ebd., 254)

Hier fände die Verwendung von Fallbeispielen aus der Schulpraxis einen ersten Ort, der den Bezug zur Praxis der Schule herstellt. Dieser Zugang zur Schule geschieht durch die Analyse der Mikrostrukturen des Unterrichts- und Schulgeschehens. Arno Combe und Werner Helsper kommen aufgrund ihrer Erfahrungen aus verschiedenen Forschungsprojekten zu dem Schluss, dass die Bedeutung der hermeneutischen Methode im Rahmen der Aus- und Weiterbildung von Lehrkräften aller Schulformen, insbesondere aber im Rahmen des Studiums noch nicht ausgelotet ist (Combe/Helsper 1994, 9). Es geht ihnen darum, einen »bestimmten Zugang der Schul- und Unterrichtsforschung vorzuführen, [von dem sie annehmen,] daß er eine Professionalisierungsperspektive für das pädagogische Handeln enthält.« (Combe/Helsper 1994, 10)

Vor diesem Hintergrund plädieren Combe/Helsper für eine handlungstheoretische Konzeptualisierung der Pädagogik, die sich über die hermeneutische Methode bzw. einen interpretativ-rekonstruktiven Zugang herstellen lässt (darauf wird noch zurückzukommen sein). Pädagogische Professionalität stellt sich, wie mehrfach betont, in einem Prozess her, der seinen Initiierungspunkt im (Erst-) Studium haben sollte, will dieser Impuls nicht von der jeweiligen Fachdidaktik als abgetrennt erscheinen. Das fallanalytische Vorgehen, genauer: das Fallverstehen und eine aus diesem Fallverstehen heraus entwickelte Handlungstheorie hat seinen wissenschaftlichen Ort bevorzugt im Anfangsstudium, *bevor* sich ein schon vorweg antizipierter Berufshabitus verfestigen kann. Diese handlungstheoretische

Konturierung der erziehungswissenschaftlichen Theoriebildung kann, so Combe/ Helsper die Theorie-Praxis-Debatte überwinden:

> Durch die über den Fallbezug entwickelte Theorie einer pädagogischen Handlungslehre können nun alte Probleme der Theoriebildung in neuem Licht gesehen und neu bestimmt werden. Dies gilt z. B. für das Verhältnis von Grundlagenforschung und angewandter, praxisorientierter Forschung, von der Aufspaltung in Theorie einerseits und einer in der Erforschung sozialer und praktischer Problemlagen engagierten Wissenschaft andererseits. (ebd., 210)

In ähnlicher Richtung argumentiert aus professionstheoretischer Sicht auch Ulrich Oevermann, der Ergänzungen zur Lehrerbildung einfordert, die sich sowohl am pädagogischen Arbeitsbündnis als auch am pädagogischen Handeln ausrichtet. »Das geht nur«, so schreibt Oevermann,

> in einer Kombination von fallorientierter, fallrekonstruktiver exemplarischer Materialerschließung in der Ausbildung selbst und von Formen des praktischen »learning by doing« unter Anleitung jeweils erfahrener Kollegen. Flankiert werden muß natürlich dieses Studium durch die Vermittlung von bewährtem und relevantem methodischen und theoretischen Wissen [...]. (Oevermann 1999, 177)

Diese Aussage konsequent zu Ende gedacht bedeutet, dass sich eine professionalisierende Pädagogik der ungeklärten Verortung zwischen Erfahrungswissenschaft und Handlungslehre bewusst ist und letztlich eine Entscheidung hierüber treffen muss.

Die Bedeutung der Fallanalyse ist hier sehr weitreichend beschrieben, da es um die Irritation schon bestehender Deutungs- und Handlungsmuster geht. Vor der Handlungssicherheit kommt zuerst die Verunsicherung. Gewissheiten sind in diesem Vorgehen weniger gefragt:

> Vielmehr sind Alternativen wie zukunftsträchtige Handlungsperspektiven stets im Fall und in der Fallgeschichte mit angelegt. Somit wird für die hermeneutische Sozialforschung die Praxis und ihre Problemkonstellation zwar zum bevorzugten Gegenstand der Analyse, aber die Bedeutung der hermeneutischen Methode könnte darin liegen, daß sie den unbefangenen Blick für konkrete Alternativen schärft – über die Wertbindungen, den Entscheidungsdruck und die Handlungsroutinen des Praktikers hinaus. (Combe/ Helsper 1994, 211)

Folgende Skizze kann dieses Verfahren veranschaulichen:

Über die Bedeutung von Fallstudien in der Lehrerbildung haben auch Gertrud Beck und Gerold Scholz (Beck/Scholz 1997) erhellende Aussagen gemacht. Sie heben die hochschuldidaktische Bedeutung der Fallarbeit hervor, nachdem sie den zuvor unklaren Fallbegriff präzisiert haben. In diesem unklaren Fallbegriff, so die Vermutung von Beck und Scholz, könnte auch die mangelnde Bedeutung der Fallstudien in der Erziehungswissenschaft begründet liegen. Für ihre Auffassung liegt ein Fall nicht als vorfindbare Tatsache vor sondern ist Produkt einer methodischen Vorgehensweise. Die Falldarstellung wird so zu einer Methode der Verständigung über soziale Wirklichkeit (vgl. ebd., 681). Sie plädieren jedoch im Gegensatz zu den anderen Vorschlägen im Rahmen einer fallorientierten Ausbildung, für eine konsequent eigene Forschung der Studierenden. Dies geschieht zum einen als Forschungserfahrung, zum anderen als Voraussetzung für professionelles pädagogisches Handeln, das aus »Deuten« und »Handeln« besteht. »Im Kern«, so schreiben Beck/Scholz,

> setzt die Forderung Deuten als Moment pädagogischer Tätigkeit zu sehen, die Fähigkeit voraus, als Praktiker in der Praxis zu forschen. Die Lehrertätigkeit impliziert die Fähigkeit zur Forschung. Das bedeutet, daß es Aufgabe der Hochschule ist, Studierenden diese Qualifikation zu vermitteln, ihnen Forschungserfahrungen zu ermöglichen und entsprechende Methoden zu lehren. (Beck/Scholz 1997, 687)

7.4 Objektive Hermeneutik und Professionalisierung von Lehrerhandeln

Anders als die Vorschläge von Dirks, die die professionsbezogenen Reflexionsprozesse in der ersten Phase der Lehrerausbildung verortet, und den zeitlich nicht gebundenen Vorschlägen von Combe/Helsper, gehen die Überlegungen von Hiltrud Schröter (1997) zum »Verstehen lernen« auf der Zeitachse des Ausbildungsprozesses weiter: von der ersten Phase der Lehrerbildung, über die zweite Phase bis hin zur Weiterbildung reichen ihre Vorschläge. Diesen weitreichenden Entwurf hat Schröter aus einem Forschungsprojekt zum interkulturellen Verstehen im deutsch-marokkanischen Kontext entwickelt. Ihre Forschungsziele liegen auf drei Ebenen:

1. Inhaltliche Ebene
2. Methodische Ebene
3. Pädagogische Ebene

Interessant ist für die hier skizzierte Konzeption das erziehungswissenschaftliche Erkenntnisinteresse, das sich auf die Eigenart der geistigen Verwandtschaft von objektiver Hermeneutik und Wagenscheins Didaktik (»Verstehen lehren«) und auf Anwendungsmöglichkeiten objektiver Hermeneutik bei der Erforschung pädagogischer Praxis und Professionalisierung von Lehrerhandeln beruft (vgl. Schröter 1997, 18f.). Schröter geht davon aus, dass die Komplexität schulpädagogischer Praxis durch die Immigration immens zugenommen hat. Die Konzepte und unterschiedlichen Praxen, damit umzugehen greifen zu kurz, wenn es darum geht, das dahinter liegende Strukturproblem und die Komplexität von Lehrerhandeln angemessen methodisch zu erschließen. An diesem Punkt greift die objektive Hermeneutik als Methode der Einzelfallrekonstruktion mit dem Erkenntnisziel der Strukturanalyse. Fallverstehen unter erschwerten Bedingungen, als ein Merkmal der Struktur von Lehrerhandeln wird durch den Einbezug von Schulpraxis vermittels von Protokollen, Interviews und natürlichen Texten in die Interpretationswerkstatt, die mit der Privileg der Praxisenthobenheit (d. h. fehlendem Handlungsdruck) arbeitet, eingeübt. Ziel dieser Bemühungen ist die Professionalisierung des Lehrerhandelns sowohl auf der Strukturebene als auch auf der Ebene der individuellen Kompetenzen.

»Professionalisierung«, so Schröter,

> erwirbt man nicht durch Aneignung von Fachliteratur, sondern vor allem über Praxis und die nachträgliche Erschließung von Praxis, wie es in der Psychoanalyse und der Medizin mit der Ausbildung am Fall üblich ist. Für die Erschließung der Strukturebene von Praxis braucht man geeignete Forschungsmethoden, wie zum Beispiel die objektive Hermeneutik. Über sie verfügt in der Regel in der Praxis niemand, auch nicht über die

> Zeit, die man braucht, um sie in der Forschungspraxis zu lernen. Das kann nur, wer vom Praxisdruck entlastet ist: der Forscher. Daraus folgt: Praxis und Erziehungswissenschaft müssen verzahnt sein, wenn Professionalisierung von Lehrerhandeln gelingen soll. (Schröter 1997, 228)

Dieses Plädoyer für eine eigene Forschungspraxis Lehramtsstudierender schließt auch die Ausbildung und Aneignung von empirischen Forschungsmethoden mit ein, die in der Forschungspraxis dann zur Anwendung kommen.

Die Vorschläge von Schröter (1997, 228f.) im Überblick:

Erste Phase der Lehrerbildung	Aneignung von Lernstoff tritt zurück zugunsten eines forschenden Lernens am Fall Prüfungsschwerpunkt ist Fallverstehen, das sich konkret anhand der Interpretation eines »natürlichen« Protokolls zeigt
Zweite Phase der Lehrerbildung	Ausbilder erhalten die Möglichkeit, in Fortbildungen, Methoden zur Erschließung von Praxisprotokollen zu erlernen. Sie arbeiten zusammen mit ReferendarInnen in Forschungsgruppen an der Universität, in denen Fallmaterial analysiert wird. MentorInnen beteiligen sich an Forschungspraxis
Weiterbildung	Methodisches Erschließen von eigener und fremder Praxis, Supervision, methodische Analyse von Supervisionsprotokollen

7.5 Die Spezifik des fallanalytischen Vorgehens

Professionelles Wissen wird vor allem in den ersten Berufsjahren erworben. In dieser Zeit werden berufsspezifische Handlungsweisen angeeignet, die auf geteilten Erfahrungen und Leitbildern basieren. Solche ritualisierten Berufskulturen stabilisieren den Unterricht, indem sie den Rahmen für bestimmte Traditionen und Routinen vorgeben. Innovationen und alternative Handlungs- und Deutungsmuster werden dadurch nur schwer in die kulturellen Skripte mit aufgenommen. Eine weitreichende Lösungsmöglichkeit für diese Problemstellung, ein durch die Trennung und Polarisierung von Theorie und Praxis charakteristisches Problem in der Lehrerausbildung, findet sich in einem konsequent interpretativ-fallanalytischen Vorgehen, vor allem in der ersten Ausbildungsphase. Das Material, also die Fallstudien, entstammen direkt dem Schulalltag, dem schulischen Kontext, und sind damit eine erste professionelle Begegnung mit dem pädagogischen Feld Schule.

Die Durchführung und interpretative Auswertung von Fallanalysen kann durch die Sensibilisierung für die Komplexität schulischer Interaktionsprozesse einen direkten Beitrag zur Professionalisierung des Lehrerhandelns leisten. In diesem Sinne wird ein berufsangemessener Habitus konstituiert. Alternative Deutungs- und Handlungsmuster können im direkten Bezug auf schulisches Handeln leichter realisiert werden. Um es auf den Punkt zu bringen: Die Irritation und Störung des *Handelns wie üblich*, die Aufbrechung der Routine, ist ein zentraler Ansatzpunkt hermeneutischer Fallinterpretation.

Die darin enthaltene Professionalisierungsperspektive nimmt ihren Ausgangspunkt bei einem Theoriebezug aus dem Wissenschaftswissen, der an dem zentralen Ort des Wissens bzw. der Wissensproduktion, nämlich der Universität vermittelt wird:

> Professionalität als die hermeneutische Fähigkeit zu individuellem Fallverstehen ist entscheidend an umfassende, methodologisch fundierte Theoriekenntnisse gebunden, will sie den Patienten, Klienten, Schülern in ihrer Besonderheit gerecht werden und Subsumtion, Stereotypisierung und Verdinglichung vermeiden. Je mehr Wissen verfügbar ist, umso reichhaltiger und reflektierter können die Deutungen der vorgefundenen Probleme sein. Deshalb wirkt nicht jede Lockerung des Berufsfeldbezuges, bzw. eine Verminderung direkten Praxisbezuges von Studienangeboten zu Gunsten der Betonung theoretischer Grundlegungen entprofessionalisierend – im Gegenteil. (Radtke 1999, 18)

Wesentliche Aspekte des fallanalytischen Vorgehens sind also folgendermaßen zu verstehen:

- das fallanalytische Vorgehen wendet sich zunächst von der Theorie ab und geht näher an die Praxis;
- die Praxisnähe erleichtert das Verstehen von Lernzielen z. B. bei Studierenden die Einsicht, dass es der Fähigkeit von Lehrenden bedarf, sowohl die Wahrnehmungsperspektive der Schüler zu verstehen, als auch die eigene bewusst zu reflektieren;
- das in der Praxis Erfahrene wird anschließend systematisch theoretisiert;
- Auswahl der Transkripte unter dem Gesichtspunkt, welche theoretischen Erkenntnisse exemplarisch bei der Interpretation herausgearbeitet werden sollen.

Wie fallanalytisch-interpretatives Vorgehen zu einem höheren Maß an Professionalität führen kann, darauf wurde schon mehrfach hingewiesen. Die Verknüpfung von Schulforschung, Fallanalyse und Lehrerbildung haben Frank Ohlhaver und Andreas Wernet in dem von ihnen herausgegebenen Sammelband unter gleichnamigem Titel ausführlich beschrieben. Bezüglich der Lehrerbildung beschreiben Ohlhaver/Wernet (1999, 12) zwei wesentliche Punkte:

> Zur Unterstützung scheint ein interpretativ-fallanalytisches Vorgehen in der Lehrerbildung einerseits geeignet, weil eine praxisnahe, problem- und handlungsorientierte

Reflexion von Schule und Unterricht im Zentrum steht, andererseits weil dabei an die wirklichkeitswissenschaftliche (qualitative) Schul- und Unterrichtsforschung angeknüpft wird.

Fallanalysen in der Lehrerbildung nach Ohlhaver/Wernet (1999, S. 15ff.) im Überblick:

Durchführung von Fallanalysen erlauben Reflexion	praxisnahe, problem- und handlungsorientierte Reflexion von Schule
Habitus	Verbesserung des Lehrerhandelns im Sinne eines berufsadäquaten Habitus
Forschung	forschungsnahe Einführung in die Ergebnisse der qualitativen Schulforschung
Irritation	Irritation internalisierter Deutungs- und Handlungsmuster betreffs Schule und Unterricht
Konstruktion	Konstruktion alternativer Handlungs- und Deutungsmöglichkeiten
Sensibilisierung	Sensibilisierung für die Komplexität schulischer Interaktionsprozesse
Theoriebildung	eigene Theoriebildung wird angeregt

Das nachdrückliche Plädoyer für das fallanalytische Vorgehen bedeuten für Ohlhaver/Wernet (1999, 16) eine zweifache Perspektivenerweiterung: Zum einen verspricht das fallanalytische Vorgehen in der Lehrerbildung »sowohl eine Lösungsmöglichkeit für das Problem einer sachadäquaten Reflexion der Schulpraxis [...] als auch eine tragfähige Antwort auf Innovationsprobleme im Schulwesen« zu sein.

Diesen neuen Weg im so genannten Theorie-Praxis-Verhältnis haben auch Hans Eberwein und Johannes Mand mit Blick auf die sonderpädagogische Lehrtätigkeit hervorgehoben. Sie fokussieren zur Begründung qualitativer Schulforschung ebenfalls die Lehrerbildung und heben drei markante Punkte hervor:

- Veränderung von Schule und Unterricht in Richtung »offene Schule« ist nicht ohne Forschung durchsetzbar. Schulforschung legitimiert schulische Veränderung.
- Durch das Wissen über Veränderungen von Kindheit und kindlichen Lebenswelten entstehen neue Wege im Theorie-Praxis-Verhältnis.
- Schulforschung könnte helfen, die Lehrerbildung zu erneuern, um zu einer auf die Praxisprobleme ausgerichteten theoretischen und praktischen Ausbildung zu gelangen.

»Wer eine Neubesinnung im Verhältnis zwischen Forschung und Schulpraxis anstrebt, der sollte seine Aufmerksamkeit insbesondere auf Ergebnisse und Methoden der qualitativen Sozialforschung richten«, so schreiben Eberwein/Mand (1995, 16) programmatisch.

7.6 Das Mainzer Modell

Das erziehungswissenschaftliche Begleitstudium an der Universität Mainz hat fallorientierte pädagogische Einführungsseminare für Lehramtsstudierende eingeführt. Im Rahmen von strukturellen Überprüfungen und Veränderungen wurde ein neues Einführungsseminar eingerichtet, das nun das Konzept der Fallinterpretation angemessen erfüllen soll. Dieses Einführungsseminar erfüllt mehrere Aufgaben:

> Insgesamt hat das Einführungsseminar erstens das Ziel, die Studierenden über die Struktur des erziehungswissenschaftlichen Begleitstudiums zu orientieren, zweitens das schulpädagogische Arbeitsfeld insbesondere durch die Arbeit an Fällen praxisnah kategorial zu erschließen und einschlägige Interpretationskompetenzen anzuregen und drittens den Studierenden die Reflexion und Überprüfung ihrer Entscheidung für den Lehramtsstudiengang bzw. für den Lehrerberuf und die Aufarbeitung ihrer eigenen Lerngeschichte zu ermöglichen. (Beck et al. 2000, 26)

Das Material der Interpretation entstammt direkt der Schulpraxis und ihrer Dokumentation in Interviews, Interaktionsprotokollen (von Unterrichtsszenen, Konferenzen, Elternabenden usw.), Berichten, Filmen und Selbstzeugnissen, aber auch im Schulbetrieb selbst anfallenden und als Text dokumentierten Äußerungen wie Schüleraufsätze, Reden, Ansprachen, Beiträge zu Schülerzeitungen usw. Methodisch wird dieses Material »in lockerer Orientierung« (ebd., 28) am fallrekonstruktiven Vorgehen der objektiven Hermeneutik von Oevermann interpretiert. Der Akzent liegt dabei auf der Produktion abweichender, vom Material noch getragener Deutungen und auf Divergenz, statt auf einer konvergenten Bestätigung von Alltags-Theorien.

Auch hier wird wieder in der Theorie-Praxis-Unterscheidung eine klare Positionierung vorgenommen: Die universitäre Lehrerbildung muss sich

> entsprechend ihrem organisatorischen Ort der systematischen Erzeugung von Theorie und Reflexion, auf das beschränken, was sie vermag: Nicht – wie immer auch relativierte oder imaginierte – Einführung in oder Vorbereitung von Praxis, sondern die Einführung in Theorien und theoretische Reflexivität. Praxis ereignet sich an anderen Orten und kann auch nur an anderen Orten erlernt und angeeignet werden. (Beck et al. 2000, 30)

Die Autoren gehen von einem grundsätzlich antinomischen Verhältnis von Theorie und Praxis im pädagogisch-professionellen Handeln aus und warnen mit Verweis auf die Verwendungsforschung vor einem »naiven« Vermittlungsverhältnis sozial- oder erziehungswissenschaftlicher Theorien in die Praxis. Um den Entwurf dennoch nicht normativen pädagogischen Idealmodellen zu überlassen, schlagen Beck et al. vor, eine wissenschaftliche Haltung zum Ziel der wissenschaftlichen Lehrerausbildung zu machen. Diese wissenschaftliche Haltung hat einerseits eine

Sensibilisierung für die Wissensverwendung und andererseits einen geschärfte Beobachtungsrahmen zur Folge.

> Dieser »wissenschaftlich-reflexive« Habitus beruht nicht auf einer möglichst umfassenden Kenntnis fertig angeeigneter wissenschaftlicher Erklärungen oder auf der Anhäufung möglichst vieler wissenschaftlicher Wissensbestände – die selbstverständlich auch gegeben sein müssen – sondern vielmehr auf einem reflexiven Verhältnis zur Konstruktion und Generierung von Wissen, von Erkenntnissen, Erklärungen und Weltdeutungen. (ebd., 35)

Für die Professionalisierung von Lehrerhandeln wird für die Autoren die fallrekonstruktive Erschließung der Professionsantinomien zentraler Bestandteil des Modells, wobei der wissenschaftlichen Habitusbildung am Strukturort Universität der Anteil zukommt, von unmittelbarem Praxis- und Handlungsdruck entlastet, wissenschaftliche Reflexivität zu erwerben, um damit Handlungskompetenzen und praktisch-professionelle Habitusentwicklung vorzubereiten.

7.7 Forschendes Lernen durch pädagogische Kasuistik

Aus den professionstheoretischen und pädagogisch-praktischen Begründungen für ein fallanalytisches Vorgehen und einer Schwerpunktsetzung auf qualitativen Verfahren der skizzierten Vorschläge zu Reformen der Lehrerbildung, ließe sich eine weitreichende Vorgehensweise entwickeln, welche auf die bereits aufgeführten Vorschläge zu einer Neukonzeptualisierung der Lehrerbildung zurückgreift, sie jedoch weiter zuspitzt. Dabei wird eine dritte Komponente als Zielpunkt eingeführt: die Ausbildung von Reflexionswissen in einem für diesen Zweck institutionalisierten Rahmen der Ausbildung, der ersten Phase der Lehrerbildung an der Universität. Die bisher dominierende Ausbildung der sich polar gegenüberstehenden Instanzen Handlungswissen und Wissenschaftswissen wird durch das fallanalytische Vorgehen und die interpretative Erschließung des Materials zusammengebunden. Reflexionswissen bzw. die Herausbildung dessen kann vor allem über eigene Forschungserfahrungen ermöglicht werden.

Dabei werden Fallstudien, die von Studierenden selbst erhoben und ausgewertet werden, eine wesentliche Rolle spielen.

> Die Bestimmung der Fallstudie als Methode, Theorie und Realität aufeinander zu beziehen, oder anders formuliert, sich mit Lesarten auseinander zu setzen, bedeutet für den studentischen Forscher nicht nur, nach der Tragfähigkeit der eigenen Deutung zu fragen, sondern insgesamt nach der Bedeutung der eigenen Anwesenheit in dem beobachteten Feld. (Beck/Scholz 1997, 688)

Die Fallstudie hat in diesem Sinne sowohl einen wissenschaftlichen Charakter als auch eine ihr innewohnende wesentliche Voraussetzung für professionelles pädagogisches Handeln, wenn Beobachtung und Selbstbeobachtung als pädagogische Aufgabe verstanden wird (Beck/Scholz 1995, 9).

Es geht hier um eine Triangulierung verschiedener Wissensbestände, die jeweils zueinander in Bezug zu setzen sind.

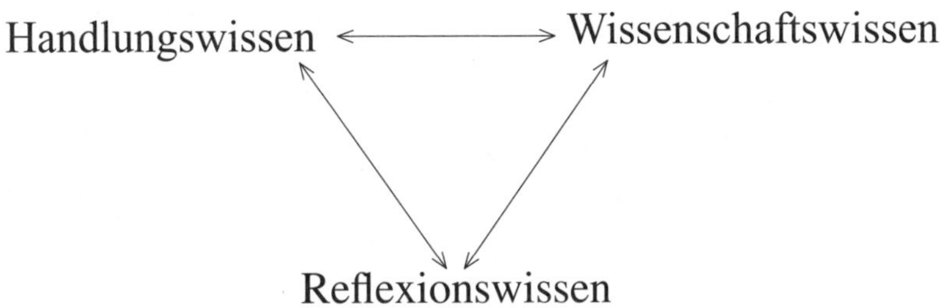

Das hier vorgeschlagene Modell kann alternativ zum Hauptpraktikum/den schulpraktischen Studien angeboten werden. Dies kann natürlich nur im engen Rahmen der hoheitlichen Maßgaben zum Staatsexamen liegen. Dennoch können hier durch die offene Konzeption eines Modellversuchs Spielräume der Lehrerbildung ausgelotet werden, indem die Interpretationsfähigkeit in der Ausbildung gestärkt wird. Dies aber nicht im Sinne einer zum Beruf des Therapeuten vergleichbaren und qualifizierenden Lehranalyse, die eigene unbewusste Anteile im Verstehensprozess aufdeckt, sondern pädagogisch orientiert:

> Vielmehr reicht es, die Dignität der naturwüchsigen Interpretationsfähigkeit und Intuition zu stärken gegen eine mechanische Subsumtion unter szientistische Prozeduren und Methoden. Der Lehrer muß geübt und gewöhnt sein, den Schüler ernst zu nehmen und auf die detaillierte Beobachtung seines Handelns zu vertrauen. Das geschieht am besten in der Kombination mit einer starken Komponente fallexemplarischer und fallbezogener Aufschließung von Materialien aus der Unterrichtspraxis in der Lehrerbildung. (Oevermann 1999, 161)

Eine mögliche Konzeption, die dieses Ziel ansteuert, möchte ich in diesem Kontext weiter entfalten. Sie gliedert sich grundsätzlich in eine dreisemestrige Arbeitsphase mit unterschiedlichen Lernzielen und Arbeitsverfahren. Die genaue Zeitkontingentierung und Verortung im Studienablauf ist hinsichtlich der Schwerpunktbildung differenzierbar.

Folgendes Grundgerüst ergibt sich aus den bisherigen Überlegungen:

Erstes Semester: Datenerhebungstechniken und Interpretationsverfahren	Einführung und Ausbildung in die qualitativen bzw. rekonstruktiven und hypothesengenerierenden Methoden der empirischen Sozialforschung/Erziehungswissenschaft, z. B.: Teilnehmende Beobachtung, Experteninterviews, biografische Interviews, narrative Interviews Einführung in die Auswertungs- und Interpretationsverfahren unterschiedlicher qualitativen Verfahren und Hermeneutiken
Zweites Semester: Feldforschungsphase	Durchführung einer eigenen kleinen Forschung/Feldphase an Schulen, pädagogischen Praxisfeldern, dabei geht es um das angeleitete »In-Gebrauch-Nehmen« empirischer Methoden
Drittes Semester: Auswertungsphase	Die Materialien/Daten aus der Feldphase werden verschriftlicht und aufbereitet; die Interpretation der im Feld erhobenen Daten wird in Arbeitsgruppen nach der jeweils ausgewählten Methode am Fall ausgewertet.

Die Lernziele der jeweiligen Studienangebote lassen sich wie folgt skizzieren:

Im ersten Semester geht es darum, einen Überblick über gängige empirische Verfahren der Sozial- und Erziehungswissenschaften herzustellen. Um die wissenschaftsgeschichtliche und disziplinbezogene Verwendung dieser Verfahren beurteilen zu können, ist dabei von besonderer Bedeutung, um Aussagen über soziale Wirklichkeit immer auch im Zusammenspiel mit den sie generierten Methoden sehen zu können. Die Einführung in unterschiedliche Interpretationsverfahren kann an dieser Stelle nur kursorischen Charakter haben, legt gleichwohl aber schon eine noch weiter zu entfaltende Sichtweise und Fertigkeit an. Die weitere Fallarbeit kann auf die angelegten »technischen« Interpretationsschritte aufbauen und in der kontinuierlichen Fallarbeit Deutungskompetenz aufbauen. Wichtig ist zunächst die Unterschiedlichkeit im Ansatz der unterschiedlichen Verfahren im Hinblick auf ihre Erkenntnisziele unterscheiden zu lernen.

Im zweiten Semester wird die eigene Feldphase durchgeführt. Hier bewährt sich das im ersten Semester angeeignete Wissen. Die Durchführung einer eigenen kleinen Forschung führt die Unwägbarkeiten, Irritationen und Eigentümlichkeiten des gewählten Praxisbeispieles vor Augen und hilft dabei die ersten Hypothesen im Lichte dieser Bruchstellen zu prüfen. Dabei ist es wichtig, dass es zu keinem »Scheitern« und demotivierenden Misserfolgserfahrungen kommt. Hierbei werden die Studierenden von Mentoren unterstützt, die auf die methodischen Schritte der Materialgewinnung hinweisen, und dabei helfen, Lösungsstrategien zu komplexen

Problemstellungen zu erarbeiten. Dies geschieht vor dem Hintergrund der im ersten Semester angeeigneten Verfahrensangebote.

Das dritte Semester dient schließlich dazu, die aus den empirisch untersuchten Praxisfeldern gewonnenen materialen Erkenntnisse gemeinsam zu diskutieren, auszutauschen und jeweils unter den verschiedenen Perspektiven der pädagogischen Professionen zu interpretieren. Die Strukturhypothesen über die Praxisfelder werden miteinander verglichen und in Bezug zueinander gesetzt. Dabei werden kontrastierende erste Interpretationen in einen gemeinsamen Verstehensprozess eingebracht. Dies geschieht bevorzugt in multiprofessionellen Fallkonferenzen, die sich zusammensetzen aus Studierenden (und »Praktikern«) der verschiedenen Ausdifferenzierungen der pädagogischen Professionen, wie z. B. Sozial-, Sonder- und Schulpädagogik, die wechselseitig ihre Fälle vorstellen und auswerten. Die Ausbildung von Reflexionswissen und die Fähigkeit, Deutungskompetenz in einem kontinuierlichen Interpretationsprozess zu entfalten, stehen dabei im Vordergrund. Die Sensibilisierung für die Komplexität schulischer Interaktionsprozesse und institutioneller Verstrickungen ergibt sich aus der Interpretationsarbeit.

Das Besondere an der so gestalteten Auswertungsphase ist die gemeinsame »Fallkonferenz«, die einen multiprofessionellen Blick auf das erhobene (oder auch sekundäranalytisch gewonnene) Material wirft. Diese Fallkonferenz ist als eine fallorientierte Interpretationswerkstatt mit Lehr- und Lerncharakter zu verstehen. Teilnehmen an der Fallkonferenz können die Lehramtstudierenden. Studierende der Pädagogik, und ebenso Studierende aus anderen Fachbereichen, soweit sie mit den Themen Erziehung, Bildungsprozesse, Kindheit, Jugend und Bildungsinstitutionen befasst sind. Ebenso ist die Beteiligung von Lehrerinnen und Lehrern denkbar, die eigene Beispiele, Fälle aus der eigenen Unterrichtspraxis reflektieren möchten. Ihr praxisorientierter Blick ist für die Interpretationsreichweite und -vielfalt erwünscht. Gleiches gilt für andere Professionen wie Sozialpädagogik, Sonderpädagogik. Die Interpretationswerkstatt der gemeinsamen Fallkonferenz ist gleichsam ein Rahmen, der schulische Praxis verstehend erschließt. Dies geschieht durch den Blick aus drei verschiedenen Perspektiven auf das Material aus der Unterrichts- und Schulpraxis:

- schulpädagogische Perspektive →
- sozialpädagogische Perspektive → **Fall**
- sonderpädagogische Perspektive →

Diese drei Perspektiven, die im späteren Berufsfeldbezug dem notwendigen Zwang zur Aushandlung in der gemeinsamen Fallanalyse unterliegen, können schon in der ersten Ausbildungsphase den jeweils unterschiedlichen Beobachtungsstandpunkt, die daraus abgeleiteten Konsequenzen und die Bandbreite möglicher Lesarten vor dem Hintergrund der Profession erfahrbar machen. Probleme und professionelle Defizite in der Kooperation z. B. im Bereich Jugend-/Erziehungshilfe und Schulpädagogik lassen sich von hier aus strukturell erschließen und theoretisch beschreiben. Die qualitative und fallbezogene Auswertung kann durch die extensive Explikation des Einzelfalles helfen, die normative Begründung von pädagogischer Praxis auf eine Ebene der reflexiven Kontrolle zu transformieren. Für die Lehrerbildung heißt dies konkret:

> Akzeptiert man die Nichtstandardisierbarkeit dieser Berufspraxis, dann erscheint reflexive Kontrolle als einzig ihr adäquater Modus. Das Fallanalytische Vorgehen in der Lehrerbildung leistet hierzu einen wichtigen Beitrag. (Ohlhaver/Wernet 1999, 26)

Die Gelegenheit und die sich dabei entwickelnde Fähigkeit zur kommunikativen Validierung (vgl. Sommer 1987; Terhardt 1981) von Interpretationen und professionellen Deutungsmustern in der Interpretationsgruppe fördert die Fähigkeit einer fall- und sachbezogenen Einigung und einer daran anschließenden theoretischen Konzeptualisierung. Der Blick auf den Fall innerhalb professionsbezogener Deutungsmuster und die Auseinandersetzung im multidisziplinären Rahmen erweitert dabei die zum Teil engen Rahmungen, die sich aus einer unreflektierten Haltung im pädagogischen Feld oft beobachten lassen (vgl. Merkens 1995). Das heißt, dass sich über die Verständigungs- und Vermittlungsprozesse in den Fallkonferenzen eine wesentliche pädagogische Kompetenz, eine professionalisierte Fähigkeit, nämlich die fallbezogene und möglicherweise disziplindifferente Deutungskompetenz in mulitprofesionellen Teams einüben und weiter reflektieren lässt.

Forschendes Lernen am Fall und die Einübung in die Fallrekonstruktion erscheinen vor dem Hintergrund der Diskussion der unterschiedlichen Konzepte als das entscheidende Instrument einer fortdauernden pädagogischen Professionalisierung, die zentral auf Methodenkompetenz beruht. Eine Positionierung der Pädagogik als Handlungstheorie – so wie von Combe und Helsper gefordert – wird dabei sichtbar. So gesehen liegt eine fallrekonstruktiv konzipierte pädagogische Kasuistik jenseits einer reinen Praxisforschung, wie sie exemplarisch im Ansatz der Aktionsforschung konzipiert ist (vgl. dazu Altrichter/Posch 1994). Dieses hier vorgeschlagene Vorgehen hinsichtlich der Theoriebildung im Bildungsprozess von Lehramts- und Diplomstudiengängen in der Erziehungswissenschaft kann kritisches Reflexionswissen hervorbringen, das erst durch fallrekonstruktiv gewonnene Theorien entsteht (vgl. Kraimer 2000, 48). Diese fallrekonstruktiv gewonnenen Theorien befinden sich auf einem ungleich höheren empirischen Erkenntnisniveau und erlauben weitreichende Strukturdeutungen im pädagogischen Feld.

Eine solche Konzeption verlangt allerdings eine Positionierung von Lernen als offenem, nicht technizistisch verkürzbarem Input-Outcome-Prozess, der Können und Wissen grundsätzlich als nicht messbar postuliert, sondern diese als zentrale menschliche Aneignungsprozesse versteht, die allerdings unterstützt und begleitet werden wollen.

8. Die Schule als Kampfplatz und als Aushandlungsraum. Über die soziale Bedeutung des Wissens aus der Perspektive der Cultural Studies

Die Geschichte der Begegnung zwischen den Cultural Studies und der Pädagogik kann als Geschichte einer verpassten Chance erzählt werden. Es fiel beiden schwer, jeweils sinnvoll zueinander zu finden und das in einer gegenseitigen Durchdringung liegende Potential zu erkennen und voll auszuschöpfen. In diesem Zusammenhang möchte ich die These begründen, dass der Umgang und die grundlegende Missrezeption, also die verpasste Begegnung, zwischen den Cultural Studies und der deutschsprachigen Pädagogik exemplarisch an der Rezeption von Paul Willis Studie *Learning to Labour* aufgezeigt werden kann. Freilich kann es an dieser Stelle nicht um eine vollständige Rezeptionsgeschichte dieser für die Begründung der Forschungsperspektive der Cultural Studies im Hinblick auf den pädagogischen Theorie- und Handlungsrahmen außerordentlich bedeutsamen Studie gehen.[53] Aufgezeigt werden soll aber ein nachhaltig wirkendes Missverständnis bezüglich des Forschungsansatzes und der theoretischen Grundprämissen der Cultural Studies, das paradigmatisch im Kontext der Studie von Willis aufgezeigt werden kann.

Daneben ist es mein Anliegen, in diesem Beitrag anhand der erkenntnistheoretischen und -politischen Positionen der Cultural Studies einen alltagstheoretischen Kultur- und Lernbegriff, der sich unter scheinbar idealen Bedingungen und hartnäckig im Pädagogischen hält, aufzuklären und dessen Beschränkungen deutlich zu machen. Anhand des Films von Mehdi Charef *Lerne zu leben* – als Lesart des Populären[54] – versuche ich entlang der Theorietradition der Cultural Studies zu

[53] Mit Bezug auf das theoretische Vermächtnis der Cultural Studies schreibt Clemens Dannenbeck, »dass die entsprechende Rezeption eines solchen Forschungsparadigmas im Kontext von Kultur und Ethnizität hierzulande noch weitgehend in den Kinderschuhen steckt.« (Dannenbeck 2002, 17)

[54] In diesem Zusammenhang wird auch die äußerst anschlussfähige medienkritische und analytische Perspektive der Cultural Studies für eine pädagogische Medien- und Kulturanalyse evident, die sich medialen Texten und anderen Repräsentationsweisen – wie etwa dem Kino – so nähert, dass dabei die kritischen Artikulationen und vielfältigen Erzählungen sichtbar gemacht werden können, die im Zusammenhang von Wissen, Macht und Repräsentation entstehen (vgl. dazu die inspirierenden Vorschläge in Hipfl/Ernst

zeigen, wie bedeutsam dieser Ansatz ist und welche Potentiale er eröffnen kann, um die Kämpfe um Bedeutungsverleihung im Kontext von Bildung und sozialer sowie kultureller Ungleichheit angemessen verstehen zu können und vor allem pädagogisch zugänglich zu machen.

8.1 Cultural Studies und Pädagogik: Gegenstandsbezüge und Hindernisse

Das disparate Feld von Pädagogik und Cultural Studies scheint aus der Analyse des Erziehungswissenschaftlers und Kulturkritikers Henry A. Giroux besonders entlang des Diskurses über die Krise der Jugend sichtbar zu werden. In seiner Studie *Fugitive Cultures: Race, Violence and Youth* (1996) versucht er aus der Perspektive einer kritischen Pädagogik die Themen Jugend, Pädagogik und Cultural Studies in einem innovativen Analyserahmen zusammenzubringen. Dabei steht zunächst folgende Frage im Vordergrund: Warum kamen – obwohl es sowohl hinsichtlich der Themenbezüge als auch der Inhalte eine große Nähe gibt – Pädagogik und Cultural Studies kaum zusammen? Giroux nennt einige Gründe. Zunächst sollen nur diejenigen Gründe genannt werden, die im Kontext der Befunde von Willis wichtig sein werden: Giroux schreibt diesbezüglich:

> For many youths, the experience of schooling becomes synonymous with the disciplining of the body and the policing of knowledge. [...] Of course, schools are not merely disciplinary factories exercising power in a relatively seamless and frictionless way. They are also spaces of contradiction, resistance, and accommodation. (Giroux 1996, 14)

Schule erscheint in diesem Kontext eingebettet in die moderne Obsession der sozialen Kontrolle und Verfügbarmachung von Wissen innerhalb einer bestehenden sozialen Ordnung.[55] Dem gegenüber steht der Ansatz der Cultural Studies, den Giroux so beschreibt:

> Cultural Studies [...] has always been critical to the changing conditions influencing the socialization of youth and the social and economic contexts producing such changes. In many ways, Cultural Studies has unconsciously and indirectly challenged the conventional wisdom of teachers and offered progressive educators a new language and a new set of questions and social relations through which to address the »problem« of youth as symptomatic of a wider crisis in public life. (ebd., 15)

(Hrsg.): *Der Beitrag der Cultural Studies für die Medienpädagogik*, 2004).

55 Vgl. dazu ausführlich Bauman 1992.

In diesem Zusammenhang spielt der theoretisch avancierte Kulturbegriff der Cultural Studies eine große Rolle, der Kultur im weitesten Sinne als aktiven Prozess der Bedeutungsgebung und Aushandlung (Willis 1990, 12; signifying practice, vgl. Hall 1997) versteht. In diesem Sinne steht ein Praxisbegriff im Fokus der Forschung, wobei sich die Cultural Studies nicht auf die Analyse kultureller Objekte oder Institutionen beschränken, sondern untersuchen, wie Menschen in unterschiedlichen Kontexten Kultur schaffen und erfahren, wobei sie deren produktive und transformative Kraft ins Zentrum rücken (vgl. Winter 2004, 3).

Genau diese Sichtweise des Kulturellen ist im pädagogischen Feld eher selten anzutreffenden.[56] Die Cultural Studies sehen Kultur als pluralistisch, veränderlich und hybrid an, demgegenüber scheint es in der pädagogischen Sichtweise vor allem um Eindeutigkeit, Planbarkeit und den singulären Moment zu gehen. Darüber hinaus ist der Kulturbegriff im Pädagogischen noch immer ungeklärt und theoretisch unterkomplex konzeptualisiert.[57]

---

56 Festgehalten werden muss aber, dass es in einem spezifischen Feld des Pädagogischen, das ursprünglich von der klassischen Heil- und Sonderpädagogik besetzt war, eine weit reichende Veränderung gegeben hat. Die aus der politischen Behindertenbewegung der 1970er Jahre hervorgegangenen *Disability Studies* lassen sich auch als Cultural Studies verstehen, wenn sie machttheoretische Fragen nicht nur durch die Sichtbarmachung der Herstellungsprozesse von Behinderung verstehen, sondern auch als Kategorie begreifen, die als Element von Selbst- und Fremdzuweisungen zu analysieren ist. So zumindest sehen es Claudia Franziska Bruner und Clemens Dannenbeck (2002) in ihrem Aufsatz zu Disability Studies in Deutschland. Da sich dieser Diskurs jedoch erst formiert, wäre darauf zu achten, wie sich die Disability Studies innerhalb der erkenntnistheoretischen und forschungspraktischen Prämissen der Cultural Studies positionieren. Behinderung kann damit, wie auch Identität, Differenz und andere, von den Cultural Studies dekonstruierte essentialistische Kategorien, innerhalb von *Verhandlungsprozessen* analytisch zugänglich werden. Als übergeordnete Thematik ließe sich auf diese Weise der individuelle und institutionelle Umgang mit Heterogenität, Differenz und Identität als erziehungswissenschaftliches Forschungsfeld bestimmen.

57 »Hinzu kommt, dass sich die interkulturelle Pädagogik langjährig mit den Bildungs- und Integrations*hindernissen* von MigrantInnen und deren Kindern beschäftigte, hingegen wenig Interesse an denjenigen zeigte, die *erfolgreich* die Bildungsinstitutionen durchliefen." (Weber 2003, 12, meine Hervorh.) Als Beispiele aus der aktuellen Migrationsforschung im Kontext Erziehung und Schule, die mit dieser Sichtweise brechen, wären hervorzuheben Badavia 2002; Hummrich 2002. An beiden Studien ist zunächst positiv zu verzeichnen, dass sie aufstiegsorientierte Migrantenjugendliche in den Blick nehmen und damit defizitorientierte Stereotype zurückweisen. Was jenseits einer biografisch zugänglichen Subjektkonstruktion migrantisches Leben bestimmt, bleibt hingegen ungeklärt. Kultur erscheint hier wieder als eindimensional gedachte Kultur der *Anderen* und nicht eingelassen in den Kontext von Kultur, Wissen und Macht. Anders geht in diesem Kontext Pott (2002) vor, der ebenfalls Bildungsaufsteiger aus der türkischen zweiten Migrantengeneration untersuchte und dabei die Formierung einer ethnischen Elite herausarbeitete, die über aktive Raumaneignungen und selbstreflexive ethnische Unterscheidungen spezifische Handlungsressourcen mobilisiert. Explizit steht dabei eine Analyse der Relevanz des Ethnischen im *sozialen Raum* im Fokus.

Eine bedeutsame Unterscheidung zwischen den Cultural Studies und der Pädagogik ist von daher zunächst auf der strukturtheoretischen Ebene zu konstatieren. Die von Giroux scharf kritisierten »technokratischen Modelle« der Mainstream-Pädagogik entfalten besonders im Hinblick auf eine lange Tradition des Anti-Intellektualismus von Lehrern ein sehr eingeschränktes Verständnis pädagogischer Professionalität. Auch dem steht die Sichtweise der Cultural Studies entgegen:

> Cultural Studies poses a threat to this type of professionalism by challenging any claim to ideological and political neutrality around the production, distribution, and circulation of ideas and texts. (ebd., 16)

Dass der Umgang mit Wissen als bevorzugtes Forschungsfeld der Cultural Studies sich geradezu im Feld der schulischen Produktion von Wissen bewährt, zeigt sich, wenn der Kontext Schule, Kultur und gesellschaftspolitische Struktur in die Analyse mit einbezogen wird. Diese Perspektive findet in einer strikt entpolitisierten Sicht auf die Schule, die den meisten erzieherischen Modellen unterliegt, kaum Berücksichtigung.

> Contrary to this view, cultural studies focuses on the *critical relationship among culture, knowledge, and power*; therefore, it is not surprising, that mainstream educators often dismiss the field as being too ideological, or simply ignore its theoretical implications for addressing how education generates a privileged narrative space for some social groups and a space of inequality and subordination for others.« (ebd., 17, meine Hervorhebungen S. S.)

Zusammenfassend lässt sich also sagen, dass das Feld schulischer Erziehung vor allem Reingehalten werden soll von den gesellschaftspolitischen Implikationen und den Verstrickungen in machtpolitische Diskurse, die die Lehrerarbeit wesentlich strukturieren. Ob dies nun bewusst gehalten oder eher verschleiert wird, spielt im Hinblick auf die Effekte keine große Rolle. Wichtig ist jedoch, sehen zu können, wie diese Verstrickungen auf Seiten der Schülerschaft und der Lehrerschaft verhandelt werden.

8.2 Kritische Pädagogik – nirgends?

Vor dem Hintergrund der geschilderten Ausgangslage wäre es zu einfach, eine einseitige Schuldzuweisung feststellen zu wollen. Gerade im Hinblick auf das Fehlen einer kritischen Pädagogik macht Giroux deutlich, dass eher von einem beiderseitigen Ignorieren gesprochen werden kann, als dass es klare Nachlässigkeiten in nur einem Feld gäbe. »Educational theorists demonstrate as little interest in cultural studies as cultural studies scholars do in more recent theories of schooling and pedagogy.« (Giroux 1996, 18)

Angesichts der Ursprünge und der Gründungsgeschichte der Cultural Studies irritiert dieser Befund, denn viele Forscherpersönlichkeiten wie beispielsweise Richard Hoggart, Raymond Williams und E. P. Thompson entstammen dem pädagogischen Kontext, nämlich aus dem Bereich der Erwachsenenbildung. Sie brachten nicht nur ihre persönlichen Erfahrungen mit ausgegrenzten kulturellen Formen und Praktiken ein, sondern machten auch den Graben zwischen den bildungselitären Lehrinhalten und der Erwachsenenbildung sichtbar (vgl. Lutter/Reisenleitner 1998, 23; Giroux 2002).

Da Giroux mit Bezug auf Williams darauf hinweist, dass Pädagogik ein Akt der kulturellen Produktion ist, erscheint es folgerichtig, Lernen und Politik zusammenzudenken.

> Cultural Studies also rejects the traditional notion of teaching as a technique or set of neutral skills and argues that *teaching is a cultural practice* that can only be understood through considerations of history, politics, power, and culture. (Giroux 2002, 2, meine Hervorhebung S. S.)

Es liegt sicher nicht an diesen höchst abstrakten Größen, oder dem vermeintlichen Fehlen eines breit konsensfähigen theoretischen Modells der Cultural Studies, dass sich die sozialwissenschaftlich inspirierte und erkenntnispolitische Forschungsperspektive mit dem pädagogischen Denken und Handeln kaum durchdrungen hat. Es können nur strukturtheoretische Gründe sein, die dieses Verhältnis so schwer bestimmen lassen.

So ist es mit Bezug auf die Cultural Studies möglich, im Hinblick auf Lehr- und Lernprozesse, einen prinzipiell anderen Umgang mit Unbestimmtheit zu entwickeln:

> Cultural Studies requires that teachers be educated to be cultural producers, to treat culture as an activity, unfinished, and incomplete. [...] This means learning how to be sensitive to considerations of power as it is inscribed on every facet of the schooling process. (Giroux 2002, 19)

Wenn es im Pädagogischen vor allem darum geht, didaktische Interventionen und methodische Ansätze zielgenau zu planen, die prinzipielle Unbestimmbarkeit von pädagogischen Prozessen möglichst zu minimieren und gegenwärtig ein kognitivistisch verkürztes input-outcome orientiertes Verständnis von Lernen zu etablieren, dann steht dies in Widerspruch zu dem von den Cultural Studies klar aufgezeigten unabschließbaren, prinzipiell offenen Lern- und Lehrbegriff,[58] der sich

[58] Wer z. B. in einem durchschnittlichen und beliebigen deutschen Studienseminar mitbekommen hat, wie den teilweise noch theoretisch inspiriert denkenden ehemaligen Studierenden die genaue Plan- und Verfügbarkeit von Wissen bezüglich der Schülerschaft vermittelt wird, wie sie zu Lehrern »gemacht« werden und darüber hinaus die Schule

gewissermaßen von seinen technokratischen Zwängen befreit hat.

Bis jetzt dürfte klar geworden sein, dass es eine kategoriale Nähe zwischen den Cultural Studies und der Pädagogik gibt, die sich beispielhaft am institutionalisierten Lernort Schule aufzeigen ließe. Schule ist aus dem Grund für die hier geführten Überlegungen zentral, weil wir es mit einem gesellschaftlich organisierten Lernort zu tun haben und darin der Verweisungszusammenhang von Kultur, Wissen und Macht eine bedeutsame Rolle spielt: »Schulisches Lernen ist in erster Linie Erziehung von Mitgliedern der bestimmten Gesellschaft, in der sie geschieht.« (Haug 2003, 61)

Eine wichtige Erweiterung mit Blick auf die noch zu führende Diskussion von Willis Betrachtung der Schule wird allerdings notwendig sein: Nämlich die Schule in diesem gerade erwähnten Zusammenhang nicht nur als soziales, sondern auch und vor allem als kulturelles Feld verstehen zu können. Es handelt sich um ein *kulturelles Feld*, das – eingelassen in Auseinandersetzung mit dem Gesellschaftlichen – die Lernprozesse maßgeblich prägt.

> Gegen die Möglichkeit, gemeinsam im Klassenverband zu lernen, steht eben auch, dass die Lernsubjekte Kinder der gesellschaftlichen Verhältnisse sind und der Schulraum in gewisser Weise die Struktur ebendieser Gesellschaft wiederholt. (ebd., 211)

Diese Verhältnisse spielen beim Lernen eine bedeutsame Rolle, nicht nur für das lernende Subjekt sondern auch für eine Analyse dessen, was *innerhalb* dieser Kontexte an kulturell motivierten Aushandlungsprozessen und Bedeutungsgebungen stattfindet. Sichtbar wird dabei das *lernende Subjekt* im Kontext gesellschaftlicher Verhältnisse, zugänglich wird dabei eine auch im pädagogischen Handlungsraum beobachtbare »Kultur der Verhandlung« (Dannenbeck 2002, 19). Es ist diese Kultur der Verhandlung, die vielschichtige Prozesse eröffnen kann, indem sie die in der Verhandlung notwendig entstehenden Irritationen in den pädagogischen Prozess hereinholt und Bedeutungsaushandlungen als zentrales Moment der sich eröffnenden Lernwege begreift.

Erkennbar wird in diesem Zusammenhang aber auch das widerspenstige, Lernen verweigernde Subjekt – je nach Perspektive. Lernen ist daher nicht nur subjektiv sondern auch kulturell funktional, so wie es auch und vor allem das Nicht-Lernen ist. An dieser Stelle kommt die äußerst anschlussfähige Studie von Frigga Haug *Lernverhältnisse* (2003) ins Spiel, die aus subjektwissenschaftlicher Perspektive die subjektive Bedeutungsgebung von Lernen im Kontext gesellschaftlicher Strukturen erschließt.[59] Dieser Zusammenhang muss im Folgenden vertieft werden.

---

als jenseits des sozialen Raumes angesehen wird, der hat eine ungefähre Ahnung davon, wie sehr sich diese beiden Perspektiven ausschließen und wie angemessen die Kritik von Giroux ist.

[59] Die Hauptthese von Haug ist, dass die Lernverhältnisse in sozialen Kontexten und insti-

8.3 *Learning to Labour – eine kulturelle Praxis*

Wenn – mit Giroux gesprochen – Lehren als kulturelle Praxis gedeutet werden kann, dann ist komplementär dazu auch das *Lernen als kulturelle Praxis* zu sehen. Hier kommt die Studie von Paul Willis *Learning to Labour* ins Spiel.

Willis selbst bezeichnete seine Studie als eine *»Ethnographie der Schule«*, und erforschte insbesondere die oppositionellen Formen einer Arbeiterkultur in dieser (Willis 1982, 9). Die Untersuchung gliedert sich in zwei Teile: Der erste Teil präsentiert die Befunde und die wichtigsten Resultate der methodisch reichhaltigen ethnographischen Untersuchung, während der anschließende zweite Teil die theoretischen Bausteine dazu liefert, die innere Bedeutung, Rationalität und Dynamik dieser kulturellen Prozesse zu erschließen. Die überraschende Wendung liegt darin, dass Willis zeigt, wie diese kulturellen Prozesse nicht nur zur Arbeiterkultur beitragen, sondern darüber hinaus auch einen entscheidenden Anteil an der Erhaltung und Reproduktion der Gesellschaftsordnung haben. Willis hat in der kritischen Tradition des dialektischen Denkens die Mikroprozesse der Macht in einem besonders wichtigen Feld, nämlich dem der Bildung analysiert.

Die Frage, wie Arbeiterkinder Arbeiterjobs kriegen, bringt Willis auf den Punkt, indem er nach ihrer Selbstbeteiligung fragt. Er will zeigen,

> […] daß scheiternde Jugendliche aus der Arbeiterklasse sich nicht einfach dort in die abfallende Kurve der Berufsverteilung einreihen, wo die erfolglosesten Jugendlichen der Mittelschicht oder die erfolgreichsten Jugendlichen der Arbeiterschaft ihnen Platz lassen. (Willis 1982, 12)

In den Fokus seiner Analyse stellt Willis das *»kulturelle Muster des Scheiterns«* (ebd.), das er an den Reibungspunkten der oppositionellen Formen der »lads« in der Schule erkennt. Lokalisiert hat Willis die Untersuchung im industriellen Ballungsraum Englands, in den Midlands, wo bereits zum Zeitpunkt der Untersuchung ein immer schärfer werdender Strukturwandel, die industrielle Organisationsstruktur in Frage zu stellte und vor allem für die jungen Schulabgänger erste Erfahrungen mit Arbeitslosigkeit mit sich brachte.

Die »lads« also sind in diese Prozesse eingelassen, rebellieren offen und verdeckt gegen die schulischen Strukturen und Angebote und können wegen der eher ungünstigen Startbedingungen als benachteiligte Schüler bezeichnet werden. Dar-

tutionellen Strukturen präformiert werden. Lernen geschieht immer in Auseinandersetzung mit diesen Strukturen. Damit erweitert sie den subjektwissenschaftlichen Zugriff von Klaus Holzkamp, indem sie Lernen als widersprüchliche Bewegung von Lernen und Verlernen dialektisch kennzeichnet, das sich unabhängig von institutionalisierten Lernorten beständig vollzieht. Diese Erweiterung macht die Studie so inspirierend und anschlussfähig an die hier geführte Diskussion.

über wird vom Lehrpersonal ihre oppositionelle Gegenschulkultur in ihrer sensationsträchtigen Form vor allem als Gewalt und Disziplinlosigkeit wahrgenommen. In diesem Zusammenhang komme ich auf das eingangs erwähnte Missverständnis in der Rezeption der Studie von Willis zu sprechen.

8.4 Ein Missverständnis

Im Zusammenhang mit den biografischen Erfahrungen in Bildung und Ausbildung gescheiterter Jugendlicher haben die Autoren[60] der Studie *Jugendliche Außenseiter* einen Blick auf die Studie von Willis geworfen, der ein exemplarisches Beispiel für das in der Einleitung behauptete Missverständnis darstellt.[61] In der Einleitung von Arno Combe wird bereits der Bezug zu Paul Willis hergestellt. Combe arbeitet sich zunächst an der Individualisierungstheorie ab und konstatiert strukturelle Veränderungen in den Lebensbereichen Familie und Schule. In diesem Zusammenhang will er die eigene methodologische Sicht legitimieren und schulische Misserfolgskarrieren benachteiligter Jugendlicher theoretisch neu fassen.

Hinsichtlich der in diesem Kontext zu verzeichnenden Disziplinschwierigkeiten schreibt Combe:

> So löste die Entdeckung des Widerstands von Arbeiterjugendlichen gegen die Schulbildung in Paul Willis »Learning to Labour« (1977) ein mittelgroßes Erdbeben aus und mußte den – akademisch sozialisierten und disziplinierten – Pädagogen wie ein Ereignis auf einem fremden Planeten erscheinen, das sie auf eigentümliche Weise faszinierte. Auch die gemäß akademischen Standards verfestigte Distanz zu den Untersuchungsobjekten, die sich die empirisch arbeitende Erziehungswissenschaft zu eigen gemacht hatte, wurde bei der ins *Heroische verzeichneten deutschen Rezeption* der Untersuchung von Willis [...] vielfach über Bord geworfen. (Combe 1991, 12, meine Hervorhebung S. S.)

Combe spricht dabei die Regel verletzenden und oppositionellen Verhaltensweisen der »lads« an und behauptet, dass sich die Schul- und Unterrichtsforschung darauf verständigt habe, nur aktiv kämpferisches, aber nicht passiv stummes Lernen für untersuchenswert zu halten (vgl. ebd.). Er plädiert stattdessen für seinen Neuansatz, der in einer hermeneutischen Rekonstruktion des Einzelfalls liegt.

---

60 Werner Helsper/Hermann J. Müller/Eberhard Nölke/Arno Combe: *Jugendliche Außenseiter. Zur Rekonstruktion gescheiterter Bildungs- und Ausbildungsverläufe*. Opladen 1991.

61 Diese Studie findet aus dem Grund Erwähnung, weil sie sich zum einen explizit mit Willis beschäftigt und darüber hinaus sehr einflussreich für die Etablierung eines rekonstruktiven Ansatzes für die empirische Jugendforschung war. Anführen ließe sich hier aber auch die fehlgehende Rezeption von Willis in der PISA-Studie von 2001.

Meine Kritik an der Sichtweise von Helsper et al. setzt da an, wo sie spezifisch subkulturelle Problemlagen individualisieren und psychologisieren. Die kulturellen Phänomene werden darüber hinaus eindimensional verkürzt zuungunsten eines seiner Handlungsfähigkeiten beraubten Individuums, das nicht mehr innerhalb eines klar umrissenen Subjektstatus, sondern vielmehr als getriebenes Objekt gesellschaftlicher Strukturen erscheint. Dass so genannte randständige Jugendliche auf diese von den Autoren identifizierten »Anspruchsentfaltungen des autonomen, modernen Selbst« weitaus differenzierter reagieren, sie transformieren und verhandelbar machen, besonders vor ihrem kulturellen Hintergrund, das hat Paul Willis in seiner Studie klar aufgezeigt.

Im Ausblick und der abschließenden Diskussion fassen die Autoren der Studie *Jugendliche Außenseiter* ihre Befunde zusammen. Weitsichtig definieren sie dabei die Marginalisierung Jugendlicher als komplexes Prozessgeschehen, das vor dem Hintergrund und im Zusammenwirken von Generationslage, gesellschaftlichen Entwicklungs- und Modernisierungsprozessen, familialem Hintergrund und individuellen Besonderheiten gesehen werden muss (vgl. ebd., 260). Vor allem das Konzept der Generationenlage erweise sich als analytisch besonders differenziert, weil damit berücksichtigt werden könne, dass beispielsweise Jugendliche (in der Bundesrepublik Deutschland) in den 1980er Jahren gegenüber anderen Jugendgenerationen benachteiligt waren, weil mehr Lehrstellen nachgefragt als angeboten worden sind. In diesem Zusammenhang machen die Autoren auf ein »Bildungsparadox« aufmerksam, das sich darin äußere, dass die Erhöhung schulischer Abschlüsse als Voraussetzung für berufliche Platzierungen immer wichtiger werde bei der gleichzeitigen Entwertung und Inflationierung der Bildungszertifikate (ebd.).

8.5 Die Logik und die Tragik der kulturellen Reproduktion

Bei dieser resümierenden Betrachtung fällt zweierlei auf, dass zum einen zwar die Benachteiligung in einem komplexen Bedingungsgeflecht gesehen wird, es aber eine Position des »Opfers« ist, aus der heraus die Betroffenen in ihren Handlungsfähigkeiten schicksalhaft begrenzt bleiben. Zum anderen lässt sich das Bildungsparadox, wie noch zu zeigen sein wird, ganz anders darstellen: Nämlich aus der Perspektive eines grundsätzlich sozial geteilten Bildungsraumes,[62] der gesellschaftliche Platzierungsanweisungen und Potentiale vergibt und also auch Lebenschancen zuteilt. Gerade die »lads« bei Willis lassen erkennen, dass sie ihre Situation zwar erkennen und skeptisch die Mobilitätsversprechungen der Schule

62 Vgl. Schroeder 2002.

ablehnen, ihre Widerstandsformen sich aber ins Gegenteil verkehren, weil sie ihre Situation nur aus ihrer kulturellen Perspektive heraus durchdringen können. Hier fehlt eine andere Perspektive und eine Vermittlung durch Wissen, die ermöglichen könnte, die soziale Lage, die Reproduktionszusammenhänge und die darin eingebetteten kulturellen Formen zu transformieren und in einem Zusammenhang sehen zu können, der differenzierte Erkenntnismöglichkeiten bietet. Dann wären die intuitiven und kulturspezifischen Formen des Widerstands erweitert, wissensbasiert und damit analytisch zugänglich. Mir scheint dies eine wichtige Umdeutung und Erweiterung des Wissensparadoxes zu sein und damit auch der eher begrenzenden Benachteiligtenperspektive.

Gerade weil die genannten Autoren unter Verweis auf Hildenbrand fragen: »Was macht der Mensch aus dem, was die Verhältnisse aus ihm gemacht haben?«,[63] so muss verwundern, dass sie das Individuum letztlich aus einem defizitären Blick heraus betrachten. Die Dialektik von Selbstbefreiung und Selbstverstrickung kann damit kaum zugänglich gemacht werden. Konkret zu benennen wäre in diesem Kontext das, was Willis als die Logik und Tragik der kulturellen Reproduktion der »lads« bezeichnet hat. Die Verfasser von *Jugendliche Außenseiter* sehen allerdings die »lads« nur als eingebunden in eine »expressiv-oppositionelle Jugendkultur« (ebd., 261), was Marginalisierungsprozesse nicht zufrieden stellend erklären könne. Mit dieser Halbierung[64] der Erkenntnisse von Willis« Analysen ist in der Tat nicht viel versprechend weiterzuarbeiten.

Willis behauptet hingegen *nicht*, dass die »lads« scheitern, weil sie eine subkulturelle Gruppe bilden, die der Schule ablehnend gegenüber steht. Eine solche Aussagen käme einer Trivialisierung des komplexen Theorierahmens gleich, den Willis ausgearbeitet hat, um die Verhandlungsprozesse der Individuen im kulturellen Raum sichtbar zu machen. Haben Helsper et al. die Bedeutung der kulturellen Dimension, die Willis unter dem Paradigma der Cultural Studies so weit reichend abgesteckt hat, nicht hinreichend verstanden? Vieles spricht für diese Annahme.

Hat sich aus der Perspektive einer kritischen Erziehungswissenschaft, die sich die erkenntnistheoretische Forschungsperspektive der Cultural Studies zu Eigen gemacht hat, die Kritik an eindimensionalen Forschungszugängen und den üblichen und weit verbreiteten Essentialismen in den erziehungswissenschaftlichen Forschungen überholt? Und, um diese Frage weiter zuzuspitzen: Resultiert also die

63 Diese Frage geht auf Sartre zurück und ist in seiner Flaubert Analyse die Hauptfrage, um das dialektische Verhältnis des Gesellschaftlichen im Individuum zu bestimmen (vgl. Lanfranchi 1995, 112).

64 Halbierung aus folgendem Grund: Wie die Autoren aufzeigen »wirkt die Schule häufig in entscheidender Weise an der Marginalisierung Jugendlicher mit« (S. 264), Willis zeigt gewissermaßen komplementär dazu die Prozesse des *Selbst*ausschlusses auf, der nur vor dem Hintergrund der Analyse der *kulturellen Produktion* her umfassend verstehbar erscheint.

geschärfte Bedeutung des Kulturellen auch in einer gleichsam theoretisch unterkomplexen Trivialisierung der kulturellen Dimension?[65]

Sicherlich kann behauptet werden, dass Helsper et al. die Bedeutung der kulturellen Dimension nicht hinreichend bedacht haben, und ihre methodologische Neuorientierung vor allem aufgrund einer nicht haltbaren Trivialisierung von Willis Befunden stark machen sowie kein schlüssiges Konzept vorlegen können, wie die Aushandlungsprozesse von Ungleichheit, Benachteiligung und Marginalisierung empirisch zugänglich sind, ohne die Akteure als schlichte Opfer ihrer Verhältnisse zu konstruieren. Es geht mithin nicht nur darum, was die Schule mit den Schülern macht, sondern auch danach zu sehen, welche Wechselwirkungen und komplementären Reaktions-, Bewältigungs- und Verarbeitungsweisen auf Schülerseite entstehen. Es wird dabei folgendes sichtbar: Wie pädagogische Akteure nicht als schlichte Opfer einer Bildungsorganisation kollektiv freizusprechen sind und darüber hinaus, dass die Beobachtungskraft des Systems durch die Diskriminierten genauer in den Blick zu nehmen ist (vgl. Schroeder 1998, 51).[66]

Es muss noch einmal ganz deutlich darauf verwiesen werden, dass Willis seine Untersuchung innerhalb einer theoretischen Analyse der Bedingungen des modernen Kapitalismus angestellt hat. Innerhalb dieser Analyse treten Widersprüchlichkeiten und Paradoxien zu Tage, die nicht mit dem Feld der Untersuchung selbst verwechselt werden dürfen. Nur mittels des Mediums der Interpretation kann – so Willis – die zum Naturalismus neigende oberflächliche Betrachtung der Ethnographie überwunden werden. Insofern liefert der zweite Teil von *Learning to Labour* die theoretischen Bausteine, die die Begrenzungen der Ethnographie überwinden können und im Kontext der Perspektiven der Cultural Studies den »Kampf um Bedeutungen« empirisch sichtbar machen.

»Die Ethnographie«, so Willis, »beschreibt das Feld, auf dem Impulse und Beschränkungen zusammenwirken, aber sie kann sie nicht theoretisch isolieren oder separat aufzeigen.« (1982, 185)

Was Willis mit »Durchdringungen« bezeichnet, das erscheint als eine charak-

---

65 »Die hierzulande stark von den Kulturwissenschaften geprägten Debatten neigen nicht selten zu einem Kulturalismus, der bisweilen neoessentialistische Formen annimmt [...]. Im deutschsprachigen Raum tendiert die Bezugnahme auf Kultur dazu, einen alles- und letzterklärenden Begründungsmodus für soziale Verhältnisse, gesellschaftliche Konflikte und Probleme auszurufen und diese Leistung für sich monopolisierend zu reklamieren.« So gibt Clemens Dannenbeck (2002, 40) zu bedenken und regt aus diesem Grund an, die Begrifflichkeiten der angelsächsischen Cultural Studies nicht ohne weiteres in die deutsche Kulturwissenschaften zu importieren.

66 Ähnlich argumentiert auch Willis mit seiner profunden Kritik an Bourdieus Ansatz, der den Beherrschten nicht dieselbe Erklärungskraft von Kultur zumisst, wie den Herrschenden. Damit, so Willis, hätten die Beherrschten keine (im bürgerlichen Sinne verstandene) Kultur. Bei Bourdieu fehle folglich eine theoretische Grundlage für eine *Politik der Veränderung* (vgl. Willis 1990, 19).

teristische Forschungsperspektive der Cultural Studies, nämlich die qualitative Analyse kultureller Prozesse innerhalb von Machtverhältnissen (vgl. Winter 2000, 212). Was diese Widersprüchlichkeit zunächst auszeichnet, ist in der Tatsache enthalten, »[...] daß eine Klassengesellschaft in liberalen und demokratischen Formen existiert; daß ein unfreier Zustand freiwillig eingegangen wird.« (Willis 1982, 185)

Selbst Helsper et al. haben innerhalb ihres rekonstruktionslogischen Ansatzes kein ausreichendes Werkzeug entwickeln können, um diese Paradoxie hinreichend zu berücksichtigen und verstehbar zu machen. So bleibt bei ihnen ungeklärt, was die »subjektive Selbstvorbereitung der Arbeitskraft« (ebd.) innerhalb der informellen Gruppe der »lads« oder auch vergleichbar innerhalb Strukturen benachteiligter Jugendlicher an vielschichtigen und widersprüchlichen Potenzialen entfalten kann. Wenn Willis die Hauptthese seiner Studie benennt, dann erscheinen die Logik und die Tragik der kulturellen Reproduktion in vollem Ausmaß:

> Eine romantische Auffassung von den Kulturformen der Arbeiterklasse will, daß sie konkrete Pläne für das Leben nach dem Sturz des Kapitalismus entwerfen. Unvorstellbar, daß solche Phantasien versprechen, was sie bieten, oder geben, was sie versprechen. Es wäre falsch, die Kultur oder das Bewußtsein der Arbeiterklasse optimistisch als Avantgarde auf dem Weg zu Rationalität und Sozialismus darzustellen. Wenn überhaupt [...] wirken diese Elemente von Rationalität und einer zukünftigen Arbeiterkultur, besonders jener in der Schule, sich in ihrer gegenwärtigen gesellschaftlichen Form und in nicht intendierten komplexen Formen dahingehend aus, genau dies zu verhindern. (Willis 1982, 190)

Wenn man so will, dann hat Willis einen bedeutenden Anteil einer allgemeinen Theorie der kulturellen Formen und der sozialen Reproduktion entwickelt, der vor dem Hintergrund einer weiterhin anhaltenden Ökonomisierung[67] und der damit verbundenen Verfestigung der sozialen Ungleichheit des Bildungswesens eine wichtige Rolle zukommt. Auf diese Verbindung der kulturellen Formen mit der sozialen Reproduktion wird noch zurückzukommen sein.

[67] Vgl. Merkens 2002.

8.6 Das Problem Montagmorgen und die Bedeutung des Wissens

Im letzten Teil seiner Studie *Learning to Labour* entwickelt Willis aus der ethnographischen Untersuchung und der theoretischen Durchdringung eine Reihe von programmatisch ausgerichteten Implikationen, die sich direkt an die Ebene der Praktiker in der Berufsberatung und der schulischen Erziehung wenden. Diese Vorschläge sind sorgfältig aus dem empirischen Material heraus rekonstruiert und unter einer wertschätzenden Perspektive für die »Praktiker« geschrieben. Es geht Willis darum, die Möglichkeiten der Veränderung zu durchleuchten, ohne ein neues technokratisches Programm zu starten, dass sehr wahrscheinlich wieder scheitern wird, weil es nicht hinreichend die kulturellen Reproduktionsprozesse berücksichtigt.

Er findet für die Praktiker die Metapher vom *»Problem Montagmorgen«*, das ich hier zunächst schildern möchte, um danach die direkt an die Praktiker gerichteten Aussagen zu wiederzugeben. Zu prüfen wäre, ob sie noch ausreichend aktuell und brauchbar erscheinen, die Situation von strukturell benachteiligten Jugendlichen im Übergang von der Schule zum Beruf und angesichts schulischer beziehungsweise pädagogischer Fördermaßnahmen angemessen zu verstehen und auch verändern zu können.

Das »Problem Montagmorgen« schildert Willis so:

> Wenn wir nicht sagen können, was Montag morgen geschehen soll, dann bleibt alles bei einer puristischen, strukturalistischen, lähmend reduktionistischen Tautologie: nichts kann getan werden, solange nicht die Grundstrukturen der Gesellschaft verändert sind, aber die Strukturen hindern uns ja daran, irgendwelche Veränderungen vorzunehmen. (Willis 1982, 264)

Willis sieht keinen Widerspruch darin, wenn Praktiker auf zwei Ebenen gleichzeitig arbeiten: den unmittelbaren Problemen entgegenzutreten und ihr Bestes für die Klienten zu tun auch wenn sie wissen, dass sie dabei die Strukturen reproduzieren, aus denen das Problem erwächst. Das heißt für ihn, dass es durchaus Spielräume und Handlungsmöglichkeiten gibt, die den Angehörigen der Kulturen, die Willis untersuchte, eine gewisse Selbstaufklärung vermittelt, nämlich ihnen deutlich zu sagen, was ihre Kultur ihnen über die strukturellen und sozialen Orte sagt, in denen sie sich bewegen. Was damit ins Spiel kommt, sind allerdings Konflikte und das Ringen um Bedeutungen. Es erscheint klar, dass unter dem weithin dominierenden Paradigma eines störungsfreien Unterrichts diese Aushandlungsprozesse kaum als pädagogisch notwendig und unverzichtbar erscheinen können, um zum einen etwas über die kulturelle Produktion der Schülerschaft zu erfahren und zum anderen die tatsächlichen oder die zugeschriebenen Differenzen erst verhandelbar zu machen, in dem individuelle Lerngeschichten sichtbar werden, die die je eigenen

Lernwege und -widerstände reflektieren. Die Kultur der Verhandlung hat in diesem Prozess ihren markanten Ort.

Da es in diesem Zusammenhang ein wichtiges Ziel ist, Handlungsmöglichkeiten und Spielräume auszuloten, gibt es zuvor einige Prinzipien und Voraussetzungen, die auf ihre Aktualität und Wirkmächtigkeit hin zu prüfen sind. Aus der veränderten Perspektive einer Analyse der kulturellen Ebene und deren Kontextualisierung im Rahmen von Lernprozessen, schlägt Willis folgendes vor:

- erkenne die strikte Sinnlosigkeit und Konfusion der heutigen Proliferation wertloser Qualifikationen,
- erkenne die innere Sinnlosigkeit und Langeweile der meisten unqualifizierten und halb-qualifizierten Arbeit,
- erkenne den Widerspruch zwischen einer meritokratischen Gesellschaft und einem Erziehungssystem, wo die Mehrzahl verlieren muss, wo aber von allen verlangt wird, die gleiche Ideologie zu glauben,
- erkenne die Möglichkeit der Arbeitslosigkeit sowohl als erzwungene wie als erwählte Alternative zu den gebotenen realen Chancen und zu dem, was Arbeiten wirklich bedeutet – mit oder ohne die kulturelle Ebene (vgl. Willis 1982, 268).

Diese Anregungen verbinden sich vor allem mit dem wichtigsten Befund der Studie zu einer sinnvollen und analytischen Einheit, nämlich dass die

> unzufriedenen Jugendlichen aus der Arbeiterklasse weniger auf den Stil des Lehrers und den Inhalt des Unterrichts reagieren, als auf die S*truktur der Schule und das herrschende Lehr-Paradigma* im Kontext ihrer allgemeinen, durch die Klasse geprägten kulturellen Erfahrung und Lokalisierung. (Willis 1982, 268, meine Hervorhebung S. S.)

Das erscheint mir als pointierte Hauptthese, die es vor dem Hintergrund des Lehrens als kultureller Praxis zu stärken gilt: Wenn die Schüler gegen das System Schule rebellieren, dann zeigt sich zugleich, dass alleine die Veränderungen von Beziehungen und Inhalten – und darunter wären auch die Konzepte einer spezifischen Förderung oder andere pädagogische Organisationsformen zu verstehen – nicht sehr weit greifen. Die Strukturen der Schule und das darin herrschende Lehr-Paradigma (als *kulturelle Praxis*, wie mit Bezug auf Giroux hervorzuheben ist) lassen sich noch viel schwerer verändern als ein routinisierter Lehr-Stil. Diesen Grundwiderspruch zu sehen und auch aushalten zu können ist schwierig genug, denn es bleibt unumgänglich, dass die Lehrer den Kontakt mit den unzufriedenen Jugendlichen halten müssen. Das macht schließlich die gelungene pädagogische Beziehung aus.

Vor dem Hintergrund dieser Befunde von Willis erscheint es sinnvoll (statt der individuellen), die *soziale* Macht des Wissens in den Lernprozessen zu vermitteln (vgl. Willis 1982, 271). Dies wird möglich über ein verändertes Selbstverständnis der Lehrkräfte: Wird die Bedeutung der kulturellen Ebene erkannt, dann kann der

Lehrer, so Willis, einen anderen, skeptischeren und glanzlos realistischen Blick auf die Prozesse der Industrie, der Wirtschaft und der Klassenstruktur richten. Statt in moralische Panik zu geraten wegen *Störungen, Lernverweigerung* und *Aggressionen* im Kassenzimmer, wiederkehrenden Themen der gängigen pädagogischen Schulpraxis, können die Lehrer die oppositionelle Schul-Gegenkultur in ihren angemessenen sozialen Kontext stellen und ihre Implikationen für die langfristige Zukunft ihrer Mitglieder erörtern – ungeachtet der Probleme vor die sie ihr eigenes Überleben vor der Klasse stellt (ebd.). Durch die gängige Benachteiligtenperspektive, die das pädagogische Handeln in diesem Kontext jedoch durchzieht, geht der Blick auf die soziale Dimension des Wissens verloren bzw. droht erst gar nicht zu entstehen.

So wie bei der Studie *Jugendliche Außenseiter* von Helsper et al. exemplarisch gezeigt, werden die Schüler im pädagogischen Blick auf Gefangene ihrer sozialen Lage oder als Opfer der Verhältnisse reduziert. Sie können gewissermaßen als defizitäre Objekte kaum in den Status der Aneignung und Transformation dieser Verhältnisse geraten. Aus diesem Grund fällt die dialektische Beachtung der kulturellen Ebene bei Combe et al. so bescheiden aus, weil nämlich die Ebene des subjektiven Ansatzes nicht verlassen werden kann. Eine Analyse der Bedeutung der kulturellen Ebene, ihrer spezifischen Logik und eigenständigen Struktur fehlt dabei gänzlich.

Was Willis in dieser Hinsicht vorschlägt, ist der weit reichende Prozess einer *Selbstveränderung*, die die Lehrkraft mehr als Lernhelfer oder Moderator von Bildungsprozessen versteht, damit der Montagmorgen nicht notwendig eine endlose Wiederholung des *gleichen* Montagmorgens sein muss. Pädagogik – das wäre meine These in diesem Zusammenhang – kann ihren blinden Fleck für die vielschichtigen Verhandlungsformen kultureller oder sozialer Ungleichheit überwinden, wenn sie die Aushandlungsprozesse, die unter der Cultural Studies-Perspektive sichtbar werden, als *Lerngegenstand* in den pädagogischen Prozess einbezieht. Die Effektivität des Pädagogischen sieht Willis dementsprechend ganz klar auf der kulturellen Ebene:

> Die kulturelle Ebene zu identifizieren und zu verstehen ist ein aktiver Schritt, um sie dem Bewusstsein und daher dem Politischen näherzubringen und um in der Materialität ihrer Ergebnisse die Möglichkeit zu erkennen, daß das Kulturelle auch eine materielle Macht wird. (Willis 1982, 273)

Als äußerst voraussetzungsvoll erscheint die von Willis angesprochene Selbstveränderung, die allerdings wesentliche Anteile dazu beisteuern kann, die Macht des Formellen über das Informelle zu entwirren. Dabei steht die Schule für den formellen Teil des Lernens, das informelle Lernen wird durch die dagegen stehenden Widerstandspotentiale repräsentiert.

8.7 Beschämung, Widerstand und die soziale Macht des Wissens. Mehdi Charefs Film Lerne zu leben

Um diese Gedanken weiter zu entwickeln möchte ich zum Abschluss auf ein Beispiel zurückgreifen. Was unter der sozialen Macht des Wissens zu verstehen ist, das macht der Film *Lerne zu leben*[68] von Mehdi Charef sehr anschaulich. Wie auch in seinem Aufsehen erregenden und vielfach prämierten Debütfilm *Der Tee im Harem des Archimedes* (1985) hat der französische Filmemacher einen subtilen Blick auf das Leben und die Bewältigungsformen marginalisierter Jugendlicher in Frankreich geworfen. In *Lerne zu leben* stehen fünf Jugendliche in einer Sonderklasse für »schwer Erziehbare« im Mittelpunkt der Erzählung. Ihr cholerischer alter Lehrer Raffin versucht die Schüler zu unterrichten, was ihm jedoch nicht gelingt. Er scheitert an ihrem Widerstand. Anders als die »lads« äußern die fünf Jugendlichen Abou, Momo, Ariel, Pierre und Jean jedoch nicht in lautstarkem und aggressivem Widerstandsverhalten, sondern im Schweigen. Ihre gesenkten Blicke im Klassenraum verraten Beschämung. Aber das sieht ihr Lehrer nicht. Alle Belehrungsversuche von Raffin prallen an ihnen ab, sie verweigern hartnäckig alles, was reduziertes schulisches Lernen im Kontext der Sonderklasse ausmacht. »Ich gebe euch irgendwelche Zensuren, dass man denkt, dass Ihr arbeitet«, ruft Raffin in das Schweigen der Klasse.

In der Klasse ist beispielsweise Abou der aus Algerien geflüchtet ist und dort zusehen musste, wie französische Soldaten seine Familie erschossen, er lebt im sozialen Abseits einer »Barackensiedlung«, ebenso wie das Mädchen Momo, deren Mutter drogenabhängig ist. Ariel schließlich hat zwar als ehemaliger Klassenbester (einer anderen Schule) scheinbar bessere Voraussetzungen. Er macht aber als Jude beschämende Erfahrungen mit Rassismus und leidet an der Tatsache, dass seine Mutter als Prostituierte arbeitet.

So versucht der alte und kranke Lehrer wenigstens den schulischen Schein zu wahren und lässt die Schüler unsinnigerweise endlose Zahlenreihen aufsagen, um wenigstens ihre Stimmen zu hören und Unterricht zu simulieren. Darüber hinaus ist ihr Ansehen in der Schule denkbar schlecht, sie sind nicht nur den Demütigungen ihres Lehrers ausgesetzt, auch die anderen Lehrer und Schüler machen den fünf deutlich, dass die in ihren Augen nichts wert sind. In diesem scheinbar hierarchischen Verhältnis ist es aber auch deutlich zu sehen, wie sich die Bedürftigkeit der Schüler mit der Bedürftigkeit des Lehrers jeweils ergänzt. Als Raffin eines Tages im Unterricht einem Herzinfarkt erliegt,[69] kommen die fünf an eine

[68] Originaltitel *La Maison d'Alexina*. Frankreich 1998.

[69] Diese Szene ist sehr bewegend, da die Schüler das Klassenzimmer nicht verlassen – sie bleiben an Raffin gebunden. Sie bleiben sitzen, stumm, und erst die Putzfrau entdeckt

andere Schule. Die junge Lehrerin Alexina nimmt sie an ihrer Schule am Rand des Meeres auf.

Allmählich und in mühevoller pädagogischer Arbeit gelingt es Alexina, das Vertrauen der Jugendlichen zu erlangen und sie erhält einen Einblick in die teilweise traumatischen biografischen Situationen der Schüler. Nicht nur biografische Traumata wie Krieg, sexueller Missbrauch und Drogensucht der Eltern stellen sich dabei dem Lernen der Fünf in den Weg, auch ihre soziale Situation wird dabei sichtbar. Bewegend ist die Szene, in der der aus Algerien geflüchtete Abou seine Schuhe mit Plastiktüten umwickelt, weil er nicht möchte, dass man ihn daran erkennt, weil er aus der »Barackensiedlung« kommt, deren Straßen nicht befestigt sind, aus diesem Grund im Morast liegt. Alexina erkennt den Bedeutungsgehalt der Geschichten, bringt die Jugendlichen zum Sprechen und entwickelt ein schulisches Arrangement, das den individuell und sozial ausgegrenzten Jugendlichen Ausdrucksmöglichkeiten gibt, ihre Situation darzustellen. Die Lehrerin fragt nach, was sie am Irritierenden der Erzählungen der Fünf erkennt und nicht versteht – »Was willst Du mir zeigen?« – so geht sie mit den Geschichten der Jugendlichen auf Spurensuche zum Ausgangsort ihrer teilweise bizarren Erlebnisse.

Schaut man in diesem Zusammenhang wieder mit der Optik von Helsper et al., die eingangs vorgestellt und kritisiert wurde, dann wird zunächst ein wichtiges Thema auffällig, das auch der Film thematisiert. Die zentrale Bedeutung der Schule als Institution und als Schauplatz persönlicher Sozialbeziehungen lässt sich vor dem Hintergrund der biografischen Entwicklungen von marginalisierten Schülerinnen und Schülern analysieren. Der Kampf war in der Sonderklasse von Raffin dargestellt durch das Schweigen und die Lernverweigerung der Schüler. Aber auch mit der neuen Lehrerin Alexina geht es nicht ohne Kampf und schwierige Situationen, in der die fünf Jugendlichen ihre neue Lehrerin an den Rand des Scheiterns führen. Sie muss viele Kränkungen erleben, kann diese Kränkungen aber gewissermaßen im Spiegel der erlebten Kränkungen der Jugendlichen sehen. So verstanden erkennt sie den Aushandlungsraum, der von ihr und ihren Schülern jedoch permanent gestaltet werden muss. In diesem Aushandlungsraum werden auch die spezifischen Marginalisierungen thematisierbar.

Anhand der Fallstudien aus der Studie *Jugendliche Außenseiter* zeigt Hermann Müller auf, wie der Zusammenhang von psychosozialer Problematik und Schulversagen zu erklären ist. Dabei wird deutlich gemacht, dass spätere Marginalisierung sich bereits im Grundschulalter abzeichnet, viele Programme für »Benachteiligte« aber erst dann einsetzen, wenn der Prozess der Marginalisierung bereits weit fortgeschritten ist, sie also nur reaktiv und nicht mehr präventiv wirken können (vgl. Helsper et al. 1991, 224). Schule ist in diesem Sinne ein *»Kampfplatz«* (ebd., 231) für Schüler mit konfliktbelasteter Sozialisation, wo diese Lehrer-Schüler-Konflikte

die verwaiste Klasse am Abend.

ausagiert werden.

> Eine Institution wie die Schule, die Disziplin, Unterordnung und Respektierung der Autorität der Lehrer verlangt, bietet sich solchen Schülern als Kampfplatz geradezu an. (ebd., 233)

Die sozialen und strukturellen Hintergründe, wie Rassismus, soziales Abseits der Barackensiedlung, wie auch die individuellen und biografischen Zusammenhänge werden in der Art der spezifischen Bedeutungsgebung von Alexina erkannt und verstanden. Sie sieht den Kampfplatz und gibt ihren Schülern Entwicklungsmöglichkeiten an die Hand. In diesem Zusammenhang kommt eine kritische Pädagogik in Gebrauch: Sie

> macht vor allem die Aushandlung [negotiation] und die Produktion von Bedeutungen zwischen Lehrern und Schülern zu ihrem Thema, die sie im Kontext von diskursiven Praktiken und Macht/Wissen/Beziehungen kritisch analysiert. (Winter 2004, 9)

Aber Alexina besteht auch auf einer reflexiven Beachtung und dringt darauf, die Geschichten der Jugendlichen erzählt zu bekommen. Eines Tages, als sich Abou bekümmert zurückzieht, erzählt er seiner Lehrerin, dass er sich für seine Mutter schäme, weil sie in Frankreich nichts mehr wert sei. Ihre Lieder und ihre Geschichten drohen verloren zu gehen. Alexina insistiert dabei auf der unverbrüchlichen Beziehung zwischen den beiden, die auf Zuneigung beruhe, macht aber auch klar, dass Abou nach vorne schauen müsse. »Ich schäme mich schon für sie mit ihren langen Gewändern und Tätowierungen oder wenn die Leute sich nach ihr umdrehen, wenn sie spricht«, so sagt Abou. »Erzähl« das deiner Mutter! Sie wird bestimmt lachen«, entgegnet Alexina. »Kein Mensch muss sich schuldig fühlen, weil er eine andere Sprache spricht.« In diesem Kontext erscheint das Lachen als Distanzierungsmittel und zugleich als Reflexionsinstrument.

Vor diesem Hintergrund lässt sich zwischen den »lads« und den fünf Schülern bezüglich der Bedeutung des Lachens ein wichtiger Unterschied herausarbeiten. Hatte das Lachen (*the »laff«*, vgl. Willis 1982, 52) bei den »lads« noch seinen klaren Bezug in der informellen Struktur des Widerstandshandelns, war es »Bestandteil eines respektlosen, marodierenden Fehlverhaltens« (Willis 1982, 53) und in der Gegen-Schulkultur[70] ein facettenreiches Mittel von außerordentlicher Bedeu-

[70] Auch Peter McLaren (1986, 161) hat das Lachen in seiner ethnographischen Schuluntersuchung *Schooling as a Ritual Performance* thematisiert und im Hinblick auf die Antistruktur des Widerstands der Schüler »the laughter of resistance« differenziert beschrieben. Es unterscheidet sich bedeutend von allen anderen Formen des Lachens: »It is a hostile act, an insurgent symbol, one which inscribes the *via rupta*. [...] It envelopes the power of the teacher an neutralizes it.« Durch ein erweitertes Verständnis dieser symbolhaften Ausdrucksweise gelingt es aber, den kulturellen Gehalt zu verstehen, denn es ist keine idiosynkratische Lust an der Grausamkeit, sondern vielmehr »a form of re-

tung, weil die »lads« sich vor allem darüber definieren konnten, *wer* die Anderen zum Lachen bringt. *In Lerne zu leben* erscheint das Lachen in anderer Gestalt. Als Mittel der Distanzierung der Beschämung durch die Anderen fordert Alexina Abou auf, *mit* seiner Mutter zu lachen. So gewendet ist Lachen keine informelle Widerstandsstrategie mehr, sondern transformiert sich zu einer Bewältigungsform:

> Denn jeder Belustigung, ob sie von außen oder von innen kommt, liegt ein Schmerz zugrunde. Verschmerzt wird im Lachen die Melancholie darüber, dass wir der dauerhaften Aufhebung von Sinn standhalten.

So schreibt Wilhelm Genazino (2004, 175) in einem seiner erhellenden Essays[71] über das Lachen. Der Aufhebung von Sinn wird eine eigene Sinngebung gegenübergestellt, die den beschämenden Blick der Anderen zurückwirft und somit aus dem verlachten Objekt ein lachendes Subjekt machen kann.

Nur so, im neuen Blick auf sich selbst, könne Abou eine neue Perspektive auf sich, sein Leben und seine Zukunft entwickeln. »Es ist hart, ich muss ganz neu anfangen«, so sagt er in diesem Zusammenhang. Genau diesen Prozess erkennt die Lehrerin und unterstützt Abou darin, in dem sie ihn auch auf seine aufkommende Liebe für Momo anspricht. »Du darfst nicht aufstecken. Im Leben, wie in der Liebe«, entgegnet Alexina und thematisiert damit die zu *erkämpfende* Möglichkeit von Abou, sich in der Zukunft anders positionieren zu können.

Die Zukunft kann mithin eine andere Zukunft werden, wenn sich die Vergangenheit anders deuten lässt, vorausgesetzt dass die kulturelle Ebene hinreichend exploriert ist. Damit lässt sich das »kulturelle Muster« des Scheiterns erkennen und durchbrechen. Dieser Aspekt muss unbedingt hervorgehoben werden, will die Perspektive erkennbar auf der pädagogischen Hervorbringung einer erweiterten Handlungsfähigkeit liegen. Mit dieser Zielperspektive kreuzt sich auch das politische Ziel der Cultural Studies, das in der Stärkung von Handlungsfähigkeit und der Selbstermächtigung der Einzelnen innerhalb der komplexen kulturellen und gesellschaftlichen Prozesse liegt. Im Sinne von Giroux ist es ein Anliegen der von den Cultural Studies inspirierten Pädagogik, die kritische Handlungsfähigkeit von Schülerinnen und Schülern zu entwickeln und zu unterstützen, um Strategien des kulturellen und politischen Widerstands zu formieren (vgl. Winter 2004).

Gegen Ende des Films droht die Situation kurzfristig noch einmal zu eskalieren, als die Polizei vorfährt, um Jean zu befragen. Momo wirft der Lehrerin vor,

---

defining the power structure of class. It is a way for the students to reclaim their sense of collective identity.« (ebd.)

71 Lachen ist nicht nur als subjektiv motivierte Ausdrucksgestalt, sondern als dialektischer Verweisungszusammenhang von Gesellschaft und Individuum, von Scham, Beschämt-Werden und Selbst-Befremdung zu verstehen. Genazino diskutiert Lachen aus unterschiedlichen Perspektiven und entfaltet dabei eine Theorie des Humors von Adorno über Freud bis hin zu Plessner.

dass sie die Jugendlichen an die Polizei verraten habe und sie nun alle in ein Heim eingewiesen werden. »Lässt du uns auch im Stich?«, fragt Pierre. Alexina reagiert geschickt und gibt den Kindern nicht mehr als eine Deutung ihrer möglichen Zukunft und damit die Verantwortung für ihre Entwicklung an sie zurück. »Ich werde euch sagen, was mit euch passiert. Nach allem, was ihr euch erarbeitet habt, fahrt ihr nicht einfach wieder nach Hause.« Sie entwirft ein mögliches Bild der Zukunft der Schüler, das sie in einer verantworteten Situation leben lässt. In diesem Zusammenhang kommt die soziale Dimension des Wissens ins Spiel.

Ich übersetze vor dem Hintergrund des Films in der vorgeschlagenen Lesart diese Szene so: »Anerkenne, woher du kommst. Überwinde deine Scham und sehe klar die Situation, wo du dich jetzt befindest. Kämpfe um deine Zukunft und behalte im Blick, wo du unter Verwendung deines neu gewonnenen Wissens später sein kannst.« Das nimmt die Gesamtheit der verzweigten Lernprozesse die davor stattfanden auf und verweist gleichzeitig auf die Verschränkung der individuellen und der gesellschaftlichen Kontexte. *Nach allem, was ihr euch erarbeitet habt* meint, dass die Schüler einen anderen Blick auf diese ineinander verschränkten sozialen und individuellen Situationen werfen können und an einer anderen, als deren destruktiven, weil selbstbehindernden Bewältigung arbeiten können. Weil sie sich im Lernen verändern *können*, entfaltet dieser Veränderungsprozess eine differenzierte und differenzierende Perspektive auf Vergangenheit, Gegenwart und Zukunft. Weil sie im Lernen *verlernen*, wäre aus der Perspektive von Frigga Haug (2003, 65) hinzuzufügen, die betont:

> Einen Lernprozess organisieren heißt Erfahrungen in die Krise führen. Dafür benötigen Schüler Lehrer, die Verunsicherung herausfordern und das Sich-Einrichten immer wieder in Frage stellen.

Damit ist klar, dass Wissen nicht einfach weitergereicht werden kann, es muss *selbst* produziert werden. Ich zitiere in diesem Kontext noch einmal Haug mit einer weiteren Präzisierung:

> Lernprozesse zeichnen sich jedoch auch für den Einzelnen nicht einfach als allgemeiner friedlicher Zuwachs von Weltwissen aus, in den dann die allgemeinen Lernverhältnisse als Produktionsverhältnisse zusätzlich und von außen eingetragen werden können. Sie werden vielmehr erfahren als Unsicherheit, als Unruhe, als Zweifel, als Bruch, eben als Umsturz, als Veränderung von Gewohnheit, Gültigem, für sicher und richtig Gehaltenem, als etwas Neues, das einen auch zwingt, anders zu leben, als solche Änderung der Lebensweise, als Widerspruch. (ebd., 259)

Vielleicht erscheint eine Änderung der Lebensweise als äußerste radikale Zuspitzung von Lernen. Zumindest das Sich-Einrichten im altbewährten Modus der Konfliktbearbeitung (oder präziser: Konflikt*vermeidung*) wird dabei herausgefordert. Grundsätzlich entfalten sich durch die Beachtung der sozialen Dimension des

Wissens, im Rahmen des veränderten Selbstverständnisses der Lehrkräfte, wie es im Film idealtypisch von Alexina repräsentiert wird, die Aushandlungsprozesse von individueller und sozialer Situation. In ihrer gegenseitigen Durchdringung werden sie sichtbar, verhandelbar und damit erst pädagogisch zugänglich. Diese Aushandlungsprozesse in den pädagogischen Prozess einzubeziehen eröffnet die Möglichkeit, unumstößlich scheinende Situationen im eben beschriebenen Sinne transformierbar zu machen. Dabei wird nicht auf eine individuelle Wissensakkumulation verwiesen, sondern vor allem auf eine Erweiterung der Aneignung und Transformation sozialer Positionen, die durch die kulturelle Dimension limitiert erscheinen.

Die weiter oben angesprochene Selbstveränderung erfährt hierbei eine wichtige Bedeutung. Alexina selbst macht einen Lernprozess durch, der sie dahin bringt, die Schüler und ihre Handlungsweisen anders zu sehen. Das wiederum eröffnet einen *Aushandlungsraum* der Möglichkeit zur Veränderung der Schüler. Mit Willis gesprochen holt sie über eine selbstreflexive Technik und das analytische Moment die Irritationen in den pädagogischen Prozess herein. Mit diesen Irritationen und Verzerrungen lässt sich methodisch weit reichend arbeiten:

> Statt »Probleme« zu sein, sind gerade die »unlösbaren« Schwierigkeiten dieser Methode ihr spezifischer Vorteil. Dies betrifft die Fähigkeit des Forschers, den Schnittpunkt seiner eigenen sozialen Paradigmen mit denen der Leute, die er verstehen will, reflexiv zu analysieren. Ein solcher Schnittpunkt zeugt natürlich genauso von dem Forscher und seiner Welt, wie er über jede andere Welt etwas aussagt. (Willis 1981, 245)

Alexina gelingt es, gleichsam tastend und forschend, diese Schnittpunkte zu erkennen und selbstreflexiv zu analysieren. An der fiktiven Figur von Alexina konkretisiert sich dabei ein weit reichender Ansatz, der die komplexen Wechselwirkungen von pädagogischer Form und Inhalt durchbricht, der über eine genaue Kenntnis der sozial bedingten kulturellen Ungleichheit orientiert und gleichermaßen entschlossen ist, diese zu verringern. Damit wird eine Forderung von Bourdieu und Passeron (1971, 89) eingeholt, die auf eine *rationale* Pädagogik dringen, welche kontinuierlich die sozialen Faktoren kultureller Ungleichheit im Bildungssystem zu verringern sucht. Sie basiert auf einer *Soziologie der kulturellen Unterschiede* und kann die Ungleichheit der Bildungschancen überwinden helfen.

Auch Wolfgang Böttcher hat diesen Ansatz im Hinblick auf Bildungserfolg und sozialer Herkunft aufgegriffen, allerdings als *reflexive* Pädagogik diskutiert. Einer solchen Pädagogik wäre der Zusammenhang zwischen sozialer Herkunft, pädagogischer Beziehung und Lernresultat klar, und sie würde es sich zum Ziel machen, Ungleichheit zu reduzieren (vgl. Böttcher 2005, 5).

Das Ziel reflexiver Pädagogik besteht im Bewusstmachen der Herkunft *und* in der Reflexion einer Ungleichheit reproduzierenden pädagogischen Praxis.

Es ist diese Reflexion, die Alexina idealtypisch anschaulich macht und dies kennzeichnet auch ihren gelungenen Prozess der Selbstveränderung: Die essentialistischen Bilder der Anderen hat sie gelernt zu relativieren und in Zusammenhang mit Macht zu stellen. Die genannten Schnittpunkte sind auch – wenn man es so ausdrücken will – die Ränder der Plattform, auf der die Verhandlungen stattfinden. Diese Plattform muss jedoch immer wieder hergestellt und erkämpft werden. Sie ist nicht voraussetzungslos und gewissermaßen natürlich gegeben. Sie ist unbeständig und hält von einem Moment auf den anderen. Das erscheint als eine ihrer Chancen. Willis hat das dafür notwendige Werkzeug als *selbstreflexive Technik* beschrieben durch die sich methodisch abgesichert die »Landkarte der Realität eines anderen« (ebd., 246f.) erkunden lässt.[72]

8.8 Ausblick

Die Perspektive der Cultural Studies beschreibt Willis vor allem im Verhältnis zum kulturellen Moment:

> Das kulturelle Moment [...] betrifft die [...] spezifisch menschliche, kollektive Aktivität der *Bedeutungsgebung* – der *Sinngebung*, wenn man so will, und zwar in bezug auf eine strukturelle Verortung, nämlich in bezug auf die Position in einem sozialen Verhältnis und in einer Produktionsweise. (Willis 1990, 12)

Willis thematisiert mit dieser Sichtweise den aktiven Prozess der Bedeutungsgebung sozialer Akteure, der auch mit dem Begriff der kulturellen Produktion umschrieben werden kann. Dies ist der bevorzugte und charakteristische Zugriff der Cultural Studies, nämlich diesen Prozess zu analysieren und weit reichend zu kontextualisieren. Dadurch wird eine differenzierte, als nur die einseitige Sicht auf die Akteure möglich, die ich anhand der Studie *Jugendliche Außenseiter* beschrieben habe.

> Die sozialen Akteure werden [...] als aktiv aneignende begriffen; sie produzieren Bedeutungen und kulturelle Formen, indem sie mit Hilfe von Werkzeugen bestimmte Materialien in Produkte verwandeln. Dies geht ganz ähnlich vonstatten, wie die materielle Produktion. Kulturelle Produktion ist der *Prozeß* des kollektiven, kreativen Gebrauchs von Diskursen, Bedeutungen, Materialien, Praxen und Gruppenprozessen, wodurch bestimmte Positionen, Verhältnisse und materielle Möglichkeiten erkundet, verstanden und kreativ besetzt werden. (ebd., 14, Hervorh. i. O.)

[72] Zur selbstreflexiven Bearbeitung der Forschungssituation als vergleichbarer Lehr- und Lernsituation sowie den damit verbundenen methodologischen Konsequenzen vgl. Sauter 2001.

Einen solcherart vielschichtigen Prozess zu erkennen, zu unterstützen und dem pädagogischen Handlungsfeld zugänglich zu machen, so wie es in Mehdi Charefs Film *Lerne zu leben* eindrücklich aufgezeigt wurde, käme auf diese Weise als wichtiger Impetus pädagogischer Interventionen im Sinne einer Erweiterung von Handlungsfähigkeiten zum Vorschein. Dabei kommt der lehrenden Person eine wichtige Rolle und methodisch abzusichernde Aufgabe zu: An sich selbst kann es ihr über das selbstreflexive Erkennen der »Schnittpunkte« gelingen, innere und äußere Verhältnisse zu explorieren und in den *pädagogischen* Prozess einzubeziehen. Diese Explorationen theoretisch und methodisch zu fundieren, das wären die noch zu realisierenden Aufgaben, die eine vollständige Durchdringung von Cultural Studies und (kritischer) Pädagogik zu bewerkstelligen hätte – ohne dabei den Kontext von Erziehung und sozialer Reproduktion aus dem Blick zu verlieren. Müsste also eine kritische Pädagogik, die sich durch die kategorialen, theoretischen und empirischen Neuformierungen, die sich damit ergäben,

> statt sich mit einer Anordnung der Lernproblematik in der Frage nach Wissenserwerb und seiner Ermöglichung zufrieden zu geben, nicht eher dort anfangen, wo *nicht* gelernt wird, subjektiv nicht, und objektiv strukturelle Blockaden die handlungsrelevante Erkundung von Welt behindern – zusätzlich zur Vorenthaltung von Wissen durch Armut und fehlende Schulen. (Haug 2003, 57, meine Hervorhebung S. S.)

Diese Frage aufwerfen zu können und danach zu beantworten, kennzeichnet die wesentliche Herausforderung, welche die Cultural Studies an die Pädagogik stellt.

9. Heterogenität, Differenz und Ungleichheit. Kulturtheoretische und subjektwissenschaftliche Zugänge

In den bisherigen Kapiteln haben sich die Überschneidungsbereiche von Sonderpädagogik und Interkultureller Pädagogik bezüglich der Entstehung und Auswirkungen der machtvollen *Dispositive im Blick auf Immigrantenkinder/ Immigrantenkinder in Sonderschulen* gezeigt: beide Teildisziplinen der Pädagogik fokussieren aus unterschiedlichen Perspektiven den gemeinsamen Gegenstand der pädagogischen Bearbeitung von Differenzen und Heterogenität. Beide suchen nach erziehungsgerechten Begründungen von »Vielfalt« im Bildungssystem.

Es ist auch sichtbar geworden, dass noch immer ein tiefer Graben zwischen dem offiziellen bildungspolitischen Postulat der »Integration« von Immigrantenkindern und der bildungsstatistischen Realität besteht: Immigrantenkinder werden weit häufiger in Sonderklassen überwiesen als einheimische Kinder, und die separierende Tendenz nimmt weiter zu. Wie lässt sich diese Tatsache verstehen?

9.1 Kinder aus Immigrantenfamilien im Spannungsfeld von Interkultureller Pädagogik und Sonderpädagogik

Die Schweizer Erziehungswissenschaftler Winfried Kronig, Urs Haeberlin und Michael Eckhart haben in ihrer empirisch fundierten Studie *Immigrantenkinder und schulische Selektion* (2000) pädagogische Visionen, theoretische Erklärungen und empirische Untersuchungen zur Wirkung integrierender und separierender Schulformen in den Grundschuljahren ausgearbeitet. Sie begeben sich auf die Suche nach Erklärungen für den Sachverhalt der Überrepräsentation von Immigrantenkindern an Sonderschulen und befragen hierzu pädagogische Spezialdisziplinen, die für dieses Feld die Zuständigkeit reklamieren: die Interkulturelle Pädagogik und die Sonderpädagogik. Die Studie ist an dieser Stelle von Bedeutung, da sie den Zusammenhang von Interkultureller Pädagogik und Sonderpädagogik aus der Perspektive von Chancenungleichheit und disziplinären Legitimationen erschließt.

Die Fragestellung der Untersuchung von Kronig/Haeberlin/Eckhart gliedert sich in drei Themenfelder:

- Welches sind die Ursachen für die Zunahme der Überweisungen von Immigrantenkindern in Sonderklassen?
- Was bedeutet die Alltagssituation in unseren Schulen für Immigrantenkinder allgemein und was für solche mit Schulleistungsschwächen im Besonderen?
- Unter welchen Bedingungen wäre der integrative Unterricht für Immigrantenkinder mit Schulleistungsschwächen in den jetzigen Regelklassen eine pädagogisch bessere Alternative?

Hinsichtlich der Frage der Überweisung an Sonderklassen zeigen die Autoren mit ihrem umfangreich recherchierten Material, wie komplex die Überweisungskriterien sind und also nicht unbedingt mit den individuellen oder zugeschriebenen Eigenschaften des Kindes zusammenhängen müssen. Sie liefern in diesem Zusammenhang bemerkenswerte Befunde, die belegen,

> dass eine Sonderklassenüberweisung mindestens ebenso aufgrund der vorhandenen regionalen oder sogar örtlichen Ressourcen entschieden wird wie aufgrund der individuellen Leistungsfähigkeit des Kindes. Das bedeutet, dass Immigrantenkinder mit ähnlichen oder gleichen Leistungsmerkmalen an einem Schulort die Regelklasse besuchen, während sie am anderen Schulort in einer Sonderklasse unterrichtet werden. (ebd., 18)

Auf die regionalen Unterschiede in diesem Kontext hat auch Günther Cloerkes (2003, 11) hingewiesen und anhand der höchst widersprüchlichen und unterschiedlichen Zahlen bezüglich der Beschulung von Schülern mit sonderpädagogischem Förderbedarf in den einzelnen Bundesländern der Bundesrepublik Deutschland aufgezeigt, dass der Status Sonderschüler nach Kriterien vergeben wird, die wenig oder gar nichts mit einem objektiv feststellbaren Zustand der Person zu tun haben. In diesem Sinne sei die Perspektive einer Soziologie der Behinderung klar zu belegen: »Behinderung als statistische Größe wird sozial konstruiert, Behinderung wird gemacht.« (ebd., 22)

Man darf diese pointierte Aussage jedoch nicht als eine schlichte Unterstellung von Willkür oder Beliebigkeit in der Bewertung von Leistungsunterschieden durch Lehrkräfte missverstehen. Diese Sicht würde eine wichtige Dimension unberücksichtigt lassen: So sprechen Frank-Olaf Radtke und Mechtild Gomolla diesbezüglich von »institutioneller Diskriminierung« (Gomolla/Radtke 2002), die sich aus organisationssoziologischer Sicht im Umgang der Organisation Schule mit Migrantenkindern zeige. Offenkundig wird dabei auch, dass es sich hierbei um ein »Strukturproblem« des Erziehungssystems handelt, denn es

> ist nicht nur an den augenfälligen Ungleichheiten zwischen deutschen und nicht-deutschen Schülern abzulesen, sondern auch an der Differenz der Beteiligungsziffern in den Schulformen zwischen verschiedenen Bundesländern, ja sogar großen Unterschieden zwischen Städten innerhalb eines Bundeslandes oder »lokalen Disparitäten« [...] zwischen Stadtteilen in einer Stadt. (Radtke 2001, 34)

Wichtig für den hier zu begründenden Zusammenhang von Interkultureller Pädagogik und Sonderpädagogik ist, dass die Begründungsfiguren, Legitimationsgrundlagen und Auswirkungen auf das gemeinsame Praxisfeld mit der Schweizer Studie klar aufgezeigt werden können. Der Fokus der Interkulturellen Pädagogik liegt auf Kindern *mit* einer fremden Kultur, der Fokus der Sonderpädagogik liegt auf Kindern *mit* Lernbehinderungen. Beide Merkmale sind für die Theoriebildung beider Fachgebiete jeweils von zentraler Bedeutung. Wobei Immigrantenkindern mit Schulproblemen in der sonderpädagogischen Theoriebildung bisher nur ein marginaler Stellenwert eingeräumt wird:

> Dies obschon sich seit Jahren die Sonderklassen für Lernbehinderte zu über 50% aus Immigrantenkindern zusammensetzen. Offenbar nimmt die Sonderpädagogik Immigrantenkinder mit Schulproblemen seit Jahrzehnten in erster Linie als Lernbehinderte wahr. Immigrantenkinder sind in den Theorien zur Lernbehinderung im günstigsten Fall einfach mitgemeint. (Kronig/Haeberlin/Eckhart 2000, 24)

Hingegen hat die Interkulturelle Pädagogik die Tendenz, Immigrantenkinder als Kinder mit besonderen Ansprüchen wahrzunehmen:

> Unter allen Umständen soll vermieden werden, dass Immigrantenkinder pauschal als sonderschulbedürftig und damit als behindert gelten könnten. Zwar werden die überaus hohen Überweisungsraten von Immigrantenkindern in Sonderklassen für Lernbehinderte in der neueren Literatur zur Interkulturellen Pädagogik als Ärgernis dargestellt. Dieses richtet sich jedoch überwiegend gegen eine Diagnostik, die derzeit nicht in der Lage sei, zwischen »echten« und »vermeintlichen« lernbehinderten Immigrantenkindern zu unterscheiden. (ebd.)

Die Interkulturelle Pädagogik scheint heute ungeachtet dieser programmatischen Kritik Immigrantenkinder mit diagnostisch abgesicherten Schulleistungsschwächen genauso unausgesprochen an die institutionalisierte Form der Lernbehindertenpädagogik zu delegieren, wie es früher die Regelpädagogik getan hat.

Bezüglich der Aussagen der Interkulturellen Pädagogik über schulleistungsschwache Immigrantenkinder gehen die Schweizer Forscher von der Prämisse aus, dass Schulleistungsschwäche nicht gleichbedeutend mit Lernbehinderung ist. Diesbezüglich entwickeln sie eine eigene, weiterreichende Definition: Eine Problematik der Interkulturellen Pädagogik liege in der Verwendung von »Kultur« als ausgrenzender Kategorie. Probleme der Schüler, seien von daher Probleme, die von ihrer »anderen Kultur« herrühren.

> Will die Interkulturelle Pädagogik trotz dieser Schwierigkeiten [mit der begrifflichen Schärfung des Kulturbegriffs] weiter an dem Attribut »interkulturell« festhalten, muss sie nach einem Kulturbegriff suchen, der eine Begründungsbasis für die Konzepte und Erziehungsziele der Interkulturellen Pädagogik zu liefern vermag. (Kronig/Haeberlin/Eckhart 2000, 32)

Dabei entsteht die weit reichende Frage, ob es denn überhaupt Aufgabe der Bildung ist, eine so unsichere Kategorie wie kulturelle Identität zu erhalten oder zu entwickeln? Da diese Frage in der Interkulturellen Pädagogik ungeklärt bleibt, vertreten die Autoren die Position, dass die Interkulturelle Pädagogik einen Beitrag zur Konstruktion von Minderheiten leistet. Dieser Vorwurf träfe selbst dann zu, wenn die Interkulturelle Pädagogik ihren Kulturbegriff weiter explizierte – denn das hat sie in den vergangenen Jahren angesichts der normativ-politisch durchdrungenen Multikulturalismus-Diskussion vor allem betrieben (vgl. Auernheimer 1999, Diehm 2000).

Der politischen Leitidee der multikulturellen Gesellschaft entspricht auf der pädagogischen Ebene die Programmatik der Interkulturellen Erziehung. Mit beiden Konzepten wurde versucht, auf die in modernen und pluralen Gesellschaften zunehmende Präsenz von Differenz und Heterogenität zu reagieren,[73] die aus der dominierenden Perspektive durch Veränderungen in der Gesellschaftsstruktur, konkret durch Einwanderung und die Zunahme ethnischer Minderheiten in der Bundesrepublik Deutschland verursacht wurden. Während jedoch die klassischen Einwanderungsländer wie die USA, Kanada oder Australien, auf eine längere Diskussion über das multikulturelle Zusammenleben zurückblicken können, hat sich in der bundesrepublikanischen Öffentlichkeit das Thema »Multikulturalismus« erst Anfang der 1980er Jahre breiter entwickelt und ist zu einem »Modethema« geworden, mit dem auch zunehmend ideologisch motivierte Debatten geführt wurden (vgl. Neubert/Roth/Yildiz 2002, Rommelspacher 2002).

Auch wenn es interessant und viel versprechend erscheint, die Verflechtungen zwischen der Multikulturalismus-Diskussion und der Interkulturellen Pädagogik weiter zu verfolgen, möchte ich mich hier nur auf das Feld des pädagogischen Umgangs mit Differenz und Heterogenität beschränken, weil entlang der Entwicklung der Interkulturellen Pädagogik die Herausbildung unterschiedlicher Erziehungs- und Bildungspraxen sowie deren Effekte herausgearbeitet werden sollen. Auch reduziert sich dadurch die Komplexität des Feldes für Analysezwecke.

»Der Versuch, das Feld einer unübersichtlichen Praxis zu ordnen, ist selbst ein Konstruktionsprozeß, in dem mit Unterscheidungen gearbeitet wird, die auch anders gewählt werden können", so schreiben Frank-Olaf Radtke und Isabell Diehm

[73] Historisch gesehen haben Schulen aber schon in den Nationalstaaten des 19. und 20. Jahrhunderts die Homogenisierung einer heterogenen Schülerschaft über Ausgrenzung und deren institutionelle Verankerung betrieben. Nur wurde in der erziehungswissenschaftlichen Theoriebildung Migration und ethnische Vielfalt überwiegend nicht zum Ausgangspunkt genommen und historische Evidenzen (mehr oder weniger absichtsvoll) aus dem Blick verloren (vgl. Hansen 1986). Gleichwohl hat es die »Anderen« zu jeder Zeit gegeben und das (nationale) Bildungssystem hat im Hinblick auf Erstsprachen und andere Ethnien immer wieder Differenzen erzeugt und zu bewältigen versucht (Hansen/Wenning 2003).

(1999, 126) angesichts ihrer Systematisierungsversuche von der Ausländerpädagogik hin zur Interkulturellen Pädagogik. Die Reflexion und Systematisierung der vergangenen Praxis erscheint in der Regel allerdings weniger als Beitrag zur Theoriebildung als in der Absicht, die künftige pädagogische Praxis auf eine sichere normative Basis zu stellen (vgl. ebd.).

Die Ausländerpädagogik reagierte auf die zunehmende Präsenz von Kindern aus den Anwerbeländern des Mittelmeerraumes und konzentrierte sich im Zuge des so genannten Anwerbestopps von 1973, der einen vermehrten Zuzug von Kindern aus den Einwanderfamilien hervorbrachte, auf Sozialisation und (postulierte) Integrationsschwierigkeiten. Ab Anfang der 1980er Jahre kann die Phase der Interkulturellen Pädagogik datiert werden. Gleichzeitig enthält eine solche Phaseneinteilung eine »Chronologie-Falle« (Krüger-Potratz 2003, 69), die Fachrichtung und Gegenstand nicht immer klar zu differenzieren weiß:

> Richtig ist zwar, dass die *sichtbare Geschichte* der Interkulturellen Bildung als Fachrichtung innerhalb der Erziehungswissenschaft in den 1960er Jahren beginnt, doch darf dies nicht den Blick auf die Geschichte des Umgangs mit sprachlicher, kultureller, ethnischer oder nationaler Heterogenität im Bildungssystem verstellen. Die Frage, ob bzw. unter welchen Bedingungen Kinder ausländischer Staatsangehörigkeit und/oder mit einer anderen Familiensprache als Deutsch die öffentliche, staatliche Schule besuchen sollten, ist Teil der Schulgeschichte seit Ende des 18. Jahrhunderts. (ebd., 68)

Während die Ausländerpädagogik im Hinblick auf die Etablierung einer Fachrichtung als nachträgliche Rekonstruktion einer kritisierten Praxis[74] zu verstehen ist, stellt sich die Interkulturelle Pädagogik als vielstimmiger und vielgestaltiger Entwurf für eine noch zu entwickelnde und zu realisierende Praxis vor (vgl. Diehm/Radtke 1999, 128).

Ausländerpädagogik und Interkulturelle Pädagogik unterscheiden sich hinsichtlich fünf wesentlicher Aspekte substanziell voneinander. Auch wenn man die Ideengeschichte rekonstruiert und die Unterschiede vergangener und die Programmatik zukünftiger pädagogischer Praxis klar sehen kann, so sollte man der Versuchung widerstehen, die Interkulturelle Pädagogik als eine lineare und systematische Weiterentwicklung der Ausländerpädagogik zu verstehen, die aus der Kritik und dem Versuch der Überwindung der bisherigen Praxis entstanden ist, und nun adäquate Lösungen für die Erziehung in der multikulturellen Gesellschaft bereit hielte.[75]

---

[74] Vgl. dazu vor allem Griese 1984; Auernheimer 1988; Czock 1993.

[75] Hinsichtlich der pädagogischen Subdisziplin »Interkulturelle Erziehungswissenschaft« schreibt Georg Hansen: »Bis heute ist der Perspektivenwechsel in der Erziehungswissenschaft von der Zuarbeit zum Nationalstaat hin zur Akzeptanz einer ethnischen, sprachlichen und kulturellen Pluralität als Ausgangspunkt von Theoriebildung nicht vollzogen.« (Hansen 1994, 42) Im Zuge der Leistungsvermessung durch die internatio-

Diese fünf Aspekte, die Ausländerpädagogik und Interkultureller Pädagogik unterscheiden, sind nach der Systematik von Diehm/Radtke (1999, 128ff.) folgende:

- die *Problemdiagnose*, die sich weg von der Kategorie der Defizite bewegte;
- die *Adressaten*, welche nicht mehr nur die so genannten Ausländerkinder waren, sondern es ging nun darum, alle Kinder, Eltern und Erzieher/innen über Kulturdifferenzen aufklären und zu Toleranz erziehen zu wollen;
- die (Unterrichts-) *Praxis*, die nicht mehr auf Segregation im Unterricht setzte, sondern das »Zusammen lernen und leben« thematisierte und als pädagogische Aufgabe definierte;
- auch die *Ziele* waren unterschiedlich: Zielte die Ausländerpädagogik auf Integration durch Normalisierung und Homogenisierung, so betonte die Interkulturelle Pädagogik die kulturelle Identität, der mit Wertschätzung und Toleranz zu begegnen sei, um auf das Leben in der multikulturellen Gesellschaft vorzubereiten;
- die *Gesellschaftsmodelle* schließlich leiten sich unmittelbar aus den Zielen ab und können beschrieben werden als kulturhomogene, nationalstaatlich verfasste Gemeinschaft bei der Ausländerpädagogik und als Modell der multikulturellen Gemeinschaft, die sich aus verschiedenen größeren und kleineren ethnischen Gemeinschaften zusammensetzt.

Vor dem Hintergrund dieser Kritik verwundert es nicht, dass Radtke die interkulturelle Pädagogik für kontraproduktiv hält, ihr sogar schädliche Effekte zum Vorwurf macht, etwa wenn sie – unter organisations- und systemtheoretischer Perspektive betrachtet – als »Legitimititätsbeschafferin« im Feld der Kultur erscheint, die eine »institutionelle Diskriminierung« (Gomolla/Radtke 2002) im Bildungssystem eher verschleiert als aufzuklären hilft – vor allem aber eine *»Pädagogisierung* sozialer Probleme« (Diehm/Radtke 1999, 149) betreibt.[76] Demgegenüber setzt Georg Auernheimer (1997/2004) weiter auf dieses Konzept, das vor allem die Aufgabe habe, für Differenzen sensibel zu machen und ein Bewusstsein für die Probleme im Umgang damit zu wecken.

Halten wir also bis hierhin und im Hinblick auf die noch weiter zu entfaltende Diskussion fest: Es geht in der Debatte um die Interkulturelle Pädagogik um die Tendenz dieser Pädagogik, zwischen Differenzblindheit und Überbetonung kultureller Differenzen stehen zu bleiben. Aber es steht noch eine andere Differenz in

nalen Vergleichstudien nationaler Bildungssysteme dürfte sich der Aspekt dieser Zuarbeit weiter verschärfen und zu einer neuen Nationalisierung von Bildung führen.

76 Vgl. zu der emphatisch geführten Debatte zwischen dem Systemtheoretiker Radtke und dem Kulturtheoretiker Auernheimer in der Zeitschrift für Pädagogik 1995/1996 den erhellenden Beitrag von Hamburger, der eine vermittelnde Position bezieht und Interkulturelles Lernen als *Lernen in kritischen Situation* bzw. in »Situationen der alarmierenden Entdeckung« konzeptualisiert, das jedoch – um nicht ontologisierend zu wirken – keinesfalls institutionalisiert werden sollte (Hamburger 1999, 39).

Rede. Es handelt sich dabei um die Differenz zwischen dem akademischen Diskurs und der irgendwie pragmatisch verfahrenden pädagogischen Praxis, die jenseits der Widersprüchlichkeit des theoretischen Diskurses den Begriff der Interkulturellen Pädagogik durch praktisches Handeln im Rahmen der Profession eigenständig zu definieren vermochte. Diesen Punkt werde ich gleich noch einmal aufgreifen und vertiefen.

9.2 Zwischen den Stühlen, den Kulturen, den Welten – eine folgenreiche Formel bei der Hervorbringung des Anderen

Das Problem des Kulturvergleichs, scheinbar der bevorzugte Gegenstandsbereich interkultureller Forschung, stellt sich unmittelbar bei dem Versuch, das Handeln und Reden *Anderer* vor dem Hintergrund *ihrer* Kultur verstehen zu wollen. Die deutliche Grenze zwischen Sich und den Anderen, Fremd und Selbst wird mit der Präposition *zwischen* folgenreich abgesteckt.[77] *Zwischen* entstammt wortgeschichtlich aus dem lateinischen und meint wörtlich rückübersetzt *inter*. Das bedeutungsvolle Präfix der *Inter*kulturellen Pädagogik taucht hierbei wieder auf. *Zwischen* verweist auf eine unklare Positionierung im Rahmen vielfacher Möglichkeiten oder auch eine Verortung in der Mitte (dazwischen). Zwischen kann eine Beziehung zu einer Sache oder einer Person ausdrücken, aber auch die Verweigerung, eine Beziehung aufzunehmen. Zwischen enthält vor allem eine räumliche Konnotation: Zwischen zwei oder mehreren Personen, Gegenständen, Handlungen usw. entsteht etwas, findet etwas statt, ein Bedeutungsfeld, ein Raum für weitere Möglichkeiten entsteht.

Auf diesen verräumlichenden Ausdruck von Beziehungen, der in der Präposition *zwischen* enthalten ist, hat Joachim Matthes hingewiesen und dabei die Wortge-

77 Die Metapher *zwischen den Stühlen* ist eine dominierende Redeweise, die eine typische Repräsentationsweise des Fremden darstellt. Sie ist aber nicht einfach *da*, sondern muss *gelernt* werden. Wie diese Wissensvermittlung und Verfestigung im Schulbuch geschieht, hat Thomas Kunz anhand exemplarischer Analysen aufgezeigt. Er kann dabei anschaulich machen, dass »ausländische Mitschüler« als typische Repräsentanten von Fremdheit zum Unterrichtsgegenstand gemacht werden: »Die Besonderung der »Ausländerkinder« bedeutet aber, daß der Anspruch, mittels Schulbüchern einen sog. tolerierenden oder akzeptierenden Umgang mit »Fremden« zu lernen, in dem man sie objektiv darstellt/abbildet, gleichbedeutend ist mit dem Erlernen und Einüben von Bedeutungszuweisungen und Attributierungen von Fremdheit. So verstanden liegt das Gewicht vielmehr auf Darstellungen die fremdmachen und -lassen, auf der Sensibilisierung der Angehörigen der Mehrheitsgesellschaft für eine gründliche Handhabung der Zeichenreservoire, die Fremdheit sichern und vergewissern.« (Kunz 2000, 252)

schichte des Titels eines sozialwissenschaftlichen Symposiums reflektiert, das sich mit dem Thema *»Zwischen den Kulturen?«* beschäftigte.

Nach der ersten Denkbewegung, die Matthes bezüglich der Vorüberlegungen zum genannten Symposium schilderte, nämlich von *jenseits* der Kulturen zu sprechen, ergab sich im weiteren Denkprozess eine Akzentuierung auf das *zwischen* den Kulturen, die aber angesichts der Bedenken der beteiligten Forscher zugleich mit einem Fragezeichen relativiert wurde.

Diese festgestellte Verräumlichung des Denkvorgangs koppelt sich an das Abstraktum *der* Kultur (im Singular) und an den Raum, in dem soziale Handlungen sich ereignen. Diese Grenze, die in einem raum-zeitlichen Bedeutungsfeld liegt, galt es beim genannten Symposium aufzulösen und mit einem geschärften Blick auf soziale Konstruktionen zu zeigen, »wie sich die Bestimmung von Kulturen als ein wechselseitiger Prozeß der Fremd- und Selbstbestimmung mit Folgen für alle an dem Prozeß Beteiligten vollzieht.« (Matthes 1992, 5)

Dabei steht das Fremde und Andere für ein komplexes Beziehungs- und Bedeutungsgefüge, in dem das eigene Leiden nicht an sich selbst, sondern an den Anderen wahrgenommen wird. Diesen »verhüllenden Umgang« mit dem Leiden der Sozialwissenschaften sieht Matthes sowohl in theoretischen Debatten (vor allem in den sozialwissenschaftlichen Modernisierungstheorien) als auch in der selbstquälerischen Opposition zwischen qualitativen und quantitativen Methoden, also in den nach wie vor virulenten methodologischen Debatten in der Sozialforschung. In diesen Debatten erkennt Matthes, dass

> immer neue Ausweichstrategien entwickelt werden, um das »Eigene« im Vorgang der Wahrnehmung des »Anderen« bewahren zu können, indem man das »Eigene« am »Anderen« zu identifizieren sucht, ohne zugleich auch nach dem »Anderen« im »Eigenen« zu fragen: beide werden vorab *verzuständlicht*, *apart* gesetzt und dann, abstrakt *und* asymmetrisch, wieder ins Verhältnis zueinander gebracht. (ebd., 7, Hervorh. i. O.)

Ging es bei den forschungslogischen und erkenntnistheoretischen Betrachtungen von Matthes noch um die Frage, *wie* wechselseitige eigen- und fremdkulturelle Begegnung im reflexiven Erkennen (überhaupt) möglich sei – und dabei deutet das Fragezeichen hinter dem *zwischen* auf die Grenzen jeglicher Metaphorik hin – so glauben Marion Gemende, Wolfgang Schroer und Stefan Sting in dem von ihnen herausgegebenen Band *Zwischen den Kulturen. Pädagogische und sozialpädagogische Zugänge zur Interkulturalität* (1999) ohne Fragezeichen nach der Präposition *zwischen* auskommen zu können. Um die Frage des Zugangs über die Analyse dieses *Zwischen*raumes exemplarisch zu problematisieren, folge ich zunächst den von Gemende et al. angeführten Begründungszusammenhängen.

Interkulturalität verorten die Herausgeber im Kontext der zunehmenden internationalen Verflechtungen, sich verstärkender Migrationsströme und einer Globalisierungsdiskussion. Die sich daraus ergebenden Folgen beobachten sie in den Auswirkungen auf das Bildungssystem und in den Institutionen der Sozialen Arbeit. Pädagogik und Sozialpädagogik, so die Autoren, werden mit interkultureller Wirklichkeit konfrontiert, wobei schon das Leben innerhalb einer Kultur zu einem Leben verschiedener Kulturen werden kann. Aus dieser Optik entfalten Gemende, Schroer und Sting den Begriff Interkulturalität, kreisen ihn gleichsam ein und versuchen ihn schließlich weiter auszuarbeiten. Ich folge den Autoren ein Stück auf diesem Weg, um dann einige kritische Anmerkungen und Fragen zu stellen. Die Autoren dieses Sammelbandes fassen

> diejenigen Phänomene, die sich in der Spannung von kulturell-ethnischer und sozialer Annäherung, Differenzierung und Ungleichheit bewegen und die in sich vielfältig, komplex und widersprüchlich sind, im Begriff der »Interkulturalität« zusammen. (Gemende et al. 1999, 11)

Ihre erste These dabei ist, dass die Globalisierungsdebatte eine differenzierte Betrachtung von »Interkulturalität« herausfordere.

> Nur soweit wir zu einem differenzierten Verständnis von Interkulturalität als analytischem Begriff und Lebenswirklichkeit kommen, können wir auch das Verhältnis von Pädagogik und Sozialer Arbeit zu interkulturellen Aufgabenstellungen bestimmen. (ebd.)

In dieser Redeweise erscheint eine Aufspaltung in *innen* und *außen*, *wir* und *sie*. Über den analytischen Begriff verfügen die im Inneren lokalisierten Subjekte, also: das *wir* der Pädagogen. Die Lebenswirklichkeit wird außen verortet. Die *anderen*, die eine wie auch immer geartete Bedürftigkeit im Kontext von Interkulturalität haben, bringen diese Lebenswirklichkeit in pädagogische Felder ein, auf die dann reagiert werden soll. Wichtig ist in diesem Zusammenhang zu fragen, wer die Sprecherposition hat. Diese Frage wird hier aber nicht reflektiert und eine Aushandlungssituation gemieden. Die gewählte Begriffsbestimmung von Interkulturalität ist damit aber noch nicht zu Ende. Hinsichtlich der Polarität global wirkender kultureller Vereinheitlichungstendenzen und dem Aufbrechen neuer ethnischer Konflikte verlieren Kulturen ihre fraglose Selbstverständlichkeit und geraten in ein beziehungsreiches und spannungsvolles Nebeneinander, eine Situation, die – so Gemende et al. – als Interkulturalität bezeichnet werden kann. Wird die Begriffsbestimmung schärfer gefasst, so zeigt sich Folgendes:

> Der Versuch, den Begriff der Interkulturalität etwas näher zu erläutern, gestaltet sich schwieriger, als es auf den ersten Blick erscheint: denn es gibt inzwischen zwar jede Menge Interkulturelles – interkulturelle Bildung, Erziehung, Didaktik, interkulturelle Soziologie, Philosophie, Theologie und Germanistik – doch was Interkulturalität als Konzept, Begriff oder Theorie dabei ausmacht, bleibt merkwürdig dunkel. (ebd.)

Um Licht in dieses Dunkel zu bringen, nehmen sie einen Definitionsversuch auf, der Interkulturalität definiert als »Bewußtseins- oder Erkenntnisprozeß, der aus der selbstreflexiven Wahrnehmung und Erfahrung kultureller Pluralität erwächst.« (Albrecht, in Gemende et al. 1999, 12)

Jenseits eines pädagogischen Impetus der Aufklärung durch den Anderen, weist diese hier genannte Begriffsdefinition auf ein Hauptproblem der Interkulturalitätsdiskussion hin: auf die Kulturabhängigkeit als unhintergehbares Prinzip. Sie hat einerseits Funktionen für die Selbstdefinition und Identitätsbildung, andererseits aber, wie im Zitat von Albrecht angedeutet, beinhaltet sie als Aufgabe einen Lern- und Bildungsprozess, der zum Ziel hat, zu einer Position jenseits der Kulturen zu führen.

Genau an diesem Punkt insistieren die Autoren auf der Darstellung einer Kulturgebundenheit, die sie an Matthes engführen: Es sei unmöglich, die Kulturgebundenheit abzustreifen und sich jenseits der Kulturen zu bewegen.

> Interkulturalität bezieht sich demnach nicht auf eine Situation jenseits der Kulturen, sondern nur auf eine Situation zwischen den Kulturen. Diese Situation ergibt sich aus der Tatsache, daß Kulturen nicht für sich existieren, sondern sich in einem wechselseitigen Austauschprozeß und in ständiger dynamischer Veränderung befinden. (Gemende et al. 1999, 12)

Erstaunlicherweise folgen die Autoren den Vorschlägen von Matthes nur insoweit, als sie den Kulturbegriff – aktuellen Diskussionen folgend – dynamisieren, ihn zwar als Aushandlungsprozess und dynamisches Diskursfeld begreifen, als Kampf um Deutungsmuster, zugleich aber weiter *extern* verräumlichen.[78] Eine eigentümliche Verwirrung entsteht dabei: Einerseits wird Interkulturalität als Zustand und Prozess zwischen verschiedenen und als fremd empfundenen Subjekten definiert, der charakterisiert ist durch die Reflexion der Beziehung zwischen Eigenem und Fremdem. Andererseits wird gerade das, was Matthes explizit anmahnte zu unterlassen, nämlich Kulturen zu hypostasieren, apart zu setzen und zu verzuständlichen, weiter zugespitzt. Der Raum der Begegnung ist in dieser Sichtweise der einer abstrakten Begegnung der Kulturen und wird nicht als intersubjektiv gestalteter *Innenraum* einer konkreten Aushandlungssituation verstanden, wo eine Verhandlung von Bedeutungen fern aller teleologischen und damit pädagogischen Absichten stattfinden kann und die vielleicht irritierend ist. Diese Realität lässt sich nicht beiseite drängen; wenn sie erkannt wird und einen Raum erhält, dann ist sie

[78] Tatsächlich findet dieser Aushandlungsprozess (vgl. Sauter 2000) in der konkreten Begegnung statt, insofern wird dort »Identitätsarbeit« geleistet (Dannenbeck/Eßer/Lösch 1999). Dieser Begriff darf allerdings nicht als Markierung feststehender Merkmale missverstanden werden, sondern als autonome Praxisform. Eine Analyse dieser Praxis ermöglicht den Zugang zu sozialen Konstruktionen im Spielfeld gesellschaftlicher Kräfte und subjektiver Positionierungen.

gestaltbar und lässt sich in der sinngebenden Bedeutungsverleihung verstehen.

Wird der Status der Aushandlung (mehr oder weniger absichtsvoll) übersehen, kommt es dazu, dass weiter ein abstrakter Außenraum *der* Kulturen konstruiert wird. Die von Matthes so pointiert hervorgehobene »Ausweichstrategie« wird dadurch weiterhin reproduziert und die intersubjektive Begegnung nicht als innerer Ort der Aushandlung unterschiedlicher Identitätenzuweisungen und Deutungsmuster gesehen. Dies hat wesentliche Folgen für eine daraus resultierende Theoriebildung.

9.3 Kultur als Differenzlinie – Vielfalt als normatives Ziel

In diesem Kontext kann *Kultur* als problematisches Konzept identifiziert werden. Kultur in einem differenzierten Verständnis ist in der Tat eine ausgrenzende Kategorie, die zumindest aus kulturwissenschaftlicher Sicht eher im *Differenzmodus* konzeptualisiert wird, denn über gruppenspezifische Merkmale Wirkmächtigkeit erlangt. Insofern erscheint es zumindest zweifelhaft, ob sich durch eine begriffliche Schärfung des Kulturbegriffs das Projekt einer jeweils konstruktiven und erkenntnispolitischen Durchdringung von Interkultureller Pädagogik und Sonderpädagogik retten lässt. Diesen Aspekt werde ich nach einer Durchsicht gegenwärtiger Annahmen zur Thematisierung und Bewältigung von Heterogenität im pädagogischen System noch weiter vertiefen. Bereits an dieser Stelle erscheint es mir geeignet, die These zu vertreten, dass es keiner weiteren Explikation des Kulturbegriffes bedarf, sondern es wichtiger ist, eine theoretische Neupositionierung von Kultur vorzunehmen, damit sich eine tragfähige Perspektive im genannten Kontext entwickeln kann.[79] Damit werden kulturwissenschaftliche Argumentationen von Bedeutung sein, die ich in einem nächsten Schritt weiter ausführen werde. Zunächst geht es mir jedoch noch einmal grundlegender um die Konvergenzen von Interkultureller Pädagogik und Sonderpädagogik.

Der Umgang mit sprachlicher, sozialer, geschlechtlicher, kultureller und personaler Heterogenität lässt sich aus beiden Perspektiven in den Blick nehmen. Eine Verknüpfung der Perspektiven von interkultureller und integrativer Pädagogik

[79] Nicht nur in der Erziehungswissenschaft ist dieses Konzept aufgrund seiner Uneindeutigkeit prekär geworden (vgl. Hansen 1995). Auch in anderen Disziplinen wird skeptisch erwogen: »Viele Ethnologen [...] verwenden ›Kultur‹ fast nur noch in Anführungszeichen bzw. beschränken sich auf das Adjektiv ›kulturell‹. Relativ unproblematisch ist in der Ethnologie heute nur ein Konzept von Kultur als *Repräsentation*, d. h. als in der Regel zu politischen Zwecken entworfenes Selbst- oder Fremdbild in Bezug auf eine Gruppe. Der Gebrauch von ›Kultur‹ als geteilter Bestand von gegebenen Elementen, die eine Gruppe kennzeichnen, hat sich in der Ethnologie weitgehend erledigt.« (Sökefeld 2004, 16)

wird darüber hinaus schon länger programmatisch gefordert.[80] Dennoch arbeiten beiden Teilsysteme in der Forschungspraxis und im beruflichen Handeln, das heißt in der Disziplin mehr als in der Profession, eher isoliert voneinander und nehmen relevante Forschungsbefunde kaum in der gegenseitigen Durchdringung und Relevanz wahr.

Grundsätzlich stellt sich die Frage nach dem Verhältnis von Erziehungswissenschaft und (kultureller) Differenz. In diesem Zusammenhang lässt sich auf die Systematisierungsversuche von Marianne Krüger-Potratz zurückgreifen, die dieses Verhältnis disziplinbezogen und historisch nachgezeichnet hat. Hinsichtlich des Verhältnisses von Erziehungswissenschaft und Differenz schreibt sie:

> In der deutschsprachigen Erziehungswissenschaft kam der Anstoß zunächst aus jenen erziehungswissenschaftlichen Fachrichtungen, die eine abweichende und benachteiligte Zielgruppe zum Ausgangspunkt ihrer Kritik, Reflexionen und Forderungen genommen hatten: aus der Frauenforschung, der Sonderpädagogik und der Ausländerpädagogik. Den drei Fachrichtungen ist gemeinsam, daß sie Anfang der siebziger Jahre, gegen Ende der Bildungsreformdiskussion auf den Plan getreten sind; zu einem Zeitpunkt also, zu dem die Frage von (sozialer) Differenz und (Chancen-) Gleichheit als letztlich ungelöste in den »normalen« bildungspolitischen und pädagogischen Problemhaushalt eingeht, wird sie – gleichsam von den Rändern der Disziplin her und mit Bezug auf andere Zielgruppen – erneut nachdrücklich aufgeworfen. (Krüger-Potratz 1999, 150)

Alle drei dieser pädagogischen Teilsysteme oder auch Subdisziplinen, der Begriff der *Fachrichtung* erscheint vor dem Hintergrund der sonderpädagogischen Ausdifferenzierung in Fachrichtungen für alle erdenklichen behinderungsspezifischen Formen weniger geeignet, haben sich aus unterschiedlichen Gründen weiter verändert in Geschlechterforschung, Integrationspädagogik und Interkulturelle Pädagogik. Im jeweiligen neuen Namen[81] (der auch konzeptionelle Veränderungen

---

80 So plädiert beispielsweise Kerstin Merz-Atalik (2001, 253) programmatisch »für weitere Forschung in Bezug auf die Verknüpfung und das Zusammendenken der beiden pädagogischen Ansätze ›Interkulturelle Pädagogik‹ und ›Integrative Pädagogik‹ im Kontext einer nicht aussondernden Schulkultur und -pädagogik.«

81 In der aktuellen Literatur wird der Begriff der Interkulturellen Pädagogik zunehmend verabschiedet: Paul Mecheril kritisiert die Perspektive dieser Zugriffsweise und entwickelt eine *Migrationspädagogik*, die die bisherigen Dilemmata überwinden soll. Eine ihrer zentralen Aufgaben besteht »in der Beschäftigung mit der Frage, wie *der und die Andere* unter Bedingungen von Migration erzeugt wird und welchen Beitrag pädagogische Diskurse und Praxen hierzu leisten.« (Mecheril 2004, 19, Hervorh. i. O.) Am Begriff *interkulturell* hingegen hält Marianne Krüger-Potratz fest und definiert eine konsensfähige *Interkulturelle Bildung*. Sie ist u. a. Schlüsselqualifikation, Entwicklungs- und eine Querschnittsaufgabe in *allen* erziehungswissenschaftlichen Teildisziplinen und Tätigkeitsfeldern. Sie zielt individuell auf Veränderung von Deutungsmustern, Einstellungen und Haltungen und institutionell auf die Veränderung ausgrenzender und diskriminierender Strukturen im Bildungssystem (Krüger-Potratz 2005, 30ff.).

mit sich brachte) spiegelt sich gleichwohl der Versuch, die neue Perspektive hinsichtlich der Qualifizierung von Differenz und des Verhältnisses von Differenz und Gleichheit einzufangen (vgl. ebd.). Eine historische Analyse der unterschiedlichen Differenzlinien, die für die Organisation von Lerngruppen als Begründungsfiguren in den letzten 200 Jahren benutzt worden sind, kann jedoch aufzeigen, dass es eine relative Stabilität einzelner Differenzlinien gibt. So haben Sozialstatus, »Begabung« und Sprache eine durchgehende Gültigkeit, während die Homogenität von Lerngruppen entlang der Differenzlinien Lebensalter, Geschlecht und Konfession weitgehend entfallen ist. Vor allem die Kategorie Behinderung ist als schulstruktureller Status in wechselvoller Bedeutung zu erkennen, der gemeinsame Schulbesuch in weiterführenden Schulen auch im 21. Jahrhundert nicht als Regelfall organisiert (vgl. Hansen 2003).

Wichtig ist es in diesem Zusammenhang zu erwähnen, dass die aus dieser Perspektive verhandelten Fragen und Problemstellungen nicht neu sind. Differenz wurde in der Menschheitsgeschichte immer wieder markiert und muss vor allem im Kontext von Bildung, Nationalstaat und der Geschichte der Pädagogik gesehen werden (vgl. Hansen/Wenning 2003; Wenning 1999; Schiffauer/Bauman/Kastoryano/Vertovec 2002).

Bezüglich der kategorialen Verwendung des Differenzbegriffes sieht Krüger-Potratz kritisch, dass sich in diesem Zusammenhang zwei Formen herausgebildet haben, nämlich die Differenzhypothese und Differenzierung als Formen des pädagogischen Umgangs. Die Differenzierung greift vor allem im sonderpädagogischen Umgang mit unterschiedlichen Lernformen, Lernwegen und -voraussetzungen, z. B. in differenzierten Lernzielen und im Konzept der Binnendifferenzierung.

> Aber wie sehr auch die Lösungsangebote für den Umgang mit Verschiedenheit und individualisiertem Lernen in der pädagogischen Praxis inzwischen verfeinert sein mögen, sie sind auf jeden Fall letztlich differenzerhaltend. (Krüger-Potratz 1999, 151)

Auch die Differenzhypothese hinsichtlich von Chancenungleichheit und sozialer Lage kann nur skeptisch beurteilt werden, wenn sie in Defizitannahmen und in den Forderungen nach kompensatorischer Erziehung münden. Geht es also um eine Pädagogik für *alle* Kinder, so bleibt das Problem von Gleichheit und Verschiedenheit, vom Allgemeinen und dem Besonderen bestehen. Spätestens seit den 1980er Jahren hat sich eine Kritik des Defizitansatzes zugunsten des Differenzansatzes etabliert und geriet zu einer selbstverständlichen Übung, aber auch die Differenzhypothese blieb nicht lange unkritisiert:

> Eine Differenzhypothese – so kann man die Kritik zusammenfassen –, die Differenz als Anderssein fasse und das Recht auf Anderssein reklamiere, ohne nach dem Maßstab für und nach der Genese von Differenz zu fragen, erweise sich letztlich nur als Kehrseite des Defizitansatzes. (ebd. 156)

Mit dieser Zuspitzung und Zusammenfassung der Kritik spricht Krüger-Potratz einen wichtigen Punkt an: Die Entstehung und Legitimation von Differenzen. Darauf wird noch ausführlicher zurückzukommen sein, vor allem vor dem Hintergrund einer kulturwissenschaftlich analytischen Wendung. Vorab will ich mich noch mit den Programmatiken und den Konvergenzen von Interkultureller Pädagogik und Sonderpädagogik beschäftigen.

Wären bezüglich der disziplinären und programmatischen Überlegungen über die möglichen Vorteile einer Kooperation von Sonderpädagogik und Interkultureller Pädagogik diese Kooperation auf den ersten Blick plausibel und könnten auf gemeinsame Theorieentwicklung, differenziertere Perspektiven, erweiterte Referenzsysteme, forschungsstrategische Partnerschaften zielen, so sind auch Vorbehalte zu nennen, die schwer auszuräumen sind. Birgit Warzecha (2003), die diese Kooperation der beiden Fachrichtungen für das Thema Heterogenität initiierte, fragt beispielsweise an, ob sich mit der doppelten Perspektive (von Interkultureller Pädagogik und Sonderpädagogik) auch wirklich substanzielle Veränderungsperspektiven abzeichnen. Die für beide Fachrichtungen in jüngster Zeit formulierten, dokumentierten und hinreichend analysierten Zusammenhänge in Hinblick auf die Chancenungerechtigkeit im Bildungssystem sowie die Ausgrenzungsprozesse durch institutionelle Zuschreibungen und schulorganisatorische Maßnahmen (Powell 2004, Radtke/Gomolla 2002) lassen sich damit jedenfalls nicht hinreichend erschließen.

Vor dem Zusammenarbeiten und Zusammendenken muss geklärt werden, ob es tragfähige *gemeinsame* Begriffe gibt und ob gemeinsame Begriffe sich auf eine konsensfähige theoretische Übereinkunft gründen. Meint beispielsweise Integration in Interkultureller Pädagogik und Sonderpädagogik dasselbe? Wie werden die Begriffe Heterogenität, Differenz und Vielfalt jeweils konzeptionell verstanden? Überwiegen in den Zugängen analytische oder vielmehr deskriptive oder normative Kategorien und Zugänge? Mit welchen bevorzugten Methoden, Theorien und Forschungsgegenständen arbeiten jeweils Interkulturelle Pädagogik und Sonderpädagogik?

Festgehalten werden können aus kritischer Perspektive zunächst einmal folgende Befunde zu den strukturellen Übereinstimmungen:

- Beide Disziplinen arbeiten sich an prekären Begriffen und umstrittenen Kategorien ab: die Sonderpädagogik am Behinderungsbegriff und die Interkulturelle Pädagogik am Begriff der Kultur. Beides sind jeweils disziplinär konstituierende Begriffe (vgl. Moser 2003 für die Sonderpädagogik; Auernheimer 2003 für die Interkulturelle Pädagogik).
- Beide Disziplinen stehen seit längerem in der Kritik, aufgrund der genannten Konstitutionsproblematik sowie durch Befunde der empirischen Bildungsforschung, die eine weiterhin steigende Zahl schulischer Segregation aufgrund kultureller und sozi-

aler Heterogenität aufweisen (der Programmatik der Interkulturellen Pädagogik und Förderrhetorik der Sonderpädagogik zum Trotz). Zudem hat der beide Teildisziplinen kennzeichnende Diskurs eine »Pluralitätsrhetorik« hervorgebracht, die zwar die Vielfalt feiert, aber keinen substanziellen Paradigmenwechsel aufweist. Weiterhin werden die »Anderen« als homogene Gruppen konstruiert, und die »Pluralitätsrhetorik ist [...] zum Bestandteil der Homogenitätspolitik geworden.« (Hansen 2003, 71)

- Kultur und Behinderung erscheinen beide als hoch problematische Kategorien, die im disziplinären Hauptstrom vor allem essentialistisch aufgeladen worden sind, um disziplinäre Zugriffe zu legitimieren.
- Interkulturelle Pädagogik und Sonderpädagogik setzen beide bevorzugt im pädagogischen Handlungsraum Schule an und bevorzugen gleichzeitig eine eindimensionale Sicht auf das *Objekt* der Förderung und Bildung (Sauter 2000 zum Objektstatus in der Ausländerforschung; Tervooren 2003 zum Objektstatus von Behinderten in der traditionellen Sonderpädagogik).

Als ungeklärte Begriffe erscheinen dabei vor allem: Vielfalt, Differenz, Heterogenität, Fremdheit, Identität, Kultur, Behinderung, Normalität, Integration, Anerkennung. Ungeklärte Perspektiven ergeben sich auf das »behinderte« Subjekt, auf das »kulturell« fremde Subjekt, auf den pädagogischen Handlungsraum Schule, auf LehrerInnen, auf SchülerInnen, auf die Struktur pädagogischer Prozesse, auf Mikroprozesse sozialen Handelns in Lernprozessen und auf die Bedeutung des sozialen und kulturellen Raums im Bildungsprozess.

Insofern ist es wichtig, diese ungeklärten Perspektiven bezüglich der Konstruktion und Konstitution durch die Interkulturellen Pädagogik und Sonderpädagogik genauer zu analysieren und beispielsweise die Auswirkungen sozialer Teilungsprozesse in Bezug auf den Umgang mit Heterogenität genauer in den Blick zu nehmen. Möglicherweise erscheint auch die bisherige Trennung der beiden Disziplinen im Lichte von Teilungsprozessen im Bildungssystem selbst erklärbar, im Sinne der Entstehung der Subdisziplinen und hinsichtlich der Frage der Berücksichtigung des Besonderen im Allgemeinen der Pädagogik. Die beiden Teildisziplinen Interkulturelle Pädagogik und Sonderpädagogik sind nicht bloß in der Lücke entstanden, die die Allgemeine Pädagogik im Hinblick auf das Besondere hinterlassen hat. In diesem Zusammenhang ließe sich eine Diskussion eröffnen um die machttheoretischen Aspekte und Zusammenhänge von Bildung, Kultur und den Produktionen und Reproduktionen von Differenzen. Hier muss allerdings der ideengeschichtliche Begründungszusammenhang präzisiert werden. Denn gerade im Hinblick auf die Konvergenzen von Sonderpädagogik und Interkultureller Pädagogik wurden schon vor über mehr als zehn Jahren zwei einflussreiche Konzepte vorgelegt, die nachhaltigen Einfluss sowohl auf Theorieentwicklung als auch auf Erziehungspraxis nehmen sollten.

Dies ist zum einen die Studie von Andreas Hinz *Heterogenität in der Schule.*

Integration – Interkulturelle Erziehung – Koedukation (1993). Darin entfaltet Hinz das grundlegende Spannungsverhältniss, in dem sich Schule befindet, nämlich die vorhandene individuelle Verschiedenheit jedes Kindes mit den Gleichheitsforderungen, einheitlichen Anforderungen und Zielen in Passung zu bringen. Interessant ist der Entstehungskontext der Untersuchung: Ursprünglich sollte auf der Basis der wissenschaftlichen Begleitung eines Hamburger Schulversuchs zur integrativen Erziehung in Primarklassen diese Praxisform beschrieben und analysiert werden. Aber das Untersuchungsvorhaben bekam eine andere Wendung. Er schreibt hierzu:

> Im integrativen Unterricht waren immer wieder Situationen zu beobachten, in denen sich Auseinandersetzungen nicht auf die Heterogenität der Begabungen bezogen, sondern auf andere Dimensionen von Heterogenität: Häufig waren dies Auseinandersetzungen zwischen Mädchen und Jungen, bei denen die Geschlechter eine große Rolle spielten, oder Auseinandersetzungen, bei denen der unterschiedliche kulturelle Hintergrund der Kinder von Bedeutung war. Auf dieser Grundlage weitete sich der Interessen- und Aufmerksamkeitshorizont für andere Dimensionen der Heterogenität von Kindern in der Schule. (Hinz 1993, 16)

Innerhalb dieser Aufmerksamkeitsverschiebung wurde eine neue Problematik deutlich, die darin bestand, dass in der Praxis der Integrationsklassen anderen Dimensionen der Heterogenität möglicherweise nicht hinreichend Aufmerksamkeit geschenkt wurde. So folgte für Hinz eine intensive Beschäftigung mit der Diskussion um die Verschiedenheit von Kindern in der Literatur der Schulpädagogik (vgl. ebd.). Dabei rekurrierte er auf die Ansätze der Interkulturellen Erziehung und der Feministischen Pädagogik. In der gemeinsamen Diskussion mit den praktischen und theoretischen Strategien der integrativen Erziehung führte er die bis dahin getrennt geführte pädagogische Diskussion im Hinblick auf Gemeinsamkeiten und Verschiedenheit der Heterogenitätsbewältigung in der Schule zusammen. Bezüglich der hier interessierenden Frage nach den Begründungsfiguren spezieller Pädagogiken behauptet Hinz jedoch, dass alle drei Fachrichtungen also Integrationspädagogik, Interkulturelle Pädagogik sowie die Feministische Pädagogik den Charakter einer Spezialdisziplin ablehnen, weil sie sich innerhalb der Allgemeinen Pädagogik positionieren. Es gehe dabei vor allem um eine Veränderung der Pädagogik insgesamt und nicht um die besondere Förderung einzelner Schülerinnen und Schüler:

> Ziel ist, die Verschiedenheit von SchülerInnen anzuerkennen und sie dennoch miteinander lernen zu lassen – ein Prozeß der alle SchülerInnen einschließt. (Hinz 1993, 420, Hervorh. i. O.)

Widersprüchlich dabei erscheint die Anerkennungsdimension, die durch die Pädagogik eine Gleichbehandlung im Erziehungsprozess sicherstellen soll, die Dynamik der gesellschaftlichen Anerkennungs*miss*verhältnisse aber kaum zu erschließen vermag. In diesem Zusammenhang verwundert auch, dass Hinz eine hermeneutische Position im Forschungs- und Erkenntnisprozess formuliert (vgl. ebd., 57), die aus der Sekundäranalyse der programmatischen Literatur gewonnen wurde. Eigenes empirisches Material wird nicht eingebracht. Angesichts der von Hinz in der Einleitung geschilderten Beobachtungen über die unterschiedlichen Heterogenitätsdimensionen im unterrichtlichen Geschehen der integrativen Erziehung, die kulturelle und geschlechtliche Aspekte ins Spiel bringen, muss diese erkenntnisrelevante Begründung verwundern, denn nicht die konkreten und empirisch zugänglichen Verhandlungsformen, Paradoxien und Figurationen, Praxisformen und Alltagsgeschichten ethnischer, kultureller, geschlechtlicher, sozialer und behinderungsspezifischer Ungleichheiten werden aus dieser Perspektive freigelegt, sondern nur die programmatische und vor allem deskriptive Ebene der Konzeptentwürfe der pädagogischen Diskurse. In dieser Hinsicht müssen die Aussagen auf einer eindimensionalen Ebene verbleiben, nicht nur weil die konkrete Erziehungspraxis nicht analytisch durchdrungen wird, sondern, dieser Einwand wiegt schwerer, weil der Heterogenitätsbegriff vor allem *affirmativ* entworfen worden ist.

Mit der Dialektik von Gleichheit und Verschiedenheit hat sich auch Annedore Prengel in *Pädagogik der Vielfalt* (1993) beschäftigt und diese vor dem Hintergrund der strukturellen Ähnlichkeit disziplinärer Begründungen entfaltet. Sie erscheint gerade im Kontext der pädagogischen Bearbeitung von Verschiedenheit und Gleichheit zumindest für die sonderpädagogische Diskussion ideengeschichtlich neues Terrain zu beschreiten, weil sie sich klar von der konstitutiven Kategorie der »Behinderung« gelöst hat und gleichsam die Abweichung von der Normalität im Erziehungs- und Bildungssystem hervorgehoben und in einen strukturellen Rahmen gestellt hat, der nach der konkreten Erfahrung des Andersseins forscht:

> Gemeinsam ist den Frauen, den Behinderten und den Angehörigen marginalisierter Kulturen in der bürgerlichen Gesellschaft die historische Erfahrung von Etikettierung und Diskriminierung, mit der sie dem bürgerlichen Subjekt als das ganz »Andere« gegenübergestellt wurden. Mit den Fragen nach dem Verhältnis zwischen Behinderten und Nichtbehinderten, dem Verhältnis zwischen den Geschlechtern und dem Verhältnis zwischen verschiedenen Kulturen werden aus drei unterschiedlichen Interessenlagen und Perspektiven der Erkenntnis aber auch drei existentielle Dimensionen jeder Lebensgeschichte thematisiert. (Prengel 1993, 16)

Ihre Hauptfragestellung bezieht sich auf die Herstellung einer emanzipatorischen Pädagogik und den Aspekt, ob pädagogisches Handeln der geschlechtlichen, kulturellen und individuellen Verschiedenheit der Menschen gerecht werden kann: »Wie kann Pädagogik dabei das demokratische Prinzip der Gleichberechtigung verwirklichen?« (ebd., 17)

Die Probleme von Verschiedenheit und Gleichberechtigung werden diesbezüglich unter den drei bislang nebeneinander und unabhängig voneinander arbeitenden Perspektiven diskutiert: aus der interkulturellen Perspektive (als pädagogischer Beitrag zur multikulturellen Gesellschaft), aus der Perspektive der Feministischen Pädagogik (als pädagogischer Beitrag zur Neugestaltung des Geschlechterverhältnisses) sowie aus der Perspektive der Integrativen Pädagogik (als pädagogischer Beitrag zur Nichtaussonderung von Menschen mit Behinderungen). Im Sinne des Auslotens der wesentlichen strukturellen Gemeinsamkeiten in diesen Bereichen, bei spezifischen Fragestellungen widmet sich die Studie einer Entwicklung und vor allen Dingen theoretischen Fundierung zur Entwicklung einer Pädagogik der Vielfalt, die sich versteht als Pädagogik der Anerkennung (im Sinne von Honneths Entwurf einer sozialphilosophischen Theorie der Anerkennung) zwischen gleichberechtigt Verschiedenen (ebd., 62).

In dem systematischen Durchgang durch Differenz-, Pluralitäts- und Intersubjektivitätstheorien gelingt es, die Aporien von Gleichheit und Verschiedenheit in modernen demokratischen Gesellschaften anschaulich zu machen. Dabei entwirft Prengel eine plausible Darstellung der Unmöglichkeit des etablierten Bildungs- und Erziehungssystems, Gleichheit herzustellen und die relevante Kategorie Differenz[82] angemessen in Lernprozessen grundzulegen. Gleichwohl erscheinen sowohl die Differenzbegriffe als auch die Modi der Anerkennung der Verschiedenheit selbst höchst different zu sein. So wird beispielsweise im Zusammenhang mit der feministischen Pädagogik für einen nichtaffirmativen Differenzbegriff plädiert, der die Pluralität und die Undefinierbarkeit des weiblichen Geschlechts betont (ebd., 136). Für die beiden anderen Felder Kultur und Behinderung scheint diese unbestimmbare Differenz nicht zu gelten, mehr noch: trotz dem Bekenntnis zu einer Kritik der assimilatorischen Form der Emanzipation (ebd., 177) bleibt die Orientierung am Anderen und deren Anderssein problematisch codiert.

In diesem Zusammenhang fasst Prengel die Ansätze der neuen pädagogischen Bewegungen noch einmal zusammen:

> Die *integrative Pädagogik* schafft, initiiert durch die Anwesenheit *der Behinderten*, Freiräume für alle Kinder, ihrer Verschiedenheit gemäß zu lernen, ohne den Zwang zur Orientierung an einem gedachten Jahrgangsklassendurchschnitt, dem ja auch die Nichtbehinderten real nicht entsprechen. Integrative Pädagogik schafft auch den Raum zum Gewahrwerden der Behinderungen, Verletzungen und Begrenzungen, die jede Existenz bestimmen. *Feministische Pädagogik* regt, indem sie die weibliche geschlechtstypische Erfahrung bewußt werden läßt, auch zur Erkenntnis an, daß es *männliche geschlechtsty-*

[82] Gleichwohl bleibt Differenz ein Konstitutionsproblem der Sonderpädagogik. Opp/Fingerle/Puhr (2001, 164) schreiben treffend dazu: »Je schärfer man die Differenz zwischen ›Behinderung‹ und ›Normalität‹ im Sinne spezieller Erziehungsbedürfnisse ausleuchtete, desto besser waren sonderpädagogische Expansionsansprüche zu begründen. Im Rahmen dieser Zentrierung auf Differenz wurde die (differente) Einheit der pädagogischen Funktion aus den Augen verloren.«

pische Erfahrungen gibt. Damit eröffnet sie auch neue Impulse der Jungenerziehung. Durch ihre Impulse wird aber auch den Jungen erlaubt zu weinen, Hausarbeit zu erlernen, sich enge Beziehungen zu Kindern vorstellen zu können. Die *Interkulturelle Pädagogik* macht die ethnozentrische Begrenztheit unserer Kultur bewußt und offeriert potentiell Einblicke in den immensen Reichtum *anderer kultureller Praktiken*. (ebd., 179, meine Hervorhebungen S. S.)

Im Modus der binär codierten Unterschiede behindert/nichtbehindert, männliche/weibliche geschlechtstypische Erfahrungen sowie eigene/andere kulturelle Praktiken kommt den *wesenhaften Anderen* in diesem Begründungstext für spezielle Pädagogiken eine Funktion der korrigierenden Erfahrung zu. Sie sollen die Verschiedenheit herstellen, durch ihre spezifischen differenzgebenden Erfahrungen, kulturellen Praktiken oder Erscheinungsformen. Auch wenn Prengel auf diese Weise den Zugang zum unendlich facettenreichen Spektrum der ausgegrenzten Lebenserfahrungen eröffnen will, bleibt ein Unbehagen, was die Ingebrauchnahme des Anderen für pädagogische Zwecke betrifft: die Anderen stehen apart, sie müssen, um die in Rede stehenden Impulse liefern zu können, als *»Andere«* wahrgenommen und mit den »Nichtanderen« zusammen lernen können und sollen. Diese binär codierte diskursive Praxis muss insofern paradox erscheinen, weil sie die Anderen gerade in ihrer Andersartigkeit für die Begründung des disziplinären Zugriffes benötigt und sie insofern genau in die von Prengel skizzierte Aporie von Gleichheit und Verschiedenheit fallen.

Im Hinblick auf die feministischen Perspektiven bezüglich »Differenz« in Erziehungs- und Bildungsprozessen hat auch Martina Löw den Gebrauchswert der »Pädagogik der Vielfalt« untersucht. Sie kommt in kritisch-konstruktiver Sicht zu folgendem Resümee, dass nämlich Prengels Analyse ein für viele differenztheoretische Argumentationen typisches Problem zeige:

> Entweder entwickeln die AutorInnen ihre differenztheoretische Reflexion zwar an bildungstheoretischen Problemen, verzichten aber im Anschluss an die Dekonstruktion auf einen Rückbezug auf (bildungs-)politische, pädagogische etc. Anwendungsfelder oder sie nutzen [...] unterschiedlich pointierte Differenzbegriffe. In ihrem Theorieteil verwendet Prengel die dekonstruktivistische Differenzkategorie im Sinne des Zersetzens des scheinbar Einheitlichen zur Analyse von Denkgebäuden. Im anwendungsorientierten Teil ist Differenz ein Begriff für die Offenheit für Verschiedenheit, das Uneinheitliche und Plurale verbunden mit Wahlmöglichkeiten und Selbstbestimmung. (Löw 2001, 114)

Entlang dieser Kritik zerfiele die »Pädagogik der Vielfalt« in einen theoretischen Entwurf und einen praxisrelevanten Teil. Nun wäre es zu banal, die grundsätzliche Differenz von Theorie und Praxis hier unterlegen zu wollen. Ich gehe davon aus, dass es Löw nicht um dieses Verhältnis geht, sondern um eine Einschätzung des analytischen Gehaltes der Theorie. In diesem Sinne weisen alle weiteren Überlegungen auf eine analytische Differenztheorie hin, die sich hinsichtlich ihrer erschließenden Kraft im pädagogischen Handlungszusammenhang zu bewähren hat.[83]

Was aber – das wären die Fragen, die im Handlungsmodus weiterer (nicht binär zu codierenden) Differenzerfahrungen relevant werden – geschieht, wenn beispielsweise ein blindes Mädchen aus einer Einwandererfamilie in diesem Modus der Verschiedenheit Lernerfahrungen initiieren soll? Was ist mit dem Jungen, der sein homosexuelles Coming-out verbergen muss, weil er keine Chance sieht, im Unterricht seine *eigene* geschlechtstypische Erfahrung zu repräsentieren, die quer zu dem binär codierten Muster männlich/weiblich verläuft? Und wieso haben nur die *Anderen* bemerkenswerte und reichhaltige kulturelle Praxen? Wie werden die angeblichen Differenzträger adressiert? Alle diese genannten Differenz-Kategorien scheinen sich über essentialistisch gedachte Gruppenzugehörigkeiten zu konstruieren, die mehr über den Prozess der Grenzziehung verraten als über die Mitglieder. Wesenhaft und aus einer distanzierten Position aus geurteilt sind diese Einteilungsprozesse wenig erhellend, was die Prozesse der Konstitution von Mitgliedschaften betrifft. Darüber hinaus erscheinen die Kategorien in einem Schema angeordnet zu sein, die sich seltsam eindeutig präsentieren und andere relevante Kategorien (wie Generation, soziale Lage usw.) nicht ins Verhältnis zueinander setzen. Die Gefahren von Relativismus und (affirmativem) Pluralismus können in diesem Kontext klar erkannt werden: Sie bestehen in einer Verdoppelung der Wirklichkeit bzw. einem dagegen opponierenden normativem Entwurf. Eingreifendes kritisches Denken muss sich jedoch anders zur Wirklichkeit positionieren als es diese exemplarisch analysierte akademische und pädagogische Praxis der Differenzbehandlung vorschlägt. Eine Definition und Neudefinition des Forschungsgegenstandes steht dabei in Rede, ebenso wie die Situierung des Wissens.[84] Diese Diskussion möchte ich im Folgenden weiter entfalten und die Ebene der Theoriepositionen betreten, damit die beschriebenen Praxisformen der Organisation von Vielfalt erschlossen werden können.

---

83 »Theorien müssen letztlich danach beurteilt werden, wie adäquat sie das Phänomen verstehen, das sie zu erklären vorgeben und nicht aus sich selbst.« (Willis 1982, 276)

84 In dem Maße wie (kulturelle, ethnische, geschlechtliche oder subjektbezogene) Differenzen als fortlaufende Produktionsprozesse gesehen werden, erlaubt sich ein analytischer Zugang, der auf eingreifende Veränderung zielt: »Cultural Studies zielen auf ein Verständnis von Kultur und Gesellschaft, das vom Bewusstsein getragen ist, selbst Teil von Veränderungsprozessen zu sein und sein zu wollen.« (Dannenbeck 2002, 41) Siehe auch Göttlich (1992) zur Theoriepolitik der Cultural Studies; ebenso für die Überschneidungsbereiche im erkenntnispolitischen Bezug zur Pädagogik Mecheril/Witsch 2006.

Um es mit Stuart Hall zu pointieren: Es geht um den Blick auf und die Bedeutung des Anderen für die Hervorbringung des Eigenen. Identität und Differenz sind also in dieser Hinsicht unhintergehbar und in einer vielschichtigen Doppelstruktur miteinander verbunden.

> Darum besteht ein weiterer kritischer Punkt von Identität darin, daß sie zum Teil die Beziehung zwischen dir und dem Anderen ist. Nur wenn es einen Anderen gibt, kannst du wissen, wer du bist. Die Entdeckung dieses Faktums läuft auf die Entdeckung und Offenlegung der gesamten gewaltigen Geschichte des Nationalismus und des Rassismus hinaus. Rassismus ist eine Struktur des Diskurses und der Repräsentation, die den Anderen symbolisch zu vertreiben sucht – ihn auslöschen, ihn da drüben in die dritte Welt setzen, an den Rand. (Hall 1999, 93)

Zudem wird die Situierung des Wissens über Differenz ohne den darin inhärenten Kampf um Bedeutungen nahezu kritiklos im Hinblick auf den Verweisungszusammenhang von Wissen und Macht vorgebracht. Was ist darunter zu verstehen? Dieser Verweisungszusammenhang hat dem Anderen einen spezifischen Platz im Außen oder außerhalb der Gemeinschaft zugewiesen, er muss aus diesem Grund dann mit pädagogischen Mitteln anerkannt, inkludiert oder sonst wie prozessiert werden. Das heißt, dass mit Annahmen über die Anderen operiert wird, die Differenzen im Sinne einer Lokalisierung im Außen konstruiert (Prengel spricht von Angehörigen marginalisierter Kulturen; bei Hinz werden für Kinder, die ausgesondert sind, Vielfaltsprogramme angedacht).

Ich gebe hier bereits eine erste Annäherung an kulturwissenschaftliche Lesarten, die mit dieser Perspektive radikal bricht, sie gleichsam politisiert; dies allerdings nicht im Sinne der Perspektive von Hinz oder Prengel, die auf eine Demokratisierung zusteuern, sondern um eine kritische Analyse gewinnen zu können, die aufzeigt wie Macht – gerade in modernisierten Demokratien – subtil hergestellt und im Bildungssystem reproduziert wird. Zunächst muss dazu eine Grundprämisse kulturwissenschaftlicher Ansätze – so uneinheitlich sie auch sein mögen – geklärt werden, dass nämlich die dialektische Doppelstruktur von *fremd* und *vertraut* aus der binären Codierung ausgelöst wird. Ausgegangen wird davon, dass

> das Andere nie außerhalb oder jenseits von uns verortet ist, sondern seine Stelle einnimmt innerhalb eines jeden kulturellen Systems und des durch dieses System bedingten Diskurses. Differenz ist nicht die Marke für eine Grenze zwischen Innen und Außen, zwischen Zentrum und Rändern, sondern ein unumgänglicher Ort mitten im Zentrum. (Bronfen 2000, XI)

Es versteht sich, dass auch das pädagogische System ein kulturelles darstellt und spezifische Diskurse aufweist. Nun sind die Orte im Zentrum der Pädagogik die durch Grenzziehungen hergestellten Formen der Vergesellschaftung der Anderen durch Bildung. Bei Prengel und Hinz erscheint Differenz ganz klar als Grenze zwischen Innen und Außen im Erziehungssystem, bzw. als Teilaspekt und nicht als Problem einer eingeschränkten Normalitätskonstruktion der Allgemeinen Pädagogik (vgl. Wenning 1999, 12). Was auch als differenztheoretische Grundlegung sichtbar wird, sind die machtspezifischen Implikationen in der binär codierten Opposition zwischen behindert/nicht-behindert, die in der »Pädagogik der Vielfalt« nicht hinreichend theoretisiert werden. Theoretisch bedeutsamer, um eine analytische Perspektive gewinnen zu können, wäre eine Untersuchung der *Politik der Differenz.*

Statt normativer Entwürfe sind nun also analytische Konzepte gefordert. Hans-Uwe Rösner hat in diesem Zusammenhang gefragt, auf welcher moralischen Grundlage sich die mangelnde gesellschaftliche Anerkennung von Menschen mit Behinderung kritisieren lässt. In seiner differenzierten Analyse gegenwärtiger Gerechtigkeitstheorien kann er überzeugend nachweisen, dass diese nicht hinreichen, um das Phänomen der sozialen Benachteiligung von Minderheiten angemessen zu erklären. Rösner zeigt mit Foucault und seinen Machtanalysen dezidiert auf,

> dass mit dem Begriff »behindert« bestimmte Personen weniger repräsentiert, sondern als Subjekte auf eine gesellschaftlich vorgegebene Identität festgelegt werden. Dem Wort »Subjekt« kommt dabei der doppelte Sinn zu, »vermittels Kontrolle und Abhängigkeit jemandem unterworfen zu sein und durch Bewusstsein und Selbsterkenntnis seiner eigenen Identität verhaftet zu sein«. (Rösner 2002, 19)

Dementsprechend ist der Begriff »Behindertsein« nicht essentialistisch als natürliche Gegebenheit und unhinterfragte soziale Tatsache zu verstehen, sondern wird im alltäglichen wie im humanwissenschaftlichen Handeln immer wieder neu erzeugt (vgl. ebd.). Statt Gleichheit ist nun die Anerkennung von *Differenz* ein wichtiger Aspekt. Diese Anerkennung kann allerdings, dafür plädiert Rösner nachhaltig, nicht im Modus der *Normalisierung* stattfinden. Wenn auch die Widerstandsformen, Subversionen und Gegenstrategien in diesem Zugang nicht im unmittelbaren Blickpunkt stehen, die Subjekte eben nicht im Käfig von Kontrolle und Abhängigkeit verharren, so können die wissenschaftlichen Konstruktionsprozesse klar erkannt werden.

Aus dieser veränderten und folgenreichen Perspektive erweist sich die Differenzkategorie Behinderung in ihrer binär codierten Polarisierung nur in der folgenden Schreibweise als angemessen: *behindert/**nicht-behindert**.*

Aus dem systematischen Durchgang durch Differenztheorien – und vor allem mit Bezug auf Derrida – gewinnt Stuart Hall diese Schreibweise, die folgendes anzeigt:[85]

---

85 Hall beschreibt diese Zugänge vor allem aus der Perspektive auf ethnische Differenz. Er verweist aber zugleich auf folgende Erweiterung »what is said about racial difference

One pole of the binary [...] is usually the dominant one, the one which includes the other within the field of operations. There is always a relation of power between the poles of binary opposition. (Hall 1997, 235)

Festzuhalten ist diesbezüglich der ambivalente Charakter von Differenz, der negative wie auch positive Aspekte enthält. Diese Ambivalenz scheint nicht hintergehbar zu sein, also wird es darauf ankommen, theoretische Instrumente zu entwickeln, die den Blick für die Ambivalenz und ihre Effekte schärfen.

9.5 Gebrauchswerte von Differenz

Es sind diese Vorbehalte und instrumentellen Gebrauchswerte von der Differenz (der Anderen), die aufzeigen, was an den beiden exemplarisch skizzierten Begründungsfiguren problematisch erscheint, das Konzept der Differenz ist nicht eindeutig und trennscharf unterscheidbar zwischen der Differenz der einen und der der anderen, ohne wesenhafte Gruppeneinteilungen vorzunehmen.

Vor diesem dilemmatischen Hintergrund stellt Anja Tervooren die Frage nach dem Gebrauchswert einer Pädagogik der Differenz oder einer differenzierten Pädagogik, weil damit die Paradoxien im Begründungsverhältnis von Spezialpädagogiken und Allgemeiner Pädagogik näher untersucht werden können. Die Frage nach der Reichweite der Allgemeinen Pädagogik werde ich an dieser Stelle nicht weiter vertiefen, aber das Verhältnis zwischen dem Allgemeinen und dem Besonderen steht dabei in einer anderen und erkenntniskritischen Art in Rede. An der sonderpädagogischen Debatte um Integration vs. Inklusion[86] kann Tervooren klar

could equally be applied in many other dimensions of difference, such as gender, sexuality, class and disability.« (Hall 1997, 225) Damit wird ein theoretischer Zugang zu Repräsentation als Konzept und als Praxis sichtbar, mit dem sich die gruppenspezifische und wesenhafte Einordnung umgehen lässt, die exemplarisch bei Hinz und Prengel untersucht worden ist. Der Schwerpunkt liegt nun auf der Analyse von Repräsentationsformen *(politics of representation)* und kultureller Praxis.

86 Ähnlich kritisch äußert sich Weisser (2005, 81), der aufzeigt, dass zwischen Integration und Separation keine theoretischen Differenzen bestehen, weil sie Ungleichheitsbearbeitung am Subjekt vornimmt und sich dabei des diskursiven Manövers des Normativen bedient; Rösner (2002, 373) sieht, dass die entscheidende Kritik der Integration von der Behindertenbewegung selbst kommt, die eine Angleichung an normale Lebensverhältnisse bemängelt, die von nichtbehinderten Fachleuten definiert werden. Für Waldschmidt (2004, 153) weist die Integrationspädagogik eindeutig Dimensionen der flexiblen Normalisierung auf. Alle drei Ansätze verweisen darauf, dass die Polarität zwischen Behinderung und Nichtbehinderung nicht zum Verschwinden gebracht werden kann und die Integrationspädagogik ihre normalistischen Grundannahmen nicht hinreichend reflektiert hat. Auch die Inklusionspädagogik kann mit dieser Perspektive nicht brechen und die wirkmächtigen Dispositive in ihrem Begründungshandeln erkennen.

aufzeigen, dass die Differenzkategorie für die Pädagogik generell nicht unproblematisch in Gebrauch zu nehmen ist.

> Die sich seit den 80er Jahren des 20. Jahrhunderts etablierende Integrationspädagogik sah sich von Anfang an der Schwierigkeit ausgesetzt, dass sie, wollte sie einen vorhandenen Ausschluss rückgängig machen, diesen zuallererst anerkennen und mit seinen Kategorien und Bedingungen arbeiten musste. Bereits der Begriff der »Integration« impliziert ein spezifisches Spannungsverhältnis zwischen einer Gruppe, die integriert werden auf der einen und einer, die integriert werden soll, auf der anderen Seite. Die Verwendung des Begriffs gibt demnach nicht nur eine Bewegungsrichtung, sondern darüber hinaus ein Verhältnis von Passivität und Aktivität der jeweiligen Gruppen vor. Durch diese Behauptung wird auf der Seite derjenigen, die integriert werden sollen, ein Defizit platziert, während die Notwendigkeit zur Intervention der anderen Gruppe angetragen und diese damit zur dominanten gemacht wird. (Tervooren 2005, 2)

Diese paradoxe Grundbedingung der Integrationspädagogik macht noch einmal und viel grundsätzlicher das Problem der Begründungen einer speziellen Pädagogik deutlich. Aus diesem Grund haben für diesen Bereich viele Begriffsneuschöpfungen, wie eben auch die genannte »Pädagogik der Vielfalt«, eine zumindest semantische und auch theoretische Neupositionierung versucht, die freilich das unhintergehbare Paradox nicht zum Anlass genommen hat, den Gebrauchwert der Kategorien Heterogenität, Vielfalt und Differenz zu prüfen.

So stellt sich das Problem der Vielfalt in der Sonderpädagogik dar. Bemerkenswert ist, dass diese Problematik sich ebenfalls wieder findet im Modus der handlungstheoretischen Implikationen der Interkulturellen Pädagogik. Isabell Diehm hat eine erziehungswissenschaftliche Reflexion des pädagogischen Programms der Interkulturellen Pädagogik angestellt. Dabei ist ihr Erkenntnisinteresse, dass es nach der Debatte der Interkulturellen Pädagogik, die sich bislang auf eine Klärung des Kulturbegriffes konzentrierte, nun darauf ankomme, die pädagogischen Ziele »Toleranz« und »Anerkennung« auf ihre Prämissen und Implikationen hin zu untersuchen (Diehm 2000, 253).

> Nachdem die Programmatiker das Wort hatten, stellen sich nun Fragen nach der Erziehungswirklichkeit: Welche Wirkungen etwa zeitigt die gegenwärtige Praxis interkultureller Erziehung? Welche Lernprozesse vermag sie zu initiieren? Aber auch: Für welche unbeabsichtigte Folgen muss sie verantwortlich zeichnen? (ebd.)

Nach einer vorläufigen Heuristik fünf möglicher Handlungsoptionen des sozialen Umgangs mit ethnisch codierter Differenz, die von der Ablehnung über die Tolerierung zur Anerkennung führt und alle darin eingeschriebenen prekären Formen mit benennt, kommt Diehm anhand eines exemplarischen Fallbeispiels zu jenem schon oben angesprochenen Strukturproblem pädagogischen Handelns. In dem aufgeführten Beispiel wird zum Ausdruck gebracht, wie die soziale Wertschätzung zum Preis einer personalen Andersheit erlangt worden ist. Konkret bedeutet dies, dass eine wohlmeinende und in guter pädagogischer Absicht intendierte Hervorhebung kultureller Differenz zu einer Objektivierung eines Migrantenkindes führt und die damit entstandene kulturalistische Stereotypisierung die Bemühungen um Toleranz und Anerkennung nur konterkarieren kann.

In dieses Strukturproblem sieht Diehm die Interkulturelle Pädagogik – und ich ergänze in diesem Zusammenhang: auch die Sonderpädagogik im Sine der »Pädagogik der Vielfalt« – regelmäßig geraten:

> Denn eine an sich subjektorientierte Pädagogik, die unter den Voraussetzungen eines Anerkennungsverhältnisses der Solidarität generell entfaltet werden könnte, erweitert ihren Geltungsbereich in der subdisziplinären Ausprägung einer Interkulturellen Pädagogik unexpliziert, und [...] zu unrecht auf das in der Gesellschaftspolitik angesiedelte Anerkennungsverhältnis des Rechts. Pädagogik ist nicht Politik und kann es nicht sein [...]. Ungleiche politische, rechtliche und soziale Teilhabechancen gesellschaftlicher Gruppen sind im Medium der Politik zu überwinden, nicht durch Erziehung. (Diehm 2000, 267)

Nun kann generell nach den Entgrenzungen der Pädagogik (im Sinne der Pädagogisierung sozialer Probleme vgl. Proske 2001) gefragt oder aber die Form der Herausstellung von Differenzen problematisiert werden. Ich gehe hier auf die letztgenannte Formproblematik ein und folge zunächst weiter Diehm, um dann eine weitere Dimension zu erschließen, wie diese Strukturproblematik beschreibbar und vor allen Dingen analysierbar erscheint. Da sich das Toleranzgebot in diesem Zusammenhang als nicht tragfähig erweist, wurde von Diehm mit Bezug auf Bauman (1992) schlüssig dargelegt, wie Toleranz als potentielle Androhung an die Anderen enthüllt werden kann, seine Andersheit zu beenden (vgl. auch zur kritischen Auseinandersetzung mit dem Toleranzkonzept als umstrittene Tugend Forst 2000).

Was sich anhand des skizzierten Beispiels der ethnischen Adressierung in einer pädagogischen Situation zeigt, ist ein Subthema eines heimlichen Lehrplans:

> Die in Rede stehenden Differenzen, die hier pädagogisch als tolerierbar und anerkennenswert beschworen werden, sind nicht nur für die bestehende, Ungleichheit produzierende und perpetuierende ethnisch-soziale Ordnung konstitutiv, sondern sie setzen die sozialen Dominanz- und Subordinationsverhältnisse in der Struktur didaktisch aufbereiteter, pädagogischer Situationen fort. (Diehm 2000, 270)

Es ist also nicht zufällig und von gesellschaftlichen Machtverhältnissen unabhängig, wer Differenzen hervorhebt und sie als pädagogisch zu bearbeiten in Lernzusammenhänge einbringt, mithin Differenzen konstruiert, die nur analytischen und keinen deskriptiven Gebrauchswert haben. Es ist dieser analytische Gebrauchswert, der bedeutsam für die Gewinnung einer Metaperspektive ist, und im gegenwärtigen und bislang skizzierten pädagogischen Umgang mit Differenzen nicht hinreichend durchdrungen wurde. So zeigt sich folgendes Bild:

> Ambivalenzen und Dilemmata, die dem pädagogischen mit ethnischer Differenz in Gestalt ihrer curricularisierten Thematisierung innewohnen, sind vor diesem Hintergrund klar erkennbar: auf der einen Seite die kaum zu umgehende Gefahr der Kategorisierung/Stereotypisierung und Stigmatisierung von Schülerinnen und Schülern und der Reifizierung asymmetrischer sozial-ethnischer Verhältnisse durch Pädagogik; auf der anderen Seite die Gefahr des Ignorierens von Unterschieden in den Lebensgeschichten und -erfahrungen von Individuen, die deren persönliche Entwicklung nachhaltig prägen und die Grundlage für Individualität überhaupt bilden. (ebd.)

Es dürfte klar geworden sein, dass diese Ambivalenzen das gesamte Spektrum der Differenzen, seien sie nun ethnisch, geschlechtlich oder im Hinblick auf behinderungsspezifische Unterschiede codiert. Ambivalenzen und Unsicherheiten sind in aller Regel im pädagogischen Handlungszusammenhang unerwünscht, weil sie einen Kontrollverlust anzeigen können. Aus noch näher zu bestimmenden Gründen werden diese Handlungsunsicherheiten allerdings personalisiert. Die Überlegungen von Isabell Diehm (2000, 271) schließen mit einer aussichtsreichen Anregung, wie mit diesen unhintergehbaren Paradoxien und Dilemmata umzugehen sei, da sie weniger ein Performanzproblem auf Seiten des pädagogischen Personals als vielmehr ein Strukturproblem Interkultureller Pädagogik (und ich ergänze wieder: ebenso der Sonderpädagogik) darstellen: Sie wären unter professionalisierungstheoretischen Aspekten nutzbar zu machen, indem sie nämlich als Einübung in ein Handeln in Unsicherheiten dienen könnten, die weniger auf Lösungen hin zielen, sondern auf die Formulierung erziehungswissenschaftlicher Probleme.

Dies gilt wieder für Interkulturelle Pädagogik und Sonderpädagogik in derselben Weise. Beide Disziplinen sind gleichermaßen als *Instrumente* und *Gegenstand* der Kritik zu begreifen. Als Instrument und Gegenstand der Kritik müsste sich die Sonderpädagogik – ebenso wie die Interkulturelle Pädagogik – als zugänglich für eine metareflexive Beschreibung zweiter Ordnung erweisen. Freilich braucht dies auch angemessene Theorien und Methoden, wobei ich den mit Diehm eben skizzierten professionalisierungstheoretischen Überlegung einen großen Wert beimesse.

Habe ich bislang den Bereich der Interkulturellen Erziehung diskutiert, so muss nun eine Erweiterung für das Feld der Sonderpädagogik geklärt werden. Für Jan Weisser, der seine Forschungen zur Entstehung sonderpädagogischen Wissens aus systemtheoretischer Perspektive überzeugend herleitet, hat der Differenzbegriff noch einen anders gelagerten und wichtigen Wert. Weisser zeigt klar auf, dass sonderpädagogische Themen am *Problem* gewonnen werden, nicht am Fach. Aus seiner Perspektive werden der Wert und die Genese von Wissen jenseits der normativen Zielsetzungen analysierbar:

> Die Differenz von Wissen und Feld erlaubt zu beobachten, wie Wissen Praktiken formiert und wie Praktiken Wissen formieren, ohne dass die logisch nicht entscheidbare Frage nach der Kausalität gestellt und implizit oder explizit beantwortet werden müsste. (Weisser 2005b, 100)

Infolgedessen geht sein Interesse dahin, Ordnung und Dynamik des Wissens im Feld zu analysieren, da durch den Gebrauch von Wissen die Einheit von Wissen und Feld als endliche Menge von Diskursen hergestellt wird (ebd., 101). Dies ist zunächst nicht mehr als eine theoretische Konstruktion. Deren Gebrauchswert allerdings ist nicht zu unterschätzen, denn durch diese grundlegende Analyse disziplinärer Deutungsangebote wird klar, welche Erkenntnisebenen erschlossen werden können, wenn Erkenntnisgewinne nicht (nur) *durch* die Disziplin, sondern vor allem *an* ihr gewonnen werden. Die Disziplin wird also selbst beforscht und in einer Beobachtungsebene zweiter Ordnung auf ihre Problembeschreibungen, Lösungsvorschläge und Praxen hin befragt. Weisser nennt dies pointiert: *»Arbeit an den eigenen Wahrnehmungsfiguren«* (ebd., 110).

Was folgt aus dieser Arbeit? Wieder wird eine Beobachtung eines prekären Differenzgebrauch in den speziell zu begründenden Pädagogiken möglich, die für den Fall der Sonderpädagogik bedeutet:

> Handlungsdimensionen werden in der Sonderpädagogik ungenügend systemisch reflektiert, das Subjekt hat einen Stellenwert, der einen individuumszentrierten Modus der Behinderungszuschreibung eher bestärkt als löst und Aspekte der Reflexion bleiben relativ isoliert und bedienen die spezifische Problemformulierung nur in geringem Maße mit Leitvorstellungen, so dass die kritische Masse dünn bleibt. (ebd., 107)

Für die Professionalität beinhaltet dies zweierlei Konsequenzen: zum einen kann es aufgrund des Fehlens von einheitlichem Wissen auch keine einheitliche Professionalität geben (ebd., 112), und zum anderen muss man das feldimmanente, durch Heterogenität bedingte, situative Nichtwissen als zentrale Ressource begreifen. Mit Bezug auf Luhmann: als Lernen des Entscheidens durch Ausnutzung des Nichtwissens.

Nachdem ich die Aporien der pädagogischen Differenzbehandlung auf handlungstheoretischer Ebene erschlossen habe, stelle ich – um diese Fragen weiter zu explorieren – weitere Überlegungen an, die auf eine neue Problemebene fokussiert. Aus folgenden Grund erscheint mir dies notwendig: Mit Diehm habe ich die Applikationsunsicherheiten im Lernen von Toleranz aufgezeigt und entlang der Argumentation von Weisser die Kontingenzen im Gebrauch von Wissen versucht zu erhellen, aber Lernen von Subjekten kommt in diesen beiden Positionen nicht vor. Hier lassen sich die Beschränkungen von handlungstheoretischen Erklärungen aufzeigen. Diese Ebene ist aus Sicht von Weisser nur implizit angesprochen worden und bringt die ungeklärten Handlungsdimensionen ins Spiel. Nicht unbedingt nur die von Weisser vorgeschlagene systemtheoretische Perspektive muss dabei in Anschlag gebracht werden. Andere theoretische Positionen lassen sich hierbei ebenfalls angemessen in Gebrauch nehmen, vor allem wenn es darum geht, das Subjekt beim Lernen in den Blick zu bekommen und die Lernverhältnisse als Ort der Auseinandersetzung mit gesellschaftlichen Strukturen zu verstehen.

9.6 Handlungstheoretische Begrenzungen: Lernen als Problem

Aus Sicht der kritischen Psychologie und darin vor allem der konstruktivistischen Lerntheorie von Klaus Holzkamp zeigen sich ebenfalls unvermeidbare Spannungsmomente im pädagogischen Raum des Lehrens und Lernens, die auch die Konzeptionen zur sonderpädagogischen Behandlung von Differenzen und die Aspekte der Erziehung zur Toleranz und des Lernens von Heterogenität zu durchdringen scheinen. Im Hinblick auf die kritische Diskussion des für die Sonderpädagogik konstitutiven Behinderungsbegriffes folge ich zunächst der Argumentation von Sabine Knauer, die gewissermaßen einen »Fall Sonderpädagogik« konstruiert, an dem sich die Problematik der Verbesonderung[87] und Legitimation spezifischer pädagogischer Zugriffe aufzeigen lässt.

Wird beispielsweise »Behinderung« als unzweifelhafter Eigenschaftsnachweis benutzt und hat die Kategorie damit im Sinne eines pädagogischen Nachteilsausgleiches Kompensation zum Ziel, so findet durch die Engführung einer Sonderpädagogik in eine Sonderschulpädagogik eine Komplexitätsreduktion mit prekären Folgen statt, die für die Besonderungstendenzen in der Sonderpädagogik folgenreich wirken:

> Aus einem originär systemkritischen Ansatz, nämlich dem, gesellschaftlichen Separationsmechanismen entgegenzuwirken, wurde ein systemkonformer. Das Anliegen, soziale Barrieren gegenüber medizinisch beeinträchtigten Menschen abzubauen und stattdessen ihre kulturelle Einbindung zu fördern, pervertierte in sein Gegenteil: die frühe Separierung bereits im Kindergarten und in der Grundschule im dualistischen Sinne advokatorischer Schonraum- und Förderpädagogik. (Knauer 2005, 2)

Für Knauer liegt das Problem weniger im Behinderungsbegriff selbst als vielmehr

[87] Es ist genau in diesem Kontext ein zentrales Dilemma der Sonderpädagogik zu beobachten, das Vera Moser jenseits der Selbstvergewisserungsdiskurse mit Bezug auf Luhmanns systemtheoretische Differenzmodi skizziert und professionstheoretisch zu überwinden versucht: »Diese Systemleistung [wie Selektion] ethisch positiv zu besetzen, ist der Erziehungswissenschaft verunmöglicht; eine Tatsache die insbesondere auch auf das ethische Dilemma der Sonderpädagogik (Förderung durch Verbesonderung) verweist.« (Moser 2003, 72)

in einer Übernahme der medizinisch-juristischen Begriffskonnotation und im unzulänglichen Gebrauch des Begriffes »Lernen« sowie in deren Verknüpfung in Form der »Sonder(schul)-Pädagogiken.

> Solange der Begriff vom Lernen selbst unzureichend thematisiert und geklärt ist, muss eine Bestimmung der Faktoren, die Lernprozesse fördern oder behindern oder gar blockieren, im Spekulativen verharren. (ebd., 3)

In diesem Zusammenhang stimme ich mit der Beschreibung von Knauer insoweit überein, als ich ihre Kritik am wenig systematisierten Lernbegriff als überaus zutreffend erachte und also nach Erweiterungen gesucht werden muss, um diese theoretisch unterkomplexe Lücke zu schließen. Lernen als *Aneignung* statt als curriculare Struktur oder spezifische Anordnung zu begreifen, braucht in der Tat eine angemessene theoretische Fundierung. In diesem Sinne würde ich allerdings den Begriff der »Faktoren« als unpassend bezeichnen und auf die prinzipielle Unbestimmbarkeit des Lernens verweisen, die sich zumindest linear-kausalen und eindimensional gedachten Zuordnungen von Lernanlass, Lernziel und Lernerfolg als objektiv bestimmbaren Kriterien entzieht.

Gehe ich, diese Spur aufnehmend, mit der Perspektive der kritischen Psychologie und der konstruktivistischen bzw. subjektwissenschaftlichen Lerntheorie von Holzkamp der Frage des Lernens weiter auf den Grund, dann wird die Betrachtung des lernenden Subjektes zentral, weil sich an und in ihm im Sinne des dialektischen Verhältnisses von Mensch und Gesellschaft widersprüchliche Bewegungen abbilden. Aus der subjektwissenschaftlichen Perspektive wird vor allem danach gefragt, welche Handlungsalternativen ein Mensch hat. Gesellschaft ist in diesem Verständnis nicht repräsentiert durch das »Draußen«, sondern vielmehr ein integraler Bestandteil der subjektiven Wert- und Handlungsvorstellungen. Nicht nur für Lernen, sondern für alle Formen menschlicher Tätigkeit gilt dabei, dass die subjektwissenschaftliche Perspektive folgendes Phänomen zu erhellen versucht: Dass nämlich

> scheinbar unverständliches und »irrationales« Verhalten, wenn man genau hinsieht, sich stets als »rationales« Verhalten bei reduziertem Realitätsbezug erweist: Der andere handelt in seiner Situation, wie er sie sieht, vernünftig, subjektiv in seinem Interesse, nur wendet sich, da seine Prämissen unzureichend sind, sein subjektiv vernünftiges Verhalten objektiv gegen ihn. Man darf sich also hier niemals mit dem Diktum »irrational« begnügen, sondern muß immer, sozusagen bei Strafe des Untergangs, versuchen, den anderen zu verstehen, indem man die Prämissen zu finden bemüht ist, unter denen ihm sein Verhalten als vernünftig erscheinen muß – und dann mit ihm über die Prämissen diskutieren. Ein solcher *Kampf um die Rekonstruktion* von Vernunft als einziger Voraussetzung zwischenmenschlichen Verstehens ist auf allen Ebenen unsere einzige Chance, zu leben und zu überleben. (Holzkamp 1984/2004, 12, meine Hervorhebung S. S.)

Apodiktisch und im ganz im Ton der 1980er Jahre fasste Holzkamp in diesem Text aus dem Jahre 1984 das Forschungsprogramm der kritischen Psychologie zusammen. Anschlussfähig vor dem Hintergrund der hier verfolgten Diskussion erscheint mir dabei die Betonung auf dem *Kampf um die Rekonstruktion* zu sein, die zugleich das wichtigste methodische und theoretische Instrument bereithält, um Aufklärung im Sinne einer marxistisch inspirierten und fundierten Forschung und Praxis zu betreiben. Sie steht als kritische Psychologie in klarem und unüberbrückbarem Gegensatz zur bürgerlichen Psychologie (vgl. Kriz/Lück/Heidbrink, 1996, 148).

Die im Text genannte Strafe des Untergangs ist nicht unmittelbar zugänglich. Sie mag aber zu verstehen sein als Untergang der eigenen Konstruktionen und Vorstellungswelten über den anderen. Vor allem die Vorstellungswelten über den anderen stehen in dem hier problematisierten Verhältnis pädagogischer Begründungszusammenhänge. Aus diesem Grund gehe ich dieser Spur weiter nach und komme danach wieder auf die Versuche einer theoretischen Fundierung im pädagogischen Zugang zu Differenz, Vielfalt und Erfahrungen des Andersseins. Die Neubestimmung der Psychologie gewinnt Holzkamp vor allem aus dem dialektischen Verhältnis von Mensch und Gesellschaft und seiner Auseinandersetzung mit dem Marxismus. Er schreibt diesbezüglich:

> Gemäß einer zentralen Grunderkenntnis des Marxismus können die Menschen, anders als die Tiere, ihr materielles Leben nur dadurch erhalten, daß sie ihre eigenen Existenzbedingungen durch eingreifende Veränderungen der Natur in gegenständlicher kollektiver Arbeit selbst herstellen. Die Menschen sind damit einerseits durch ihre Praxis Ursprung der aktiven Schaffung und bewußten Kontrolle ihrer Daseinsumstände, das heißt Subjekte ihres gesellschaftlichen Lebensprozesses; andererseits aber sind sie aufgrund der natürlichen und gesellschaftlichen Notwendigkeiten, denen ihre Existenzerhaltung, also materielle Reproduktion unterliegt, in ihrer Tätigkeit und ihrem Bewußtsein durch ihre objektiven Lebensbedingungen bestimmt, mithin auch durch die gesellschaftlichen Verhältnisse, die sie in kollektiver gegenständlicher Arbeit selbst schaffen und verändern. Die subjektive Bestimmung und die objektive Bestimmtheit sind beide notwendige, miteinander zusammenhängende Grundzüge jeder menschlichen, das heißt gesellschaftlichen Lebenstätigkeit. (Holzkamp in Kriz/Lück/Heidbrink, 1996, 149)

Vor allem die theoretische Figur von subjektiver Bestimmung und objektiver Bestimmtheit, fand Eingang in die kritisch materialistische Behindertenpädagogik der 1980er Jahre und verband sich beispielsweise mit den kritisch-materialistischen Positionen von Helga Deppe-Wolfinger, Georg Feuser und Wolfgang Jantzen innerhalb der Sonderpädagogik. Mit Bezug auf die kritische Psychologie und die Neubestimmung von Holzkamp ergibt sich mit diesem Zugriff forschungsstrategisch die Aufgabe, die vielfältig möglichen konkreten Lebensbedingungen der Menschen und ihre subjektiven Bewältigungsweisen auf bestimmte typische Grundsituationen menschlicher Handlungsmöglichkeiten hin zu verallgemeinern.

Die kritische Psychologie bezeichnet diese Verallgemeinerungen als Herausarbeitung von jeweils »typischen *Möglichkeitsräumen*« bzw. »Möglichkeitstypen« (Wetzel 1984, 386).

Es sind diese Möglichkeitsräume, die sich für die Überlegungen hinsichtlich von Lernen im Kontext von Ungleichheit und Differenz/Vielfalt so anschlussfähig zeigen und auf aktuelle Diskurse verweisen. Aus diesem Grund habe ich diese Herleitung aus den Grundlagen der kritischen Psychologie angeführt, um zum einen der Frage nachzugehen, wie das Verhältnis von Lehren und Lernen aus den von Holzkamp so deutlich aufgezeigten Fallen des »Lehr-Lern-Kurzschlusses« (Holzkamp 1991/2004; 1993) befreit werden kann, und zum anderen verweist der Begriff des Möglichkeitsraumes auf ein Potential, das im Lernen zu erschließen ist. Allerdings nur aus der Perspektive des lernenden und also handelnden Subjektes. »Lerntheorie vom Standpunkt des Lernsubjekts ist also Lerntheorie im Begründungsdiskurs.« (ebd., 3)

So kann folgendes Problem der Bedeutungsstruktur eines Lerngegenstands als wesentlich nicht nur für das Lernen von Vielfalt oder Toleranz formuliert werden:

> Der potentielle Lerngegenstand ist nicht zu verwechseln mit dem möglichen Ziel des Lernhandelns: »Ziele« sind als solche etwas, das das Individuum sich selbst setzt [....]. Lerngegenstände sind dagegen etwas, das dem Individuum auf der Weltseite gegenüber steht, dessen Aufschließung sich das Lernsubjekt zum Ziel machen kann, die aber nicht mit dem Ziel zusammenfallen. (Holzkamp 1993, 208)

Vielleicht wäre dieses Zitat sinnvoll so zu ergänzen, dass nämlich das Lernziel und der Lerngegenstand nicht zusammengehen müssen. Im günstigsten Fall, d. h. wenn das lernende Subjekt geeignete Gründe sieht, anregende Umwelten findet und vor allem vom Lehrenden auch herausgefordert wird, lernen zu wollen, treffen sich Ziel und Gegenstand im Modus des *expansiven Lernens*. Dazu ist es allerdings unerlässlich, die »Kontrolle« über den Lernprozess offen zu halten und nicht administrativ zu organisieren. Wie schwierig diese Hinwendung zum Subjektstandpunkt des Lernenden ist, wird noch zusätzlich dadurch erschwert, dass im Rahmen der administrativen Prozesse und aufgrund der »disziplinären Struktur« das Lernen an das Lehren gebunden ist:

> Man kann es nicht praktisch zulassen und deswegen auch nicht offiziell »denken«, daß die Schülerinnen/Schüler *von sich aus,* aufgrund ihrer *eigenen* Interessenlage und Zielsetzung lernen können, weil derartige Lernprozesse ja von der Schule nicht kontrollierbar und planbar sind und damit die gesamte machtökonomische Anordnung des Lernens als abhängiger Größe der Schulorganisation/Lehrereinwirkung ins Wanken geraten müßte. (ebd., 391, Hervorh. i. O.)

Das Postulat der letzten Kontrolle erscheint vor diesem Hintergrund in gewisser Weise selbst die Krankheit, die man damit heilen möchte. Pointiert für die subjektwissenschaftliche Kritik am Lernen und die speziellen Begründungsfiguren einer *Pädagogik der* und *Erziehung zu*, die nur über essentialistisch konzipierte Gruppenzugehörigkeiten und wesenhafte Einordnungen zu gewinnen ist, stehen dabei folgende Aussagen von Holzkamp:

> Entsprechend sagen alle Konzepte der »Erziehung zu« – sei es nun zu Disziplin, aber auch zu Kooperation oder zur Selbstständigkeit – zwar etwas über die Lehrinstanzen aus, haben aber faktisch immer das Resultat der Erzeugung von Widerständigkeit irgendwelcher Art bei den davon Betroffenen. Diese Widerständigkeit mag implizit bleiben und nur als Kleinkrieg, Überdruß, vielfältiges Leiden, wechselseitige Behinderung und Selbstbehinderung in Erscheinung treten, kann aber bei Gelegenheit auch in manifester Weise auf die Kontrollierenden zurückwirken. (Holzkamp 1991/2004, 14; vgl. auch Holzkamp 1993, 388)

An diesem Beispiel zeigt sich, dass Bedeutungsverleihungen und Verhandlungen sowohl als Zugang zum Lernprozess selbst wie auch als Widerstandsform gesehen werden kann, also Verhandlungen (*negotiation*) in diesem Sinne auch als Lerngegenstand aufscheinen können. Ablehnung (*negation*) also beispielsweise ein Leugnen der Lerninhalte wäre zu schlicht und unterschlägt zudem die subtilen Formen der Auseinandersetzung der Lernsubjekte mit den Lerninstitutionen und ihre vielfältigen Artikulationen.[88]

Nicht in Abrede gestellt werden soll dabei, dass Erziehungsziele wie Toleranz und Multikulturalität auch der Intention des Lehrenden oder eben der Weltseite, repräsentiert durch Bildungspläne und administrativen Vorgaben, entsprechen kann. Weiter erweist sich für die Analyse der Widerständigkeit als wichtig, die Lernform zu analysieren, die auch mit dem Lernziel in Verbindung steht. Für die bisherigen Diskussionen ist zusammenzufassen, dass es sowohl in der Sonderpädagogik als auch in Interkultureller Pädagogik in einem Überschneidungsbereich von Gegenstand und Form, also im Sinne des Zieles Erziehung zur Toleranz/Verschiedenheit innerhalb einer spezifischen Organisationsform des Lernens, sei es im gemeinsamen Unterricht oder auch im kultursensiblen Unterricht, zu einem Lernen des Anerkennens von Unterschieden auf der Subjektebene kommen soll.

Auf der Institutionenebene und der Individuumsebene soll eine Demokratisierung erreicht werden. *Sollen* ist in der Tat der Verweis auf den normativen *modus procedendi* dieser pädagogischen Konzepte, die von gegebenen Unterschieden ausgehen. Das Aufforderungswort *Sollen* aber konterkariert die Idee der Möglichkeitsräume.

---

88 Zum Begriff der Verhandlung vgl. Bhabha 2000, 38f.; zum widerständigen Lernen vgl. Abele/Sauter 2006.

9.7 *Pädagogik als Kulturwissenschaft*

Nachdem die Unmöglichkeiten einer normativ aufgeladenen und von außen zielgesteuerten Gewinnung von Wissen im Modus des einfachen Lernens problematisiert worden ist, komme ich an dieser Stelle auf die bereits angedeutete kulturwissenschaftliche Fundierung zurück. Es erscheint paradox, für die Interkulturelle Pädagogik eine solche Referenztheorie vorschlagen zu wollen, ist doch der Begriff *Kultur* gewissermaßen als Programm bereits im Begründungszusammenhang enthalten. Auch für die Sonderpädagogik ist zu klären, was über die migrationsspezifischen Probleme beispielsweise der Überweisungsprozesse von Schülerinnen und Schülern aus Immigrantenfamilien an Sonderschulen hinaus an kulturellen Dimensionen Gültigkeit beanspruchen kann. Verkürzt man das Kulturelle jedoch nur auf die Frage nach den Problemen eingewanderter Schüler und Schülerinnen in der Schule, und bringt damit kulturelle Differenzen ins Spiel, dann lässt sich nur ein eklatantes Missverständnis konstatieren. Es geht nicht um das spezifisch »Türkische« oder »Italienische«, sondern um die Gewinnung einer Perspektive, die sich der bereits skizzierten kritischen Lesart von Repräsentation, Verhandlung und Lernen in Ungleichheit anschließen kann und von den Positionen der Cultural Studies inspirieren lässt.

Wie also lässt sich eine kulturwissenschaftliche Perspektive für die Erziehungswissenschaft begründen? Michael Wimmer hat sich diese Aufgabe gestellt, macht seine Überlegungen allerdings vorwiegend für die Allgemeine Erziehungswissenschaft geltend. Ich sehe keine grundlegenden Einschränkungen, diese Überlegungen konstruktiv zu nutzen und im Sinne der bisherigen Überlegungen die Perspektive zu erweitern, zumal die Auswirkungen der von ihm pointiert als »Erschütterungen im Diskursraum« (Wimmer 2002, 115) beschriebenen Transformationen die Erziehungswissenschaft im Ganzen betreffen. Da für die skizzierte Problemstellung, die vor allem Sonderpädagogik und Interkulturelle Pädagogik anbelangen, diese Transformationen außerordentlich zutreffen, weil damit ihre Geltungsbegründungen zur Sprache kommen, gehe ich den Einlassungen von Wimmer in dieser Erweiterung auf die Spezial-Pädagogiken nach. Die Aufgabe der Allgemeinen Erziehungswissenschaften sieht Wimmer auch in der Reflexion pädagogischen Wissens, die Erziehung und Bildung jedoch weder inhaltlich noch normativ zu regulieren habe. Zugleich räumt er auch die Möglichkeit ein, dass durch die kulturwissenschaftliche Ausrichtung die verschiedenen Forschungsrichtungen der Erziehungswissenschaft zusammenarbeiten könnten. Ich greife also diesen Gedanken auf und führe ihn weiter.[89]

[89] An dieser Stelle ist allerdings ein Hinweis auf einen vergessenen Zusammenhang notwendig. Bislang habe ich vornehmlich aus den Perspektiven der kritischen Pädagogik

Wichtig bei den beschriebenen Transformationsprozessen sind zum einen die neu an Bedeutung gewinnenden Wissensformen sowie der Verlust von gültigen und kausalen Verknüpfungen von Wissen und Welt. Dies führt vor allem zu einer deutlichen Krise der Bestimmungslogik. Damit wird das Verhältnis zur Differenz zum Problem (vgl. ebd., 111).

Der Problemhorizont aus der Perspektive der Erziehungswissenschaft beginnt für Wimmer bereits damit, ihre eigenen zentralen Probleme und die ihr aufgegebenen zustimmungsfähig zu bestimmen. Das heißt, dass es kaum mehr eine disziplinäre Einheit geben kann, die sich dafür zuständig erklärt, Erziehung und Bildung zweckbestimmend und zielführend zu definieren. Als Technologie- und Legitimationsproblem ist dieser Sachverhalt hinreichend beschrieben worden. Dies liegt unter anderem an der Theorieentwicklung selbst, zum einen mit Bezug auf Luhmanns Beschreibung des Technologieproblems in der Erziehung und zum anderen mit der bereits skizzierten subjektwissenschaftlichen Grundlegung:

> Seit eine der zentralen Voraussetzungen der pädagogischen Handlungstheorie, das selbsttransparente Erziehersubjekt, als problematisches Konstrukt erkannt und in seiner Geltung zerfallen ist, ist Erziehung kaum noch als intentionales Handeln theoretisch zu begründen und moralisch zu legitimieren. (Wimmer 2002, 113)

Auch der Bildungsbegriff zeigt sich dadurch betroffen und zunehmend prekär werdend: »Als mit der Handlungstheorie und mit einer Theorie des Erziehungssystems letztlich unvereinbar, hat sich der Bildungsbegriff, ungeachtet der metaphysischen Implikationen und ideologischen Funktionen, als unverzichtbar erwiesen für eine erziehungswissenschaftliche Reflexion, die an der Differenz zwischen funktionaler und pädagogischer Perspektive festhält.« (ebd.)

Nun lassen sich die fundamentalen Veränderungen empirisch erfassen, analysieren und verstehen, und theoretische Konzepte sowie praktische Stellungnah-

---

und der kulturwissenschaftlichen Inspirationen aus dem angloamerikanischen Bereich argumentiert. Klaus Mollenhauer hat in der Tradition der von ihm maßgeblich angestoßenen kritischen Pädagogik bereits in den 1980er Jahren die Position der Durchdringung von kulturtheoretischen Analysen und pädagogischer Forschung vertreten (Mollenhauer 1986, 10). Dabei analysierte er ästhetische Produkte (wie Romane, Autobiografien, Bilder) auf ihre eingelassenen Erziehungsvorstellungen und pädagogischen Bilderwelten. In der Studie *Vergessene Zusammenhänge. Über Kultur und Erziehung* (Mollenhauer 1985) diskutiert er entlang der Stichworte Präsentation, Repräsentation, Bildsamkeit, Selbsttätigkeit und Identität die Fragen, was Pädagogik ermöglichen, aber auch, was sie verhindern kann und wie sie in das gesellschaftliche System und in kulturelle Themen gebunden ist. »Probleme entstehen weniger durch die Tatsache der [kulturellen] Einschachtelung [von Erziehungs- und Bildungsprozessen] als durch die Mißachtung dieser Tatsache.« (ebd., 39) Mollenhauers feinsinnige Analysen entstammen der Zeit vor dem *cultural turn*. Aber sie erscheinen mir hoch anschlussfähig an die hier geführte Diskussion über die kulturwissenschaftliche Referenz und sollten mithin dem Vergessen entrissen und weiter entwickelt werden (vgl. Dietrich 2000).

men erarbeiten. Die Frage, welche systematische Bedeutung all diese Prozesse für den erziehungswissenschaftlichen Diskurs selbst haben, wie sie seine epistemologische und wissenschaftstheoretische Selbstpositionierung betreffen, bleibt dabei allerdings offen.

Es zeigt sich auch eine weitere Veränderung, die Wimmer im Verhältnis zum Anderen erkennt: das Problem radikaler Alterität entsteht auch und vor allem durch die Krise der Repräsentations- und Bestimmungslogik. Denn durch die Entdeckung, dass es sich bei den bislang vertrauten Kategorien wie Natur, Leben, Geschlecht, Kindheit usw. um Konstruktionen handelt, wird das scheinbar Bekannte wieder fremd.

Genau an diesem Punkt des Fremd-Werdens setzt – Wimmer zufolge – zugleich wieder eine Aufgabenbestimmung der Erziehungswissenschaft an:

> *Zwischen* und *in* Kulturen, Gesellschaften, Regionen, Generationen, Geschlechtern, Subjekten, Diskursen ist die Beziehung zum jeweils Anderen gespannt, ambivalent, konflikthaft und durch Ungleichheit, Ungerechtigkeit und Gewalt geprägt. Soll das Bemühen um Gleichheit und Gerechtigkeit nicht schon durch die fatale Logik scheitern, die Gleichheit auf Identität reduziert und Differenz nur in Form einer Wertehierarchie kennt, dann ist es die vordringliche Aufgabe, ein anderes Verhältnis zum Anderen zu ermöglichen, und zwar von seiner Geburt an. (ebd., 116)

Es kann kein Zweifel daran bestehen, dass damit der Erziehungswissenschaft eine prominente Stellung zukommt, die allerdings eine andere Fundierung und Blickrichtung braucht, um das Verhältnis zum Anderen in seiner Unbestimmbarkeit neu zu bestimmen.

Wimmer verortet in diesem Zusammenhang die Erziehungswissenschaft als Kulturwissenschaft und fragt zugleich an, welche Möglichkeiten sich für die Bearbeitung der aufgeworfenen Fragen eröffnen, wenn man die genannte Perspektive einnimmt. Da eine kulturwissenschaftliche Wende ebenfalls in anderen Disziplinen[90] konstatiert wird, ist es wichtig zu betonen, dass auch in den Erziehungswissenschaften diese Überlegungen nicht neu sind. Exemplarisch herausgegriffen praktiziere Jugend- und Geschlechterforschung, Biografie- und Kindheitsforschung, so Wimmer, bereits eine Erziehungs- als Kulturwissenschaft.

Was ist nun unter einer kulturwissenschaftlichen Perspektive genau zu verstehen? Wimmer vermeidet eine Letzt-Bestimmung, die das Anliegen nur wieder trivialisieren würde, indem er zunächst definiert, was darunter *nicht* zu verstehen sei:

> Unter Kulturwissenschaft verstehe ich nicht ein neues Zentrum, durch das die Erziehungswissenschaften wieder zu einer Einheit diszipliniert werden könnten. Vielmehr

[90] Beispielsweise für die Psychoanalyse Küchenhoff 2005, Literaturwissenschaft Jameson 2004, Geschichtswissenschaft Rüsen 2003.

> stellt sie für die Fachrichtungen, Ansätze, Theorien und Methoden in ihrer Heterogenität und Pluralität einen hegemoniefreien Diskursraum dar, in dem gleichwohl um die Geltung konkurriert und gestritten wird, in dem also Dissenz [sic!] und Differenz als Reichtum erfahren werden kann. Seine Einheit gewinnt er [der Diskursraum] durch den Diskurscharakter des Wissens selbst. Kulturwissenschaft ist also nicht als neues Begründungsprogramm zu verstehen, sondern sie lebt selbst von der Pluralität und Dynamik verschiedener Grundlegungen. (ebd., 117)

Diese Grundlegungen sind zu sehen in dem grundsätzlich offenen, nur schwer zu bestimmenden Kulturbegriff, der vor allem differenztheoretisch ausgewiesen werden muss, soll er die angezeigte Beziehung zum Anderen analytisch fassen. Was also durch diesen Perspektivenwechsel in den Blick gerät, ist folgendes:

> Die kulturwissenschaftliche Wende in den Erziehungswissenschaften ist also als Wandel zur Multiperspektivität und Grenzverflüssigung zu verstehen, als Metaebene der Reflexion und als Form flexibler Verschaltung. So ist es möglich, einen Rahmen zu definieren, der es gestattet, Pluralität und Diversität nicht als Zufallssymptom und Identitätsmangel zu bewerten, sondern als Reichtum, der Innovationen, reflexive Relativierungen und Verbindungen nach außen ermöglicht. (ebd.)

Es geht also nicht nur um einen formalen Rahmen, sondern auch und vor allem um eine inhaltliche Orientierung, die damit auf dem Spiel steht. Die von Wimmer beschriebenen Transformationen sind nicht nur abstrakte Größen im Diskurs, sie wirken auch folgenreich bis hinein ins Klassenzimmer, sie produzieren und reproduzieren Differenzen. Wichtig wird nun sein, wie mit diesen Differenzen umzugehen ist:

> Eine kulturwissenschaftliche Perspektive könnte helfen, diese Differenzen zu bearbeiten, anstatt sie zu reduzieren. Denn Kultur ist im Unterschied zum Geist, zum Menschen, zur Gesellschaft kein homogenes Sinnzentrum, das einer Struktur die Identität verleiht, sondern Kultur ist a priori in sich different und plural. Wenn sie als Identitätsgarant verstanden werden kann, dann nicht trotz, sondern wegen ihrer inneren Differentialität, denn sie beginnt selbst mit einer Differenz, durch die sie sich von der Natur unterscheidet, und sei es eine Kerbe im Holz, ein Zeichen. (ebd., 118)

Interessant ist hier, dass Wimmer vor allem auf die semiotischen und zeichentheoretischen Begründungszusammenhänge einer kulturwissenschaftlichen Umstellung verweist. Als Referenztheorien tauchen die kulturwissenschaftlichen und bereits weit entwickelten *Cultural Studies* aus dem angelsächsischen Theorie- und Sprachraum allerdings *nicht* auf. Dies muss etwas verwundern, denn auch die deutschsprachige Erziehungswissenschaft hat sich zwar zuerst zögernd, dann aber schließlich doch mit diesem Ansatz beschäftigt (Dannenbeck 2002; Winter 2004; Mecheril/Witsch 2006). Mit dieser etwas einseitigen Perspektive verbleibt Wimmer zumindest in Reichweite der geisteswissenschaftlich inspirierten Kulturtheorien, wenn auch unter einem kritischen Impetus. Gleichwohl gelingt es Wimmer anschlussfähig an die aktuellen kulturwissenschaftlichen Diskurse zu bleiben, indem er Kultur weder als Sphäre geistiger Objektivationen versteht, noch als Integrationsebene individueller Differenzen, sondern als *»Entzweiungsmechanismus«*, der Unterschiede generiert und soziale Beziehungen als Machtbeziehungen codiert (vgl. Wimmer 2002, 118, meine Hervorhebung S. S.). Damit positioniert er die Kulturwissenschaft als politische Wissenschaft, ohne jedoch an einen Ort, der sie unterscheidbar macht, gebunden zu sein. Vielmehr wird gerade ihr Blick auf die Interpretationsbedürftigkeit von Symbolen, Praktiken und Materialisationen ihr spezifischer Vorteil. Wenn man so will, eint sie ihre Methode:

> Weil ihr kein spezifischer Objektbereich entspricht, kann Kulturwissenschaft als interdisziplinärer Rahmen auch einer Praxiswissenschaft fungieren, denn gerade weil sie an interpretativen und diskursanalytischen Verfahren orientiert ist und als soziale Praxis der Bedeutungsgenerierung angesehen werden kann, ist sie auch der Ort für Analysen der Wirksamkeit der Symbole, symbolischer Subsysteme und Handlungen auf die Subjekte, mithin auch pädagogischer Interaktionen und Institutionen. (ebd.)

Kultur ist in diesem Sinne weder als absolut noch als abgeleitet und sekundär zu verstehen, da Wimmer schlüssig begründet, dass erst durch ihre Vermittlung das Vermittelte in seiner Bestimmtheit konstituiert wird.

Wimmer liefert mit diesen programmatischen Erklärungen aus der Erziehungswissenschaft heraus einen Beitrag ihrer kulturwissenschaftlichen Fundierung und plädiert nachdrücklich für eine Dekonstruktion der Verwicklung der Pädagogik mit denjenigen Verhältnissen, die heute ihren Horizont zu verschließen drohen. Was sich damit realisieren ließe, das ist nicht mehr und nicht weniger als die »Erneuerung der Idee einer *kritischen* Erziehungswissenschaft« (ebd., 119), die gegen die fatalen Strategien eben dieser Horizontverschließung Widerstand entwickeln könnte, eine Erneuerung in dem schon erwähnten vergessenen Zusammenhang, dass die Gründungstexte dieser Theorietradition weiter diskutiert werden.

Nun ließe sich einwenden, dass diese Überlegungen zu abstrakt sind, um im Bereich des theoretischen Wissens Relevanz beanspruchen zu können, ihr Gebrauchswert in pädagogischen Praxisfeldern sich erst zu erweisen habe. Dass sich über Schule und Unterricht auf unterschiedliche Weise forschen lässt, ist hinreichend klar geworden und braucht nicht weiter expliziert zu werden. In dem hier in Rede stehenden Zusammenhang von Ungleichheit, Differenz und Bildung lässt sich mit den kulturwissenschaftlichen Zugängen jedoch mehr gewinnen als (nur) eine (weitere) theoretische Positionierung.

In diesem Zusammenhang folge ich den Überlegungen von Gerold Scholz, der aufgrund dieser neuen Rahmentheorie plausibel macht, dass eine angemessene Beschreibung dessen, was in der Schule und im Unterricht geschieht, ohne die kulturwissenschaftliche Perspektive eindimensional bleibt. Scholz argumentiert schlüssig und in klarer Abgrenzung zu geisteswissenschaftlich operierenden Ansätzen, dass aus kulturwissenschaftlicher Sicht Schule und Unterricht als *kulturelle Tatsachen* zu sehen sind. Dies bleibt im allgemeinen pädagogischen Zugriff nicht hinreichend berücksichtigt:

> Dieser Ansatz unterscheidet sich von einem traditionell pädagogischen dadurch, dass er nicht Absichten und Normen diskutiert, also nicht nach Erziehungs-, Unterrichts- und Bildungszielen und deren allgemeiner Begründung fragt, sondern nach den von den Beteiligten gemeinsam gelebten Bedeutungen. Und er unterscheidet sich von einem soziologischen Ansatz dadurch, dass er Schule und Unterricht nicht bloß als Instrument zur Erhaltung und Sicherung einer Gesellschaft auffasst, sondern danach fragt, wie die gesellschaftliche Funktion von Schule eingebettet ist in kulturelle Figurationen. (Scholz 2004, 523)

Mit dieser Argumentation gelingt es, eine gewissermaßen transdisziplinäre Perspektive zu erschließen, die Schule, Unterricht sowie die darin eingelassenen Bedeutungsgebungen und Machtbeziehungen kultur-, sozial- und erziehungswissenschaftlich zu konzeptualisieren vermag. »Kultur wird dabei verstanden als Prozess, in dem die Beteiligten fortlaufend aushandeln, wer, wann, was, wo mit wem zusammen auf welche Weise tun, denken, fühlen darf.« (ebd.)

Beobachten lassen sich dadurch – so Scholz – die Realitäten und nicht die Absichten der Pädagogik. Ich erachte es für wichtig, dass dieser Zugriff nicht verwässert und vorschnell mit einer disziplinären Beliebigkeit übersetzt wird, was den erkenntnispolitischen Zugriff dieses Ansatzes grundlegend banalisieren würde. Lediglich einen ethnologischen Blick auf die Schule zu richten und ethnographische Methoden für die Schulforschung auszuwählen, würde die kulturwissenschaftliche Perspektive nur im trivialisierten Modus realisieren. Konkret: Ohne Theoriebildung des ethnographischen Blickes auf Schule und Unterricht verbleibt er im Bereich des Naturalismus. Aus diesem Grund möchte ich noch einmal die Konvergenzen hervorheben, die sich für Interkulturelle Pädagogik und Sonderpädagogik ergeben können, wenn das Thema Differenz kulturwissenschaftlich konzeptualisiert wird. Es geht also um die Gewinnung differenztheoretischer Perspektiven für das beschriebene Feld.

Diese Überlegungen stehen zunächst auf prekärem Grund, weil sie ein für die Sonderpädagogik konstitutives Paradox bzw. ein Dilemma beschreiben:

> Der Rückgriff auf das Konzept der Differenz als Begründung für die Institutionalisierung einer bestimmten Pädagogik befindet sich stets in einem Dilemma: jenes Konzept kann sowohl der Unterordnung bestimmter Gruppen der Bevölkerung als auch zur Weiterentwicklung der Handlungsspielräume der Mitglieder dieser Gruppen dienen. (Tervooren 2003/2005, 2)

Bislang dürfte deutlich geworden sein, dass dieses Dilemma gleichermaßen für die Interkulturelle Pädagogik zutrifft.

9.8 Wie lassen sich Differenzen neu verhandeln?

Mit Bezug auf die erkenntnispolitische Dimension habe ich diese Frage bereits implizit angesprochen. Sie ist auf direkte Weise abhängig vom *»theoretischen Engagement«* (Bhabha (2000, 29). Mit dieser Formulierung kommt der Ansatz von Homi Bhabha ins Spiel, der in dem gleichnamigen Text aus postkolonialer Perspektive zum einen eine *neue kritische Theorie* auslotet und zum anderen die Politik der Differenz untersucht. Das »Spiel der Identitäten« und seine Konsequenzen, eine politisierte Anrufung der Subjekte kennzeichnet nach Hall (1994, 186f.) die Politik der Differenz.

Um Kämpfe um Macht und Wissen zu analysieren und noch mehr, um herauszufinden, ob diese Kämpfe letztlich gewonnen oder verloren werden, zieht Bhabha eine radikale und sprachtheoretisch beeinflusste Unterscheidung zwischen Differenz und Diversität. Mit diesem Zugriff werden die Verhandlungsformen, Widerstände, Paradoxien und Kämpfe um Repräsentation sichtbar und in den Fokus der Analyse gestellt. Andere Erzählungen werden so evoziert und gegen die machtvollen Bilder über die »Anderen« gestellt. Er schreibt dazu:

> Diese Revision der Geschichte der kritischen Theorie basiert [...] auf dem Begriff der kulturellen Differenz, nicht dem der kulturellen Diversität. Kulturelle Diversität ist ein epistemologisches Objekt – Kultur als Objekt empirischen Wissens –, während kulturelle Differenz der Äußerungsprozess von Kultur als etwas »Wissensfähigem«, Autoritativem, zur Konstruktion von Systemen kultureller Identifikation Geeignetem ist. Während kulturelle Diversität eine Kategorie der vergleichenden Ethik, Ästhetik oder Ethnologie ist, ist kulturelle Differenz ein Prozess der Signifikation, durch den Aussagen *der* Kultur oder *über* Kultur die Produktion von Kraft, Referenz-, Anwendungs- und Fähigkeitsfeldern differenzieren, diskriminieren und autorisieren. (Bhabha 2000, 51)

Versteht man Unterschiede vornehmlich als Differenz und nicht als Antinomie, lassen sich theoretisch in der Tat sehr weit reichende Zugänge eröffnen, die vor allem den »Gebrauch der Differenz« in den Blick nehmen. Differenz ist dabei kein Wert an und für sich, sondern wird nur als Hervorbringung eines Unterschiedes wirksam. Es ist also ein aktiver Prozess der Bedeutungsgebung und -verleihung individuell, institutionell, gesellschaftlich und im Rahmen von Wissensproduktionen. »Das Konzept der kulturellen Differenz«, so Bhabha,

> rückt das Problem der Ambivalenz kultureller Autorität in den Mittelpunkt: den Versuch

der Herrschaft im *Namen* einer kulturellen Überlegenheit, die selbst erst im Moment der Differenzierung produziert wird. (ebd., 53)

Das Behaupten einer Differenz steckt zugleich Positionen von Unterlegenheit und Überlegenheit ab. Ohne Bezug auf diese grundlegende Herrschaftsstruktur bleiben alle Studien über kulturelle Vielfalt dem herrschenden Diskurs verfangen (Schirilla 1999, 64). Mit dieser Perspektive ist ein Grundmotiv aus dem Theorieansatz der Cultural Studies beschrieben, der das Feld *politisierter Grenzziehungsprozesse* (Dannenbeck 2002, 60) zwischen ***Wir*** und den *Anderen*, den ***Fremden*** und den *Vertrauten*, den ***Behinderten*** und den *Nicht-Behinderten*, den ***Weißen*** und den *Schwarzen*, den ***Männern*** und den *Frauen* usw. zur Analyse freigibt. Aber auch dieses Feld muss weiter präzisiert werden und vor allem in Bezug zum Anliegen von Erziehung gebracht werden. Noch einmal Homi Bhabha mit einer Erläuterung seines Ansatzes:

> The attempt to conceive of cultural difference as opposed to cultural diversity comes from an awareness that right through the liberal tradition, particularly in philosophical relativism and in forms of anthropology, the idea that cultures are diverse and that in some sense the diversity of cultures is a good and positive thing and ought to be encouraged, has been known for a long time. It is a commonplace of plural, democratic societies to say that they can encourage and accommodate cultural diversity. [...] Following from this, you begin to see the way in which the endorsement of cultural diversity becomes a bedrock of *multicultural education* policy in this country. There are two problems with it: [...] A transparent norm is constituted, a norm given by the host society or dominant culture, which says that »these other cultures are fine, but we must be able to locate them within our own grid«. [...] The second problem is, as we know very well, that in societies where multiculturalism is encouraged racism is still very rampant in various forms. This is because the universalism that paradoxically permits diversity masks ethnocentric norms, values and interests. (Bhabha 1990, 207)

Spätestens mit diesem theoretischen Zugriff wird deutlich, warum eine »Pädagogik der Vielfalt« als Referenztheorie für Differenzanalysen scheitern muss: Die Annäherung an einen »demokratischen Differenzbegriff« (Prengel 1993, 180ff.) kann die vielschichtigen Spielarten des Liberalismus, des Relativismus, des Universalismus und anderer in die Demokratie eingeschriebener Ungleichheitsprobleme und Aporien nicht angemessen freilegen und in ihrer paradoxen und widersprüchlichen Struktur erkennen (vgl. Schirilla 1999). Pädagogisch lassen sie sich ebenfalls nicht über gruppenspezifische und essentialistisch zugeschnittene Angebote lösen.[91]

---

[91] Letztlich laufen alle diese Versuche, die Aporien von Gleichheit und Differenz im Modus der Anerkennung zu lösen, immer wieder auf eine Reifizierung der Differenz hinaus, weil eine Gruppenzugehörigkeit in Gegenüberstellung zu anderen überbetont wird: »Die Anerkennung von Differenz der individuellen Besonderheit einer jeden Person als Umgang mit Differenz ist dabei auch keine Lösung – eine eigene Sprache und eine an-

Nachdem die sonderpädagogischen Zugriffe im Modus von Differenzbearbeitung und Differenzthematisierung skizziert worden sind, begebe ich mich nun wieder auf das Feld der Interkulturellen Bildung und verfolge anhand der Thesen von Lutz/Wenning (2001) und Hansen/Wenning (2003), wie das staatlich organisierte Schulwesen mit der vorzufindenden Heterogenität in der Schülerschaft, aber auch in der Gesellschaft insgesamt umgeht.

Es erscheint mir wichtig, das gesteigerte Heterogenitätsbewusstsein in der erziehungswissenschaftlichen Debatte auf seinen impliziten wie expliziten theoretischen Bezugsrahmen zu untersuchen, um die Unterschiede zwischen den Unterschieden sichtbar zu machen. In diesem Zusammenhang unterscheiden Lutz/Wenning (2001) für das Feld der Interkulturellen Pädagogik vier Strömungen, die sich eng in Anlehnung an die Debatten und Ausdifferenzierungen der (erziehungswissenschaftlichen) Frauenforschung entwickelt haben. Dabei handelt es sich um den *Gleichheitsdiskurs*, der kollektive Benachteiligung zum Thema macht, der die vielfältigen Diskriminierungspraxen aufzeigt und auf eine Gleichbehandlung von Eingewanderten zielt; die *Ontologisierung* der Differenz als Ethnisierung kommt durch das Insistieren der Betrachtung und Betonung kultureller Differenzen ins Spiel; der *Diskurs über die Aufhebung kultureller bzw. ethnischer Differenzen* zugunsten der Fokussierung auf Gemeinsamkeiten; und schließlich den Diskurs des *Post-Strukturalismus*, der mit Bezug auf die bislang entwickelte Argumentation vor allem im anglo-amerikanischen Raum von den Post-Colonial Studies und den Cultural Studies inspiriert worden ist; in die deutsche Debatte ist diese theoretische Referenz bislang jedoch kaum eingegangen (Lutz/Wenning 2001, 15; Amos 2001).

Auf die analytische Ingebrauchnahme der Cultural Studies-Positionen habe ich bereits hingewiesen und ihr kritisches Potential aufgezeigt. In der bislang entwickelten Diskussion kann aufgezeigt werden, dass es einer theoretischen Klärung des Differenzbegriffes bedarf, um »verschiedene Differenzlinien als soziale Ordnungskategorien analytisch zu unterscheiden und damit ein differenztheoretisches Analyseinstrumentarium vorzustellen.« (ebd., 19)

In diesem Sinne folge ich der Einladung zur Diskussion und Aufforderung zur Weiterentwicklung von Lutz/Wenning und gehe zunächst in die Diskussion des Gebrauchswertes von unterschiedlichen Differenzlinien, um die Entstehung und Verfestigung von Machtverhältnissen (im Bildungsbereich) zu erörtern. Unter 13 bipolaren hierarchischen Differenzlinien, die Lutz/Wenning identifizieren, werden vertikale und horizontale Dimensionen berücksichtigt und den Kategorien von Ge-

dere Ausstattung mit kulturellen Mustern existieren nur in einer Gruppenzugehörigkeit. Selbst das individualistischste Individuum wird in vielen seiner Merkmale einer oder mehreren Gruppen zugerechnet – dies zu vernachlässigen hieße, soziale Realität in ihrer Wirksamkeit zu leugnen.« (Hansen/Wenning 2003, 195) schlecht bis hin zu gesellschaftlichem Entwicklungsrückstand die darin innewohnenden Grunddualismen aufgezeigt, wie etwa bei Geschlecht der Grunddualismus männlich – weiblich; bei der Kategorie gesellschaftlicher Entwicklungsrückstand der Grunddualismus modern – traditionell.

Was sich mit diesem Schema vorzüglich erfassen lässt, ist ein implizites Normalitätsraster, denn diese skizzierten Differenz-Linien »folgen der Logik der Grunddualismen, die komplementär *scheinen*, aber hierarchisch funktionieren: die linke Seite wird als Norm hantiert, die rechte als Abweichung.« (ebd., 21). Hier wird als eine gesellschaftspolitische Tatsache erkennbar, dass diese Differenzlinien die Grundlage der Organisation moderner Gesellschaften bilden. Sie sind also weder in Subjektsicht arbiträr noch alleine aus der Institutionenperspektive heraus erklärbar. Ferner unterliegen sie Veränderungsprozessen und sind – wie alle Resultate sozialer Konstruktionen – umkehrbar. Sie können sich überschneiden und sind von daher mehrdeutig zu verorten. Vor allem für den Bildungsbereich werden die Effekte dieser Normalisierungstendenz sichtbar:

> Indem Standardvorstellungen, die nur für einen geringen Teil der Schülerschaft gelten, zur Norm für die Mehrheit und damit zum Maßstab für alle gemacht werden, geraten diejenigen, die dieser Norm weniger entsprechen als andere, im Rahmen des zwingend ablaufenden Selektionsprozesses in eine benachteiligte Position. (Hansen/Wenning 2003, 189)

Mit dieser Perspektive auf *Normalisierung*[92] wird die Geschichte der Minderheitenbildung auch und vor allem als Geschichte der Mehrheitsbildung sichtbar, eingelassen in historisch gewachsene Prozesse und gesellschaftliche Prozesse der Gewinnung und Verfestigung von Machtverhältnissen. Es wird also Bildung im Zusammenhang von Produktion und Reproduktion sozialer Ungleichheiten angesprochen:

> Durch den Normalisierungsprozess und die Vernationalstaatlichung des Bildungswesens hat sich ein Normalitätskonstrukt als (heimlicher) Maßstab etabliert, der mit Hilfe der demokratisch legitimierten Gleichbehandlung Minderheitenangehörige systematisch benachteiligt. Minderheitenspezifische Abweichungen vom Normalitätskonstrukt werden so zu undemokratischen Benachteiligungen im und durch das Bildungswesen und auf diese Weise auch bei der Zuweisung von bildungsabhängigen, positiv besetzten gesellschaftlichen Statuspositionen. (ebd. 195)

Was sich als Problem der bisherigen Überlegungen nun zeigt, kann weiter zuge-

---

92 Der Bezug liegt hierbei auf den Arbeiten des Literaturwissenschaftlers und Diskursforscher Jürgen Link, der vor allem in seinem Buch *Versuch über den Normalismus* (1999) ein (diskurs-) analytisches Instrument entwickelt hat, um Normalität als typisch modernes Dispositiv zu sehen, das sich weitgehend in allen gesellschaftlichen Bereichen und Diskursen konsolidierte. Hansen/Wenning haben diese Referenztheorie jedoch nicht kulturwissenschaftlich in Anschlag gebracht.

spitzt werden, indem das Reden über Differenz als das Reden über die Differenz der »Anderen« sich klar konturiert. Mit dem vorliegenden Systematisierungsversuch entlang der wirkmächtigen Differenzlinien sowie der im Bildungsprozess nachweisbaren vorhandenen Normalitätskonstruktionen gelingt es, die damit verbundenen Effekte nachzuzeichnen und als gesellschaftliche Praxis zu beschreiben. Mit der hier skizzierten Differenzanalyse lassen sich die bildungspolitischen und administrativen Schulpolitiken bzw. erziehungswissenschaftlichen Referenztheorien klar hervorarbeiten. Gleichwohl bleibt ein nicht unbedeutender »Rest«, der unter diesem Zugriff nicht erhellt werden kann: Was geschieht jenseits dieses Ausschnittes? Was machen die »Anderen« mit diesen Programmen? Sind sie schlicht benachteiligt, fügen sich in ihr »Schicksal« oder arbeiten sie an und mit Umgangsweisen und Widerstandsformen? Lassen sich diese kulturellen Praxen, denn so wären sie mit Rückgriff auf die Cultural Studies zu bezeichnen, erkennen und in einem pädagogischen Zusammenhang transformieren? Wie entstehen die Differenzlinien, nicht nur im hierarchischen Zusammenhang von oben nach unten, im Modus der gesellschaftlichen Hervorbringung,[93] sondern gleichsam von unten nach oben, im Prozess der Aneignung, Transformation und widersprüchlichen Verschiebung in Handlungsspielräumen?

Alle diese Fragen lassen sich nur in einer zu dem hier diskutierten Differenzansatz komplementären Perspektive angemessen berücksichtigen. In Rede stehen folglich die in der Einleitung vorgeschlagenen Analysen der Prozesse im Sinne der Bildung von unten. Die Kapitel über »Schule, Migration und Fremdheit«, »Chancen*un*gleichheit von unten« sowie die »Schule als Kampfplatz und als Aushandlungsraum« haben diese Perspektive bereits angerissen und begonnen theoretisch aufzuarbeiten. Es wird nun darauf ankommen, eine Durchdringung dieser Perspektiven vorzunehmen. Hierfür greife ich auf die in diesem Zusammenhang entstehenden Irritationen, Dilemmata und Paradoxien zurück. Ihnen kommt bei

93 Wenn auch Wenning (1999, 347) schreibt, dass die Analyse der Normalitätskonstrukte auf individueller Ebene auf die Gesellschaft zurückverweist, so handelt es sich doch um eine Einschränkung hinsichtlich der Handlungsfähigkeiten und -perspektiven. Diese lassen sich auch im rekonstruktiven Zugang über die Subjektpositionen bestimmen, über ihre Handlungsspielräume und Selbstermächtigungen. Dabei geht es mir nicht um eine schlichte Gegenüberstellung von Forschungsperspektiven, die beide legitim sind, sondern um die Frage der Möglichkeitsräume, die dabei ausgelotet werden können. Also erscheint die materialistische Formel von *objektiver Bestimmung* und *subjektiver Bestimmtheit* aus Holzkampscher subjektwissenschaftlicher Perspektive erkenntnisleitend: Es handelt sich dabei um eine Frage der Vergesellschaftung des Subjekts und seinen Umgang damit, nur eben unter umgekehrten Vorzeichen, mit dem Blick von unten nach oben und nicht umgekehrt. Was mit dieser vorgeschlagenen Perspektive schärfer ins Zentrum der Analyse gerät, das sind Handlungsmöglichkeiten, -begrenzungen und Transformationen in Rahmen kultureller Praxen. Oder mit Sartre gesprochen: »Was macht der Mensch aus dem, was die Verhältnisse aus ihm gemacht haben?« (vgl. Lanfranchi 1995)

der folgenden Betrachtungsweise eine besondere Rolle zu. Mit Durchdringung der Perspektiven meine ich eine theoretische Neupositionierung im Zugang zu Differenz von Interkultureller Pädagogik und Sonderpädagogik inspiriert von Cultural Studies und Disability Studies. Dabei wird bezüglich der beiden erkenntniskritischen aber noch marginal positionierten Projekte das Folgende deutlich:

»Die Berührungspunkte zum Diskurs der Cultural Studies sind augenfällig: Disability Studies als zugleich wissenschaftliches wie politisches Projekt; Disability Studies als interdisziplinäre Herausforderung, ohne Festlegung auf ein statisches Theorie- oder Methodenprogramm, Disability Studies als selbstreflexiver offener Diskurs.« (Bruner/Dannenbeck 2002, 71)

Nachdem die Interkulturelle Pädagogik in ihren Erweiterungen und neueren Ausformungen skizziert worden sind, begebe ich mich nun noch einmal auf das Feld der Sonderpädagogik – allerdings unter einer neuen Theorieposition.

9.9 Differenztheoretische Zugänge im Feld der Sonderpädagogik

Jan Weisser hat im Rahmen seiner epistemologischen Studien zur Erforschung des sonderpädagogischen Wissens (Weisser 2004; Weisser/Renggli 2004/Weisser 2005b) einen sehr faszinierenden differenztheoretischen Entwurf vorgelegt, der die Sonderpädagogik auf theoretischem Terrain völlig neu positioniert. Ausgehend von der Kritik der bisherigen Theorieangebote verortet sich Weisser innerhalb der Theorieentwicklungen der *Disability Studies* und entwickelt eine differenzierte Analytik und einen überzeugenden Leistungsbereich der neuen Theorie. Was beinhaltet nun diese neu gewonnene Theorieposition? Zunächst muss die Frage nach dem Theorieverständnis geklärt werden:

> Eine Theorie sagt nicht, was Behinderung ist, sondern sie macht einen Vorschlag, wie Behinderungen als soziale Erfahrungen zu beobachten sind [...]. Es handelt sich also nicht um den Versuch einer Definition und den Aufbau einer Klassifikation, sondern um die Konstruktion einer Analytik, die es erlaubt, Wahrnehmungs- und Wissenspraxen im Feld der Behinderung zu rekonstruieren und über die Rekonstruktion die aktuelle Informationslage zu verbessern. (Weisser 2005a, 8)

Weisser hat in diesem Zusammenhang eine *performative Theorie der Behinderung* entwickelt und positioniert sich dadurch klar innerhalb der theoretischen Bezüge im Überschneidungsbereich von Cultural Studies und *Disability Studies*, in dem Verhandlungsformen, Praxen sowie Repräsentationen und Wissensformationen bevorzugter Gegenstand der Analyse sind. Performativ meint in diesem Zusammenhang, »dass die Theorie die Art und Weise beschreibt, wie etwas gesagt, gemacht oder getan wird respektive wie etwas geschieht oder ›geht‹.« (Weisser 2005a, 23)

Mit dieser Aussage wird klar, dass hier keine neue Definition, Klassifikation oder Analytik, was Behinderung sei, angestrebt wird, sondern eine Konstruktion einer Analytik ausgearbeitet wird, mit der es möglich sein wird, Wahrnehmungs- und Wissenspraxen im Feld der Behinderung zu rekonstruieren. Zugleich kommt dabei der Selbstbeobachtung beziehungsweise der systemtheoretisch inspirierten *Reflexion zweiter Ordnung* eine große Rolle zu, die gewissermaßen wissenssoziologisch aufgeklärt ist: »Theorie [...] ist die Analytik eines Beobachters, der an einen sozialen Ort gebunden ist, situiert durch Erfahrung und Sozialisation, die sich in der Wahl und im Gebrauch der Instrumente niederschlagen.« (Weisser 2005a, 9)

Weisser definiert Behinderung in diesem Kontext folgendermaßen: »Eine Behinderung ist die Feststellung, dass etwas nicht geht, von dem man erwartet, *dass* es geht.« (ebd., 15, Hervorh. i. O.) Mit dieser Formel lassen sich Unterscheidungen auf der Beobachterseite vielfach durchdeklinieren. Dass etwas geht oder nicht geht, macht einen performativen Unterschied. Dadurch gerät auch der traditionelle wesenhafte Behinderungsbegriff der Sonderpädagogik ins Wanken:

> Unter der Analytik der performativen Differenz werden Behinderungen fundamental neu konzipiert, nicht als Unterschied des Seins, sondern als Unterschied in der Art und Weise, wie etwas vollzogen wird: Man ist nicht, sondern man (wird) behindert. (Weisser 2005a, 43)

In Kritik geraten damit zum einen der Hauptmodus der Thematisierung von Behinderung im Erziehungssystem und zum anderen die Rolle der Sonderpädagogik darin. Entlang der drei Hauptachsen Behinderung, Ungleichheit und Bildung entwickelt Weisser seine Position einer *akausalen* Theorie, die vor allem systemtheoretisch inspiriert ist und einen erkenntniskritischen Blick auf die Erzeugung von »Wahrheiten« hat. Damit ändern sich der Gebrauchwert und der Leistungsbereich der Theorie. Sonderpädagogik erscheint nun nicht mehr – wie im Hauptstrom der Disziplin behauptet[94] – als Theorie und Praxis der Erziehung und Bildung von Kindern, Jugendlichen und Erwachsenen mit einer Behinderung, sondern als »Entdeckungs- und Bearbeitungszusammenhang von Behinderung in Bildungsprozessen.« (ebd., 77). So kann das historische Dispositiv der Disziplin erkannt, kritisiert und überwunden werden, indem mit der und durch die vorgeschlagene Theorieposition der Prozess der Wissensgewinnung und -produktion beobachtet wird. Die performative Theorie der Behinderung installiert in dieser Hinsicht

> systematisch Reflexivität in die gegenwärtige Diskurslage, weil sie akausal verfährt und folglich Kausalbehauptungen analysieren und kontrollieren kann. Die Frage, was man konkret tun soll, ist dann eine Frage der Informiertheit und der (institutionellen) Diskursposition. (Weisser 2005, 30)

94 Exemplarisch für diese Position im sonderpädagogischen Hauptstrom Bach 1999.

Es ist sicher kein Zufall, dass in der Herleitung dieser Theorie Weisser mit einem kleinen Fallbeispiel aus seiner Arbeit und Begegnung mit einem jungen Mann, Lukas aufwartet, der von Dritten als behindert bezeichnet werden würde, und zwar aus dem Grund, weil sich eine Differenz zwischen Fähigkeit und Verhaltenserwartung ergeben kann, eben ein Unterschied, der Unterschiede macht und in einer Feststellung mündet, dass etwas nicht geht, von dem man erwartet, dass es geht. Hierbei gelangt Weisser zu einem wichtigen erkenntniskritischen Ansatz: der Arbeit mit der Irritation.[95] Diese Feststellung, dass etwas nicht geht, von dem man erwartet, dass es geht, ruft eine Irritation hervor. Überhaupt erscheint »Behinderung« als eine Irritation im Bildungsprozess und kann vor diesem Hintergrund als »Analysator von Bildung« gesehen werden. In diesem Sinne wird die Irritation als eigentlicher, weil auslösender Moment der Wissensbildung angesprochen. Behinderung wird aus dieser Perspektive als eine Erfahrung verstanden, die sich aus Konflikten zwischen Fähigkeiten und Erwartungen ergibt, und die zunächst als Irritation auftritt und sich dann durch Wiederholung verfestigt. Aber Irritationen lassen sich nicht aus der Position des Wahrnehmenden steuern, bringen ihn gleichwohl aber als Subjekt ins Spiel. So wie im Beispiel zwischen Lukas und dem Autor. Er positioniert sich und sieht die Differenz zwischen sich und Lukas, zwischen Verhaltenserwartung und Fähigkeit. Nun kommt es – um eine analytische Position zu gewinnen – darauf an, zu beobachten, wann, wo, wozu und von wem die Differenz eingesetzt wird und was es bedeutet, dass sie eingesetzt wird (vgl. ebd., 20). Zu diskutieren ist nun der Differenzgebrauch.

Das bedeutet, dass zum einen die Irritation an sich selbst wahrgenommen wird, und zum anderen die Modi der Beschreibung und Bearbeitung der Irritation als durchkreuzter Verhaltenserwartung beobachtet und befragt werden. Der zweite Zugang ist der für die institutionalisierten Bildungsprozesse relevante. Da die Sonderpädagogik als historisch gewachsenes Dispositiv zur Beobachtung und Bewältigung von Behinderung nicht über die Beobachtung und Behandlung von Behinderungen *im* System und *des* Systems hinausgekommen ist, geht es nach Weisser nun um die Gewinnung einer reflexiven Perspektive:

> Es geht nicht um die Definition des Speziellen, sondern darum, das Entstehen und die Praxen der Spezifikation zu beobachten und in Behandlungsformen zu übersetzen. Ihre Aufgabe besteht [...] im reflexiven Gebrauch der Differenz von Behinderung/Nichtbehinderung im Horizont von (Un-)Gleichheit. [...] Damit wird die naturalisierte Selbstbeschreibung im Erziehungssystem, wonach Erfolg über individuelle Leistung und Miss-

[95] Vgl. dazu auch Knauer (2005, 8), die den Aspekt der Irritation, allerdings nicht theoretisch konzeptualisiert und in diesem Zusammenhang ausführt: »›Behinderung‹ ver-rückt die alltägliche Wirklichkeit, macht die normative Normalität frag-würdig. Damit ist aber nicht mehr sie selbst das ›Andere‹, Fremde, sondern das ›Normale‹ wird einer Entfremdung unterzogen.«

erfolg über individuelle Förderung respektive Sondermaßnahmen zu verbuchen sei, als historischer Modus der (Un-) Gleichheitsbewältigung im Erziehungssystem beschreibbar. (ebd. 78)

Vor diesem Hintergrund ergibt es Sinn, Lernprobleme und -behinderungen, also Barrieren, als Analysatoren des Systems in Gebrauch zu nehmen.

So inspirierend dieser Zugang ist, etwas bleibt dabei offen. Der Blick von der *einen* Seite (der Nichtbehinderten) wird in der dialektischen Spannung von Mehrheit und Minderheit, von den Positionen dazwischen, und aus der Perspektive der gegenseitigen Verweisungszusammenhänge eingeschränkt und analytisch nur halbiert zugänglich. Gleichwohl werden in dieser Theorieposition normative Fixierungen freigelegt. Aus diesem Grund schlage ich in Anlehnung an die Position von Weisser den folgenden Umbau und damit eine komplementäre Sicht vor, um die erkenntniskritische Kraft dieser Theorieposition noch weiter zuzuspitzen:

Eine Behinderung ist auch *die Feststellung, dass etwas geht, von dem man erwartet, dass es* nicht *geht.*

Damit wird die Performativität nach zwei Seiten hin erweitert. Durch diesen Umbau wird der Blick gleichsam auch nach innen gerichtet, das Beobachterdispositiv durch Selbstreflexion und das »Verstehen des Nicht-Verstehens« (vgl. Thimmel 2001, 169ff.) unmittelbarer zugänglich. *Beide* damit in den Fokus der Analyse tretenden Irritationen sind konstitutiv für die Wissensbildung.

Folgende Beispiele machen die veränderte Perspektive anschaulich: Jim Sheridans Film *Mein linker Fuß* (1989) erzählt die Geschichte des irischen Künstlers Christy Brown, der an einer Cerebralparese leidet. Aber ist »Leiden« der richtige Begriff? Die durchkreuzte Erwartungshaltung, die Weisser in seiner Theorieposition genau einschätzt und in das Zentrum seiner Überlegungen stellt, ist feststellbar als Irritation der eigenen Erwartungshaltung. In einem Seminar über Perspektiven der Disability Studies habe ich Studierenden den Film gezeigt, und die (eigene) durchkreuzte Erwartungshaltung wurde für fast alle sichtbar, als es kaum für möglich gehalten wurde, dass ein Mensch mit einer solch bizarren Lähmung, nur fähig seinen linken Fuß willentlich zu steuern, zu einer solchen Ausdruckfähigkeit und ästhetischen Kraft finden kann. Eine Szene aus dem Film macht zugleich die dialektische Spannung deutlich, die in der durchkreuzten Erwartungshaltung steckt: Bei der Präsentation von Bildern Christy Browns in einer Galerie, wird in der Laudatio behauptet, dass Browns Bilder die Bilder eines großen Künstlers sind. Brown widerspricht in der ihm eigenen und kauzigen Widerständigkeit: »Sie sind die Bilder eines Krüppels!« Darauf legt er unbedingt wert. Sie sind nicht abzuziehen von seiner Existenz und verweisen auf die Notwendigkeit der Auseinandersetzung mit seiner differenten Form der Leiblichkeit. Aber er sagt nicht: Die Bilder eines Behinderten. Dies markiert einen bedeutsamen Unterschied.

Ein weiteres Beispiel zeigt ebenfalls die eigenen Bilder, die eigenen Irritationen und gewissermaßen die wirksamen aber in der Regel verborgenen Stereotypisierungen des Normalverhältnisses. Ein Konzert des Ensemble Modern: Die Musiker dieser herausragenden Künstlergruppe für zeitgenössische Musik spielen ein Konzert des portugiesischen Komponisten Emmanuel Nunes. Die Musik webt ein solch intensives Gewebe aus Klängen, führt in die Sphäre des Selbstvergessens und wieder zurück, hinein in die konkreten Ebenen der Konzentration und der Gelöstheit, dass nicht nur ich als Zuhörender tief berührt werde. Das Publikum ist von dieser Spannung mitgerissen und gibt im Anschluss lang anhaltenden und begeisterten Applaus. Die Künstler holen den Komponisten, der im Saal anwesend ist, auf die Bühne, so ist es üblich, denn sie sind ja gewissermaßen »nur« die Handwerker, die Ausführenden einer kreativen Idee. Ein Mann bewegt sich mit merkwürdigen Bewegungen auf die Bühne, er scheint kaum fähig, sich ohne Hilfen nach vorne zu bewegen.

Und dann ist für einen kurzen Moment die Irritation da: Kann jemand, der auf der Straße mühelos als Betrunkener wahrgenommen werden würde, faktisch aber eine Behinderung[96] manifest macht, diese herrliche und ästhetisch vollkommene Musik geschaffen haben? Ich spüre diese unangenehme Irritation deutlich. Sie positioniert mich in den Modus der Normalität und verweist auf den gesellschaftlichen Platz für Abweichungen. Schnell schiebe ich diese Gedanken wieder beiseite, ich bin noch zu berührt von der Musik und erst im Zuge der Beschäftigung mit der performativen Theorie der Behinderung von Weisser wird mir dieses Erlebnis wieder erinnerlich. Es geht dabei – wie Weisser zutreffend aufgezeigt hat – um das Beobachterdispositiv: meine Perspektive legt es frei durch die wahrgenommene Irritation. Nun lassen sich durch diese Irritationsanalyse noch weitere Beispiele erschließen, die das Feld weiter öffnen. Nicht mehr nur der enge Fokus auf Behinderung wird dabei erschließbar, sondern weitere Differenzlinien können damit sichtbar gemacht werden. Zugleich kommen damit Repräsentationsverhältnisse ins Spiel, die gesellschaftlich konstruiert sind und zumindest einer individuellen Dekonstruktion zugänglich gemacht werden. Sie erlauben, »den sozialen Prozess der Wissensgewinnung zu beobachten.« (Weisser 2005, 30) Allerdings nur auf dem Weg der Rekonstruktion im Sinne einer *kritischen Genealogie*. Auf dieser Grundlage lässt sich deutlich machen, dass mit dem Begriff »behindert« bestimmte

[96] Nunes leidet an den Folgen einer Polio. Wie aber ausgeführt, umschreibt *Leiden* nur einen willkürlich herausgegriffenen Aspekt. Er legt die Beobachterperspektive frei, stellt das Dispositiv in den Blickpunkt. Haben wir keine sprachlichen Begriffe für diese Phänomene, die ohne Zuschreibungen auskommen? So wie in der Biografie des Weltklasse-Bariton Thomas Quasthoff deutlich wird, zählen in diesem spezifischen Feld letztlich die Begabung sowie die ästhetische und künstlerische Qualität des Ausdrucks. Dennoch lassen sich die vielfältigen Formen des Behindert-werdens in der Lebensgeschichte von Quasthoff (2004) eindrücklich nachvollziehen. Auch an diesem Beispiel wird die Doppelstruktur der performativen Theorie der Behinderung plastisch.

Personen weniger repräsentiert sind, sondern als Subjekte auf eine gesellschaftlich vorgegebene Identität festgelegt werden (vgl. Rösner 2004, 213).

Auffallend wird dabei das zentrale Dilemma der Sonderpädagogik zu Tage treten, dass nämlich das behinderte Subjekt *performativer* Effekt diskursiver und institutioneller Zuschreibungen ist. Disziplin und Profession der Sonderpädagogik bringen einen wesentlichen Teil dieser Diskurse und Zuschreibungen selbst hervor und wollen die »Behinderten« gleichzeitig davon befreien. »Es genügt also nicht«, so Rösner (ebd.) in diesem nur scheinbar paradoxen Zusammenhang,

> zu untersuchen, wie behinderte Menschen in Sprache und Politik vollständiger repräsentiert werden können. Die Kritik muss auch begreifen, dass der »Behinderte« als das Subjekt der Sozialpolitik und Heilpädagogik gerade durch jene Machtstrukturen hervorgebracht und eingeschränkt wird, mittels derer das Ziel der Emanzipation erreicht werden soll.

9.10 Wer ist normal? Eine kulturwissenschaftliche Annäherung

Als äußerst anschlussfähig erweisen sich in diesem Zusammenhang die Arbeiten von Anne Waldschmidt (2003; 2004) zur Normalität und Normalisierung im behinderungspolitischen Diskurs: Sie stellt in ihren Analysen fest, dass sich das Behindertendispositiv seit einiger Zeit in einem grundlegenden Wandel befindet, dass dieser Wandel aber theoretisch noch nicht begriffen ist. Zudem impliziert der Behinderungsbegriff gewissermaßen als Kehrseite den Begriff der Normalität. Dabei plädiert sie allerdings für eine kulturwissenschaftlich argumentierende Normalismustheorie. Denn spätestens seit der Arbeit von Jürgen Link über den *Normalismus* (1996), der mit seinem Ansatz wichtige Konturen einer expliziten Normalitätstheorie herausgearbeitet hat, ist Normalität als eigenständiger *kulturwissenschaftlicher* Begriff zu fassen (vgl. Waldschmidt 2004, 145).

Betrachtet man aus der Sicht des kulturwissenschaftlichen Ansatzes das Phänomen der Behinderung, so wird man dazu verführt, den Standort des Betrachters umzukehren: Es geht nunmehr nicht mehr darum, von der Welt der »Normalen« aus die Lebenssituation von »behinderten« Menschen zu untersuchen, um ihnen bei der Bewältigung ihrer schwierigen Lebenssituation zu helfen:

> Vielmehr gilt es, »Behinderung« als erkenntnisleitendes Moment für die Analyse der Mehrheitsgesellschaft zu benutzen, als eine Lebensbedingung, die schlaglichtartig Aspekte zum Vorschein bringt, welche verborgen geblieben wären, hätte man sich mit der »normalen« Perspektive begnügt und wäre von einer unversehrten Leiblichkeit in einer fraglos geltenden Welt ausgegangen. (Waldschmidt 2003b, 16)

Der kulturwissenschaftliche Ansatz dreht also die Perspektive um, die Mehrheitsgesellschaft wird aus der Perspektive der Behinderung untersucht. Schaut man sich allerdings den aktuellen behindertenpädagogischen Diskurs an, so wird offenkundig, dass das Fach gerade erst damit begonnen hat sich mit dieser Frage zu beschäftigen.[97]

Diese Schlüsse rekonstruiert Waldschmidt (vgl. 2003c) überzeugend anhand der Ideengeschichte der Heilpädagogik, ausgehend von den Gründungstexten bis hin zum aktuellen Diskurs der Disziplin um Integration und Selbstbestimmung. Nachdem sie die Konturen einer Soziologie der Normalität skizziert hat, untersucht sie den Stellenwert des Normalen im behindertenspezifischen Fachdiskurs. Aufbauend auf dem Theorie-Ansatz von Link über den Normalismus analysiert sie die aktuelle Normalitätskonjunktur. Dabei lässt sich folgendes erkennen: »Als Gegenpol zum Behinderungsbegriff stellt Normalität quasi zwangsläufig einen Grundbegriff der Soziologie der Behinderung dar.« (ebd., 142)

Bereits das »Gründungsdokument der wissenschaftlichen Heilpädagogik« von Jan Daniel Georgens und Heinrich Marianus Deinhardt *Die Heilpädagogik. Mit besonderer Berücksichtigung der Idiotie und der Idiotenanstalten* von 1861/63 lässt die Schlussfolgerung zu, dass die beiden Autoren die »Begründung einer Normalisierungswissenschaft« im Sinn hatten (ebd., 146). In der Folge wurde der Begriff disziplingeschichtlich weiter aufgegriffen, etwa von Heinrich Hanselmann, der zwar den Stellenwert der statistischen Normalität in der Gesellschaft erkannte, den Normalitätsbegriff allerdings verwarf. Auch Ulrich Bleidick, der den einflussreichen pädagogisch begründeten Behinderungsbegriff 1978 ins Spiel gebracht hatte, der sich bis heute beharrlich hält, ließ dem Begriff der Normalität keine besondere Aufmerksamkeit zukommen. In ihrer Analyse der disziplinären Diskursgeschichte resümiert Waldschmidt kritisch, dass auch die aktuellen Fachvertreter der Tradition ihres Diskurses verhaftet blieben, in dem sie die Ambivalenzen der flexiblen Normalisierung ausblenden und die *kulturwissenschaftlich argumentierende Normalismustheorie normativ-pädagogisch wenden* (ebd., 148). In diesem Sinne ist die in der Disziplin auffällige Tendenz zu einer normativen Wendung auch an diesem Beispiel der Entwicklung des Normalitätsdiskurses zu konstatieren. Man kann also feststellen, dass es noch zu keiner kulturwissenschaftlichen Wende in der Disziplin gekommen ist, was sicher auch daran liegen mag, dass sich die Sonderpädagogik noch immer als handlungstheoretisch begründete Theorie und Praxis der Erziehung und Bildung von Kindern, Jugendlichen und Erwachse-

97 »Die problematische Monopolstellung der Sonderpädagogik konnte [...] nur durch die fehlende Aufmerksamkeit für das Thema Behinderung im Mainstream der sozialwissenschaftlichen Forschung und vor allem durch das Desinteresse der Kulturwissenschaften entstehen.« (Tervooren 2002, 40)

nen mit einer Behinderung versteht.[98]

Dies führt sicherlich dazu, dass sowohl in der Fachliteratur als auch im Alltagsdiskurs Normalität und Normativität gleichgesetzt wird. Die Relevanz der normalismustheoretischen Überlegungen für das Feld der sozialen Problemlage der Behinderung wird deutlich, wenn die Wirkmächtigkeit normalistischer Normen und das Vorhandensein von normalistischen Strategien identifiziert werden kann. Derzeit gibt es nach Waldschmidt starke Anhaltspunkte für eine Konjunktur des flexiblen Normalismus (bspw. das so genannte Normalisierungsprinzip und das neue Rehabilitationsrecht für behinderte Menschen nach dem SGB IX).

> Der zentrale Unterschied zwischen den normativen und den normalistischen Erwartungshaltungen ist also der, dass soziales Handeln und Normsetzung jeweils unterschiedliche Reihenfolgen aufweisen. Im Falle der Normativität führt eine von außen gesetzte Regel, eine soziale Norm zu dem gleichen Verhalten vieler: »Es wird verlangt, dass ich mich so und nicht anders verhalte«. Im Falle der Normalität aber führt umgekehrt das gleiche Verhalten einer großen Anzahl von Menschen zu einer normalistischen Norm: »Das machen doch alle, das ist doch normal. (Waldschmidt 2004, 151)

Aus dieser kulturwissenschaftlich inspirierten Perspektive lassen sich beispielsweise die Reformbewegungen der Behindertenpolitik wie etwa die Integrationspädagogik in ein neues Licht setzen und verweisen für Waldschmidt auf eine erkennbare Dimension der flexiblen Normalisierung in den pädagogischen Begründungszusammenhängen:

> Bei der Integrationspädagogik, die Mitte der siebziger Jahre begründet wurde, geht es darum, über eine gemeinsame Erziehung aller Kinder De-Normalisierungsprozesse von vornherein zu verhindern. Mittels integrativer Prozesse im Bildungssystem soll sich die Grenze zwischen Normalität und Abweichung ganz auflösen in Richtung einer »Pädagogik der Vielfalt«. (Waldschmidt 2004, 153)

Hierbei wird zum einen wieder die normative Wendung ersichtlich. Zum anderen – und dieser Einwand wiegt schwerer – werden die faktischen Grenzen von *behindert* und ***nicht-behindert*** negiert, die Abweichung bleibt aber bestehen, auch wenn sie in einen anderen Handlungs- und Begründungszusammenhang verlegt wird. Aber welche Konsequenzen hat es, diese Grenze auflösen zu wollen? Durch diese Ausblendung der Abweichung wird auch eine systematische Reflexivität blockiert, es lassen sich keine Bedeutungsgebungen der Abweichung mehr erkennen. Die Irritation wird nicht aufgelöst, sondern umgeformt zu einem normativ entworfenen: Du *sollst* den Anderen in seiner Andersheit anerkennen!

---

98 Hier wird die Kritik am historisch entstandenen Dispositiv der Sonderpädagogik von Weisser so bedeutend. Erst wenn dieses Dispositiv in seinen machtstabilisierenden Folgen erkannt und überwunden ist, lassen sich analytische Zugänge etablieren, die kulturwissenschaftliche Perspektiven eröffnen.

Im Gegensatz dazu wäre kulturwissenschaftlich zu analysieren, wer/wie/warum/welche Grenzen zieht, Differenzen ins Spiel bringt, diese erlebt, verarbeitet und transformiert. Sie werden aus dieser Blickrichtung nicht ertragen oder erlitten, hingenommen oder negiert, sondern verhandelt. Sie sind mithin ein umkämpftes Symbol und Zeichen kultureller Repräsentationen. Aber auch aus dieser Perspektive bleiben die Differenzen bestehen. Sie werden also nicht aufgelöst, aber in der Performation gleichsam *perforiert.* Die fixierten Grenzlinien beginnen durchlässig zu werden. Mit den Vorschlägen von Weisser und der damit zugleich ins Spiel kommenden Bedeutung von Aushandlungsräumen entstehen neue Positionen in diesem Feld. Es entsteht eine Plattform, ein performativer Raum. Erst durch die Plattform, auf der diese Unterschiede gesehen, verhandelt und als faktisch angenommen werden können, werden sie pädagogisch und differenztheoretisch zugänglich. »Mittels der flexiblen Normalisierung werden offenbar die Zwischenräume verbreitert; die Polarität zwischen Behinderung und Normalität verschwindet jedoch nicht.« (Waldschmidt 2004, 154)

Bestehen bleibt jedoch auch der gesellschaftlich wirkmächtige und gerade *durch* Bildung erzeugte Ausgrenzungsmechanismus, der für das Phänomen Behinderung im pädagogischen Handlungsraum nach wie vor konstitutiv ist:

> Auch das etablierte Sonderschulwesen und die Tatsache, dass nur ca. 4-5% der behinderten Kinder integrativ beschult werden, verweist auf pädagogische und bildungspolitische Selektionsmechanismen, gegen die sich das integrationspädagogische Konzept als schwach und wehrlos erweist. (ebd.)

Von hier aus lässt sich einmal mehr ein Plädoyer für kulturwissenschaftliche Referenztheorien ableiten, denn Sonderpädagogik und auch Interkulturelle Pädagogik lassen sich als Instrumente und Gegenstand der Kritik gleichermaßen begreifen, wenn sie als Entdeckungs- und Bearbeitungszusammenhänge durch eine erhöhte Reflexivität Dispositive der Professionalität und der Forschung im Kontext öffentlicher Fragestellungen erkennbar machen. Vielleicht pointierter noch zur Kritik am Begriff der Normalisierung geht Hans-Uwe Rösner vor, er sieht unter Bezugnahme auf die Überlegungen zur grundlegenden Alterität und der Fragen der nicht *normativen Anerkennung des Anderen* folgenden Vorbehalt:

> Die moderne Erfahrung des Behindertseins steht in einem strukturellen Zusammenhang mit der Normalisierung des Menschen seit der Aufklärung. Unter Normalisierung verstehe ich eine Form der Demütigung, weil sie damit einhergeht, dem Anderen die Kontrolle über das eigene Leben zu nehmen. Mit diesem Begriff lässt sich zeigen, dass die Macht seit zweihundert Jahren nicht nur durch das Recht und seine Anwendung ausgeübt wird. Sie wird auch in Diskursen wirksam, die aus den sozialen Wissenschaften hervorgehen. (Rösner 2002, 24)

In diesem Sinne ist für Rösner Normalität eine Folge der Normalisierung. Sie bildet in modernen Gesellschaften ein Dispositiv der Sicherheit, durch das sich eine veränderbare Grenzziehung zwischen dem gesellschaftlich Risikohaften und dem Tolerablen vornehmen lässt (vgl. ebd., 24).

Was sich zusammenfassend erkennen lässt, ist ein breiter Konsens in den Disability Studies bezüglich der Untersuchung von Differenzlinien, Dekonstruktion von askriptiven Kategorien sowie ein Rekurs auf das *soziale Modell*[99] der Behinderung, das sich aus der Kritik der defizitorientierten und im medizinischen Denken verwurzelten Diskurse und Praxen heraus ergab. Allerdings wäre es ein Fehler, die Disability Studies nur als eine fest umrissene fachliche Disziplin mit festgelegtem theoretischen Vokabular oder methodischem Instrumentarium zu begreifen. Damit wäre eine Einbahnstraße beschritten. Vielmehr geht es darum, sie als eine diskursive Formation zu begreifen, die sich mit politischem Anspruch den hegemonial durchgesetzten binären Differenzen von Krankheit/Gesundheit, behindert/nichtbehindert, normal/abweichend entgegen stellt. Die Disability Studies generieren vor allem andere Erzählungen in diesem Kontext. Diese Überlegungen treffen sich mit dem Anliegen der Cultural Studies, es kommen damit mehrere Differenzlinien ins Spiel. Allerdings nicht additiv und gleichwertig, sondern nur analytisch zu beschreiben und im performativen Hervorbringen, im Feld der Praxis zu rekonstruieren.

> Ein solches kulturwissenschaftlich gewendetes Verständnis von Disability Studies berührt auch differenztheoretische Positionierungen im Kontext von Gender und Ethnizität und ermöglicht es, theoretische Verknüpfungen zu unterschiedlichen Differenzkategorien herzustellen. Die Provokation, die im Projekt der Disability Studies entdeckt werden könnte, liegt weniger in der Tatsache, dass hier Wissenschaft von Behinderten betrieben wird, als in der *politischen Option*, hegemoniale Bedeutungen von Behinderung durch fortlaufend veränderte situative Positionierungen zu verschieben. Die Position von der aus diese Artikulation erfolgt, ist dabei immer durch den Schnittpunkt mehrer Differenzkategorien (Race, Class, Gender und Body) gekennzeichnet. (Bruner 2005, 87)

Claudia Franziska Bruner spricht sich nun dafür aus, die Disability Studies (DS) theoretisch an den Diskurs der Cultural Studies (CS) anzuknüpfen. Dies aus drei plausiblen Gründen, die einen erkenntniskritisch gewinnbringenden Ertrag versprechen:

1. Identität und Differenz können in einen theoretisch schlüssigen Zusammenhang gebracht werden.
2. CS durchbrechen ganz bewusst die disziplinäre Forschungslogik durch einen prinzipiell offenen Zugang zu ihren Forschungsparadigmen, es handelt sich also um keine

[99] Vgl. zur Diskussion des sozialen Modells aus britischer Sichtweise Priestly 2003. Er schreibt dazu, dass sich die Disability Studies in britischen Universitäten vor allem in den Fachrichtungen Soziologie und Sozialpolitik etablieren konnten. In den USA dagegen sind sie stärker mit den Kulturwissenschaften verbunden (ebd., 33).

gleichförmige, fest umschlossene Forschungsdisziplin, die einheitliche methodische Strategien ausweise, das alles kann auch für die DS und ihr Verständnis fruchtbar gemacht werden.

3. CS Autorinnen und Autoren bekennen sich zu dem politischen Anspruch, der mit ihrer Arbeit verbunden ist, ohne sich in den Dienst einer bestimmten politischen Ideologie zu stellen – es geht dabei vielmehr um die Fragen der Strategien möglicher Veränderung des bestehenden und um die Dynamik der Veränderung, nicht im Wissen um die richtige Lösung, sondern im Vertrauen und im Hinblick auf die politische Wirksamkeit jeglicher Artikulationen und Repräsentationen im diskursiven Kampf um Bedeutungen (vgl. ebd., 87).

Knapp skizziert liegt hier also ein pointierter Entwurf vor, die Disability Studies mit interaktions-, diskurs- und kulturtheoretischen Ansätzen der Cultural Studies zu verknüpfen. Damit wird auch das wichtige und nachhaltig wirkende soziale Modell von Behinderung weiter transformierbar. Problematisch ist nämlich die Vorstellung eines sozialen Modells von Behinderung, das der *Gruppe der Menschen* mit Behinderung insgesamt einen Minderheitenstatus zuweist und sie kollektiv auf ihre Rolle als Opfer von Diskriminierungs-, Stigmatisierungs- und Ausgrenzungsprozessen reduziert. Nicht nur Theoretisch ist diese Vorstellung unhaltbar. In diesem Sinnen fundiert Bruner die Disability Studies zum einen differenztheoretisch und zum anderen diskurstheoretisch, um die herkömmlichen definitorischen Festlegungen und fachspezifischen Grenzziehungen zu überschreiten.

9.11 Grenzen des sozialen Modells von Behinderung: Leiblichkeit als prekäre Existenzform

Im Zusammenspiel von Differenz, Vielfalt und Normalismusstrategien hat Rösner die Erfahrung der Leiblichkeit ins Spiel gebracht. Da ich an anderer Stelle von einer Durchdringung von subjektwissenschaftlicher und kulturwissenschaftlichen Perspektiven gesprochen habe, will ich hier auf einen weiteren Aspekt verweisen, der sich mit dem sozialen Modell der Behinderung nicht hinreichend erschließen lässt und eine Zuspitzung der Perspektiven der Disability Studies notwendig macht. Den Status des Körpers[100] kann das soziale Modell und die darin sich kons-

[100] Einen an den Disability Studies inspirierten und überzeugenden Zugang zur Leiblichkeit, der eine binär codierte Gegenüberstellung von behindert/*nichtbehindert* überwindet, hat Anja Tervooren vorgelegt. Sie entwickelt mit Bezug auf die französischen Poststrukturalisten Lacan und Derrida die These von der Verletzlichkeit eines *jeden* Körpers. »Der Begriff der Verletzlichkeit basiert nicht auf der Unterscheidung zwischen behindert und nicht-behindert, gerade weil er das existenzielle Verwiesensein jedes Menschen auf andere zum Ausdruck zu bringen vermag.« (Tervooren 2002, 46)

tituierende Theoriebildung nur unzureichend erfassen. Was also ist das Problem des Leibes, jenseits de-konstruktivistischer Theoricangebote?

Frigga Haug hat sich damit hinsichtlich ihres eigenen und des gesellschaftlichen Umgangs mit Behinderung[101] aus subjektwissenschaftlicher Perspektive auseinandergesetzt. Bezüglich der vorherrschenden gesellschaftlichen Redeweisen und ihrer persönlichen Erfahrung schreibt sie:

> *Behinderung ist eine soziale Konstruktion* will auch sagen: Die Menschen sind nicht alle gleich, sondern alle verschieden; dass in dieser Verschiedenheit eine Reihe von ihnen/uns unter den Namen *behindert* fallen, bedeutet ihre gesellschaftliche Ausgrenzung. Durch ein sozial verhängtes Normalitätsraster fallen viele durch, sie entsprechen nicht den Durchschnittserwartungen, bzw. haben nicht die Ausstattung, die ein voll anerkanntes Mitglied der Gesellschaft haben sollte. (Haug 2002, 3)

Soweit lassen sich die gemeinsamen Schnittmengen der Perspektiven abstecken. Es findet also eine Verschiebung ins Soziale statt, die über Normalisierungspraktiken zu analysieren ist, die für die Soziologie in den interaktionistischen Studien von Goffman so deutlich zum Vorschein kamen und eine Kritik an einem essentialistischen Denken von Abweichungen fundierte. Aber aus dieser Perspektive droht eine wichtige Denkfigur verloren zu gehen, ein deutliches Unbehagen bleibt, das Haug so formuliert:

> Die Frage, ob jemand nicht laufen oder nicht sehen kann, auf der gleichen Ebene zu verhandeln, wie die von Aussehen, Alter, Klasse, Geschlecht oder ethnischer Zugehörigkeit, überspringt allzu leicht die Leiblichkeit, als sei auch sie bloß soziale Zugabe und nicht die prekäre Form, in der wir real existieren. (Haug 2002, 4)

Von hier aus lassen sich die affirmativen Differenztheorien aus einer ausgedehnteren Sicht kritisieren und in ihrer erkenntnistheoretischen Beschränkung aufzeigen. Sie haben eine Dialektik von Gleichheit und Verschiedenheit zwar konstatiert, diese jedoch nicht als widersprüchliche Figur und als Wirkprinzip der Leiblichkeit in der Person wahrnehmen können. So wichtig es ist, die sozialen Zuschreibungen in ihrer Funktion für die bestimmte gesellschaftliche Reproduktion zu erkennen, so problematisch muss jedoch die Gleichbehandlung etwa körperlicher Behinderung oder die Komponente subjektiven physischen Schmerzes erscheinen (vgl. ebd.). Gleichwohl ist in diesem Zusammenhang die gesellschaftliche Ebene in wider-

101 »Der ethnologische Blick, der mit Erstaunen auch auf die eigene Gesellschaft blicken kann«, so schreibt Haug (ebd., 5), »hat sich in der Soziologie als sehr fruchtbar erwiesen. Dies gilt auch für die Subjektforschung, die im Grunde einen kritischen Blick auf sich selbst organisieren muss, als wäre man sich fremd.« In genau diesen Sinne sind die Irritationen zu analysieren, die Wissensproduktionen initiieren: als Instrument der Selbst-befremdung, erlebte Widersprüche und erfahrene Paradoxien. Damit bleiben die affirmativen und normativen Differenzlinien hinter dem Horizont der eigenen Erfahrung.

sprüchlicher Weise zu erkennen. Widersprüchlich aus dem Grund, weil mit der Erfahrung eines verletzten Körpers und des Leibes als prekärer Form der Existenz, gesellschaftliche Mechanismen greifen, die nur in einer Doppelstruktur zu haben sind:

> Wenige Tage nach meiner beidseitigen Brustamputation wegen Krebs trat der Sozialdienst auf, um meine »Wiedereingliederung« in die Gesellschaft zu besprechen. So erfuhr ich zum ersten Mal, dass ich ausgegliedert war, nicht mehr dazugehörig, allerdings sollte sofort Abhilfe sein. (ebd., 6)

Aber auch die Wiedereingliederung über einen Schwerbehindertenausweis hat administrative Tücken und diese Form der Wiedereingliederung führte nicht dazu, dass sich der Alltag besser bewältigen ließ. So gesehen ist die Anforderung an Behinderte, nicht allzu sehr aufzufallen, eine Abwehr des Themas Tod und der Problematik des Sterbens. Die herrschende Normalität lenkt diesen Diskurs.

9.12 Möglichkeitsräume – Aushandlungsräume als Reflexion über Handlung und Struktur

Am Ende dieser Diskussion möchte ich noch einmal die Aussage des in der Einleitung vorgeschlagenen neu zu definierenden Qualitätsbegriffes aufgreifen, weil er in einen spezifischen Raum eingreift, der nachhaltig Entwicklungschancen vergibt. Der Zusammenhang von Handlung und Struktur steht damit in Rede. Allerdings um einen heuristischen Irrtum bereinigt: In den üblichen Lesarten dieses – nicht nur sozialwissenschaftlichen Grunddualismus – wurde Handlung als eine *abhängige* Variable bezeichnet, der Kontext (oder auch die Struktur) als *unabhängige* oder auch bestimmende Variable. Aus epistemologischer Perspektive hat der Anthropologe und Mitbegründer der systemischen Denk- und Sichtweise Gregory Bateson bereits 1983 darauf aufmerksam gemacht, den Kontext differenzierter wahrzunehmen. Er schlägt folgendes vor:

> Es ist wichtig, die besondere Äußerung oder Handlung als *Teil* des ökologischen Subsystems, das als Kontext bezeichnet wurde, anzusehen, und nicht als Produkt oder Auswirkung dessen, was vom Kontext übrig bleibt, nachdem das Stück, das wir erklären wollen, aus ihm herausgeschnitten ist. (Bateson 1983, 436, Hervorh. i. O.)

In der Lebensphase zwischen Kindheit und dem Erwachsenenalter werden die gesellschaftlichen Chancenstrukturen besonders nachhaltig festgelegt und Barrieren in Lernprozesse gelegt, die sich im Lebensverlauf weiter verfestigen können. Diese Barrieren betreffen mithin die Handlungsfähigkeit, sie spuren Lernwege vor und verweisen auf die Verbundenheit von sozialer Struktur und Handlungsfähigkeit.[102] Folgen wir Bateson in seiner Argumentation, dann lässt sich behaupten, dass diese Handlungen (und Handlungsfähigkeiten) *Teil* des Kontextes bzw. der Struktur sind. Damit wird spätestens klar, dass die bisher diskutierten Probleme keine *individuellen* Probleme der beteiligten Akteure mehr sein können.

Mit Vera King lässt sich zeigen, wie sich im sozialen Raum der Adoleszenz soziale Ungleichheit strukturell konstelliert und damit Autonomieentwicklungen beeinflusst werden. Vergesellschaftung ist in diesem Sinne auch gelenkt von intergenerativ hergestellten Chancen, die sich zu einer Entstehung des Neuen in einer ermöglichenden oder aber verhindernden Weise verhalten. Freigelegt werden kann somit eine *Chancenstruktur der adoleszenten Möglichkeitsräume*, die nicht einfach zu erkennen ist, weil sie in teils offenen, teils verdeckten Modi operiert.

> Die Analyse der Reproduktion sozialer Ungleichheit in der Adoleszenz muss diese Zusammenhänge differenziert berücksichtigen, denn die Einschränkungen der adoleszenten Entwicklungsspielräume können ganz unterschiedlich bedingt sein und unterschiedlichen Mustern entsprechen. (King 2002, 95)

Es wäre zu schlicht, einfache Zuordnungen im Sinne von vorgefertigten Differenzlinien vorzunehmen, da sich im Verlauf der Diskussion gezeigt hat, dass Spielräume der Entwicklung viel differenzierter aus individueller, familialer, außerfamilialer, struktureller oder auch institutioneller Perspektive heraus begrenzt oder eröffnet werden.

> Aus diesen unterschiedlichen Varianten der Einschränkung von Adoleszenz wird deutlich, dass die Chancenstruktur der Adoleszenz sich nicht konzipieren lässt über einfache Labels wie »Unterschicht«, »ausländische Jugendliche« usw., sondern über die Art und Weise, wie die adoleszenten Entwicklungsprozesse im jeweiligen Feld und Fall einzuschätzen sind. (ebd.)

Ich denke, dass im Verlauf der Diskussion und der bisherigen Arbeit klar geworden ist, dass mit dem in diesem Zusammenhang als tragfähig erachteten Begriff der *Aushandlungsräume* und vor allem mit den damit verbundenen Konzeptualisie-

---

[102] Von daher ist es in den Disability Studies ein Anliegen, Lebenslaufperspektiven zu untersuchen und darüber eine *Barrierenanalyse* gewinnen zu können, vor allem für die Phase von Kindheit und Jugend: »Life Course perspective emphasize the interrelation of social structure and agency, the importance of age and generation, and the accumulation of dis/advantage over a person's life course.« (Powell 2003, 1) Justin Powell konnte in seiner vergleichenden Untersuchung deutscher und US-amerikanischer Klassifikations- und Kategoriensysteme für Maßnahme der Sondererziehung zeigen, dass gerade die Lebensphase Jugend einen blinden Fleck in der Lebenslaufforschung bezüglich Sondererziehung und Sozialstruktur darstellt. In der Verbindung von Disability Studies und soziologischen Lebenslaufforschung liegen vor diesem Hintergrund noch zu erschließende methodologische Werkzeuge und Forschungsziele.

rungen expliziter die Prozesse der Entstehung von vielfältigen und widersprüchlichen Praxisformen beschrieben und analysiert werden können. Die Möglichkeitsräume sind noch unbelebt, im Aushandlungsraum hingegen macht sich die Arbeit an den Irritationen im gemeinsamen Prozess der Auseinandersetzung und Bedeutungsgebung unmittelbar im Vollzug fest. Durch die im Aushandlungsraum *handelnden* Personen, ihre unterschiedlichen Praxisformen und Bearbeitungs- und Bewältigungsweisen lassen sich Einblicke in die widersprüchlichen Prozesse von Lernen, Entwicklung und Subjektwerdung gewinnen, erscheint Lernen, Bildung und Entwicklung als umkämpftes Feld klar konturiert. Gleichwohl gilt die von King herausgestellte Sicht auf das, was sich in diesem Raum abspielt und wie diese Prozesse zu fassen sind. Es geht hierbei um einen *anderen Begriff von Qualität*, der unmittelbar auf diese Prozesse wirkt:

> In modernisierten Gesellschaften werden soziale Privilegiertheit oder Ungleichheit vorrangig über die *Qualität* des adoleszenten Moratoriums hergestellt oder reproduziert. Diese Qualität des psychosozialen Moratoriums resultiert aus der Chancenstruktur des adoleszenten Möglichkeitsraums, wie sie sich im Zusammenspiel innerer und äußerer Ressourcen ergibt. (King 2002, 94, Hervorh. i. O.)

Mit diesem Begriff von Qualität lassen sich auch die Durchdringungen der Bildungsräume beschreiben und die darin eingelassenen Lernverhältnisse analysieren: Wie viel Neues lassen sie zu, welche Entwicklungsmöglichkeiten bahnen sie an, welche behindern sie?

10. Bildungspolitische Konsequenzen

10.1 Bildung als umkämpftes Feld

Bildung ist in der entfalteten Diskussion als umkämpftes Feld erschienen. Es hat sich gezeigt, dass es in den untersuchten Zugriffsweisen von den beiden exemplarisch untersuchten pädagogischen Teildisziplinen Sonderpädagogik und Interkulturelle Pädagogik im Umgang mit Differenz, Heterogenität und Ungleichheit zu weit reichenden Dilemmata gekommen ist, die sich nicht aufheben lassen und Grund für weitere erkenntniskritische Bewegungen sein müssen. Werden sie nicht beachtet, negiert oder bagatellisiert, dann wird sich keine erkenntnispolitisch motivierte Durchdringung von Bildungsräumen und Lernverhältnissen herstellen lassen, können Aushandlungsprozesse nicht erkannt und pädagogisch wirksam werden. Die vorgeschlagene kulturwissenschaftliche Perspektive eröffnet die Chance, jenseits normativer und harmonisierender Entwürfe einen Zugang zu der Thematik zu eröffnen. Damit werden Subjektpositionen ins Spiel gebracht, die jedoch immer als vergesellschaftet zu betrachten sind und spezifische kulturelle Produktionen erkennbar machen.

Als wichtigen Aspekt möchte ich in diesem Zusammenhang eine erweiterte kulturtheoretische Lesart von Bildungsräumen vorstellen, um damit eine Position gewinnen zu können, die die Lernwege in der Form der Auseinandersetzung und in der Wechselwirkung mit Lebensverhältnissen, Repräsentationsweisen und Lernverhältnissen verstehen kann. Unter dieser Perspektive kehre ich an den Ausgangspunkt der Überlegungen zu den Zusammenhängen von Wissen und Macht zurück. Mit den unterschiedlichen hier vorgeschlagenen und zur Anwendung gebrachten Theoriepositionen lassen sich Irritationen erzeugen, Dispositive erkennen und Normalitätsdiskurse analytisch fassen. Sie erlauben Gegenbewegungen und fungieren als Analysator von Ungleichheitsprozessen. Im Zuge der gegenwärtigen Herausforderungen für eine kritische Pädagogik sind die folgenden Fragen zu stellen:

Wie lassen sich die gegenwärtigen »Bildungsreformen« verstehen? Welche Folgen haben sie für wen? Nachdem die Sozial- und das Gesundheitssysteme zum großen Teil der neoliberalen Ideologie folgend »reformiert« worden sind, greift die darin eingebettete Autonomie- und Qualitätsdiskussion, der Zwang zu Budgetierungen und konzeptuellen Umgestaltung auf das Bildungssystem über. Schulen sind zur Entwicklung von Schulprogrammen bei gleichzeitigem Versprechen von

Gewährung in »Autonomie« verpflichtet worden, Leistungsmessungen sind auch in den Einrichtungen der vorschulischen Pädagogik längst Realität geworden (vgl. hierzu die Sammelbände von Radtke/Weiss 2000; Hoffmann/Mack-Rheinländer 2001; Lohmann/Rilling 2002; oder auch aus der Perspektive des *Gouvernementalitätsdiskurses* Masschelein/Simons 2005[103]).

Die Diskussion hat sich im Bereich der Bildungsinstitutionen fortentwickelt und auch die Hochschulen erfasst, die neue Studienstrukturen und Abschlüsse anbieten. Gegen eine institutionalisierte klare und transparente Qualitätskontrolle, Profilbildung und kreative Weiterentwicklung von Formen der Wissensvermittlung ist prinzipiell nichts einzuwenden. Im Gegenteil: Jede Selbstüberprüfung ist hoch willkommen, um die Zukunftsfähigkeit der Bildungseinrichtungen wie der Schulen und der Universitäten als gesellschaftlich organisierte Lernorte emanzipatorischen Wissens kritisch zu untersuchen und letztlich zu stärken, damit Ungleichheiten oder besser: Ungerechtigkeiten im Zugang zu Bildung überwunden werden können. Wie aber lassen sich die gegenwärtigen Umbauversuche von Bildung im Kontext eines gesellschaftlichen Umbruchprozesses verstehen?

Heinz Steinert hat diese Effekte untersucht und in einem Plädoyer für das kritisch-reflexive Denken zugespitzt. Er schreibt in Bezug auf die »Universitätsreform der Gegenaufklärung« und die darin eingelassenen bildungsliberalistischen Tendenzen:

> Das 20. Jahrhundert wird in die westliche Geschichte als Zeitalter der Gegenaufklärung eingehen. Das gilt auch für seine Bildungsreformen. Die derzeit stattfindende Reformierung der deutschen Universität setzt die post-fordistisch markt-populistische Phase der Umwälzungen des 20. Jahrhunderts in organisierte Wirklichkeit um: undemokratisch in Zielen und Verfahren, mit Elite und Leistungs-Rhetorik verbrämt, auf instrumentell brauchbares, also in (persönlichen, Firmen- und Staats-) Einkünften ausdrückbares Wissen als Konkurrenzvorteil – und auf ebensolche Menschen – fixiert.« (Steinert 2005, 2)

War bislang die wichtigste Prämisse, dass öffentliche Bildung ein öffentlicher Auftrag und damit Sache des Staates ist, so zeigt sich zunehmend eine Neuorganisation. Die Erfahrungen der letzten zehn Jahre im öffentlichen Sektor (vor allem soziale und medizinische Versorgung) zeigen jedoch, dass die Privatisierung öffentlicher Aufgaben grundsätzlich zu Lasten einkommensschwacher und damit vom Ausschluss an demokratischer Teilhabe bedrohter Bevölkerungsgruppen geht

[103] Der Begriff »Gouvernementalität« ist von Foucault geprägt worden und vereinigt die Worte regieren (*gouverner*) und Denkweise (*mentalité*), um die komplexen und subtilen Formen der modernen Machtausübung analysieren zu können (vgl. Rösner 2002; Lemke 1997). Diese Studie fällt insofern aus dem Rahmen der genannten Untersuchungen, als Masschelein/Martens (2005, 9) das aktuelle Sprechen und Denken über Bildung und Erziehung nicht als Ideologie verstehen, sondern als eine operativ und effektiv wirksame Realität begreifen, die ein *Regime* eines »unternehmerischen Selbst« installiert, das die Aufgaben von Bildung völlig neu positioniert.

(vgl. Chomsky 2001). Diese Aussage ist noch zu allgemein und muss weiter vertieft werden.

Was bedeutet dieser um sich greifende Neoliberalismus konkret für den Bereich der öffentlichen Bildung? In der »Falkensteiner Erklärung« der Arbeitsgruppe »Bildung ist Menschenrecht« des Komitees für Grundrechte und Demokratie wird in fünf prägnanten These kritisch Bezug zur gegenwärtigen Umstellung der Bildungspolitik genommen und deutlich hervorgehoben,

> daß der Zweck des öffentlichen Bildungswesens nicht nur und auch nicht primär in der Ausbildung für den Arbeitsmarkt und in der Vorbereitung auf den Konkurrenzkampf um existenzsichernde Arbeitsplätze liegt. Der Begriff Bildung steht vielmehr für die Idee, daß jeder ein Recht auf eine umfassende Entfaltung seiner Fähigkeiten und den Erwerb eines Wissens hat, das ihm dazu verhilft, sich selbst und die Welt zu verstehen. Bildung schließt die Entwicklung kritischer Urteilsfähigkeit ein. Es ist für die demokratische Gesellschaft unverzichtbar, daß alle lernen, sich ihres eigenen Verstandes ohne Anleitung durch andere zu bedienen. (Arbeitsgruppe Bildung ist Menschenrecht 1999, 11)

Es steht die Frage zur Klärung an, wie sich im neoliberalen Selbstverständnis Bildung[104] konzeptualisieren lässt: Ist sie nur mehr als Ware am Markt zu positionieren, die dann letztlich von denen, die es sich leisten können, konsumiert wird? Oder verbleibt ihr ein letztlich unbestimmbarer Wert, der an den Idealen klassischer Bildungstheorien und -ideale die Aufklärung und die Subjektwerdung im Sinne eines kritikfähigen Mitglieds der Gesellschaft hervorhebt? Die Formel von der *Bildung als Bürgerrecht* versinnbildlicht diesen Anspruch:

> Bildung als Bürgerrecht bedeutet vor allem, daß die soziokulturellen Voraussetzungen dafür geschaffen werden, daß der einzelne von den Bürgerrechten Gebrauch zu machen versteht und daß die gesellschaftlichen Verhältnisse so werden, daß er von diesem Verständnis Gebrauch machen kann, daß also der einzelne zum Bürger wird und die Gesellschaft zu einer Republik. Die Forderung nach Chancengleichheit im Bildungssystem zielte also auf Veränderung der Gesellschaft insgesamt. (Lenhardt 1997, 92)

In diesem Zitat von Gero Lenhardt wird explizit Bezug genommen auf den Diskurs der Reformbewegungen der 1960er Jahre und die frühen Forschungen von Rolf Dahrendorf, der die Ungleichheit der Bildungschancen in Deutschland untersuchte und der damaligen Gesellschaft einen (demokratischen) Modernisierungsrückstand bescheinigte. Mit zahlreichen Bildungsreformen und Anstrengungen der so genannten Bildungsexpansion wurde in der Folge versucht, Wissen und den Zugang zu Bildung zu demokratisieren (vgl. von Friedeburg 1989, Herrlitz/Hopf/Titze 2001).

[104] Damit wäre zunächst nur der politische Diskurs beschrieben, der jedoch noch nicht den gleichzeitig laufenden Subtext entschlüsseln kann und die Verschränkungen im Denken, Handeln und den subjektiven Strategien im Umgang damit freilegt.

Nun haben diese Maßnahmen rückblickend betrachtet die Chancenungleichheit nicht kompensieren können, sondern durch einen – wie Ulrich Beck es sinnbildlich nannte – »Fahrstuhl-Effekt« die Klassengesellschaft insgesamt eine Stufe höher gefahren (Beck 1986, 122) und die Selektionsprozesse auf einer anderen Ebene weiter verfestigt. Statt Gleichheit wurde Ungleichheit für alle produziert:

> Sozial und geschlechtlich diskriminierende Größen werden durch Bildung also nicht aufgehoben, sondern wirken ungebrochen auf die Lebensläufe der Individuen. Die Vorstellung, dass dem Bildungssystem in der Zuteilung gesellschaftlicher Chancen die Position eines quasi autonomen Stellrades zukommt, muss daher zurückgewiesen werden. Der allgemeine Niveauanstieg schulischer Bildung entspricht in seiner strukturellen Wirkung auf soziale Ungleichheiten vielmehr einer restaurativen Modernisierung, einer Fortschreibung bestehender Ausgrenzungen. (Merkens 2002, 528)

Hier zeigt sich deutlich, dass Bildung die erhofften Entwicklungen hin zu mehr Chancengerechtigkeit nicht nur nicht realisieren konnte, sondern darüber hinaus die bestehenden Ungleichheiten weiter verstärkte. Was also ist der Wert von Bildung in den gegenwärtigen Reden von der Wissensgesellschaft? Wer profitiert von einer Ökonomisierung der Bildung? Welche Gruppen werden marginalisiert? Was machen die Ausgegrenzten aus der produzierten Randständigkeit? Können die Exkludierten gleichwohl mit Bildungsangeboten erreicht werden? Wenn ja, mit welchen? Diese Fragen werden in diesem Zusammenhang zu klären sein.

In aller Regel wird Bildung innerhalb der »neuen Bildungsdiskussion« verstanden als Kapital im Sinne einer Investition in Produktivkräfte. Verkannt wird dabei die inhärente Logik des Kapitalismus, die sich im Warenverständnis erkennen lässt und im Ergebnis auf einen Exklusionsmechanismus verweist. Für die Warenförmigkeit von Bildung gilt:

> Durch dieses *tendenzielle Gleichwerden von Bildung und Konsum* trifft auf Bildung aber immer mehr auch eine andere grundsätzliche Tatsache des kapitalistischen Marktes zu: das nie eingelöste Versprechen der Wunscherfüllung. Der kapitalistische Markt lebt vom permanenten Versprechen des Glücks und der Befriedigung, nicht jedoch von der Erfüllung dieser Versprechungen. Auch für die zur »Ware Qualifikation« reduzierte Bildung trifft dieser Mechanismus immer selbstverständlicher zu. Sie verspricht Glück in Form einer abgesicherten gesellschaftlichen Position, kann dieses Versprechen jedoch immer weniger einlösen, je mehr Menschen an das Glücksversprechen glauben und Bildung in der Hoffnung auf Aufstieg konsumieren. (Ribolits 1997, 178)

Die Kritik der marktwirtschaftlichen Reform von Schulen und Hochschulen der *Falkensteiner Erklärung* macht überaus deutlich, dass sich hier keine bloße Reformsemantik versteckt, sondern bisher erziehungs- und sozialwissenschaftliche Begriffe wie Autonomie, Eigenverantwortung etc. umgedeutet werden und nun in der Konsequenz der Rückzug der öffentlichen Verantwortung und damit Finanzierung der Bildung legitimiert werden soll. »In dem Maße«, so warnt die Falkensteiner Erklärung,

> wie die Gesellschaft ihre Verantwortung für die Verwirklichung des Menschenrechtes auf Bildung und damit die Bereitstellung von Bildungsmöglichkeiten für alle aufgibt, erodiert auch »Verantwortung« im Sinne eines demokratischen und wertgeleiteten Handelns. [...] Die gegenwärtige »Reformdebatte« lässt jede Trennschärfe zwischen notwendigem und originär aus dem pädagogischen Aufgabengebiet resultierendem Veränderungsdruck und den Angriffen einer nur noch im Kostendenken verharrenden Marktlogik vermissen. (ebd., 13)

Ein wichtiger Punkt dabei ist die Entkoppelung von Bildung und Beschäftigung, da sie aufzeigt, wie eindimensional und sozialtechnokratisch (d. h. in schlichter Steuerungslogik entworfen) diese Debatte ausgerichtet ist. Die »Massenarbeitslosigkeit, fortschreitende Umstrukturierung der Industrie- und Dienstleistungsunternehmen und der weltweite Tanz des Kapitals um die Chancen des höchsten Profits zerstören die Erwartung einer verlässlichen Beziehung zwischen Bildungs- und Beschäftigungssystem« (ebd.). So komme es zwangsläufig zu einem Funktionsverlust der Bildungsinstitutionen. Aber statt diese Chance aufzugreifen und zu sehen, wo und wie außerhalb der Gehäuse der Institutionen Bildung und Wissen angeeignet wird und hierfür ein Angebot innerhalb eines veränderten pädagogischen Selbstverständnisses gemacht werden kann, scheint gegenwärtig eine lähmende Resignation vorherrschend, die in einer Hilf- und Perspektivlosigkeit ihren Ausdruck findet.

> Dagegen werden immer neue Konstrukte für eine vermeintlich sinnvolle Qualifikation als Stützpfeiler für die Legitimation der gegenwärtigen Schule, der Berufsausbildung und der Lehre an den Hochschulen entwickelt. In ihnen ist ein affirmativer »Praxisbezug« zur bestimmenden Größe geworden, ist an ihn doch die Erwartung geknüpft, Lernen und Studieren sei eine gute Voraussetzung für die Sicherung einer künftigen Existenz. Verdrängt, ja fast ausgeblendet wird jede Unsicherheit, und damit wird Analyse und Kritik unverzichtbar für jede Anstrengung, die Bildung sein will, aufgegeben. (ebd., 14)

Aus einer zweiten Perspektive, die die Krise der Arbeitsgesellschaft beleuchtet, aus der Geschichte der Pädagogik, die nach Ansicht des österreichischen Bildungsforschers Erich Ribolits auf das engste mit der Installierung des neuzeitlichen Arbeitsethos verknüpft ist, entsteht eine besondere Aufgabenstellung. Ribolits geht es dabei um eine Diskussion, die als Zielpunkt nicht das Schaffen neuer Arbeit formuliert, sondern das Herstellen von gesellschaftlichen Bedingungen, die allen Menschen maximale kulturelle Teilhabe bei einem Minimum an geforderter Arbeit ermöglichen (vgl. Ribolits 1997, 13).

In seiner *Streitschrift wider die Totalverzweckung des Menschen im Post-For-*

dismus entwickelt Ribolits seine Argumentation aus der Geschichte der Pädagogik und dem darin entstandenen Junktim von Erziehung und Arbeit.

> Damit war der Grundstein gelegt für ein Verständnis von Pädagogik, das auf die Optimierung von Lernprozessen in Hinblick auf deren Relevanz für ökonomisch verwertbare Arbeit abgestellt ist. (Ribolits 1997, 17)

Die Krise der Arbeitsgesellschaft in der die lebenslange und materiell absichernde Erwerbsarbeit ein knappes Gut geworden ist, auf das nicht alle Gesellschaftsmitglieder Anspruch und Zutritt haben, betrifft unmittelbar und immer drängender die Pädagogik. Ihr kommt in diesem Hinblick eine bedeutende Rolle zu, denn sie

> beschäftigt sich mit Erziehung und Bildung, ihr geht es um die Frage, »wie der Mensch zum Menschen wird«, welche Begleitumstände es sind, die ihm helfen, sein humanes Potential zur Entfaltung zu bringen. Eine Pädagogik, die dabei von der Annahme ausgeht, daß Arbeit eine »conditio sine qua non« für den Menschen ist und zum menschlichen Leben gehört wie »das Salz in der Suppe« ist untrennbar mit der Arbeitsorientierung der bürgerlich-kapitalistischen Gesellschaft verbunden. Sie ist Agent des Arbeitsethos und nicht in der Lage, bei der Suche nach Orientierungen für eine »Post-Arbeitsgesellschaft« behilflich zu sein – sie ist paralysiert angesichts der Tatsache, daß Arbeit in Zukunft immer weniger der organisierte Lebensmittelpunkt der Menschen wird sein können. (ebd., 21)

10.2 Bildung im Wissenskapitalismus

Insofern könnte die gegenwärtige Diskussion gerade angesichts der historischen Verstrickung der Pädagogik in die Installation des Arbeitsethos in der bürgerlich-kapitalistischen Gesellschaft dazu genutzt werden, um zum einen die Begriffe Qualität, Reform und Wissensgesellschaft aus der Umdeutungs- und Umwertungsmaschine des Neoliberalismus zu befreien, zum zweiten als *kritische Pädagogik* »die Vision einer radikalen Humanisierung und Demokratisierung der gesellschaftlichen Verhältnisse« (ebd., 25) entwerfen helfen und die Marktliberalisierung als bloße Ideologie zu kennzeichnen, die keinen angemessen Versuch erkennen lässt, pädagogische Grundfragen in einem gesellschaftlichen Kontext menschlicher Sinngebung zu entwerfen.

Nun ist aber die Verwertung von Wissen nichts prinzipiell Neues und weder an bestimmte zeitgeschichtliche Entwicklungen gebunden noch eine moderne Erfindung. André Gorz hat darauf hingewiesen, dass die Verwertung von Wissen ebenso alt ist wie der Industriekapitalismus selbst (vgl. Gorz 2004, 10). Neue Grenzen werden jedoch sichtbar in der Verkapitalisierung von Wissen, also durch das, was die bisherigen Überlegungen bündelt und in folgende Konsequenz gipfelt: »Um als Ware verkäuflich und als Kapital verwertbar zu sein, muss Wissen folglich in Privateigentum verwandelt und verknappt werden.« (Gorz 2004, 11)

Zu dieser Verknappung um ein kostbar werdendes Gut können sicherlich die Bildungszugänge und -zertifikate gezählt werden, die seit jeher entlang der Kriterien sozialer Ungleichheit geregelt werden. Dieser Aspekt wird jedoch vorerst noch zurückgestellt. Vorab ist es wichtig zu ergründen, wie Gorz seine Überlegungen zum Wissenskapitalismus herleitet, um die analytische Kraft dieses Ansatzes weiter auszuloten. Von der Rekonstruktion der Krise des Wertbegriffs her stellt er seine Überlegungen an, die von der grundlegenden Prämisse ausgehen, dass Wissen gegenwärtig zur Hauptproduktivkraft geworden ist und »dass folglich die Produkte der gesellschaftlichen Tätigkeiten nicht mehr kristallisierte Arbeit, sondern kristallisiertes Wissens sind.« (ebd., 31)

In diesen Zusammenhang wird der Tauschwert von materiellen und immateriellen Waren nicht mehr von der Menge der in ihnen enthaltenen Arbeit abhängen, sondern vielmehr von ihrem Wissensgehalt. Wert bemisst sich also immer im Sinne des Tauschwertes. Das Paradox, das hier nun entsteht, schildert Gorz so, dass Wissen und Wert sich nicht mehr identisch zueinander abbilden lassen:

> Der Begriff des Wertes im ökonomischen Sinn als Tauschwert lässt sich nur auf Waren anwenden, das heißt auf Güter und für Dienstleistungen, die *im Hinblick auf ihren Tausch produziert* wurden. Was nicht durch menschliche Arbeit produziert ist sowie *a fortiori* was nicht produzierbar oder nicht tauschbar oder nicht für den Tausch bestimmt ist, hat keinen ökonomischen Wert. (Gorz 2004, 31, Hervorh. i. O.)

Für den Bereich des Wissens zentral ist, dass es nur einen Ausweg zu geben scheint, wie immaterielle Güter wie Wissen in Scheinkapital zu verwandeln sind: Die Kontrolle des Zugangs. Wo Zugänge kontrolliert werden, da werden auch Verknappungen möglich:

> Der Kapitalismus kann sich als Wissenskapitalismus nur behaupten, indem er eine ausgiebig vorhandene Ressource – die menschliche Intelligenz – dazu benutzt, ihre potenzielle Fülle in Knappheit zu verwandeln. Die Knappheit wird durch die Parzellierung des Wissens, durch die Behinderung seiner Verbreitung und Vergesellschaftung und durch den entmündigenden Verwertungszwang, dem seine Inhaber unterworfen sind, hergestellt. (ebd., 65)

Mit dieser wichtigen Begründungsfigur der Wissensökonomie lassen sich auch pädagogisch relevante Fragen erschließen, die vor allem für die deutschsprachigen Bildungssysteme in aller Deutlichkeit formuliert werden können: Wer erhält aufgrund welcher Qualifikation, Begründung und Ressourcen Zugang zu welchem Wissen? Was wird überhaupt für wen wissensfähig? Welche Auswirkungen hat diese Verknappung auf diejenigen, die ohnehin mit schlechteren Ressourcen ausgestattet um das knappe Gut der Erwerbsarbeit konkurrieren? In modernen und funktional differenzierten Gesellschaften ist auch das Wissenssystem hoch spezialisiert und Bildung über formale Zugangswege geregelt. Nun müssen diese Zugangswege demokratisch organisiert sein, d. h. konsensfähige Zugangsbeschränkungen aufweisen. Gerecht im Sinne von einer gleichen Chancenstruktur für alle sind sie aus diesem Grund jedoch nicht.

Noch ist ein Diskurs, der in dem aktuellen Reden über Bildung als besonders wirkmächtig erscheint, nicht hinreichend skizziert. Die Rede von der Wissensgesellschaft und die Ausrufung des europäischen Bildungsraumes sowie die darin enthaltene kulturwissenschaftliche Lesart möchte ich an dieser Stelle freilegen. Es geht darum, die Veränderungen im Wissensbetrieb nicht zu beklagen, sondern sie zu begreifen. Mit dem theoretischen Bezugssystem der Kulturwissenschaft wird es möglich sein, Verschiebungen von Begriffen und Diskursen zu analysieren, Spielräume des Eingreifens zu erkennen und vor allem Widerstandspotentiale auszuloten. Masschelein/Simons konstatieren, dass das aktuelle Sprechen und Denken über Bildung nicht als Ideologie, sondern vielmehr als eine operativ und effektiv wirksame Realität zu begreifen sei, die ein Regime eines *unternehmerischen Selbst* installieren soll. Ihre Kartographie des europäischen Bildungsraumes unter diesem neuen Regime fragt danach, wer zu welchen Bedingungen und warum diesen neuen Bildungsraum bewohnen wird.

Inspiriert von Foucaults Entwürfen zu Gouvernementalität und zur Biopolitik, die als Kunst des Regierens über die Techniken der Selbstregierung des Menschen und als Zugriff des Staates auf das Leben zu verstehen sind, lassen sich die aktuellen Diskurse über Staat, Neoliberalismus und auch Bildung theoretisch fassen: konkret geht es darum, die Verbindungen des neuen Führungsregimes mit dem damit korrelierenden Erziehungsregime und den neuen Subjektivierungsformen zu analysieren. Ich sehe diese Diskussion in einem Zusammenhang, wenn auch theoretisch völlig anders aufgestellt, mit der von Norbert Elias entwickelten Zivilisationstheorie, die ebenfalls Machtwirkungen untersucht und der Frage nachgeht, wie im Verlauf des Zivilisationsprozesses Fremdzwänge in Selbstzwänge übergegangen sind. Es geht also darum zu verstehen, wie Veränderungen nicht von außen und gewissermaßen gewalttätig hereinbrechen, sondern über die Veränderung von Beziehungen sich ihren Weg bahnen. Zu diesen Beziehungen oder den *Figurationen*[105] (im Sinne von Elias), gehört *Lernen* in besonderem Maße, gleichsam werden damit Beziehungen zu sich selbst, zu den Anderen, zur Welt zum Ausdruck

[105] Vgl. dazu auch Käte Meyer-Drawe, die in *Illusionen der Autonomie* (2000, 23) Möglichkeitsformen der Subjektivität als offenen Prozess untersucht und dabei unterschiedliche theoretische Denkfiguren inspirierend zusammenbringt. So zeigen sich Verbindungslinien eines Denkens in Horizonten (Merleau-Ponty), eines Denkens in Konstellationen (Adorno), eines Denkens in Formationen (Foucault) sowie eines Denkens ins (Kon-)Figurationen (Elias).

gebracht. Wichtig zum Verstehen der in Veränderung begriffenen Lernfigurationen ist, was Masschelein/Simons damit sichtbar machen:

> Der Ausbau eines europäischen Bildungsraums, einer »lernenden Gesellschaft« manifestiert sich in einem bestimmten diskursiven Horizont, das heißt, einer bestimmten Art des Sprechens und Schreibens über Bildung und Erziehung [...] Bedeutsam ist hierbei, dass diese Praktiken uns dazu aufrufen oder interpellieren [...] uns selbst als Individuen oder als (Hoch)schule innerhalb dieses Raumes auf eine ganz bestimmte Art und Weise zu begreifen, dass sie uns zu einem ganz bestimmten Verhalten uns selbst gegenüber auffordern [und] unsere Beziehung zu anderen auf eine bestimmte Art und Weise zu begreifen und uns anderen gegenüber auf eine bestimmte Weise zu verhalten. (Masschelein/Simons 2005, 13)

Liest man die Ausrufung des europäischen Bildungsraumes auf diese Weise, dann werden Effekte sichtbar, die auf die Entwicklung eines »unternehmerischen Selbst« hin abzielen. Darunter verstehen die Autoren jedoch nicht eine bereits bestehende Praxis, vielmehr die Anrufung ein solches unternehmerisches Selbst zu werden. Das stelle eine neue Identität dar, in der es darum geht, das Leben als eine Art Unternehmung zu leben, strategische Entscheidungen über Investitionen in Lernen, Bildung, soziale Beziehungen usw. zu treffen und alle möglichen Eigenschaften des Menschen als eine Form von Kapital zu sehen, das am Markt eingesetzt werden kann (vgl. ebd., 25f.). In einer sinnfälligen Metapher erscheint das Leben dadurch *berechen*-barer zu werden. Bedeutsam ist dabei – und aus diesem Grund überzeugt die Analogie zu Elias –, dass dieses Selbstmanagement nicht mit Konfrontation oder Unterwerfung operiert, sondern auf die Bereitschaft baut, dass alle sich auf ein gemeinsames Ziel verpflichten:

> Das Führen eines unternehmerischen Lebens setzt mit anderen Worten die Dispositionen voraus, das Leben als ein Projekt zu betrachten, eine Disposition, die tatsächlich kein anderes Ziel hat, als sich selbst immer wieder neue Ziele zu setzen. (ebd., 32)

In diesem Kontext scheinen Begriffe wie lebenslanges Lernen, persönliche Portefeuilles, aktivierender Staat, Fördern und Fordern, Humankapital sowie als markanter Begriff dieses neuen Regimes, die »Ich-AG« in diese Diskurslandschaft zu gehören. Eine Diskurslandschaft, die den Menschen in Netzwerken eingewoben sieht, die keine strikte Unterscheidung mehr zwischen innen und außen, zwischen Lernzeit und Auszeit, zwischen privat und öffentlich kennt. Dementsprechend bewegt sich das unternehmerische Selbst nicht mehr in konkreten organisierten (Lern-) Räumen, sondern in Netzwerken, denen strategische Bedeutungen zukommen. Dem Leben als Unternehmertum kommt ein wichtiges Scharnier in den angesprochenen Techniken der Führung bzw. Selbstführung zu: Wer sich als unternehmerisches Selbst begreift, kann auf bestimmte Weise geführt werden und wird damit Bestandteil eines fortgeschrittenen liberalen Führungsregimes. Innerhalb dieses neuen Führungsregimes kommt dem Bildungssystem eine weit reichende Bedeutung zu, die darin liegt, Inklusionsmöglichkeiten bereitzustellen. Über die Gemeinschaft, in der jeder seine produktiven Kräfte und Wissensvorräte einbringt und sie verrechnet, erscheint Wissen als ein produktiver Wert. Das heißt, Leben und Lernen werden auf das Engste miteinander verknüpft.

> Der Lernprozess stellt ja einen Bestandteil des Produktionsprozesses dar, den das unternehmerische Selbst verwaltet und der es ihm erlaubt, die angemessenen Fertigkeiten und Kenntnisse zu erwerben und zum Einsatz zu bringen. (ebd., 67)

Unter dieser Prämisse kommt dem Staat eine andere Aufgabe zu, die die bislang diskutierten Aspekte Ungleichheit und Differenzen massiv berühren und verändern wird. Es findet eine Verschiebung des Diskurses von Gleichheit statt, denn im neuen Regime wacht der Staat vor allem darüber, dass jeder in der Ausbildung in sich selbst investieren kann, dass er in der Lage ist, sich einzubringen und den Markt des Lebens in gleicher Weise, also unter gleich gültigen Marktbedingungen betreten kann. Insofern wird auch der *Qualitätsbegriff* einer Umdeutung unterzogen und die Zielgruppen, die bislang im Rahmen spezifischer pädagogischer Zugriffe Ungleichheit bewältigen sollten, werden neu gefasst:

> Menschen mit einer Behinderung oder Menschen mit einer anderen Kultur haben möglicherweise zusätzliche Bedürfnisse, aber wie jeder andere auch sind sie bedürftige Wesen, die unternehmerische Kompetenz erwerben und Lernfähigkeit entwickeln müssen, um damit umzugehen. Gerade in Konfrontation mit dieser neuen Figur des Schülers nun kann Inklusion und inklusiver Unterricht als überzeugender Horizont erscheinen. Doch [...] existiert diese Figur nicht unabhängig vom Einsatz neuer Techniken und Instrumente, wie beispielsweise einem passgenauen Curriculum, effektiver Anleitung, Diagnoseinstrumenten, Selbstbefragungen und Selbstevaluationen und individualisierten edukativen Strategien. (ebd., 73)

Das Ziel dieser permanenten Beobachtung, dem »permanenten ökonomischen Tribunal« wie Masschelein/Simons zuspitzen, ist nicht mehr Autonomie und Entwicklung sondern Inklusion in eine Gemeinschaft, eine Gemeinschaft unter veränderten Gleichheitszeichen:

> Gleichheit versteht sich hier nicht mehr unter einem sozialen Blickwinkel, sondern unter dem Blickwinkel gleicher Chancen auf ein Startkapital, also eines Zugangs zur gesellschaftlichen Infrastruktur. (ebd., 75)

Diese Diskursverschiebungen und Umdeutungen erachte ich als besonders wichtig, weil sich eine Reihe von Begriffen darin wieder finden, die aus dem Vokabular einer Pädagogik stammen, die andere und emanzipatorische Ziele verfolgt und also nicht dem Ziel dienen will, ein unternehmerisches Selbst zu formen: Autonomie, Freiheit, Inklusion. Insofern braucht es eine analytische Klärung, um feststellen zu können, ob Begriffe und pädagogische Zielstellungen kontaminiert sind mit den Praxen und Diskursen, die das neue Führungsregime sichtbar werden lassen.

Wie im Kontext der theoretischen Durchdringung von Cultural Studies und Disability Studies aufgezeigt wurde, könnte auch hier eine erkenntniskritische Position diese Prozesse freilegen, sie im Sinne einer Erweiterung der Handlungsfähigkeit, also der Selbstermächtigung durch eine Entfaltung der *Agency* des Subjekts thematisieren und in Unterricht und Lehre pädagogisch zugänglich machen. Dies kann nur in Aushandlungsräumen gelingen, die Platz lassen für Irritationen, die vor dem Hintergrund eines hermeneutischen Lesen-Könnens den Prozess der Selbstverstrickung reflexiv mit-thematisieren und dabei Wege zum Wissen aufzeigen, die transformative Kräfte entfalten können. Aber auch das ideologiekritische Potenzial der Cultural Studies wird sich in dieser Hinsicht bewähren und neu formieren müssen, vor allem im Zusammenhang mit der eben erwähnten Umdeutung geteilter Begriffe:

> Wenn neoliberale Bildungskonzepte sich die Forderung nach Partizipation und Selbstbestimmung so erfolgreich zu eigen machen, sie in eine Politik der sozialen Ausgrenzung und Spaltung überführen können, dann nicht zuletzt, weil auch hier zu Lande das »kollektive Gedächtnis«, das ein Leben außerhalb der Logik des Marktes zu antizipieren vermag, verloren gegangen ist. (Merkens 2002/2005, 9)

Andreas Merkens plädiert in diesem Zusammenhang für die Ideologiekritik als unverzichtbares Erbe der kritischen Pädagogik und der Cultural Studies, die untrennbar an eine Praxis der Selbstaufklärung gebunden ist. Lernen in und an Lebenssituationen des Einzelnen ist dabei gleichermaßen zu artikulieren wie auch die kritische (Selbst-) Verortung im gesellschaftlichen Ganzen (vgl. ebd.). Freilich steht dabei an, die kritische Erziehungswissenschaft weiterzudenken. Jan Masschelein hat dies im Zusammenhang mit einer sich immer schärfer abzeichnenden »Trivialisierung von Kritik«, so lautet sein erhellender Aufsatz, deutlich gemacht. Eine kritische Erziehungswissenschaft ist insofern überflüssig geworden, als ihr Verständnis von Kritik längst zum allgemeinen pädagogischen und gesellschaftlichen Programm erklärt worden ist (vgl. Masschelein 2003, 129). Mehr noch: Die Begriffe Autonomie, Selbstbestimmung und Kritik scheinen die Fronten gewechselt zu haben, so der Eindruck angesichts nicht nur kulturindustrieller und gesellschaftlicher Anrufungen der Subjekte. Unklar sind die Frontverläufe ohnehin geworden, wenn Autonomie und Kritik Teil der Ordnung geworden sind, von der sie Befreiung versprachen. Was ist die Position von Masschelein im Hinblick auf diese paradoxe Sachlage? Als Aufgabe einer kritischen Erziehungswissenschaft sieht er – inspiriert von Foucaults Lesart der Genealogie der modernen Subjekte und seinem Ansatz der Selbstführung – dass sie das Verwobensein von gesellschaftlichen Macht- und Bildungsprozessen zu klären hat (vgl. ebd., 137).

11. Schlussbetrachtung: Das Sichtbare und das Unsichtbare im Aushandlungsraum

Der sozialen Dimension des Wissens kommt eine Kraft zu, die nicht nur das Sichtbare zeigt, sondern Prozesse und Praxisformen der Kämpfe um Wissen, Macht und Bedeutungen sichtbar macht. In diesem Kontext sind Erziehung und Unterricht nicht nur produktive Praxis und Rekonstruktion von Wissen, sondern vielmehr eine Auseinandersetzung mit der Irritation, der unbequemen Auseinandersetzung mit dem permanenten Vorhandensein von Differenzen. Sichtbar gemacht wird dies durch das Wahrnehmen von sich selbst im Modus von Machtbeziehungen, die Wissen, Wahrnehmung und Lernbewegungen widersprüchlich konfigurieren. Widersprüchlich, weil sich gezeigt hat, dass die normativen Entwürfe pädagogischer Begründungs- und Handlungsfiguren zu nachhaltigen Paradoxien und normalisierenden Festschreibungen geführt haben und die Machtwirkungen in das Erziehungssystem unhintergehbar eingelassen sind. Genau diesen Zusammenhang können die normativen Entwürfe nicht erhellen.

Aufheben lassen sich diese Zusammenhänge nicht, aber der Zugang durch das erkenntniskritische Tor der Positionierungen und Kämpfe um Bedeutungen steht allen offen, die Fragen nach dem unbestimmbaren Weg des Wissens stellen, die Irritationen als das zentrale Moment der Wissensbildung verstehen. Dass sich dieses Moment der Wissensbildung im Sinne einer strategischen Wissensverwendung des unternehmerischen Selbst nicht transformativ gewinnen lässt, versteht sich. Aber auch didaktisch lassen sich diese Lernbewegungen und Lernverhältnisse als kategoriale, theoretische und methodische Probleme[106] nicht hinreichend erschließen. Aus diesem Grund schlage ich eine exzentrische Beobachter-Position vor, die diesen Raum als Aushandlungsraum verstehen kann, in dem die darin vorfindbaren Irritationen aufgegriffen werden. Exzentrisch insofern, als es darin um die Beobachtung des Lernens geht, das keine zentral zu bestimmende Position des Wissenden kennt. Ich bin als Lehrender mithin ebenfalls Lernender, und verlasse die Position des Wissenden um (eigene und fremde) Lernwege zu rekonstruieren. Diese Lernwege sind in *Lernverhältnisse* eingelassen, von denen die eben skizzierten Dimensionen

[106] Vgl. dazu die Beiträge in Heft 48/2005 des *Forum Kritische Psychologie*, das entlang der Diskussion des Buches von Frigga Haug *Lernverhältnisse* (2003) aufzeigt, dass individuelles Lernen oft in sozialen Kontexten und institutionellen Strukturen und immer in gesellschaftlichen Verhältnissen stattfindet.

des bildungsliberalistisch kontaminierten europäischen Bildungsraums als Modus des unternehmerischen Selbst nur ein Aspekt darstellt. Die Frage bleibt zunächst offen, wie Lehrende und Lernende damit umgehen.

Damit diese Gedanken plastisch werden, will ich zwei Bilder aufgreifen, die ich auf ihren exemplarischen Erfahrungsgehalt hin verdichten möchte:

Eine beispielhafte Lehr-Lernsituation in einem meiner Seminare. Ich habe versucht entlang der Literatur, die mich inspiriert hat, den analytischen Zugang zu Ungleichheit und Behinderung transparent zu machen und das Denken in Theorien zu erproben. Das Seminar näherte sich dem Ende, die Studierenden sind aufgefordert worden, entlang der Lektüre ausgewählter Texte Fragen zu der Thematik zu stellen, die Texte zu befragen und in Arbeitsgruppen zu diskutieren. Eine Gruppe bemühte sich, kam jedoch über die Reproduktion des Gelesenen nicht hinaus. Sie hielt einen ermüdenden Vortrag und wollte nicht zum Ende kommen. Noch drei weitere Gruppen warteten auf ihren Input. Ich nahm meine Müdigkeit und die der anderen Gruppen wahr. Die Seminarzeit nähert sich dem Ende. Sollte ich die Gruppe stoppen und ihre Arbeit damit als letztlich missglückt zurückweisen? Die Unsicherheit ließ mich passiv werden und ich kommentierte den Vortrag abschließend etwas launig. Aber es war etwas daran, das zur weiteren Denkbewegung herausfordert. Ich wartete ab und hielt mich entlang der konstruktivistischen Lern-Modi, die ich im Seminar versuchte anzubieten, zurück, wartete auf Lernspuren, die sich in den Seminarauswertungen materialisieren. Was machen die Studierenden mit dem Lernangebot? Welche Bedeutung geben sie dem Prozess?

Eine Studentin resümierte in ihrer Ausarbeitung, dass sie mehr Strukturierung erwartet hätte. Das Lesen von Texten sei wenig produktiv. Eine andere Studentin hingegen hat auf diese als lähmend empfundene Situation bei ihrer Seminarauswertung zurückgegriffen. Sie hat sich dabei als Lernende erkannt und zugleich ihren Status als Lehrende, den sie als Lehrerin an einer Schule eben auch hat, reflektiert. Ihr ist in diese Szene bewusst geworden, was *ihre* Schüler machen, wenn sie vom Vortrag, vom Lernstoff oder von anderen Störungen des Lernens abgelenkt werden. Bei dieser Studentin hat sich Lernen also über die Störung manifestiert, ganz im Sinne der subjektwissenschaftlichen Perspektive auf die ich mit Frigga Haug hingearbeitet habe. Der Studentin und auch mir wurde anhand dieser Szene klar sichtbar, wie Lernen nur als individuelles Lernen begriffen werden kann, das in soziale Kontexte und institutionelle Strukturen eingelassen ist. Das genau illustriert der Begriff Lernverhältnisse. Was mir als Lehrendem bleibt, ist die Unsicherheit auszuhalten, dass die eine Studentin diesen Weg des (selbst-)reflexiven Erkennens gegangen ist, die andere aber die Seminarsitzung als wenig produktiv wahrgenommen hat; und die Bedingungen für ein selbstreflexives Lernen weiter zu entwickeln.

Das zweite Bild hat mich noch weitaus stärker berührt: Eine Studentin hatte eine Skizze für eine Abschlussarbeit eingereicht. Es handelte sich um einen umfangreichen Themenvorschlag, der mir in der Substanz tragfähig erschien, mit einer interessanten Frage- und Problemstellung. Nur eine Widersprüchlichkeit im Exposé ließ mich nicht los. Das ganze Vorhaben enthielt einen starken Hang zu Ideen und Konzepten, die der ansonsten wissenschaftlich ausgearbeiteten Struktur entgegenstanden. Ich kommentierte das Vorhaben und wies die Studentin darauf hin, dass die Thematik bis auf die jenseits der disziplinären Bezüge positionierten unwissenschaftlichen Diskussionen annehmbar sei. Falls sie auf dieser Positionierung bestünde, könnte ich aufgrund meiner fehlenden Expertise und mangelnder Zuständigkeit das Thema nicht betreuen. Doch die Studentin gab ihr Vorhaben nicht auf. Sie schickte ein fast fertiges Manuskript. Das ganze Vorhaben war nun noch weiter innerhalb eines disziplinfremden und nicht wissenschaftlichen Weltbildes verortet. Ich kommentierte wieder meine Leseeindrücke, insistierte auf meiner Irritation beim Lesen des Manuskriptes und beim ganzen Beratungsprozess. Mir erschienen die Affekte gegen die Wissenschaft, die ich deutlich wahrnahm, rätselhaft. Ich drängte die Studentin diese Affekte zu klären, damit wir eine tragfähige Basis für eine Betreuung der Arbeit entwickeln könnten, falls sie die Arbeit um die in meinem Sinne nicht wissenschaftlichen Aspekte bereinigen würde. Eine begleitende Forschungssupervision oder ein metareflexiver Raum der Forschung, so mein Vorschlag, wäre wichtig, um die Affekte nicht zu kontrollieren, sondern zu verstehen.

Nachdem die Studentin diese Affekte in einer Supervision ansehen konnte, kommt die Auflösung. Die Studentin entstammt einer durchweg intellektuellen Familie und hat sich durch Schule und Hochschule bislang mit hervorragenden Noten fortbewegt. Allerdings gibt es eine sehr tiefgehende Traumatisierung, die sie in ihrer Familie erlebt hat. Diese Traumatisierung hatte sich zu einem widersprüchlichen Anti-Intellektualismus verdichtet, zu einer Abwehr des Wissens, das alle Lehrer, alles pädagogische Personal auf ihrem Weg, die das Leiden der Schülerin bzw. der Studentin, ihre Überlebensstrategie nicht erkannt haben, traf. In dieser paradoxen Doppelstruktur zeigt sich, dass alle linear-kausalen Schlüsse fehlgehen müssen, die aus einer erlebten Traumatisierung beispielsweise schulisches Versagen oder behindertes Lernen folgern. In diesem Falle lief die Bewältigungsstrategie[107] paradoxerweise gerade über Lernen und Wissen, als letztlich aber erfolglose Bewältigung der Ereignisse. Was war geschehen? Ich habe auf meiner Irritation bestanden, der Studentin dies mitgeteilt und mich als Subjekt ins Spiel gebracht. So habe ich die Aushandlung des Themas um die Irritation versucht zu strukturieren. Ich habe einen Affektüberschuss wahrgenommen, den ich nicht verstehen

---

[107] Wobei Strategie nicht als geplante technisch-kalkulierte Umgehensweise mit der Traumatisierung missverstanden werden darf, sondern aus dem Gesamt der verfügbaren Möglichkeiten eine operationalisierte Form konstelliert.

konnte und habe ihr dies mitgeteilt. Ich möchte damit die Bedeutung der Irritation für den Moment der Wissensbildung plastisch machen und den widersprüchlichen Weg des Lernens rekonstruieren. Für eine Rekonstruktion dieses Weges möchte ich den Begriff der *deiktischen Geste* vorschlagen.[108]

Die deiktische Geste bildet nicht nur das Sichtbare ab, sondern macht etwas sichtbar. Sichtbar gemacht wurde hier z. B. die Verstrickung der Studentin mit dem Gegenstand Wissen. Als epistemologische Entdeckung aber hat die deiktische Geste eine Strukturähnlichkeit zum erkenntniskritischen Denken von Georges Devereux, der in seiner Bahn brechenden Studie *Angst und Methode in den Verhaltenswissenschaften* (i. O. 1967/1976 dt.) diese Bewegungen von Wahrnehmung und Störungen in der subjektiven Wahrnehmung luzide analysiert hat. Das Sichtbarmachen erscheint bei Devereux in der strukturgebenden Formel: *Und dies nehme ich wahr.*

> Diese Entdeckung ist epistemologisch ausschlaggebend. Die Störung findet »innerhalb« des Beobachters statt, und gerade diese Störung wird dann als der wirkliche Reiz und als relevantes Datum behandelt. Es ist logisch zulässig zu sagen, daß es diese – und nur diese – Störung sei, auf die der Beobachter reagiert, wenn er sagt: »Und dies nehme ich wahr«. Außerdem findet die Störung [...] an dem Punkt statt, an dem es keine »dort draußen« Erklärungen mehr gibt. (Devereux 1976, 336)

Auf dieser epistemologischen Grundlage ruht die deiktische Geste; sie ist ein bedeutsames Moment der Wissensbildung, weil sie die subjektive Erfahrung ins Spiel bringt und das eigene Nicht-Verstehen-Können zum Ausgangspunkt der Erkenntnisgewinnung macht. Sie ist aber zugleich der Übersetzungsschlüssel in die materiale Welt und in die oftmals widersprüchlichen Prozesse der Vergesellschaftung des Lernens.

---

108 Diese Inspiration habe ich dem Buch von Hans-Jürgen Heinrichs *Erzählte Welt* (1996) zu verdanken, der in seiner Arbeit über Wahrnehmung, Erkenntnis und die Lesarten der Wirklichkeit diese Formulierung aufgegriffen hat. Den Begriff der Geste finde ich aus dem Grund schlüssig, weil er auf die Vergesellschaftung verweist, das Soziale ins Spiel bringt. Dies hat der Schriftsteller Milan Kundera auf den Punkt gebracht, der ausgehend von einer kleinen Geste einen wunderbaren Roman geschaffen hat und einen Kosmos menschlichen Lebens und seiner Widersprüche widerspiegelt. »Eine Geste«, so schreibt Kundera, »lässt sich weder als Ausdruck des Individuums noch als dessen Schöpfung betrachten (kein Mensch kann eine vollkommene und nur zu ihm gehörende Geste kreieren), ja nicht einmal als dessen Instrument; im Gegenteil: es sind die Gesten, die uns als ihre Instrumente, ihre Träger, ihre Verkörperung benutzen.« (Kundera 2002, 14)

12. Zum Schluss: Zehn Thesen für einen neuen Anfang

Die Erkundungen sind am Schlusspunkt angelangt. Was war zu sehen und was ist sichtbar gemacht worden? Anstatt einer Zusammenfassung, die das vorherige nur wiederholen würde, möchte ich hier den Ertrag der bisherigen Diskussion in zehn Thesen bündeln. Mein anfangs skizziertes heuristisches Vorhaben war es, eine Durchdringung von Cultural Studies und Disability Studies zu diskutieren. Innerhalb dieser neuen Theorieposition bündeln sich neue Perspektiven, um den Umgang mit Differenzen in einer erkenntniskritischen Dimension anders als üblich erschließen zu können. Ob sich damit die beschriebenen prekären Praxisformen irritieren lassen, das wird sich erweisen müssen. Gleichwohl lässt sich aber die Beobachtung aus einer Reflexionsebene zweiter Ordnung durchführen. In diesem Sinne sind auch die folgenden Thesen gewonnen aus einer Reflexion zweiter Ordnung: Sie markieren einen erkenntnispolitischen Zugang zu Lernverhältnissen im Kontext von Differenz, Heterogenität und Ungleichheit(en).

1 *Es gibt kein Lehren und Lernen jenseits gesellschaftlicher Machtverhältnisse*. Eine Pädagogik der Differenz spiegelt immer auch eine Politik der Differenz wieder. Wissensproduktion im Kontext von Differenzen muss sich der Tatsache bewusst sein, dass es kein Lehren und Lernen jenseits gesellschaftlicher Machtverhältnisse geben kann. Ein reflexives Mitthematisieren dieser Tatsache von Lehrenden und Lernenden kann diese Repräsentationsverhältnisse thematisieren und damit problematisieren. Dadurch entstehen Aushandlungsformen von Ungleichheiten.

2 *Das Bildungssystem produziert Scheitern*: ungesicherte Nahtstellen, Übergänge und Bruchstellen sind die Orte, an denen riskante Lernbiografien immer wieder scheitern. Sie scheitern aber vor allem aufgrund der *Struktur* des Bildungssystems.

3 *Lernen als aktive Aneignung der Welt ist nicht mehr wichtig*. Im gegenwärtigen Wissenskapitalismus erscheint Wissen als umkämpftes Feld und der *Lehr-Lernkurzschluss* (Holzkamp) wird aufs Neue etabliert. Von Lernen wird momentan erstaunlich wenig geredet, obgleich das Lernen einem permanenten Umdeuten hin zu einer zunehmenden Trivialisierung und einem instrumentellen Denken in Verwertungszusammenhängen ausgesetzt ist.

4 *Macht und (administrative) Kontrolle* behindern Lernen. Macht und Kontrolle sowie gesellschaftliche Normalisierungspraxen sind das Ziel eines neuen Bildungsregimes, das etablierte Begriffe wie Freiheit, Gleichheit, gesellschaftliche Teilhabe, Inklusion umdeutet.

5 *Verantwortung gegenüber der jungen Generation erfordert Ermächtigung durch das Bildungssystem*. Auf-Lösen lassen sich die Zusammenhänge von Wissen, Macht und Differenzen nicht, innerhalb der neuen Theoriepositionen lassen sie sich aber anders beobachten und das Moment der Ermächtigung kommt damit ins Spiel. Ermächtigung meint: (Wieder) einen Teil der Kontrolle und Definitionsmacht über die eigenen Lebensverhältnisse zu erlangen.

6 *Widerstand ist auch eine konstruktive Strategie der Anpassung*. Die Einführung eines Analyseinstruments in der Theorietradition der britischen Cultural Studies ist überaus wichtig, weil sie einen erhellenden Blick auf soziale Ungleichheit ins Spiel bringt. Der Verweisungszusammenhang von Struktur und Wissen im Kontext von Ungleichheiten zeigt die vielschichtigen und oftmals paradoxen Prozesse, wie aus Widerstand auch Anpassung werden kann. Weil es aber kein Wissen auf der Praxisebene gibt, sind in diesen Kämpfen um Bedeutung auch Versuche der Wiederaneignung des Lernens zu sehen, da nämlich die »Enteignung des Lernens« (Holzkamp 1993) davor die marginalen Positionen abgesteckt hat, die mit der Zuweisung in die Sonderräume des Lernens einhergehen, können diese Prozesse pädagogisch nicht zugänglich werden. Vergeben wird damit die Chance transformierende Handlungsspielräume herzustellen, Bewältigungsprozesse zu unterstützen und die kulturellen Produktionen vom Rand her zu denken.

7 *Cultural Studies und Disability Studies sind als Theorieprojekt zusammen zudenken*. Lernverhältnisse – Repräsentationsverhältnisse – Lebensverhältnisse – Machtverhältnisse kreuzen sich im Spannungsfeld der Berührungspunkte von Cultural Studies und Disability Studies. Als gemeinsames Projekt auf der Grundlage der Analyse von kulturellen Produktionen, Verhandlungs- und Repräsentationsformen verschiedener Differenzlinien können sie die schöpferischen und gestaltenden Dimensionen von Kulturen in den Blick nehmen. Von Kulturen, die jenseits der normalisierenden Mitte vielfältige Barrieren, Zugangsbeschränkungen und Hindernisse sichtbar machen. Aber auch die Aneignungs- und Bewältigungsformen werden nicht aus dem Blick verloren. Erst in dieser Doppelstruktur wird das volle epistemologische Potential dieses Projektes deutlich, das in der Analyse und Kritik der kulturellen Konstruktion und Organisation des pädagogischen Feldes bei der Bearbeitung und Erzeugung von geschlechtlichen, ethnischen, klassen- und körperspezifischen Identitäten und Differenzen besteht (die freilich nicht auf der gleichen Ebene liegen). So entsteht eine Theorie performativer Praxisformen. Allerdings offenbaren diese neuen Forschungs- und Interventionspraxen, dass weder die Disability Studies als eine differenztheoretisch informierte Sonderpädagogik verstanden werden kann, noch sind die Cultural Studies ein Rettungsversuch für die Interkulturelle Pädagogik.

8 *Selbstreflexion ist der Schlüssel zum Verständnis des Eigenen und der Anderen (und nicht nur zu deren Definition).* Die aufgezeigten Repräsentationsverhältnisse sind aufgrund methodologischer Probleme, theoretischer Verkürzungen und vor allem aufgrund der nicht reflektierten Beobachterstandpunkte machtvolle Diskurse in der Hervorbringung der »Anderen«. Epistemologisch gesehen lässt sich dabei hingegen mehr über die Beobachter als über die Beobachteten erfahren und insofern nur von

einer halbierten Erkenntnis sprechen; wenn der Begriff Erkenntnis überhaupt als Begriff angemessen erscheint.

9 *Differenzen stören nicht den Modus des Lernens, sondern eröffnen Möglichkeitsräume.* Begreift man Repräsentation auch als Vergegenwärtigung, dann wäre es eine wichtige Aufgabe von Interkultureller Pädagogik und Sonderpädagogik, sich selbst im Rahmen von prekären Repräsentationspraxen zu verstehen. Die Gegenwart wird damit nämlich unmittelbar berührt, weil dadurch Möglichkeitsräume für einen lernenden Zugriff auf die Welt eröffnet oder geschlossen werden kann. Beide Teildisziplinen des Besonderen wären mit Weisser gesprochen nicht mehr als Theorie und Praxis der Erziehung von Menschen mit Behinderung/ethnischen Differenzlinien zu konzeptualisieren, sondern als *Beobachtungszusammenhang* zu sehen. Unter dieser Perspektive muss sich die Disziplin vielmehr selbst beobachten, und damit vergegenwärtigen, was sich innerhalb der Wahrnehmung, Thematisierung und Bearbeitung der vielschichtigen Differenzlinien sichtbar machen lässt. Das ist jedoch nicht spannungsfrei zu haben, bedeutet konflikthaftes und widersprüchliches Lernen.

10 *Unsicherheit und Irritation sind der (Königs-) Weg zum Wissen.* Jenseits des gesicherten Wissens, in der Zone der Ungewissheit, werden die Irritationen und der aufschließende Umgang damit als elementare Bausteine der Wissensformation deutlich. Dies erschließt die deiktische Geste. Eine kritische Hermeneutik des Lernens nimmt hier ihren Ausgangspunkt.

Literatur

Abele, Daniela/Sauter, Sven: Kulturen des Widerstands – Wie lässt sich das Forschungsprogramm der Disability Studies kulturwissenschaftlich operationalisieren? In: Graf, Erich Otto/Renggli, Cornelia/Weisser, Jan (Hrsg.): Die Welt als Barriere. Deutschsprachige Beiträge zu den Disability Studies. Bern 2006.

Allat, Patricia/Yeandle, Susan: Youth Unemployment and the Family. Voices of Disordered Times. London 1992.

Altrichter, Herbert/Posch, Peter: Lehrer erforschen ihren Unterricht. Eine Einführung in die Methoden der Aktionsforschung. Bad Heilbrunn 1998.

Amos, Karin: Aspekte der angloamerikanischen pädagogischen Differenzdebatte: Überlegungen zur Kontextualisierung. In: Lutz/Wenning (Hrsg.) 2001.

Apitzsch, Gisela: Schulerfolg und Sonderschulaufnahme. Eine nationalitätenspezifische Analyse des bundesdeutschen Bildungssystems. In: Sachunterricht und Mathematik in der Primarstufe. Heft 11 und Heft 12, 1990, S. 506-512; 552-557.

Arbeitsgruppe »Bildung ist Menschenrecht« des Komitees für Grundrechte und Demokratie: Falkensteiner Erklärung. In: Widersprüche Heft 73/1999, Nr. 3, S. 11-15.

Auernheimer, Georg: Der sogenannte Kulturkonflikt. Orientierungsprobleme ausländischer Jugendlicher. Frankfurt a. M. 1988.

Auernheimer, Georg: Interkulturelle Pädagogik. Ein überflüssiges akademisches Steckenpferd? In: Pädagogik und Schulalltag, Heft 3, 1997. Internet: www.uni-köln.de/ew-fak/18Allg_paeda/int/pub/artikel.html (16.09.2004).

Auernheimer, Georg: Notizen zum Kulturbegriff unter dem Aspekt interkultureller Bildung. In: Gemende et al. (Hrsg.) 1999.

Auernheimer, Georg: Einführung in die Interkulturelle Pädagogik. Darmstadt 2003 (3. bearb. u. erw. Auflage).

Auernheimer, Georg (Hrsg.): Schieflagen im Bildungssystem. Die Benachteiligung der Migrantenkinder. Opladen 2003.

Avenarius, Hermann et al.: Bildungsbericht für Deutschland: Erste Befunde (Zusammenfassung), o. O. 2003. Internet: www.kmk.org (20.3.2004).

Bach, Heinz: Grundlagen der Sonderpädagogik. Bern 1999.

Badawia, Tarek: Der dritte Stuhl. Eine Grounded Theory-Studie zum kreativen Umgang bildungserfolgreicher Immigrantenjugendlicher. Frankfurt a. M. 2002.

Bade, Klaus J.: Vom Auswanderungsland zum Einwanderungsland? Deutschland 1880-1980. Berlin 1983.

Ball, Stephen J.: Zunehmende Ungleichheit. Stephen J. Ball im Interview mit Jürgen Klausenitzer über Marktelemente im Bildungssektor. Internet: www.links-netz.de/K_texte/K_klausenitzer_ball.html (1.9.2005).

Bastian, Johannes et al. (Hrsg.): Professionalisierung im Lehrerberuf. Opladen 2000.

Bateson, Gregory: Ökologie des Geistes. Anthropologische, psychologische, biologische und epistemologische Perspektiven. Frankfurt a. M. 1983 (6. Auflage).

Bauman, Zygmunt: Moderne und Ambivalenz. Das Ende der Eindeutigkeit. Hamburg 1992.

Baumert, Jürgen et al. (Hrsg.): PISA 2000. Basiskompetenzen von Schülerinnen und Schülern im internationalen Vergleich. Opladen 2001.

Baur, Werner/Mack, Wolfgang/Schroeder, Joachim (Hrsg.): Bildung von unten denken. Aufwachsen in erschwerten Lebenssituationen. Provokationen für die Pädagogik. Bad Heilbrunn 2004.

Beck, Christian et al.: Fallarbeit in der universitären LehrerInnenbildung. Professionalisierung durch fallrekonstruktive Seminare? Eine Evaluation. Opladen 2000.

Beck, Gertrud/Scholz, Gerold: Beobachten im Schulalltag. Ein Studien- und Praxisbuch. Frankfurt a. M. 1995.

Beck, Gertrud/Scholz, Gerold: Fallstudien in der Lehrerausbildung. In: Friebertshäuser, Barbara/Prengel, Annedore (Hrsg.): Handbuch Qualitative Forschungsmethoden in der Erziehungswissenschaft. Weinheim 1997.

Beck, Ulrich: Risikogesellschaft. Auf dem Weg in eine andere Moderne. Frankfurt a. M. 1986.

Begemann, Ernst: Die Erziehung der sozio-kulturell benachteiligten Schüler. Hannover 1970.

Bhabha, Homi: The Third Space. Interview with Homi Bhabha. In: Rutherford, Jonathan (ed.): Community, Culture, Difference. London 1990.

Bhabha, Homi: Das theoretische Engagement. In: ders.: Die Verortung der Kultur. Tübingen 2000.

Bielefeld, Uli: Inländische Ausländer. Zum gesellschaftlichen Bewußtsein türkischer Jugendlicher in der Bundesrepublik, Frankfurt a. M. 1988.

Biller, Karlheinz: Pädagogische Kasuistik. Eine Einführung. Baltmannsweiler 1988.

Bodenbender, Wolfgang: Zwischenbilanz der Ausländerpolitik, in: Ronneberger, Franz (Hrsg.): Türkische Kinder in Deutschland. Referate und Ergebnisse des Seminars der Südosteuropa Gesellschaft über Bildungsprobleme und Zukunftserwartungen der Kinder türkischer Gastarbeiter. Nürnberg 1977.

Böttcher, Wolfgang: Soziale Auslese und Bildungsreform. In: Aus Politik und Zeitgeschichte (APuZ 12/2005). Internet: www.bpb.de/publikationen/3MYWHA.html (06.10.2006).

Bommes, Michael: Migration und Sprachverhalten. Eine ethnographisch-sprachwissenschaftliche Fallstudie. Wiesbaden 1993.

Bosse, Hans: Defence Alliances. From Anxiety to Method in the Analytic Group, in: Group Analysis XV/1, 1982.

Bourdieu, Pierre/Passeron, Jean-Claude: Die Illusion der Chancengleichheit. Untersuchungen zur Soziologie des Bildungswesens am Beispiel Frankreichs. Stuttgart 1971.

Bourdieu, Pierre: Homo Academicus. Frankfurt a. M. 1988.

Bourdieu, Pierre: Störenfried Soziologie. In: Fritz-Vannahme, Joachim (Hrsg.): Wozu heute noch Soziologie? Opladen 1996.

Bourdieu, Pierre: Der Staatsadel. Konstanz 2004.

Bronfen, Elisabeth: Vorwort. In: Bhabha 2000.
Bruner, Claudia Franziska: Körperspuren. Zur Dekonstruktion von Körper und Behinderung in biografischen Erzählungen von Frauen. Bielefeld 2005.
Bruner, Claudia Franziska/Dannenbeck, Clemens: Disability Studies in Deutschland. Zur Formierung eines Diskurses. In: Diskurs 2, 2002, S. 69-73.
Bublitz, Hannelore: Diskurs. Bielefeld 2003.
Bukow, Wolf-Dieter/Ottersbach, Markus (Hrsg.): Der Fundamentalismusverdacht. Plädoyer für eine Neuorientierung der Forschung im Umgang mit allochthonen Jugendlichen. Opladen 1999.
Cavalli-Wordel, Alessandra: Schicksale italienischer Migrantenkinder. Eine Fallstudie zur Schul- und Familiensituation. Weinheim 1989.
Chomsky, Noam: Profit over People. Neoliberalismus und globale Weltordnung. Hamburg 2001.
Cloerkes, Günther (Hrsg.): Wie man behindert wird. Texte zur Konstruktion einer sozialen Rolle und zur Lebenssituation betroffener Menschen. Heidelberg 2003.
Cloerkes, Günther: Zahlen zum Staunen. Die deutsche Schulstatistik. In: Cloerkes (Hrsg.) 2003.
Combe Arno/Werner Helsper: Was geschieht im Klassenzimmer? Perspektiven einer hermeneutischen Schul- und Unterrichtsforschung. Zur Konzeptualisierung der Pädagogik als Handlungstheorie. Weinheim 1994.
Combe, Arno et al.: Mit einem Schnelltraining in den Lehrerberuf. In: Frankfurter Rundschau, 20. Juni 2001.
Cremer, Schäfer, Helga: Kriminalität und soziale Ungleichheit. In: Frehsee, Detlev /Löschper, Gabi/Smaus, Gerlinda (Hrsg.): Konstruktion der Wirklichkeit durch Kriminalität und Strafe. Baden-Baden 1997.
Czock, Heidrun/Radtke, Frank-Olaf: Sprache-Kultur-Identität. Die Obsession der Migrantenpädagogen. In: Stüwe, Gerd/Peters, Friedhelm: Lebenszusammenhänge von Ausländern und pädagogische Problematik. Zur Kritik traditioneller Lernorte und Beispiele aktivierender Sozialarbeit. Bielefeld 1984.
Czock, Heidrun: Der Fall Ausländerpädagogik. Frankfurt a. M. 1993.
Dannenbeck, Clemens Selbst- und Fremdzuschreibungen als Aspekte kultureller Identitätsarbeit. Ein Beitrag zur Dekonstruktion kultureller Identität. Opladen 2002.
Dannenbeck, Clemens/Eßer, Felicitas/Lösch, Hans: Herkunft (er)zählt. Befunde über Zugehörigkeiten Jugendlicher. Münster 1999.
Deniz, Cengiz: Migration, Jugendhilfe und Heimerziehung. Rekonstruktionen biografischer Erzählungen männlicher türkischer Jugendlicher in Einrichtungen der öffentlichen Erziehung. Frankfurt a. M. 2001.
Deppe-Wolfinger, Helga: Behinderung und Gesellschaft. Thesen zu einer Soziologie der Behinderten. In: Jantzen, Wolfgang/Müller, Ulrich (Hrsg.): Theorie und Praxis in der Ausbildung. Beiheft der Vierteljahresschrift Behindertenpädagogik. Solms-Oberbiel 1978.
Deppe-Wolfinger, Helga (Hrsg.): Behindert und abgeschoben. Zum Verhältnis von Behinderung und Gesellschaft. Weinheim 1983.
Der Spiegel, Nr. 16/14.4.1997.

Devereux, Georges: Angst und Methode in den Verhaltenswissenschaften. Frankfurt a. M 1976 (i. O. 1967).

Dewe, Bernd: Wissensvermittlung in der Fort- und Weiterbildung. Zur Transformation wissenschaftlicher Informationen in Praxisdeutungen. Baden-Baden 1988.

Diehm, Isabell/Radtke, Frank-Olaf: Erziehung und Migration. Eine Einführung. Stuttgart 1999.

Diehm, Isabell: Erziehung und Toleranz. Handlungstheoretische Implikationen Interkultureller Pädagogik. In: Zeitschrift für Pädagogik, Jg. 26, 2000, Heft 2, S. 251-274.

Dietrich, Cornelie (Hrsg.): Bildung und Erziehung. Klaus Mollenhauer weiterdenken. Weinheim 2000.

Dirks, Una: Bilder von »guten« LehrerInnen im Spiegel einer doppelten Kasuistik. In: Dirks, Una/Hansmann, Wilfried: Reflexive Lehrerbildung. Fallstudien und Konzepte im Kontext berufsspezifischer Kernprobleme. Weinheim 1999.

Eberwein, Hans/Mand, Johannes (Hrsg.): Forschen für die Schulpraxis. Was Lehrer über Erkenntnisse qualitativer Sozialforschung wissen sollten. Weinheim 1995.

Ecarius, Jutta/Löw, Martina (Hrsg.): Raumbildung – Bildungsräume. Über die Verräumlichung sozialer Prozesse. Opladen 1997.

Elias, Norbert/Scotson, John, L.: Etablierte und Außenseiter. Frankfurt a. M. 1990.

Engelmann, Jan (Hrsg.): Die kleinen Unterschiede. Der Cultural Studies-Reader. Frankfurt a. M. 1999.

Enzmann, Dirk/Wetzels, Peter: Gewaltkriminalität junger Deutscher und Ausländer. Brisante Befunde, die irritieren: Eine Erwiderung auf Ulrich Mueller. In: Kölner Zeitschrift für Soziologie und Sozialpsychologie, Jg. 52, Heft 1, 2000.

Erster Periodischer Sicherheitsbericht. Herausgeber: Bundesministerium des Innern/Bundesministerium der Justiz, Berlin 2001. Internet: www.bmi.bund.de; www.bmj.bund.de.

Esping-Andersen, Gösta: The Three Worlds of Welfare Capitalism. Cambridge 1990.

Feuser, Georg: Behinderte Kinder und Jugendliche zwischen Integration und Aussonderung. Darmstadt 1995.

Forst, Rainer (Hrsg.): Toleranz. Philosophische Grundlagen und gesellschaftliche Praxis einer umstrittenen Tugend. Frankfurt a. M. 2000.

Forum Bildung (Hrsg.): Förderung von Chancengleichheit. Vorläufige Empfehlungen und Expertenbericht. Materialien des Forum Bildung, Band 6. Internet: www.forumbildung.de.

Friedemann, Hans Joachim/Schroeder, Joachim: Von der Schule ins Abseits. Untersuchung zur beruflichen Eingliederung benachteiligter Jugendlicher. Wege aus der Ausbildungskrise. Langenau-Ulm 2000.

Garlichs, Ariane/Leuzinger-Bohleber, Marianne: Identität und Bindung. Die Entwicklung von Beziehungen in Familie, Schule und Gesellschaft. Weinheim 1999.

Geiger, Klaus F.: Die Marginalisierung der EinwanderInnen und ihrer ErforscherInnen – Kritische Thesen zum öffentlichen Diskurs über Arbeitseinwanderung in der BRD. In: Leveau, Rémy/Ruf, Werner (Hrsg.): Migration und Staat. Inner- und intergesellschafliche Prozesse am Beispiel Algerien, Türkei, Deutschland und Frankreich. Münster 1991.

Gemende, Marion/Schroer, Wolfgang/Sting, Stephan (Hrsg.): Zwischen den Kulturen. Pädagogische und sozialpädagogische Zugänge zur Interkulturalität. Weinheim 1999.

Genazino, Wilhelm: Der gedehnte Blick. München 2004.

Giddens, Anthony: Die Konstitution der Gesellschaft. Grundzüge einer Theorie der Strukturierung. Frankfurt a. M. 1988.

Ginsburg, Norman: Divisions of Welfare. A Critical Introduction to Comparative Social Policy. London/Thousand Oaks/New Dehli 1992.

Giroux, Henry A.: Theory and Resistance in Education. A Pedagogy for the Opposition. London 1983.

Giroux, Henry A.: Fugitive Cultures: Race, Violence and Youth. New York 1996.

Giroux, Henry A.: Doing Cultural Studies. Youth and the Challenge of Pedagogy. Internet: www.gseis.ucla.edu/courses/ed253a/Giroux/Giroux1.html (26.09.2002).

Gogolin, Ingrid: Chancen und Risiken nach PISA – über die Bildungsbeteiligung von Migrantenkindern und Reformvorschläge. In: Auernheimer (Hrsg.) 2003.

Gomolla, Mechtild /Radtke, Frank-Olaf : Institutionelle Diskriminierung. Die Herstellung ethnischer Differenz in der Schule. Opladen 2002.

Göppel, Rolf: Ursprünge der seelischen Gesundheit. Risiko- und Schutzfaktoren in der kindlichen Entwicklung. Würzburg, 1997.

Gorz, André: Wissen, Wert und Kapital. Zur Kritik der Wissensökonomie. Zürich 2004.

Göttlich, Udo: Unterschiede durch Verschieben. Zur Theoriepolitik der Cultural Studies. In: Engelmann (Hrsg.) 1999.

Greverus, Ina-Maria: Kultur und Alltagswelt. Eine Einführung in Fragen der Kulturanthropologie. München 1978.

Griese, Hartmut M. (Hrsg.): Der gläserne Fremde. Bilanz und Kritik der Gastarbeiterforschung und der Ausländerpädagogik. Leverkusen 1984.

Grossmann, Klaus E.: Die Bedeutung der ersten Lebensjahre für die Organisation der Gefühle. In: Dörr, Margret/Göppel, Rolf: Bildung der Gefühle. Gießen 2003.

Gültekin, Neval: Bildung, Autonomie, Tradition und Migration. Doppelperspektivität biografischer Prozesse junger Frauen aus der Türkei. Opladen 2003.

Hall, Stuart: Rassismus und kulturelle Identität. Ausgewählte Schriften 2. Hamburg 1994.

Hall, Stuart (ed.): Representation. Cultural Representations and Signifying Practices. London 1997.

Hall, Stuart: The spectacle of the »other«. In: Hall (ed.) 1997.

Hall, Stuart: Ethnizität: Identität und Differenz. In: Engelmann (Hrsg.) 1999.

Hamburger, Franz: Modernisierung, Migration und Ethnisierung. In: Gemende et al. (Hrsg.) 1999.

Handbuch für Hausaufgabenhilfe. Außerschulische Arbeit mit ausländischen Kindern in Frankfurt. Frankfurt a. M. 1984.

Hansen, Georg: Diskriminiert. Über den Umgang der Schule mit Minderheiten. Weinheim 1986.

Hansen, Georg: Einführung in die interkulturellen Studien. Hagen: Fachbereich Kultur und Sozialwissenschaften, 1994.

Hansen, Georg: Kultur. In: Schmalz-Jacobsen, Cornelia/Hansen, Georg (Hrsg.): Ethnische Minderheiten in der Bundesrepublik Deutschland. Ein Lexikon. München 1995.

Hansen, Georg: Pluralitätsrhetorik und Homogenitätspolitik. In: Gogolin, Ingrid et al. (Hrsg.): Pluralismus unausweichlich? Blickwechsel zwischen Vergleichender und Interkultureller Pädagogik. Münster 2003.

Hansen, Georg/Wenning, Norbert: Schulpolitik für andere Ethnien in Deutschland. Zwischen Autonomie und Unterdrückung. Münster 2003.

Haug, Frigga: Umgang mit Behinderung. In: Forum Kritische Psychologie 44, 2002, S. 3-13.

Haug, Frigga: Lernverhältnisse. Selbstbewegungen und Selbstblockierungen. Hamburg 2003.

Hauser-Schäublin, Brigitta/ Dickhardt, Michael (Hrsg.): Kulturelle Räume – Räumliche Kultur. Zur Neubestimmung des Verhältnisses zweier fundamentaler Kategorien menschlicher Praxis. Münster 2003.

Heckmann, Friedrich: Theoretische Positionen der Forschung über Arbeitsmigration in der Bundesrepublik Deutschland. Von der Gastarbeiterforschung zur Migrations- und Minoritätensoziologie? In: Deutsches Jugendinstitut (Hrsg.): Ausländerarbeit und Integrationsforschung. Bilanz und Perspektiven. München 1987.

Heinrichs, Hans-Jürgen: Erzählte Welt. Lesarten der Wirklichkeit in Geschichte, Kunst und Wissenschaft. Reinbek 1996.

Heitmeyer, Wilhelm/Müller, Joachim/Schröder, Helmut: Verlockender Fundamentalismus. Frankfurt a. M. 1997.

Helsper, Werner et al.: Jugendliche Außenseiter. Zur Rekonstruktion gescheiterter Bildungs- und Ausbildungsprozesse. Opladen 1991.

Hernández, Jesús/López-Blasco, Andrés: Die Integrationsforschung in der Bundesrepublik Deutschland, in: Weidacher, Alois/López-Blasco, Andrés: Ausländerpolitik und Integrationsforschung in der Bundesrepublik Deutschland. München 1982.

Herrlitz, Hans-Georg/Hopf, Wulf/Titze, Hartmut: Deutsche Schulgeschichte von 1800 bis zur Gegenwart. Weinheim 2001.

Hessisches Kultusministerium (Hrsg.): Deutsch-Frühförderung in Vorlaufkursen. Wiesbaden 2002.

Hiller, Gotthilf Gerhard: Ausbruch aus dem Bildungskeller. Pädagogische Provokationen. Langenau-Ulm 1997 (4. Aufl.).

Hinz, Andreas: Heterogenität in der Schule. Integration – Interkulturelle Erziehung – Koedukation. Hamburg 1993.

Hinz, Andreas: Pädagogik der Vielfalt – ein Ansatz auch für Schulen in Armutsgebieten? Überlegungen zu einer theoretischen Weiterentwicklung. In: Hildeschmidt, Anne/ Schnell, Irmtraud (Hrsg.): Integrationspädagogik. Auf dem Weg zu einer Schule für alle. Weinheim 1998.

Hoffmann, Dietrich/Mack-Rheinländer, Kathrin (Hrsg.): Ökonomisierung der Bildung. Die Pädagogik unter den Zwängen des »Marktes«. Weinheim 2001.

Hogan, Thomas Brian: Ankommen oder untergehen in der Normalbiografie? Integrationsverläufe von Sonderschülern. Unveröffentlichte Hausarbeit zur ersten Staatsprüfung für das Lehramt an Sonderschulen. Frankfurt a. M. 2003.

Holzkamp, Klaus: Die Menschen sitzen nicht im Kapitalismus wie in einem Käfig. Gespräch von Heiko Ernst und Klaus Koch, Psychologie Heute, mit Klaus Holzkamp. Erschienen in der Ausgabe 11/1984. Internet: www.kritische-psychologie.de/texte/kh1984b.html (18.11.2004).

Holzkamp, Klaus: Lehren als Lernbehinderung? (1991). Internet: www.kritische-psychologie.de/texte/kh1991a.html (18.11.2004).

Holzkamp, Klaus: Lernen. Subjektwissenschaftliche Grundlegung. Frankfurt a. M. 1993.

Hummrich, Merle: Bildungserfolg und Migration. Biografien junger Frauen in der Einwanderungsgesellschaft. Opladen 2002.

Hurrelmann, Klaus/Mansel, Jürgen: Alltagsstreß bei Jugendlichen. Eine Untersuchung über Lebenschancen, Lebensrisiken und psychosoziale Befindlichkeit im Statusübergang. Weinheim 1991.

Inowlocki, Lena: Verlockender Erhebungs-Fundamentalismus. Zur Problemkonstruktion: »türkische Jugendliche« In: Babylon. Beiträge zur jüdischen Gegenwart. Heft 18, 1998, S. 51-69.

Jacobs, Hajo: Heilpädagogik zwischen Anthropologie und Ethik. Eine Grundlagenreflexion aus kritisch-theoretischer Sicht. Bern 1997.

Jäger, Siegfried: BrandSätze. Rassismus im Alltag. Duisburg 1993.

Jameson, Fredric: Mythen der Moderne. Berlin 2004.

Jantzen, Wolfgang (Hrsg.): Soziologie der Sonderschule. Analyse einer Institution. Weinheim 1981.

Jantzen, Wolfgang: Materialistische Theorie der Behindertenpädagogik. In: Bleidick, Ulrich (Hrsg.): Theorie der Behindertenpädagogik. Berlin 1985.

Kabbani, Rana: Mythos Morgenland. Wie Vorurteile und Klischees unser Bild vom Orient bis heute prägen. München 1993.

Karakasoglu-Aydin, Yasemin: Kinder aus Zuwandererfamilien im deutschen Bildungssystem. In: Böttcher, Wolfgang/Klaus Klemm/Thomas Rauschenbach (Hrsg.): Bildung und Soziales in Zahlen. Statistische Daten und Trends im Bildungsbereich. Weinheim 2001.

Kelek, Necla: Die fremde Braut. Ein Bericht aus dem Inneren des türkischen Lebens in Deutschland. Köln 2005.

Kermani, Navid: Schöner neuer Orient. Berichte von Städten und Kriegen. München 2003.

Kiesel, Doron: Das Dilemma der Differenz. Zur Kritik des Kulturalismus in der Interkulturellen Pädagogik. Frankfurt a. M. 1996.

King, Vera: Die Entstehung des Neuen in der Adoleszenz. Individuation, Generativität und Geschlecht in modernisierten Gesellschaften. Opladen 2002.

Knauer, Sabine: Braucht die Pädagogik einen Behinderungsbegriff? Internet: www.kiwif.de/Sommersemester%202003/Texte/Theoretische%20Grundlagen/Braucht%20die%20Paedagogik%20einen%20Behinderungsbegriff.htm (02.02.2005).

Knoblauch, Hubert: Wissenssoziologie. Konstanz 2005.

Koring, Bernhard: Grundprobleme pädagogischer Berufstätigkeit. Eine Einführung für Studierende. Bad Heilbrunn 1992.

Kornmann, Reimer/Klingele, Christoph: Ausländische Kinder und Jugendliche an Schulen für Lernbehinderte in den alten Bundesländern. In: Zeitschrift für Heilpädagogik

1/1996, S. 2-9.

Kraimer, Klaus: Die Fallrekonstruktion – Bezüge, Konzepte, Perspektiven. In: Kraimer (Hrsg.) 2000.

Kraimer, Klaus: Die Fallrekonstruktion: Sinnverstehen in der sozialwissenschaftlichen Forschung. Frankfurt a. M. 2000.

Kreckel, Reinhard: Politische Soziologie der sozialen Ungleichheit. Frankfurt a. M. 2004 (3. erw. Auflage).

Kriz, Jürgen/Lück, Helmut E./Heidbrink, Horst: Wissenschafts- und Erkenntnistheorie. Eine Einführung für Psychologen und Humanwissenschaftler. Opladen 1996.

Kronig, Winfried/Haeberlin, Urs/Eckhart, Michael: Immigrantenkinder und schulische Selektion. Pädagogische Visionen, theoretische Erklärungen und empirische Untersuchungen zur Wirkung integrierender und separierender Schulformen in den Grundschuljahren. Bern 2000.

Krüger-Potratz, Marianne: Stichwort: Erziehungswissenschaft und kulturelle Differenz. In: Zeitschrift für Erziehungswissenschaft 2, 1999, S. 149-156.

Krüger-Potratz, Marianne: Interkulturelle Bildung. FernUniversität in Hagen 2003.

Krüger-Potratz, Marianne: Interkulturelle Bildung. Eine Einführung. Münster 2005.

Küchenhoff, Joachim: Die Achtung vor dem Anderen. Psychoanalyse und Kulturwissenschaften im Dialog. Weilerswist 2005.

Kundera, Milan: Die Unsterblichkeit. Frankfurt a. M. 2002.

Kunz, Thomas: Zwischen zwei Stühlen. Zur Karriere einer Metapher. In: Jäger, Siegfried/ Schobert, Alfred (Hrsg.): Weiter auf unsicherem Grund. Faschismus – Rechtsextremismus – Rassismus: Kontinuitäten und Brüche. Duisburg 2000.

Kürsat-Ahlers, Elcin/Waldhoff, Hans-Peter: Auch die Einwanderer sind das Volk. Auszüge aus einer Stellungnahme zur Reform des Staatsangehörigkeitsrechts vor dem deutschen Bundestag. Internet: www.fr-aktuell.de/fr/spezial/doppelpass/t723005.htm (26.02.2002).

Lanfranchi, Andrea: Immigranten und Schule. Opladen 1995.

Lanfranchi, Andrea: Die ethnopsychologische Fallrekonstruktion in der sonderpädagogischen Urteilsbildung. In: Hagmann, Thomas (Hrsg.): Heil- und Sonderpädagogik und ihre Nachbarwissenschaften. Aktuelle Ansätze in Forschung, Lehre und Praxis. Luzern 1995 (= 1995b).

Lanfranchi, Andrea: Schulerfolg von Migrationskindern. Die Bedeutung familienergänzender Betreuung im Vorschulalter. Opladen 2002.

Lanfranchi, Andrea/Molinari, Daniela: Sind »verhaltensgestörte« Migrantenkinder »widerspenstiger« Eltern therapierbar? Interdisziplinäre Zusammenarbeit zwischen systemorientierter Schulpsychologie und psychoanalytisch orientierter Therapie. In: Praxis der Kinderpsychologie und Kinderpsychiatrie, 44. JG. Heft 7, 1995, S. 260-270.

Leitlinien der Integrationspolitik der Hessischen Landesregierung. Internet: www. Sozialministerium.hessen.de (20.11.2003).

Lemke, Thomas: Eine Kritik der politischen Vernunft. Foucaults Analyse der modernen Gouvernementalität. Berlin 1997.

Lenhardt, Gero: Bildung, Bürger, Arbeitskraft. Schulentwicklung und Sozialstruktur in der BRD und der DDR. Frankfurt a.M. 1997.

Lindner, Rolf: Paul Willis und das Centre for Contemporary Cultural Studies. In: Flick, Uwe/von Kardorff, Ernst/Steinke, Ines (Hrsg.): Qualitative Forschung. Ein Handbuch. Reinbek 2000.

Link, Jürgen: Versuch über den Normalismus. Opladen 1999 (2. Aufl.).

Lohmann, Ingrid/Rilling, Rainer (Hrsg.): Die verkaufte Bildung. Kritik und Kontoversen zur Kommerzialisierung von Schule, Weiterbildung, Erziehung und Wissenschaft. Opladen 2002.

Löw, Martina: Feministische Perspektiven auf »Differenz« in Erziehungs- und Bildungsprozessen. In: Lutz/Wenning (Hrsg.) 2001.

Lutter, Christina/Reisenleitner, Markus: Cultural Studies. Eine Einführung: Wien 1998.

Lutz, Helma/Wenning, Norbert (Hrsg.): Unterschiedlich verschieden. Differenz in der Erziehungswissenschaft. Opladen 2001.

Mack, Wolfgang/Raab, Erich/Rademacker, Hermann (Hrsg.): Schule, Stadtteil, Lebenswelt. Eine empirische Untersuchung. Opladen 2003.

Masschelein, Jan: Die Trivialisierung von Kritik. Kritische Erziehungswissenschaft weiterdenken. In: Benner, Dietrich et al. (Hrsg.): Kritik in der Pädagogik. Versuche über das Kritische in Erziehung und Pädagogik. Zeitschrift für Pädagogik, 46. Beiheft, April 2003.

Masschelein, Jan/Simons, Maarten: Globale Immunität oder: Eine kleine Kartographie des europäischen Bildungsraums. Zürich 2005.

Matthes, Joachim (Hrsg.): Zwischen den Kulturen? Die Sozialwissenschaften vor dem Problem des Kulturvergleichs. Göttingen 1992 (Soziale Welt, Sonderband; 8).

McLaren, Peter: Schooling as a Ritual Performance. London 1986.

Mecheril, Paul: Wer spricht für wen? Gedanken zu einer Methodologie des (re-) konstruktiven Umgangs mit den Anderen der Anderen. In: Bukow/Ottersbach (Hrsg.) 1999.

Mecheril, Paul: Einführung in die Migrationspädagogik. Weinheim 2004.

Mecheril, Paul/Witsch, Monika (Hrsg.): Cultural Studies und Pädagogik. Kritische Artikulationen. Bielefeld 2006.

Mehrländer; Ursula: Türkische Jugendliche – keine berufliche Chance in Deutschland? Bonn 1983.

Meillassoux, Claude: Gegen eine Ethnologie der Arbeitsmigration in Westeuropa, in: Blaschke, Jochen/Greussing, Kurt (Hrsg.): »Dritte Welt« in Europa. Probleme der Arbeitsmigration, Frankfurt a. M. 1980.

Merkens, Andreas: Ungleichheit für Alle. Bildungsreform und gesellschaftlicher Widerspruch. In: Utopie kreativ. Heft 140, Juni 2002, S. 524-532.

Merkens, Andreas: Ideologie, Kritik und Bildung. Entwicklungen, Widersprüche und Krisen ideologiekritischer Theoriebildung. Ein Überblick mit Schwerpunkt. In: Das Argument 246/2002. Inernet: www.linksnet.de/artikel.php?id=802 (17.10.2005).

Merkens, Hans: Qualitative Methoden in der Erziehungswissenschaft. In: Eberwein/Mand (Hrsg.) 1995.

Merz-Atalik, Kerstin: Interkulturelle Pädagogik in Integrationsklassen. Opladen 2001.

Meyer-Drawe, Käte: Illusionen von Autonomie. Diesseits von Ohmacht und Allmacht des Ich. München 2000 (2. Aufl.).

Mollenhauer, Klaus: Vergessene Zusammenhänge. Über Kultur und Erziehung. Weinheim 1985 (2. Aufl.).

Mollenhauer, Klaus: Umwege. Über Bildung, Kunst und Interaktion. Weinheim 1986.

Moser, Vera: Konstruktion und Kritik. Sonderpädagogik als Disziplin. Opladen 2003.

Mueller, Ulrich: Umgang mit Jugenddelinquenz. Zur methodischen Qualität ihrer sozialwissenschaftlichen Erforschung. In: Kölner Zeitschrift für Soziologie und Sozialpsychologie, Jg. 52, Heft 1, 2000.

Müller, Burkhard: Bedeutung und Möglichkeit der Fallarbeit im sozialpädagogischen Studium. In: Jacob, Gisela/von Wensierski, Hans-Jürgen (Hrsg.): Rekonstruktive Sozialpädagogik. Konzepte und Methoden sozialpädagogischen Verstehens in Forschung und Praxis. Weinheim 1997.

Müller, Hermann J.: Schulerfahrungen marginalisierter Jugendlicher. In: Helsper et al. 1991.

Nadolny, Sten: Ein Gott der Frechheit. München 1996.

Neubert, Stefan/Roth, Hans-Joachim/Yildiz, Erol (Hrsg.): Multikulturalität in der Diskussion. Neuere Beitrage zu einem umstrittenen Konzept. Opladen 2002.

Neue Kriminalpolitik, Heft 1/Februar 1999, Beitrag: Jugendkriminalität als Folge sozialer Unterprivilegierung? Ein kriminologisches und kriminalpolitisches Gespräch der Redaktionsmitglieder Klaus Boers und Manuel Eisner mit dem Leiter des KFN Christian Pfeiffer.

Oevermann, Ulrich: Theoretische Skizze einer revidierten Theorie professionalisierten Handelns. In: Combe, Arno/Helsper, Werner (Hrsg.): Pädagogische Professionalität. Untersuchungen zum Typus pädagogischen Handelns. Frankfurt a. M. 1999 (3. Aufl.)

Oevermann, Ulrich: Die Methode der Fallrekonstruktion in der Grundlagenforschung sowie der klinischen und pädagogischen Praxis. In: Kraimer (Hrsg.) 2000.

Ohlhaver, Frank/Wernet, Andreas (Hrsg.): Schulforschung – Fallanalyse – Lehrerbildung. Diskussionen am Fall. Opladen 1999.

Opp, Günther/Fingerle, Michael/Freytag, Andreas (Hrsg.): Was Kinder stärkt – Erziehung zwischen Risiko und Resilienz. München 1999:

Opp, Günther/Fingerle, Michael/Puhr, Kerstin: Differenz als Konstitutionsproblem der Sonderpädagogik. In: Lutz/Wenning (Hrsg.) 2001.

Ouane, Adama: Neue Herausforderungen an Erwachsenenbildung und Lebenslanges Lernen. In: unesco heute online, Ausgabe vom 3. März 2002. Internet: www.unescoheute.de/302/ouane.htm (2.10.2002)

Plath, Ingrid/ Bender-Symanski, Dorothea/ Kodron, Christoph: Dokumentation zur Situation von Schülerinnen und Schülern mit Migrationserfahrung an Frankfurter Schulen im Schuljahr 2000/ 2001. Frankfurt a. M. 2002.

Pott, Andreas: Ethnizität und Raum. Eine Untersuchung zum Bildungsaufstieg in der zweiten türkischen Migrantengeneration. Opladen 2002.

Powell, Justin: Constructing Disability and Social Inequality Early in the Life Course: the case of special education in Germany and the United States. In: Disability Studies

Quarterly, 23, Nr. 2, 2003. Internet: www.dsq.org/_articles_pdf/2003/spring/dsq_2003_spring07.pdf (19.02.2005).
Powell, Justin: Das wachsende Risiko, als »sonderpädagogisch förderbedürftig« klassifiziert zu werden, in der deutschen und amerikanischen Bildungsgesellschaft. Selbständige Nachwuchsgruppe Working Paper 2/2004. Berlin 2004.
Powell, Justin/Wagner, Sandra: Daten und Fakten zu Migrantenjugendlichen an Sonderschulen in der Bundesrepublik Deutschland. Selbstständige Nachwuchsgruppe Working Paper 1/2001. Berlin 2001.
Powell, Justin/Wagner, Sandra: Ethnisch-kulturelle Ungleichheit im deutschen Bildungssystem. Zur Überrepräsentanz von Migrantenjugendlichen in Sonderschulen. In: Cloerkes (Hrsg.) 2003.
Prengel, Annedore: Pädagogik der Vielfalt. Verschiedenheit und Gleichberechtigung in Interkultureller, Feministischer und Integrativer Pädagogik. Opladen 1993.
Priestly, Mark: Worum geht es bei den Disability Studies? Eine britische Sichtweise. In: Waldschmidt (Hrsg.) 2003b.
Proske, Matthias: Pädagogik und Dritte Welt. Eine Fallstudie zur Pädagogisierung sozialer Probleme. Frankfurt a. M. 2001.
Proske, Matthias/Radtke, Frank-Olaf: Islamischer Fundamentalismus und jugendliche Gewaltbereitschaft. Über eine pädagogische Parallelaktion, in: Neue Sammlung, Heft 1, 1999, S. 47-61.
Quasthoff, Thomas: Die Stimme. Autobiografie. Berlin 2004.
Radtke, Frank-Olaf: Wissen und können – Grundlagen der wissenschaftlichen Lehrerbildung. Opladen 1996.
Radtke, Frank-Olaf (Hrsg.): Lehrerbildung an der Universität. Zur Wissensbasis pädagogischer Professionalität. Frankfurt a. M. 1999.
Radtke, Frank-Olaf/Weiß, Manfred (Hrsg.): Schulautonomie, Wohlfahrtsstaat und Chancengleichheit. Ein Studienbuch. Opladen 2000.
Radtke, Frank-Olaf: Bildungsreserve Migration. Plädoyer für eine lokale Bildungspolitik. In: Forum Bildung (Hrsg.): Bildung und Qualifizierung von Migrantinnen und Migranten. Anhörung des Forum Bildung am 21. Juni 2001 in Berlin. Bonn 2001.
Räthzel, Nora: Gegenbilder. Nationale Identitäten durch Konstruktionen des Anderen. Opladen 1997.
Reiser, Helga R. (Hrsg.): Sonderschulen – Schulen für Ausländerkinder? Berlin 1981.
Ribolits, Erich: Die Arbeit hoch? Berufspädagogische Streitschrift wider die Totalverzweckung des Menschen im Postfordismus. Wien 1997.
Rommelspacher, Birgit: Anerkennung und Ausgrenzung. Deutschland als multikulturelle Gesellschaft. Frankfurt a. M. 2002
Rösner, Hans-Uwe: Jenseits normalisierender Anerkennung. Reflexionen zum Verhältnis von Macht und Behindertsein. Frankfurt a. M. 2002.
Rösner, Hans-Uwe: Behindertsein als kulturelles Wahrzeichen. Umrisse einer dekonstruktiven Kritik. In: Greving ,Heinrich/Mürner, Christian/Rödler, Peter (Hrsg.): Zeichen und Gesten – Heilpädagogik als Kulturthema. Gießen 2004.

Rüsen, Jörn: Kann gestern besser werden? Essays zum Bedenken der Geschichte. Berlin 2003.

Said, Edward: Orientalismus. Frankfurt a. M. 1981.

Sander, Alfred: Schulschwäche. In: Sonderpädagogik 2, 1980.

Sauter, Sven: Wir sind »Frankfurt Türken«. Adoleszente Ablösungsprozesse in der deutschen Einwanderungsgesellschaft. Frankfurt a. M. 2000.

Sauter, Sven: Der Forscher als Mentor. Gedanken über die intersubjektive Praxis der Feldforschung. In: Ethnopsychoanalyse 6: Forschen, Erzählen, Reflektieren. Frankfurt a. M. 2001.

Sauter, Sven: Der osmanische Typ. Männlichkeitskrisen und Ablösungsprozesse von Adoleszenten aus Immigrantenfamilien. In: Rang, Brita/May, Anja (Hrsg.): Das Geschlecht der Jugend. Frankfurt a. M. 2001 (=Frankfurter Beiträge zur Erziehungswissenschaft/ Reihe Kolloquien, 5) (=2001b).

Schade, Wilhelm: Allgemeine Grundsätze der Arbeit in der Hilfsschule. Berlin 1971.

Schiffauer, Werner: Die Gewalt der Ehre. Erklärungen zu einem türkisch-deutschen Sexualkonflikt, Frankfurt a. M. 1983.

Schiffauer, Werner: Beschwörungsrhetorik: Zur Konstruktion des islamischen Fundamentalismus in der Wissenschaft. In: Bukow/Ottersbach (Hrsg.) 1999.

Schiffauer, Werner et al. (Hrsg.): Staat – Schule – Ethnizität. Politische Sozialisation von Immigrantenkindern in vier europäischen Ländern. Münster 2002.

Schirilla, Nausikaa: Vielfalt, Universalismus und kulturelle Differenzen. In: Aithal, Vathsala (Hrsg.): Wissen – Macht – Transformation. Interkulturelle und Internationale Perspektiven. Frankfurt a. M. 1999.

Scholz, Gerold: Die »Cultural Anthropology« als Rahmentheorie für eine Ethnographie der Schule und des Unterrichts. In: Pädagogische Rundschau, 58. Jg. Heft 5, 2004, S. 505-525.

Spivak, Gayatri Chakravorty: In other worlds. Essays in cultural politics. New York 1988.

Schrader, Achim/Nikles, Bruno/Griese, Hartmut: Die zweite Generation. Sozialisation und Akkulturation ausländische Kinder in der Bundesrepublik. Kronberg 1977.

Schroeder, Joachim: Ungleiche Brüder. Männerforschung im Kontext sozialer Benachteiligung. In: BauSteineMänner (Hrsg.): Kritische Männerforschung. Neue Ansätze in der Geschlechtertheorie. Hamburg 1996.

Schroeder, Joachim: Behinderte Vielfalt. Eingewanderte Kinder und Jugendliche in der Sonderschule. FernUniversität in Hagen 1998.

Schroeder, Joachim: Bildung im geteilten Raum Schulentwicklung unter Bedingungen von Einwanderung und Verarmung. Münster 2002.

Schroer, Markus: Raum, Macht und soziale Ungleichheit. In: Leviathan, 34. Jg., Heft 1, März 2006.

Schröter, Hiltrud: Arabesken. Studien zum interkulturellen Verstehen im deutsch-marokkanischen Kontext. Frankfurt a. M. 1997.

Schumann, Brigitte: Der blinde Fleck Sonderschule. In: Frankfurter Rundschau, 25.4.2002.

Sökefeld, Martin (Hrsg.): Jenseits des Paradigmas kultureller Differenz. Neue Perspektiven auf Einwanderer aus der Türkei. Bielefeld 2004.

Sommer, Jörg: Dialogische Forschungsmethoden. Eine Einführung in die dialogische Phänomenologie, Hermeneutik und Dialektik. Weinheim 1987.

Steinert, Heinz: Die Universitätsreform der Gegenaufklärung. Internet: www.linksnetz.de/T_texte/T_Steinert_uni-html (5.6.2005).

Stüwe, Gerd: Türkische Jugendliche in Berlin-Kreuzberg. Eine Untersuchung. Bensheim 1982.

Terhardt, Ewald: Intuition – Interpretation – Argumentation. Zum Problem der Geltungsbegründungen von Interpretationen. In: Zeitschrift für Pädagogik, 5/1981.

Tertilt, Hermann: Turkish Power Boys. Ethnographie einer Jugendbande, Frankfurt a. M. 1996.

Tervooren, Anja: Der verletzliche Körper. Überlegungen zu einer Systematik der Disability Studies. In: Waldschmidt (Hrsg.) 2003.

Tervooren, Anja: Pädagogik der Differenz oder differenziert Pädagogik? Die Kategorie Behinderung als integraler Bestandteil von Bildung. In: Behinderte in Familie, Schule und Gesellschaft Nr. 1/2003. http://bidok.uibk.ac.at/library/beh1-03-tervooren-differenz.html (15.6.2005).

Thimmel, Andreas: Pädagogik der internationalen Jugendarbeit. Geschichte, Praxis und Konzepte des Interkulturellen Lernens. Schwalbach/Ts. 2001.

Tischler, Lothar/Kisseler, Wolfgang/Traber, Lioba: Migrationsreport Hessen 2002. Bevölkerung, Ausbildung und Arbeitsmarkt. Forschungs- und Entwicklungsgesellschaft Hessen (FEH), Wiesbaden 2002.

Treibel, Annette: Engagement und Distanzierung in der westdeutschen Ausländerforschung. Eine Untersuchung ihrer soziologischen Beiträge. Stuttgart 1988.

Ucar, Ali: Benachteiligt: Ausländische Kinder in der deutschen Sonderschule. Eine empirische Untersuchung zur Lage der türkischen Kinder in der Schule für Lernbehinderte. Baltmannsweiler 1996.

von Freyberg, Thomas: Von der Notwendigkeit und den Grenzen pädagogischen Fallverstehens – exemplarisch am Fall Alberto. In: von Freyberg/Wolff (Hrsg.) 2005.

von Freyberg, Thomas/Wolff, Angelika (Hrsg.): Störer und Gestörte. Band 1: Konfliktgeschichten nicht beschulbarer Jugendlicher. Frankfurt a. M. 2005.

von Freyberg, Thomas/Wolff, Angelika (Hrsg.): Störer und Gestörte. Band 2: Konfliktgeschichten als Lernprozesse. Frankfurt a. M. 2006.

von Friedeburg, Ludwig: Bildungsreform in Deutschland. Geschichte und gesellschaftlicher Widerspruch: Frankfurt a. M. 1989.

Waldhoff, Hans-Peter: Fremde und Zivilisierung. Wissenssoziologische Studien über das Verarbeiten von Gefühlen der Fremdheit. Probleme der modernen Peripherie-Zentrums-Migration am deutsch-türkischen Beispiel. Frankfurt a. M. 1995.

Waldschmidt, Anne: Ist Behindertsein normal? Behinderung als flexibelnormalistisches Dispositiv. In: Cloerkes (Hrsg.) 2003.

Waldschmidt, Anne (Hrsg.): Kulturwissenschaftliche Perspektiven der Disability Studies. Tagungsdokumentation. Kassel 2003 (=2003b).

Waldschmidt, Anne: »Behinderung« neu denken: Kulturwissenschaftliche Perspektiven der Disability Studies. In: Waldschmidt (Hrsg.) 2003b.

Waldschmidt, Anne: Selbstbestimmung als behindertenpolitisches Paradigma – Perspektiven der Disability Studiës. In: Aus Politik und Zeitgeschichte, B 8, 2003 (=2003c).

Waldschmidt, Anne: Normalität – ein Grundbegriff in der Soziologie der Behinderung. In: Forster, Rudolf (Hrsg.): Soziologie im Kontext von Behinderung. Theoriebildung, Theorieansätze und singuläre Probleme. Bad Heilbrunn 2004.

Warzecha, Birgit (Hrsg.): Heterogenität macht Schule. Beiträge aus sonderpädagogischer und interkultureller Perspektive. Münster 2003.

Weber, Martina: Heterogenität im Schulalltag. Konstruktion ethnischer und geschlechtlicher Unterschiede. Opladen 2003.

Weidacher, Alois/López-Blasco, Andrés: Ausländerpolitik und Integrationsforschung in der Bundesrepublik Deutschland. München 1982.

Weisser, Jan: Was leistet die Diskursanalyse in der Sonderpädagogik? In: Heilpädagogik online. Ausgabe 04/2004. Internet: www.heilpaedagogik-online.com (26.10.2005).

Weisser, Jan: Behinderung, Ungleichheit und Bildung. Eine Theorie der Behinderung. Bielefeld 2005 (=2005a).

Weisser, Jan: Sonderpädagogische Probleme formulieren: Konzepte und die Logik sonderpädagogischen Wissens. In: Horster, Detlef/Hoyningen-Suess, Ursula/Liesen, Christian (Hrsg.): Sonderpädagogische Professionalität. Wiesbaden 2005 (=2005b).

Weisser, Jan/Renggli, Cornelia (Hrsg.): Disability Studies. Ein Lesebuch. Luzern 2004.

Wenning, Norbert: Vereinheitlichung und Differenzierung. Zu den »wirklichen« gesellschaftlichen Funktionen des Bildungswesens im Umgang mit Gleichheit und Verschiedenheit. Opladen 1999.

Wetzel, Konstanze: Kritische Psychologie. In: Reichmann, Erwin (Hrsg.): Handbuch der kritischen und materialistischen Behindertenpädagogik und ihrer Nebenwissenschaften. Solms-Oberbiel 1984.

Willis, Paul: Profane Culture. Rocker, Hippies Subversive Stile der Jugendkultur. Frankfurt a. M. 1981.

Willis, Paul: Spaß am Widerstand. Gegenkultur in der Arbeiterschule. Frankfurt a. M. 1982 (2. Aufl., orig: Learning to Labour, 1977).

Willis, Paul: Erziehung im Spannungsfeld von Produktion und Reproduktion. In: Das Argument, 32. Jg., Nr. 179-184, 1990, S. 9-28.

Wimmer, Andreas: Kultur als Prozess. Zur Dynamik des Aushandelns von Bedeutungen. Wiesbaden 2005.

Wimmer, Michael: Pädagogik als Kulturwissenschaft. In: Zeitschrift für Erziehungswissenschaft Beiheft 1/2002, Forschungsfelder der Allgemeinen Erziehungswissenschaft, S. 109-122.

Winter, Rainer: Cultural Studies. In: Uwe Flick/ von Kardorff, Ernst/Steinke, Iris (Hrsg.): Qualitative Forschung. Ein Handbuch. Reinbek 2000.

Winter, Rainer: Cultural Studies und kritische Pädagogik. In: Hipfl, Brigitte/Ernst, Katharina (Hrsg.): Der Beitrag der Cultural Studies für die Medienpädagogik. Medienpädagogik Online Zeitschrift für Theorie und Praxis der Medienbildung 03-2, 2004 (07.09.2005).

Wocken, Hans: Am Rande der Normalität. Untersuchungen zum Selbst- und Gesellschaftsbild von Sonderschülern. Heidelberg 1981.

Wocken, Hans: Leistung, Intelligenz und Soziallage von Schülern mit Lernhinderungen. Vergleichende Untersuchung an Förderschulen in Hamburg. In: Zeitschrift für Heilpädagogik 51, 2000, S. 492-503. Internet: www.Hans-Wocken.de (14.9.2005).
Zaimoglu, Feridun: Abschaum. Die wahre Geschichte von Ertan Ongun, Hamburg 1997.

Nachweise

Einzelne Kapitel dieses Buches beruhen auf Erweiterungen und Überarbeitungen verschiedener Aufsätze, die ich in den letzten Jahren veröffentlicht habe. Diese Aufsätze wurden überarbeitet und im Hinblick auf die in dieser Studie vorgeschlagene kulturwissenschaftliche Referenz zugespitzt.

Kapitel zwei hat einen Beitrag zur Grundlage, der erschienen ist in dem Band *Integration und Ausschließung – Kriminalpolitik und Kriminalität in Zeiten gesellschaftlicher Transformation,* herausgegeben von Martina Althoff et al. (Baden-Baden 2001).

Kapitel drei beruht auf einer Fassung, die zuerst in der Zeitschrift *Neue Kriminalpolitik.* Forum für Praxis, Politik und Wissenschaft. Heft 2, 2002 erschienen ist.

Kapitel vier basiert auf einem gemeinsamen Vortrag mit Thomas Brian Hogan bei der 41. Arbeitstagung der Dozentinnen und Dozenten der Sonderpädagogik. Die erste Fassung davon ist erschienen in der Tagungsdokumentation herausgegeben von Elisabeth von Stechow und Christiane Hofmann *Sonderpädagogik und PISA. Kritisch-konstruktive Beiträge.* (Bad Heilbrunn 2006).

Kapitel 8 erschien zuerst in dem Sammelband *Cultural Studies und Pädagogik. Kritische Artikulationen*, herausgegeben von Paul Mecheril und Monika Witsch (Bielefeld 2006).